北方民族史译丛

明代蒙古史论集

[日] 和田清/著　　潘世宪/译

（下）

内蒙古人民出版社

图书在版编目(CIP)数据

明代蒙古史论集：全2册 /（日）和田清著；潘世宪译.
—呼和浩特：内蒙古人民出版社，2014.10(2017.5重印)
（北方民族史译丛）
ISBN 978－7－204－13153－2

Ⅰ.①明… Ⅱ.①和… ②潘… Ⅲ.①内蒙古—
地方史—明代—文集②蒙古族—民族历史—中国—明代—
文集 Ⅳ.①K292.6－53②K281.2－53

中国版本图书馆 CIP 数据核字(2014)第 244018 号

明代蒙古史论集(上下)

著　　者	（日）和田清
译　　者	潘世宪
选题策划	樊志强
责任编辑	樊志强　李向东　段瑞昕
责任校对	王　瑶
封面设计	宋双成
出版发行	内蒙古人民出版社
地　　址	呼和浩特市新城区中山东路8号波士名人国际B座5楼
网　　址	http://www.impph.com
印　　刷	呼和浩特市达思特彩色印务有限公司
开　　本	720mm×1000mm　1/16
印　　张	49.25
字　　数	627 千
版　　次	2015 年 6 月第 1 版
印　　次	2017 年 5 月第 2 次印刷
印　　数	1501－3500 套
书　　号	ISBN 978－7－204－13153－2
定　　价	108.00 元(全 2 册)

图书营销部联系电话:(0471)3946299　3946300
如发现印装质量问题,请与我社联系。联系电话:(0471)3946120　3946173

六、察哈尔部的变迁

1.察哈尔部的根据地

　　蒙古汗位,在成吉思汗的正统达延汗(Dayan Khar)之后,就传到了察哈尔(Chakhar)部。后来,察哈尔部的盛衰究竟怎么样呢?达延汗在位期间,他的长子图鲁博罗特(Törö Bolod)夭亡了,他的嫡孙博迪阿拉克汗(Bodi Alak Khan)嗣位,后来又传给他的儿子达赉逊库登汗(Daraisun Küdeng Khan)。《蒙古源流》(卷六)说:达延汗"在位七十四年,岁次癸卯(嘉靖二十二年,1543 年),年八十岁而殁",其子"图鲁博罗特、乌鲁斯博罗特(Ulus Bolod)二人,系壬寅年(成化十八年,1482 年)生"。接着又说:

　　　　"图鲁博罗特,于汗在时,岁次癸未(嘉靖二年,1523 年),
　　　　年四十二殁。子博迪台吉生于甲子年(弘治十七年,1504 年),
　　　　至甲辰(嘉靖二十三年,1544 年),年四十一岁即位……在位四
　　　　年,岁次丁未(嘉靖二十六年,1547 年),年四十四岁殁。生子
　　　　达赉逊库登台吉、库格珠特台吉(Kükjütei Taiji)、翁衮都嘎尔
　　　　(Ongghon Toghar)三人。长子达赉逊库登台吉,甲辰年生,
　　　　岁次壬申,年二十九岁,于白室前即汗号。"①

──────────

① 在《蒙古源流笺证》里,这里是:"长子达赉逊库登台吉,甲辰年生(王静安校:甲辰当是甲申之讹),岁次戊申(嘉靖二十七年),年二十九岁,予白室前,称汗号。"岁次戊申是对的,甲辰年的注里所说"甲辰当是甲申之讹",虽是王国维先生特意校定的,还是不得要领。这么一来,从甲申年到戊申年,也不合所谓二十几岁的年数。这还一定是只数了从辰年到申年的十二支的数目,而在加上十干时搞错了。(参看《论达延汗》里的满都古勒汗条)

但是，这最后达赉逊汗的生年，当然应该依照德译本改为"庚辰年生（正德五年，1520 年），岁次戊申（嘉靖二十七年，1548 年），年二十九岁"。不然就和其他人的年龄也都不符合了。不过，难道只是这一点，其他的记述都对吗？

据传，次子乌鲁斯博罗特受达延汗之命，做了右翼济农（Ji-nong——副王），可是不久就被杀害了，其弟巴尔斯博罗特（Bars Bolod）代他做了右翼济农。这是著名的达延汗征讨右翼亦不剌（Ibrahim）的结果，当时正是正德四五年间。但另据《阿勒坦·脱卜赤》《黄金史》载，却说这巴尔斯博罗特曾一度篡夺汗位，其经过情形如下：

> "其后，因博迪阿拉克因年幼，其叔巴尔斯博罗特即大汗位。后博迪阿拉克率左翼三万户，跪拜于八白室前，欲即汗位，励声谓巴尔斯博罗特曰：'汝非法即汗位，今如谢罪，吾将释汝。'巴尔斯博罗特应曰：'汗言极是，我当谢罪。'博迪阿拉克汗曰：'此言甚是。'即拜于八白室前，即可汗大位。"①

所谓八白室，是鄂尔多斯的成吉思汗的陵寝。据《蒙古源流》（卷六）说：巴尔斯博罗特与图鲁勒图公主（Töröltü Günji）是孪生，甲辰年生（成化二十年，1484 年），"年二十九岁，于壬申年（正德七年，1512 年）为济农，在位二十年，岁次辛卯（嘉靖十年，1531 年），年四十八岁卒。"倘若这个传说不错，那么这时候博迪阿拉克汗还年幼，恐怕不过十岁上下，必定是在正德八九年之际。不过，达延汗征伐右翼后，还征伐了乌梁海，从时间上来看，或者稍迟些，也未可知。但无论如何，此后不久，达延汗便丧失了自由，必定由其子巴尔斯博罗特取而代之了。明人的记录里也载有此事。如郑晓的《皇明北虏考》说：

---

① 藤冈胜二译《喀喇沁本蒙古源流》卷四，第 21 页。小林高四郎译《蒙古黄金史》第 180—181 页。鲍登（C.R.Bawden）《蒙古编年史——阿勒坦·脱卜赤》第 191 页。

"正德间,小王子三子。长阿尔伦,次阿著,次满官嗔。太
师亦不剌弑阿尔伦,遁入河西。西海之有虏,自亦不剌始也。
阿尔伦二子,长卜赤,次乜明,皆幼。阿著称小王子,未几死。
众立卜赤,称亦克罕。"

从阿尔伦是长子,他的儿子有卜赤(博迪)、乜明(也密力)等看来,
图鲁博罗特好像是长子。不过,如果是图鲁博罗特,他夭亡了,并
没有被亦卜剌弑杀。被亦不剌(Ibrahim)弑杀的是次子乌鲁斯博
罗特。这里明人记载有些混乱。下文,次子阿著又是吉囊(Jinong)
俺答(Altan)之父,显然应该是第三子巴尔斯博罗特。这个巴尔斯
博罗特因卜赤(博迪汗)年幼而自称了小王子。明人所称的小王子
是指蒙古可汗,因此肯定是篡夺了汗位。所说"未几死",不知究竟
是多久,然就"众立卜赤,称亦克罕"来看,至此博迪汗继立,才正了
汗位。明人把克罕当作可汗,其实不然,所谓亦克罕,即 Yeke
Khan,意思是大汗。

如巴尔斯博罗特死后,博迪汗取而代之,当是巴尔斯博罗特的
殁年,即岁次辛卯,嘉靖十年的那一年,如果像《黄金史》所说的,巴
尔斯博罗特早就退而避位,应该还稍早些。这样,明人记载里所说
的"正德间",也就符合了。总之,由此可见,所谓达延汗岁次癸卯、
嘉靖二十二年,年八十岁殁,和博迪汗甲辰年、嘉靖二十三年,年四
十一岁即位,这些都是瞎说。这时距著者的年代较近,用十二支计
算的纪年,应该是比较可信的,而为什么会产生这种大错误呢?是
否因为《源流》著者萨囊彻辰(Sanang Sechen)是巴尔斯博罗特的子
孙,就故意隐瞒了他的近祖篡夺汗位的劣迹呢?尽管《黄金史》这
样明确记述了,却对明人也都传说巴尔斯博罗特篡了位的事,《源
流》绝口不提,原因可能就在这里。

尽管完全隐讳了巴尔斯博罗特篡位的事,但《蒙古源流》也不
得不记载他篡位后的一些余波,即在前引博迪阿拉克汗四十一岁

即位条的下面,接着说:

"科尔沁之巴图鲁摩罗齐(Baghatur Molojai)建议,右翼
原系强干之传,或征掠以离散之,或酌量入于左翼,均分之。
博迪阿拉克汗然其言,正欲往征右翼之际,察噶青安桑
(Chaghaching Asang)太后降旨曰:'尔等议以均分此三万人
乎? 从前科尔沁之苏尔塔该王(Surtukhaya Ong)既破达兰特
哩衮(Dalan Terigün)之大队后,奏曰:此右翼三万人,若仍留
一处,必贻患于后嗣。若将两部落人等兼摄于察哈尔(Cha-
khar)、巴雅尔(Bayar),而令大永谢布(Yüngshiyebü)之二十
万、科尔沁与我和同,将十二土默特(Tümed)合并于十二鄂托
克喀尔喀(Khalkha),庶可久安。我烈祖曾降旨诘责曰:戕害
我子之仇人,业已寻得。伊巴哩(Ibiri)、满都赉(Mandulai)二
人之恶,业已败露。着将此四十万蒙古所余之六万人尽灭之,
岂得为人主功乎? 今尔自以为胜于我烈祖乎? 乃违其旨,而
欲吞此右翼三万众耶? 一则我烈祖所定永固升平之大统,岂
得毁坏,二则曾闻赛音阿拉克(Sain Alak)之长子衮必里克墨
尔根济农(Gün Bilik Mergen Jinong)之子布扬郭赉噶尔岱青
(Buyangghulai Toghar Daiching)称为见敌则不退缩,击之则
披坚死战,勇于战斗之大巴图尔。其伊勒特阿勒坦(Ilte Al-
tan)之子僧格都古棱特穆尔(Sengge Dügüreng Temür),则称
为能着全副盔甲,跳越台拉克之驼只。墨尔根济农之子诺木
塔尔尼郭斡(Nom Tarni Ghowa)台吉之子库图克台沙津
(Khutuktai Sechen)台吉,则称为能知既往未来之墨尔根。布
扬郭赉都噶尔岱青之子伯尔格岱绷(Bergei Daibung)台吉,则
张弓能两臂相向,遂称为鄂勒博克图鄂库克,能将驰狐之尾按
箭射断。伊弟布尔赛哈坦巴图尔(Borsai Khatan Baghatur),
能穿射三锹。今若相残,能之固善。如不能,则人已皆致骚动

矣.'因降旨谏阻。子博迪阿拉克汗遵母后之言,遂止不行。
以致大国安享太平。在位四年,岁次丁未,年四十四岁殁。"
罗密的《蒙古世系谱》(卷四)所记载的,也几乎相同。① 这右翼强
酋,当另行详述。但由此可以看出,可汗勉强容忍右翼强悍而跋扈
的情形了。

又,《皇明北虏考》在前段之后,接着说:

"亦克罕大营五:曰好陈察罕儿,曰召阿儿,曰把郎阿儿,
曰克失旦,曰卜尔报。可五万人。卜赤居中屯牧,五营环卫
之。又东有冈留、罕哈、尔填三部……三部可六万人,居沙漠
东偏,与朵颜为邻。西有应绍不、阿尔秃厮、满官嗔三部……
南有哈剌嗔、哈连二部……北有兀良罕营一……又西为瓦剌,
可五万人,世与土鲁番为仇。诸虏虽逐水草,迁徙不定,然营
部皆有分地,不相乱。"

说东部的冈留、罕哈、尔填三部,在沙漠以东,与朵颜为邻,因此当
是今兴安岭以东地方;西部的应绍不、阿尔秃斯、满官嗔三部里的
阿尔秃斯即鄂尔多斯(Ordos),当为今河套伊克昭盟(Yeke Joo)地
方,满官嗔是土默特蒙郭勒津(Mongghochin),当为今归化城土默
特、乌兰察布(Ulanchab)盟地方;剩下的应绍不即永谢布

---

① 《黄金史》里也提到这事,但《蒙古世系谱》(卷四)所述最近似《源流》。它说:"钵帝阿拉克汗,汗为
巴图孟克大衍汗之长孙,图鲁博罗忒之子。即位后,科尔沁之巴图鲁摩罗钗告汗曰:'右翼三万,暴
虐成性,盍讨灭之,以其所属,分附左翼三万。'汗从之。将发兵,毋察哈章太后止之曰:'不可。昔
伊祖大衍汗征右翼三万于达兰图鲁时,科尔泌之乌鲁图海王奏曰:此三万之众,群居萃处,后世必
为子孙忧,请以察哈尔、鄂尔多斯两国,汇居一所。而以永奢布分居科尔沁,以十二土默特分摄十
二喀尔喀。伊祖曰:杀我乌尔思博罗忒者,义巴来太师、满都赖阿噶尔古也,诛之可耳。右翼三万
之众何与焉。悉宥之。昔四十万蒙古,所存惟此六万耳。今若毁之,何恃以立国? 祖有明训而违
之,是废先人之照也。且吾闻之,巴尔思博罗忒长子衮必力克库(墨力)墨尔根哈拉济农之子布扬
古里都拉尔代清,遇敌勇往,不俟介甲,万夫不能当。墨尔根哈拉济农之二弟阿尔滩之子僧哥都楞
忒睦不能跃驼峰而上,墨尔根哈拉济农之孙呼图克台塞臣台吉知未来事,博尔根代棚台吉从狐射
其尾,次第皆中,其弟卜尔帅哈滩巴图鲁累铁锹三重,射之没羽。其技能如此,能必其可灭乎? 苟
灭之不能,如国事何?'汗从母言,兵止。在位四年崩。子他赍孙嗣。"

(Yüngshiyebü)，当在它的东部、今察哈尔北部；南部的哈剌嗔，哈连二部靠近察哈尔南部，张家口、独石口边外。其次所谓兀良罕一营，可能就在今乌拉特(Urad)、茂明安(Maghu Mingghan)、四子部落(Dörben Keüked)、苏尼特(Sünid)、阿巴噶(Abagha)、阿巴哈纳尔(Abaghanar)一带。所说西边的瓦剌，是占据外蒙古西半的大部落；所谓土鲁番，即以今吐鲁番(Turfan)地方为中心的东察哈台汗国的一部分。这样看来，所谓亦克罕的五大营，肯定是以今锡林郭勒盟(Shilin Ghool)为中心、跨昭乌达盟(Joo Uda)一部分的地区，也就是内蒙古的中心地区。其中又分左(召阿儿，Jegün Ghar)、右(把郎阿儿，Baraghun Ghar)两翼，另外还有察罕儿(Chakhar)和克失旦(Keshikten)等部，[1]而可汗屯牧在中央，五营环卫。地方可能就在今达尔泊(Dal Naghur)畔，故元旧都应昌府附近。岷峨山人的《译语》记述这事说：

> "顷汉番人有归降者，译得其语曰：沙漠真旷荡，马力未穷。惟近塞则多山川林木及荒城废寺。如沿河十八邨者，其丘墟尚历历可数。极北则平地如掌，黄沙白草，弥望无垠，求一卷石勺水无有也，渴则掘井而饮。虏酋号小王子者居于此，名曰可可的里速。犹华言大沙窝也。西南曰青山、曰照壁山、曰草垛山、曰桦皮岭、曰威宁海子、曰东西二海子、曰野马川、曰羊圈堡、曰桦林沟、曰杏园、曰松林。虏常往来住牧于此，一便水草，一便蔽翳，一便窥伺也。俱与宣府西路西阳河、渡口堡、柴沟堡、洗马林、新河口、新开口、膳房堡、张家口诸边相望。"

可见通过宣府西路边外，往来于威宁海子等处。这就是达延汗以后各小王子的本宗部落，也就是察哈尔部的根据地。《蓟门考》所

---

① 和田清《论达延汗》八：《小王子的本宗部落》，原书第 483—490 页。

说的客列木母也是指这一带地方。①

再从附近克什克腾（Keshikten）、浩齐特（Khaghuchid）、乌珠穆沁（Üjümüchin）、苏尼特（Sünid）等部落的成立情形看来，也可以了解察哈尔本部确曾在这一带。克失旦即克什克腾部的名字，和元代的怯薛歹一样，是可汗的亲卫队，②前面已经说过。《蒙古源流》（卷六）载达延汗封他的儿子到察哈尔部说：

> "斡齐尔博罗特（Wachir Bolod）统率察哈尔之之八鄂托克克什克腾，格呀博罗特（Gere Bolod）统率察哈尔之敖汉（Aokhan）、奈曼（Naiman），阿尔博罗特（Ara Bolod）统率察哈尔之浩齐特（Khaghuchid）。"

即达延汗的十一个儿子里，曾把第五子斡齐尔博罗特（阿赤赖台吉）、第九子阿尔博罗特（称台吉？）和第十一子格呀博罗特（五八山只台吉？）三人都封在察哈尔部内。其中，仅斡齐尔博罗特的子孙后来繁衍绵长。《蒙古王公表传》（卷三十三）《克什克腾部总传》说：

> "克什克腾部在古北口外，至京师八百有十里，东西距三百三十四里，南北距三百五十七里。东界翁牛特及巴林，西界浩齐特及察哈尔正蓝旗牧厂，南界翁牛特，北界乌珠穆沁。元太祖十六世孙鄂（斡）齐尔博罗特再传至沙剌勒达，称墨尔根诺颜，号所部曰克什克腾。子达尔玛有子三：长索诺木，次巴本，次图垒。服属于察哈尔。天聪八年，索诺木率属来归。"

斡齐尔博罗特是在肖大亨的《北虏世系》里认为是歹颜哈（达延汗）的第五子阿赤赖台吉，并在他的世系里加注说明："在蓟镇边外，与土蛮相连，离边二千五六百里，不贡不市。"他的世系如下：

---

① 《皇明世法录》卷五十七所载米万春《蓟门考》的《东虏考》说："东虏酋首土蛮，系残元遗孽小王子之苗裔也。其父来孙同弟阿牙台皮、卜以麻等有日，原在宣镇正北大漠，地名客列木母一带住牧。"

② 参看和田清《论达延汗》八、《小王子的本宗部落》，原书第483—490页。

```
阿赤赖台吉 —— 打赖台吉 ┬ 打儿汗台吉 —— 土麦黄台吉（兄弟三人）
                      └ 威敬台吉 —— 哈味七庆台吉（兄弟七人）
```

又，郑文彬的《筹边纂议》（卷一）和王鸣鹤的《登坛必究》（卷二十三）说，北虏各支宗派里"所管部落克失探官儿"、"打来那言（打赖台吉）生二子，长子打儿汗那言生秃浼台吉（土麦黄台吉）兄弟三人，次子委正那言（威敬台吉）"，和上述世系略同，虽然不见《蒙古王公表传》里所传的沙剌勒达墨尔根诺颜和达尔玛的名字，但既然说同是斡齐尔博罗特（阿赤赖台吉）的子孙，是克失探官儿（克什克腾翼）的酋长，无疑是他。酋名的不同，与其说是别号，莫如说是由于省略脱漏的结果所致。

斡齐尔博罗特的子孙这样传下来了，而其他两个儿子格呼博罗特和阿尔博罗特的后裔，不久便被本宗图鲁博罗特、博迪汗父子和他的儿孙取而代之，因而他们的部落敖汉、奈曼（格呼博罗特）和浩齐特（阿尔博罗特）的酋首世系已经完全不同了。敖汉、奈曼是图鲁博罗特的次子纳密克（其实就是㢎明）的子孙，后面还要论述。关于浩齐特部，在《蒙古王公表传》（卷三十五）《浩齐特部总传》里，继记述距今北京的里程和疆域四至以后说：

> "浩齐特部在独石口外……元太祖十六世孙图噜博罗特再传至库登汗，号其部曰浩齐特。弟库克齐图墨尔根台吉、翁衮都喇尔台吉裔详乌珠穆沁、苏尼特二部传。库登汗孙德格类号额尔德尼珲台吉。子五：长奇塔特札干杜棱土谢图，次巴斯琲土谢图，次策凌伊勒登土谢图，次奇塔特昆杜棱额尔德尼车臣楚琥尔，次茂海墨尔根。与察哈尔同族，为所属。以林丹汗不道，徙牧瀚海北，依喀尔喀。天聪八年，所部台吉额琳臣及塔布囊巴特玛班第、图噜齐宰相、僧格、布延彻臣、乌巴什等携户口驼马，自喀尔喀内附。遣使迎宴，赉甲胄、雕鞍、蟒服、银币。额琳臣属有先附者五十三户，仍命辖之。九年，大

军收服察哈尔，策凌伊勒登土谢图偕乌珠穆沁诸部长表贡方物。"①

阿尔博罗特的后裔，不见踪迹，代替他的是达赉逊库登汗的子孙。这或者像《登坛必究》所说："所管部落哈喇哈官儿兄弟七人"，或"兄委正台吉，弟得克赖台吉，兄弟六人。"得克赖台吉或许就是库登汗之孙德格赖，也未可知。同样，关于乌珠穆沁部的情形，《蒙古王公表传》（卷三十四）《乌珠穆沁部总传》说：

"乌珠穆沁部在古北口外……元太祖十六世孙图噜博罗特由杭爱山徙牧瀚海南。子博第阿喇克继之。有子三，分牧而处。长库登汗，详浩齐特部总传。次库克齐图墨尔根台吉，详苏尼特部总传。次翁衮都喇尔号其部曰乌珠穆沁。子五：长绰克图号巴图尔诺颜，次巴雅号赛音冰图诺颜，次纳延泰号伊勒登诺颜，次彰锦号达尔汉诺颜，皆早卒。次多尔济号车臣济农，与察哈尔同族，为所属。以林丹汗不道，多尔济偕绰克图子色棱，徙牧瀚海北，依喀尔喀。天聪九年，大军收服察哈尔，多尔济偕喀尔喀部车臣汗硕垒、浩齐特部策凌伊勒登土谢图、苏尼特部叟塞巴图鲁济农、阿巴噶部都思噶尔札萨克图巴图尔济农等，表贡方物。"

关于苏尼特部，该书（卷三十六）《苏尼特部总传》说：

"苏尼特部在张家口外……元太祖十六世孙图噜博罗特再传至库克齐图墨尔根台吉，号其部曰苏尼特。兄库登汗、弟翁衮都喇尔台吉裔，详浩齐特、乌珠穆沁二部传。库克齐图墨尔根台吉子四：长布延珲台吉子绰尔衮，居苏尼特西路，次贝玛墨尔根伊勒都齐，次布延泰车臣贝哩卓罗克图裔不著，次布

<hr>

① 按《钦定外藩蒙古回部王公表传》乾隆四十四年内府刊本、卷三十五、第1页，"所部台吉额琳臣及塔布囊巴特玛班第，图噜齐宰相，僧格，布延彻臣，乌巴什等。"原句圈断为："所部台吉额琳臣。及塔布囊巴特玛。班第图噜齐。宰桑僧格。布延。彻臣乌巴什等。"——译者

> 尔海楚琥尔子塔巴海达尔汉和硕齐,居苏尼特东路。初皆服
> 属于察哈尔。以林丹汗不道,徙牧瀚海北,依喀尔喀。天聪九
> 年,绰尔衮子叟塞偕喀尔喀车臣汗硕垒,遣使贡方物。"

达延汗的长子图鲁博罗特一开始就驻牧在漠南,说他是从杭爱山徙牧瀚海南,当然是错误。到了他的孙子达赍逊库登汗时,兄弟三人分别成了浩齐特部、苏尼特部、乌珠穆沁部的始祖。在前面所引《蒙古源流》中已见到,除长子达赍逊库登汗以外,次子库格珠特台吉是苏尼特部始祖库克齐图墨尔根台吉,三子翁衮都噶尔是乌珠穆沁部的翁衮都喇尔。《皇明北虏考》所说的好陈察罕儿,是"旧察哈尔"的意思,想是察哈尔的本部。所谓浩齐特也是"老的"意思,它或者也是由"好阵"这个词转讹的,也未可知。

总之,这些部落:浩齐特、苏尼特、乌珠穆沁等都出自达赍逊汗的兄弟子孙之中。这和博迪汗、达赍逊汗占据察哈尔本部肯定有关系。因为说是达延汗晚年征伐并击溃了北方的兀良罕,把这个部的人分属于各部。[①] 于是或许阿巴噶、阿巴哈纳尔部也发展起来,苏尼特部也扩展了地域。同时,敖汉、奈曼部所以也得以向东方发展了,这不外是由于后来击灭了冈留的满会王,[②]结果向察哈尔东方开拓了地区。

又,明人所说的卜赤,无疑是《蒙古源流》里的博迪阿拉克汗,而郑晓的《吾学编·皇明四夷考》的《鞑靼》(《今言》的记述亦同)条说:

> "众立卜赤,称亦克罕。卜赤死,而不及几台吉称小王子。
> 或曰不及儿台吉即乜明,或曰卜赤子也。"

关于不及儿台吉,后来又说:

> "吉囊死,其子板不孩与不及儿台吉出入河套。"

---

① 和田清《论达延汗》三、《达延汗的事业》,原书第441—458页。
② 和田清《论达延汗》六、《东方各部落》,原书第468—476页。

这样一来,小王子卜赤之后,又有个小王子不及儿,成了两个人。但据《蒙古源流》却说博迪汗的统治时期一直到嘉靖二十六年初,其间汗位并没有更替。我想卜赤(Pu-chi)和不及儿(Pu-chi-ērh)发音接近,必定是同音异译,而郑晓看到译字不同,竟把一个人误认为两个人了。从他说"或曰不及儿台吉即也明,或曰卜赤子也"的琢磨不定看来,可见他还在犹豫不决之间。果然,后来的《皇明北虏考》就订正了这点,避而不载,仅在嘉靖二十一年条说:

> "时,吉囊病死。其子板不孩居套中,小王子不及儿台吉驻威宁海上。"

这里还说是不及儿,正确说来应是卜赤(Bodi)。茅元仪的《武备志》(卷二百〇七)《镇戍延绥》条说:"吉囊死,其子板不孩不及儿台吉嗣。"这可能是把前面的记载错误地结合起来的误解。博迪汗的名字明确出现在《实录》里,是在嘉靖二十六年夏四月己酉的下列记载里:

> "是年二月,遣夷使李天爵赍番文至,云:俺答言,其先祖父俱进贡,今虏中大神言,羊年利于取和,俺答会集保只王子、吉囊台吉、把都台吉四大头目,商议求贡。"

嘉靖二十六年丁未正是羊年。这一年,俺答为了和平通贡,所召集的四大头目之中,最后的把都台吉就是著名的老把都,也就是俺答的亲弟巴雅思哈勒昆都楞汗(Bayaskhal Köndölen Khan)。吉囊台吉则因为当时衮必里克(Gün Bilik)已死,这里是指他的嫡嗣诺延达喇济农(Noyandara Jinong),即明人记录里通常写作吉能那个人。在这两巨头之上,四大头目里名列第一的保只(Pao-chih)王子,非虏主博迪汗,又是谁呢? 上述《实录》里的这一条,证实了博迪阿拉克汗的统治至少直到嘉靖二十六年初。① 嘉靖二十二三年

---

① 《世宗实录》嘉靖二十三年七月辛酉条载:"北虏小王子那燕的将纠虏入寇。"小王子的名字,从来很少见到,而这里说"小王子那燕的",恐怕是"那颜博迪"的讹转。

间,博迪汗年四十岁左右,这因岷峨山人的《译语》说:"自谓其长目可汗,亦曰寒,即小王子也。云姓白氏,其名莫详,今年四十余矣。"当属无疑。所说姓白氏是指元代姓博尔赤斤氏。

2.察哈尔部的东迁

再回到《蒙古源流》(卷六)来探讨察哈尔汗的系统。其记述如下:

> "长子达赉逊库登台吉,庚辰年(正德十五年,1520 年)生。岁次戊申(嘉靖二十七年,1548 年),年二十九岁,于白室前即汗号。与右翼三万人和睦,相会而旋。阿拉克(Sain Alak)第二子阿勒坦(Altan)来迎,向汗求赐号,云:'今统治已平,原有护卫汗治索多汗(Sutu Khan)小汗之号,祈即将此号赐我,我情愿护卫大统。'汗然之。遂与以索多汗之号。由是,库登汗之号遍处称扬,平治政统,俾大蒙古国安享太平。因为时命所夺,岁次丁巳(嘉靖三十六年,1557 年),年三十八岁殁。生子图们(Tümen)台吉,达赉巴噶达尔罕(Dalai Bagha Darkhan)、岱青(Daiching)台吉三人。"①

这段记载开头就说:"与右翼三万人和睦,相会而旋。"这是指从他的父亲博迪汗以来的暗斗,已经逐渐和解而归。即使是这样,被右翼阿勒坦(俺答)汗所迫而准许授给他索多汗称号,这里还是使人深感右翼强暴逼人。据《黄金史》说:博迪汗殁于羊年七月十日。②羊年是嘉靖二十六年,这倒容易查核,而达赉逊汗是猪年即位的。③

---

① 按《蒙古源流》海日楼笺证本,卷六,第 12 页,"庚辰年生"作"甲辰年生"。又"生子图们台吉,达赉巴噶达尔罕岱青三人"作"生子图们台吉达赉巴噶达尔罕岱青二人"。——译者
②《黄金史》第 185 页,《喀喇沁本蒙古源流》卷四,第 24 页。鲍登:《阿勒坦·脱卜赤》第 193 页。
③ 同上。

猪年是嘉靖三十年辛亥，因而其间肯定有短期间的空位时期。据《蒙古世系谱》(卷四)说：他赍孙汗"在位八年崩"。《世系谱》里关于其他汗王的在位年数都记得正确，因而可以认为这项记载也正确，那么即位应该较"岁次戊申"即嘉靖二十七年更晚些。这究竟是怎么回事呢？一时还难求得解答。

总之：自从达延汗逝世以后，右翼的强横日渐加甚，可汗也不能制止。这种情形很明显，明人也察觉到了。例如，王世贞的《弇州史料·北虏始末志》说：

> "小王子众以饶故，射猎自娱而已；虽控弦数十万人，厌兵稀发。吉囊有子十人，人万骑，而前后掠中国人将之。小王子虽号称为君长，不相摄。"[①]

又该书《庚戌始末志》说："小王子虽称为君，于属卑取羁縻而已。不复肯奉调预朝会。"也是一个例证。由此可见，可汗原来令他的属下"奉调预朝会"，可是吉囊、俺答等都没有奉调。河套的吉囊为祸还小，嘉靖二十二年前后，吉囊死后，他的弟弟俺答据土默特取代了他的势力，以倍于吉囊的强暴，对小王子施以更大的压迫。赵时春的《北虏纪略》说：

> "俺滩(俺答)阿卜孩，吉囊弟也……数失小王子贡约，亦相侵伐。近年以来，俺滩阿卜孩得肆志中国，益桀骜。然西失吉囊手足之助，内亏小王子君臣之情，频年战伐。"

又记述俺答的戒备说：

> "凡东南侵，必徙其帐于北，以避我捣巢。又留兵以护家，防小王子。"

说的就是这种情况。《实录》嘉靖三十年三月壬辰，宣大总督苏祐等说："小王子者俺答之侄也。俺答桀骜，久不听其约束，而听为之

---

① 按《北虏始末志》弇州史料本，前集卷十八，第13页，"吉囊有子十人，人万骑"句下，有"俺答亦十余万骑"一句。又"而前后掠中国人将之"作"而前后掠中国人坪之"。——译者

下，兹求归顺，将假朝廷官爵，与其侄为雄。"①叶向高的《四夷考·北虏考》里概述说：

> "是时，小王子最富强，控弦十余万，多蓄黄金犀毗，稍厌兵。其连岁深入，蹂西北边，皆其别部酋，曰吉囊、曰俺答。二酋亦元裔，于小王子为从父行。其大父曰歹颜哈，有十一子。次曰赛那剌，有七子，长吉囊、次俺答，皆雄黠善兵。吉囊壁河套，名袄儿都司，直关中。俺答壁丰州滩，直代、云中。吉囊、俺答各九子，子各万骑。其弟老把都亦数万骑，壁张家口。诸昆从百十，皆有分地。率盗边自肥，日益强盛。名尊小王子，不受其约束。小王子亦徙壁东方，直蓟辽，号曰土蛮。"

说"号曰土蛮"，但"土蛮"是酋长的名号，不是部族称号。也就是前述的图们汗，这是以后的事。

但徙壁东方的并不是图们汗，而是在他父亲达赉逊汗（打来孙）时期。方孔炤的《全边略记》（卷一）《蓟门略》万历三十七年四月条说：

> "嘉靖中，虏酋打来孙与俺答盗马仇杀，遂挈所部东徙。"

《明史》（卷三百二十七）《鞑靼传》说：

> "打来孙驻牧宣（府）塞外，俺答方强，惧为所并，乃徙帐于辽（东）。收福余杂部，数入掠蓟西。"

这大概是因为达赉逊灭掉了以前冈留部的满会王（莽晦），直接领有了兴安岭以东地区，而直接原因似乎还有游牧民族经常争夺牧畜的情况。

察哈尔部东迁的指挥者是达延汗的曾孙达赉逊汗，这点除《全边略记》和《明史·鞑靼传》以外，后面所引冯瑗的《开原图说》和

---

① 按《明实录》影印国学图书馆传抄本，第三百十七册，嘉靖实录卷三百七十一，第1页，"而听为之下"作"而耻为之下。"——译者

《明实录》嘉靖三十年二月甲戌条,都有记录,毫无疑问。但更精确的徙幕年月,却还有研究的余地。因为关于这一点,缺乏明确的记载,《明史·鞑靼传》,竟把它记载在嘉靖十一年条下。不过,嘉靖十一年徙幕说是错误的。首先,因为《明史·鞑靼传》的蓝本、叶向高的《四夷考·北虏考》和何乔远的《名山藏·鞑靼传》等都把徙幕这件事写在嘉靖十二三年大同兵变的记述以后,由此便可了解。另外,如前所述,还因为据《译语》或《皇明北虏考》载,在嘉靖二十二三年以前,察哈尔本部显然还在锡林郭勒盟方面、宣府西路边外。

另据《明实录》说,嘉靖二十年秋七月丁酉,北虏俺答阿不孩遣使石天爵款大同塞求入贡时,朝议拟予允许,先命石天爵返回他的本营地,带来小王子的真正番文。因为这种朝议迟迟没有决定,于是"已,虏酋小王子以石天爵衍期不返,拥众并寨而南。"又,二十一年闰五月戊辰,石天爵又来,被大同巡抚龙大有诱杀。记述里有:"天爵之来也,其言虏情甚详。谓虏酋小王子九部咸住牧青山,艳中国纱段。云云"数语。这里所说的青山,可能是《实录》嘉靖十一年六月戊戌条载监察御史徐汝奎所说:

> "北虏之众,凡有三窟:一屯河套,近延绥;一屯威宁海子之北,近大同;一屯北口青山,近宣府。"[①]

的北口青山,这按二十年九月甲辰,总督蓟州军务右侍郎胡守中的奏折所说:"况密云一带,路口甚多,去小王子驻牧,仅一二日程。云云"也很明确。关于这座青山,《读史方舆纪要》(卷十八)说:"大青山在卫(开平故卫)西南,或曰即青岭也。"看来,三窟之中,屯河套,近延绥的是吉囊、俺答的根据地;屯威宁海子北,近大同的是小王子;屯北口青山,近宣府的是老把都等的驻牧地。

嘉靖二十四年年中,小王子所部往来于大同边外威宁海子北岸地区,这可联系到明宗室朱充灼的逆谋而得知。充灼是代府和川王府的奉国将军。当他们起初计划叛乱的时候,首先诱致北虏小王子,打算借他的兵力来达到自己的妄想,秘密派遣卫奉往来通谋。据说卫奉跑到小王子的驻地,在威宁海子北岸和小王子所部察罕儿(察哈尔)等会合。① 威宁海子是今大同边外的希尔泊。② 小王子的驻处在察哈尔本部南边,相距很远。似乎也曾往来于这一带地方。可见,直到这时小王子还驻牧在宣府、大同边外。

可是,据《实录》嘉靖二十九年十二月丁丑条载:

> "兵部复言:大虏部落皆在宣大边外……然小王子一部独处东偏,万一有警,将径下辽东、蓟,不由宣大。"

这无疑是说小王子部业已东迁。又,嘉靖三十年二月甲戌条载总督侍郎何栋的报告说:

> "数年前,北虏小王子打来孙一部侵驻三岔河,泰宁夷人屡与仇杀。间避夹墙,今已久复故地。"

小王子打来孙一部侵驻辽河下游的三岔河地方,是在距嘉靖三十年初春"数年前",因而发生动摇的泰宁卫夷人现已"久复故地"了。到达三岔河时已经这样,那么从察哈尔根据地出发恐怕为时更早。所以,说在二十九年,怕有些困难,与其说是二十七八年,还不如说应该在二十六年内。这样再查《实录》,见有二十六年六月癸巳条载总督宣大左都御史翁万达的奏报说:

> "近虏酋俺答、把都,久驻大边威宁海子一带。套虏吉囊一枝,亦复移营东渡,声势重大。兹复遣使求贡……是时,俺答诸酋与小王子有邻,小王子欲寇辽东,俺答以其谋来告,请得与中国夹攻之,且以此立信。"

---

① 《大明世宗实录》嘉靖二十四年十月壬辰,又二十五年十月癸巳。《明史》卷百十七,《代王传》。
② 《大清一统志》卷四百十之一,(又另本卷五百四十八)《蒙古察哈尔部·山川》条。

大同边外的威宁海子,前面已经说过,是过去小王子所部和明朝叛徒朱充灼的密使约誓的地方,据《皇明北虏考》说:嘉靖二十一年前后,小王子曾驻屯在威宁海上。这里当然距俺答根据地很近、离小王子根据地也不远,是个水草地。然而现在这威宁海子一带成了俺答、把都等久驻的地方,并说"套虏一枝,亦移营东渡",是否是说这时小王子眼看将被驱逐了呢?何况又说:"是时,俺答诸酋与小王子有却。"莫非是他们东进,逼近了小王子,所说"小王子欲寇辽东",是指小王子要东迁呢?《全边略记》所说:"至嘉靖中,虏酋打来孙与俺答盗马仇杀,遂挈所部东徙。"和《实录》所说:"是时,俺答诸酋与小王子有却,小王子欲寇辽东"完全吻合。当时,明朝并不相信俺答,因而没有答应夹攻,实际小王子也并没有侵寇辽东。从这更可以证明了这种推测。[①] 果真是这样,那么可以理解:这一年,博迪汗已死,新立的达赉逊可汗受不了骄横的从父诸酋的压迫凌辱,所以才立即奔往东边了。这事正发生在嘉靖二十六年七八月间。《蒙古源流》所以没有记述此事,可能是照例为尊者隐讳丑恶的缘故。据严从简的《殊域周咨录》(卷二十一)说:嘉靖"二十二年六月,小王子驻威宁海上,"同时说:"二十六年夏,今小王子庭直辽东。"如果这个记录可信,那么二十六年徙幕的说法就更确切了。或者可以设想,羊年——嘉靖二十六年七月,父博迪汗死后,达赉逊汗直到猪年——嘉靖三十年才正汗位,这是否由于徙幕发生混乱的缘故呢?

但据《实录》嘉靖三十七年九月辛丑,兵部郎中唐顺之上奏说:

"自嘉靖二十九年以后,迤北把都儿、打来孙二虏收属东

---

① 《李朝实录》记述当时中原为传奇所轰动的情形,其中宗三十九年(嘉靖二十三年)九月甲寅条载:"押解官李和宗书状,九月初一日,臣到辽东闻之,大同地方有一被掳走回人来云:小王子称名狨子,聚兵百万,侵扰山西,无时驰入帝廷作耗,设计事,朝廷虽不信听,调发辽东、广宁等处九千兵马,令辽东副总管郝承恩、游击将军郭都等,领率入山海关,今在大同等处待变云。"又丁巳条也有同样记述。这莫非是俺答散布谣传,用来威胁明廷?

夷而居其地,遂巢辽蓟间。"

又,陈仁锡的《皇明世法录》(卷五十七)所载米万春的《蓟门考·东房考》中说:

> "东房酋首土蛮,系残元遗孽小王子苗裔也。其父打来孙同弟阿牙台皮、卜以麻等存日,原在宣镇正北大漠,地名客列木母一带住牧。嘉靖三十年间,因与安滩有隙,打来孙惧为所并,举部东移,乃与安滩互相偷马仇杀。后于三十六年春,收服三卫夷人,为彼向导,始犯蓟镇冷口地方。繇是分为东西二房。本夷素称察罕儿,迩来住巢离边渐近,为蓟辽患。"

此外,其他记录几乎完全一致,都把东房起源问题放在二十九年以后,和二十六年徙幕说似乎稍有矛盾,但这里只是说东房的侵犯从二十九年以后才逐渐成了问题,并不足以否定前述徙幕的说法。安滩当然就是俺答,把都儿是俺答之弟老把都。

以上以徙幕原因、徙幕的人和徙幕的时间为中心,稍稍谈了一些东迁前察哈尔的情形,但小王子东迁的事实,当时明人只顾俺答的威胁,并没有重视,后代的学者也未尝没有人等闲视之。其实,东迁意义极为重大。这个纯粹蒙古的中心部落、大元可汗的正统后裔,率领所部十万东迁,移牧于兴安岭东南半部,不仅是历史上无与伦比的罕有事件;由于移动的结果,在蒙古内部引起了重大变化,并使明廷辽东大为疲敝,不久便形成了清朝兴起的基础。

3.东迁驻牧的地区

小王子所属察哈尔部,当右翼三万户、特别是俺答土默特部兴盛的时期,受不了他们的压迫,把帐幕向东方远移,在辽河东西地区试行开拓它的新的命运,已如前述。但它迁驻的地区究竟在哪里呢?

这里，首先想到的是冈留部的满会王。满会王曾见于《皇明北虏考》，说："又东有冈留、罕哈、尔填三部。冈留部营三，其酋满会王。罕哈部营三，其酋猛可不郎。尔填部营一，其酋可都留。三部可六万人。居沙漠东偏，与朵颜为邻。"《译语》里作莽晦，曾参加达延汗征伐北方兀良哈的战争，并说："近闻莽晦、兀良哈、尾白儿（亦不剌）丞相诸部落，皆为小王子所兼并。"征伐莽晦事并不见于达延汗的事迹里，或者是在博迪汗的时期。《黄金史》在记述博迪汗的征伐时，说曾击灭了一个门图王，曾与哈萨尔后裔、汗之后裔一臂之助。不知道或许是指这件事。① 冈留部恐怕是冈留（Wang liu）部之误，因为往流（Wangliu）部可能是泰宁卫。② 所以满会（莽晦—Manghui）王可能是泰宁卫的酋长。从他自己称王来看，可能是辽王阿札失里什么的子孙，至少也是元代王室的分支。而他竟被博迪汗给灭掉了。③

它的驻地说是在尔填（科尔沁）部、罕哈（喀尔喀）部之南，和朵颜卫相邻，那正是泰宁卫的驻地，想即今西辽河流域。这个地区既经博迪汗经营，所以达赉逊汗就迁到这个新收服的地区来了。博

---

① 《蒙古黄金史》第182—185页。《喀喇沁本蒙古源流》卷四、第22—24页。鲍登：《阿勒坦·脱卜赤》第192—193页。其实这项记述混乱难解。《蒙古源流》没有提到这件事。

② 参看和田清《论达延汗》六、《东方各部落》，原书第468—476页。

③ 我想满会王虽被灭掉，毕竟会留下什么痕迹，位置当在翁牛特部。据《蒙古王公表传》（卷三十一）载：

　　"翁牛特部在古北口外，至京师七百六十里。东西距三百里，南北距百六十里。东界阿噜科尔沁，西界承德府，南界喀喇沁及敖汉，北界巴林及克什克腾。元太祖弟鄂楚因称乌真诺颜，见《元史表》。其裔蒙古察汗诺颜有子二：长巴延岱洪果尔诺颜，号所部曰翁牛特。次巴泰车臣诺颜。别号喀喇齐哩克部，皆称阿噜蒙古。巴延岱洪果尔诺颜再传至图兰，号杜棱汗，子七，长逊杜棱，次阿巴噶图珲台吉，次栋岱青，次班第伟征，次达拉海诺木齐，次萨阳墨尔根，次本巴楚琥尔。巴泰车臣诺颜三传至努绥，子二：长噶尔玛，次诺密泰岱青。初皆隶属于察哈尔。以林丹汗不道，天聪六年，逊杜棱、栋岱青暨喀喇齐哩克台吉噶尔玛率属来归……自是，其部称翁牛特，以喀喇齐哩克附之。不复冠阿噜旧称。"

　　翁牛特部曾有大酋毛里海（毛里孩），他是成吉思汗异母弟别勒古台的后代，而这些却是同母弟斡赤斤（鄂楚因）的后裔。其间王统世系曾有交替。原来是兴安岭西的阿鲁蒙古，却迁到岭东，去掉了阿鲁旧称。

迪汗之弟纳密克（乜明）的儿子是贝玛土谢图，他的两个儿子里，长子岱青杜楞做了敖汉部的部祖，次子额森伟征诺颜做了奈曼部的部祖，可能就是由于这个缘故。敖汉和奈曼的问题，容后再述。

至于明人对这次徙幕的看法究竟怎样呢？ 如前所述，《明史》（卷三百二十七）《鞑靼传》只说："乃徙帐于辽，收福余杂部。"《全边略记》（卷一）《蓟门略》里说：虏酋打来孙"遂契（挈之误）所部东从（徙之误），尽收朵卫（朵颜三卫之误脱），种目日番（蕃之误），三岔河东西，无非插属（插就是插汉儿——察哈尔的简称）。"冯瑗的《开原图说》（卷下）说："按辽镇之有虏患，自嘉靖二十五年，[①]元小王子苗裔打来孙者，收复三卫属夷，举部东移，驻潢水之北。西南犯蓟门，东北犯辽左，而辽左始有虏患。"《大明世宗实录》嘉靖三十年二月总督侍郎何栋的报告说得最详。说：

> "朵颜、泰宁、福余三卫夷人，国初各有分地。朵颜在山海关以西，古北口以东，蓟州边外驻牧。泰宁在广宁境外。福余在开原境外辽河左右驻牧。数年前，北虏小王子打来孙一部，侵驻三岔河。泰宁夷人屡与仇杀，间避夹墙，今已久复故地。三卫头目都督等官，每岁自喜峰入贡如常。初未告急。其辽东属夷苦虏患者，多系二卫（泰宁、福余）部落。夷性随水草，迁徙无常，非可安插。第节年遭虏屠掠，终不外附，宜加抚处，令其摅诚图报。御虏有功者，许奏请升赏如朵颜例，则远人安，而边方有赖矣。"

小王子的驻牧地，最初在潢水以北，后来就专门驻在辽东朵颜三卫的泰宁、福余地方，特别是三岔河地方。《大清一统志》说：三岔河"在海城县西六十里，辽河、浑河、太子河合流入海处。"按明代地志，大抵也是这样，即今牛庄西北三叉河地方。但这个辽河最下游

---

① 这里说嘉靖二十五年，不过是大体上这样说，似乎无妨改为嘉靖二十六年。

地域正是明朝的边墙境上，其内是联系辽东、辽西的最重要的地方，所谓辽东三关之一的三岔关所在地，因而不会立即就是小王子入侵驻牧的地方。

看来，明人所说的三岔河似乎有广狭二义。据郑晓的《今言类编》（载《胜朝遗事》卷四）载：

> "广宁、辽阳间，中有三岔河，皆间田，我戍兵绕而守之。若取而屯牧焉，我地益广，边备益省。马端肃（文升）、李康惠（承勋）二公，皆尝议复此地，不果。盖三河汇流，土地沃衍，草木茂密，又多鱼虾之利。三卫夷人牧马其中，若夺其生业，兵隙必开。"

茅元仪在《武备志》里引《职方考》说："唯山海关可内通，中有三岔河，为辽阳旧城。自洪武壬子沦于夷，全辽始两歧矣。"洪武壬子是太祖五年，当时明的势力还没有充分到达辽东，这时三岔河怎么会被夷人夺去呢？这个年份当然错了，辽东的凹字形边墙据说是正统己巳（十四年，1449 年）之变以后建造的，[1]因而洪武壬子或许是弘治壬子（五年，1492 年）左右的讹误也未可知。总之，辽阳旧城是明末著名的故城之一，旧辽阳之名，屡见于明、清实录和《明史》（卷二百二十八）《李化龙传》、（卷二百三十八）《李成梁传》、（卷二百三十九）《董一元传》等。《辽东志》（卷一）《古迹》条载："旧辽阳城，沈阳城西北八十里，今在境外。"又据《辽东志附图》载，约在今新民府东北、巨流河城或辽宝塔附近、辽河之阳。在辽阳移到现在的地方以前，曾在辽代的辽阳城那里。

所谓广义的三岔河，显然是指辽河河套地方。前引《蓟门略》或何栋的报告里所说的，也应这样理解。三岔河一词，本是三股河流的意思，由辽河、浑河、太子河三条河合流而起的名称，后来远在

---

① 《大明孝宗实录》弘治六年二月辛亥，巡按山东监察御史李善奏称："臣见辽东边墙，正统二年始立，自后三卫夷人，假以放牧，潜入河套，间行剽掠。"

北方、没入夷地的上游地方，可能也叫这个名称了。总之，从都督何栋的报告里说："侵驻三岔河"，或《全边略记》里说："跨三岔河东西，无非插属"。看来，小王子的察哈尔部驻牧在三岔河，乃是事实。而从何栋的报告里说：三卫"入贡如常，初未告急"来看，显然这个三岔河距明边并不很近，因而明人此后数年间对小王子的东迁还没有认为是一个问题。

把察哈尔部移牧的地方说得更清楚的，是《武备志》（卷二百○五）《镇戍蓟镇》条所引《职方考》，说：

> "河套稍南有熬母林，稍北有老母林，离蓟边五、六百里，此地有东虏土蛮住牧。"

这里所称河套，当然是指辽河河套；熬母林是敖木伦（Ao Müren），即大凌河上游；老母林是老木伦（Lao Müren），即老哈河，可见今敖汉、奈曼旗的边外，已经有了东虏土蛮。所说土蛮，当然是察哈尔的图们汗，不过，游牧可汗并不停留在一个地区。《武备志》（卷二百○五）所引《兵略》说：

> "察汗儿达子大部落，山后地名阿力素等处住牧，系辽东、辽西边外。离边三百里，近奴儿哈赤。"

所称察汗儿达子，意即蒙古察哈尔部；所说山后是今坐落土默特部北界的松岭山脉把察哈尔部落分成山前和山后，山后的大部落是可汗本部。这项记载说明，后来到万历年间，那样的察哈尔部落也逐渐稳定下来，到这时，蒙古部落也逐渐建造起喇嘛庙，多少建屋定居下来了。阿力素地方不知确切在哪里，[①]只说位于辽东、辽西边外三百里，近清太祖奴儿哈赤，可见远靠东边。

试看今地志，（日本）关东都督府所编《东部蒙古志》（卷上，第

---

① 阿力素是《明史》（卷二百三十八）《麻贵传》万历三十八、三十九年条所载"泰宁炒花素桀骜，九子各将兵……明年，临边要赏，将士出不意，击之，拔营，徙额力素居焉"的额力素。查今地图，彰武县西北附近有地名叫阿力赏。恐怕这个阿力赏就是阿力素的遗名。

470 页)《锡埒图库伦喇嘛王府》条里记载如下：

> "小库伦，蒙古人称为'呼勒'。呼勒是等待的意思。据说
> 是由憨王在征途中命其仆从在此地待命而得名。又小库伦是
> 汉人针对外蒙古的库伦而命名的。"

又据该书(卷中，第 440 页)所附小库伦街示意图，可以看到市区和
东头喇嘛王府中间有一个老憨王庙。该《地志》编者是根据见闻随
便把事实记载下来的。所谓"憨"是明末察哈尔的陵丹库图克图汗
名叫虎墩兔憨，简称为憨。在《明神宗实录》和王在晋的《三朝辽事
实录》里，这种例子很多。如果说小库伦地方既有有关憨王的传
说，尤其还说有老憨王庙，那么推测这里是察哈尔汗的根据地之
一，就大概不会错了。所称老憨王庙，并非日语的老憨王的庙，而
是汉语的老的憨王庙。小库伦(绥东县)是东蒙古仅次于三座塔
(朝阳县)的由来最古的市街。王在晋的《三朝辽事实录》天启二年
正月辽抚王化贞说："炒花驻养善木，去边可二百里，其北憨部夷。"
养善木就是养息牧，即今彰武县地方。[①] 当时，憨确实驻牧在北方
小库伦附近。尤其陵丹汗时常驻牧广宁边外。据清《太祖实录》、
明《边事实录》等载，把明朝广宁城作为他的势力范围，是毫无疑问
的。

4.察哈尔部的盛衰

考察东迁以后的察哈尔部的盛衰，还是应该以《蒙古源流》的
记载为主，较为方便。《源流》(卷六)说：达赉逊汗，岁次丁巳，嘉靖
三十六年，年三十八岁殁。遗图们台吉、达赉巴噶达尔罕、岱青台
吉三子，接着说：

---

① 《满洲历史地理》卷二，第 292—294 页。

"图们台吉,己亥(嘉靖十八年,1539年)生,岁次戊午(嘉靖三十七年,1558年),年二十岁即位。岁次丙子(万历四年,1576年),年三十八岁,往见盘结腰刀之噶尔玛喇嘛(Garma Lama),遂受禅教。聚集六万人,传示大政令。左翼三万人内,察哈尔之阿穆岱鸿台吉(Amtai Khong Taiji)、喀尔喀之卫征索博该(Oijang Subukhai),右翼三万人内,鄂尔多斯之库图克台彻辰鸿台吉(Khutuktai Sechen Khong Taiji)、阿苏特之诺木达喇古拉齐诺延(Nomdara Khulachi Noyan)、土默特之楚噜克鸿台吉(Chüruge Khong Taiji),执政理事,遂称为札萨克图汗(Jasaktu Khan),共致大国治统太平。由珠尔齐特(Jürchid)、额里古特(Eligüd)、达奇鄂尔(Dagighur)三部落,取其供赋,俾大众安戢。在位三十五年,岁次壬辰(万历二十年,1592年),年五十四岁殁。生布延台吉(Buyan Taiji)等兄弟共十一汗,长布延台吉,乙卯(嘉靖三十四年,1555年)年生。岁次癸巳(万历二十一年,1593年),年三十九岁即位,大众称为彻辰汗(Sechen Khan)。以政治佛教,致大国于太平。岁次癸卯(万历三十一年,1603年),年四十九岁殁。生子莽和克台吉(Mangkhuk)、喇卜噶尔台吉(Rebker)、茂奇塔特台吉(Maghu Kitad)兄弟三人。长子莽和克台吉于父在时即殁。生子陵丹巴图鲁台吉(Lingdan Baghatur)、桑噶尔济鄂特罕台吉(Sang-gharji Odkhan)二人。长子陵丹巴图鲁台吉壬辰年(万历二十年,1592年)生,岁次甲辰(万历三十二年,1604年),年十三岁即位。大众称为库图克图汗(Khutuktu Khan)。从迈达哩诺们汗(Maidarl Nom-un Khan)、卓泥绰尔济(Joni Chorji)等,承受秘密精深之灌顶,扶持经教。岁次丁巳(万历四十五年,1617年),年二十六岁,又遇萨斯嘉班辰沙喇巴胡土克土(Sa-skya Pan-ch'en Shar-pa Khutuktu),复承受秘密精深之灌顶,创修昭释迦牟尼佛庙,以及各项庙宇。于一夏季,趱赶建造,所有牌位神座,俱已造成,照前整齐经教。因至五百年末运,遂分为六大国①而称君焉。达延汗之子孙及汗之族属民众,因背道违理,肆意而行,故不能身享太平。譬之谚云:'君一怒而失国,象一怒而破城也。'汗一味恚怒不悦,欲取六大国之统治。在位三十一年,岁次甲戌(天聪八年,1634 年),年四十三岁,以寿终。此达延汗之长子图噜博罗特(Törö Bolod)历代相传之政统也。"②

嘉靖三十六年,达赉逊三十八岁死后,图们汗嗣,在位三十五年,万历二十年,五十四岁死。后由布延彻辰汗继位。到万历三十一年,四十九岁又死了。万历三十二年,陵丹库图克图汗十三岁即位。达赉逊汗是最早的移牧人,当时忙于平定附近各地,因而没有特别记录,《黄金史》等也没有什么记述。这一带本是蒙古的东边,蒙古方面很少记述,只得以中国方面的记载来补充。

察哈尔部东迁以后,达赉逊汗的短暂生涯,主要消磨在经营新收服的地区。当然,这段时期里,也不断侵犯明朝的辽东。但总的说来,几乎看不到察哈尔部显著发展的事迹。但嘉靖三十六、三十七年前后,③图们札萨克图汗嗣位后,颇富雄略,在亡父培植的基础上,大肆活跃。从明人一惊呼土蛮,就误认为东方的察哈尔看来,也可推测他侵犯辽边如何激烈了。瞿九思的《万历武功录》(卷十)

---

① 所谓六大国就是左右六万户的意思。
② 通行本《蒙古源流》里,十干等错误很多,现在依据施密特德译本和张尔田笺证本改正。
　　(按海日楼笺证本,卷六,第 11—14 页,"岱青台吉三子"作"岱青台吉二子",又"遂受禅教"作"遂授禅教",又"陵丹巴图鲁台吉"作"陵丹巴图尔台吉",又"象一怒而破城也"作"众一怒而破城也"。——译者)
③ 明代记录里,打来孙的名字,自从嘉靖二十九年初次出现(《实录》)以来,一直到三十六年(《明史》卷二百〇四《王忬传》)以前,连续出现。土蛮这个名字,自三十五年初次出现(《明史·鞑靼传》)以后,直到万历十八年(《武功录》)还见到。现在按《源流》所说:"嘉靖三十六年达赉逊死,三十七年图们嗣,万历二十年死。"但《明史》的《世宗本纪》嘉靖三十九年,还看到打来孙的名字,恐怕是土蛮的讹误。

特别立了《土蛮列传》，描述他的活跃情形。现在关于他侵犯辽边的事迹，略而不述，只探讨塞外各族间的发展。首先，事迹最显著、最饶兴趣的便是和建州女真的联系。

明代的女真，最初在建州发迹起来。成化三年，遭到明军掩袭后，便一蹶不振了。嘉靖末年，出现了大酋王杲。王杲是建州右卫都指挥使。素通番汉语言字义，且擅日者术。剽悍常寇边。嘉靖三十六年寇抚顺，杀死明备御彭文洙。他的势力日益猖獗。^① 这时正是察哈尔部数万骑东迁、辽边边警频传、长夜不安的时期。女真的勃兴受到了蒙古的刺激。据茅瑞征的《东夷考略》和《明实录》等记述，嘉靖四十一年五六月间，虏酋土蛮两次深入抚顺、凤凰城、海州、金州等地，杀了明副总兵黑春等。寇掠最惨，完全由于建夷王杲的向导。故高拱的《鞑虏纪事》里也谈到隆庆五年俺答封贡后的形势说："于是，七镇（甘肃、宁夏、固原、延绥、山西、大同、宣府）皆宁，独土蛮猘强犹昔。建州诸夷与之声势相倚。"此外，彭孙贻的《山中闻见录》和沈国元的《皇明从信录》等里也散见王杲等伙同图们汗不断侵犯明边的事。后来，万历二年冬，王杲经明总兵李成梁讨伐，第二年被捕杀。他的儿子阿台逃脱了，投靠开原南关哈达（Hada）部。不久，自己建起古勒（Gure）寨，直到万历十一年春二月灭亡前，曾数次引导北虏侵犯辽东。^② 阿台所通的北虏究竟是谁，记录不详，但就《万历武功录》等记载来看，当时蒙古和女真关系最深，这当然是察哈尔一派。从这以前王杲失败后，就想投靠图们汗这一事实看来，两者的关系大有宗主和被领的情形。因为王杲虽属建州最强悍的酋首之一，但终不过是浑河河畔的一个部酋，强弱之势，毕竟不能和当时风靡兴安岭以东地区的察哈尔汗相匹敌。

尤其使我们深感兴趣的是，清太祖继承了这种关系，自然还是

---

① 据茅瑞征的《东夷考略·建州考》、彭孙贻的《山中闻见录》等。

②《山中闻见录》、《明史·李成梁传》等。

服膺了察哈尔部的势力。据明人记述说,太祖之父景祖觉昌安(叫场)、他的父亲显祖塔克世(他失)都是王杲的部将,和阿台同时丧命。王杲败逃以后,暂时求庇于阿哈纳。这个阿哈纳是清宗室里的所谓宁古塔贝勒之一。① 他的主人王杲、阿台等既然服膺图们汗的势力,那么属下的清祖一族当然也都慑服于他。君父死于万历十一年,当时太祖年仅二十五岁。此后,太祖成为明朝刑余的遗孽,完全失去依靠,便和旧时的保护人秘密通款,尽力联络蒙古,②特别是《清太祖实录》可作确证。《实录》载天命四年(万历四十七年)十月察哈尔部陵丹汗寄给太祖的信说:

> "先时,二国使者常相往来,因汝使臣谓吾不以礼相遇,构吾两人,遂不复聘问。如以吾言为是,汝其令前使来,复至吾国。"

这虽不过是断简残笺,《实录》采录敌国来信时,也有窜改的痕迹,但仍足以推测太祖继承君父,直到陵丹汗即位时(万历三十二年),还和蒙古通好的情形。看来,如果认为陵丹汗的来信只是要求遣使往来,那就没什么意义了。所说:"令前使来,复至吾国"云云,是否促使恢复已经废绝的朝贡呢? 太祖的使臣说陵丹汗不以礼相遇,是否就是新兴的太祖向可汗要求分庭抗礼呢? 清廷接到这封信以后大哗,一向慎重的太祖竟斩弃来使,立即作攻守准备。太祖对此的复信一味急于要正名分,由此可以想见,这绝不是一封普通寻常的来信。

就以上所述,可知图们汗的势力确已制服了建州女真,而还慑服了一部分海西女真,可由《清实录》的记载来证明。《太祖实录》述及辉发河畔辉发国的历史,该国建国之初,"察哈尔国查萨克图

---

① 《清太祖实录》、《明神宗实录》万历四十三年春正月乙亥,辽东巡抚郭光复的奏折。
② 《李朝实录》宣祖三十一年(万历二十六年)十二月甲子条载平安兵使李广浚驰启说:"近有老酋(奴儿哈赤)请西狫子(蒙古)二十万兵,老酋则自宽奠等处,西狫子则辽阳地方,一时犯抢等声息。云云。"第二日乙丑条又载军门接伴使金命元的报告说:"项日,李如梅报称:西路狫子与老乙可赤约,与合势,开元、沈阳、辽东、鸭绿一带以西等地欲为抢掠,云云。"但实际似并没有任何行动。

土门汗(札萨克图图们汗)自将围其城,不克而还。"①天命十年八月,太祖训示科尔沁奥巴洪台吉(Ooba Khong Taiji)的话里又重提这事说:"时,辉发兵五百,带甲者仅五十人,与战,土门汗不胜而返,遂不复来侵。"可汗这次征伐虽未获胜,但还足以震慑附近女真各部。这从所传清人铭之肺腑一点,也可了解。浑河河畔的强酋既已和它通款,较远的辉发河畔的城寨,当然也未免遭到掩击,至于西边正当往来途中的海西各部,当然更要服膺图们汗(土门汗)的威力了。

开头所引《蒙古源流》里盛赞图们汗治统太平的功绩,末尾说:

> "由珠尔齐特、额里古特、达奇鄂尔三部落,取其供赋,俾大众安戢。"

这三个部落名称是首次出现在《源流》的异族的名称。德文译文是"Die drei Völker von verschiedener Sprache"。若说兴安岭东侧和蒙古毗连的异族,首先就是满洲女真。《源流》所说"珠尔齐特"(Jürchid),显然是蒙古人对女真的称呼。所说"额里古特"(Eligüd)不详。② 达奇鄂尔(Dagighur)这个名称,无疑是住在今黑龙江省嫩江流域地方的所谓契丹遗族的达瑚尔(Dakhur)。果真是这样,那么图们汗的势力就不仅自由驱使了兴安岭以东的蒙古各部,还制服了东方奉天、吉林两省的一部分女真人和北方黑龙江省的混合种各族。

这样强大的势力,当然不会不越过兴安岭向西发展。因此,图们汗有时和俺答抗争,有时又和俺答之子黄台吉发生冲突。叶向

---

① 按《清实录》影印本,第十册,太祖实录卷九,第15页,"土门汗不胜而返"作"察哈尔不胜而回。"——译者

② 索伦(Solon)是黑龙江省方面和达呼尔(Dakhur)齐名的少数民族。额里克特(Eligüd)或者是它的别名? 达呼尔语近似蒙古语,可是索伦语却完全不同。据《成吉思汗实录》(日文本第31页)说:元初居于结连呼伦、贝尔两湖的乌尔顺河沿岸的蒙古的一个部是阿亦里兀惕,这个族名很近似额里克特。这里稍偏东方就是现今额尔特部。《朔方备乘》卷二、《索伦诸部内属述略·叙》里说明额尔特的情形时,说:"鄂勒特一作厄鲁特,征准部时,徙其降人于此。多居呼伦贝尔,而卜魁城亦间有之。"说不定这个说明是错误的,也许这额尔特是自古以来就驻在这里的额里克特。

高的《四夷考·北虏考》说：

> "当帝世（嘉靖帝），虏诸部，独俺答强。黄台吉，其子也。
> 尤慓悍，尝劝其父臣土蛮。土蛮伐之，不能克，遂与连和。"①

后来，隆庆中，当俺答被封顺义王等时，不管总督尚书王崇古怎样请求，俺答仍对图们汗无可奈何。图们汗听说俺答封王，发怒说："俺答奴也，而封王，我顾弗如"，便挟三卫、逼辽东，以求封王。② 但到俺答、黄台吉相继死后，可汗的权力似乎逐渐恢复起来。

《蒙古源流》记述图们札萨克图汗的统治说：

> "图们台吉……岁次丙子，年三十八岁，往见盘结腰刀之
> 噶尔玛喇嘛，遂授禅教。聚集六万人，传示大政令。左翼三万
> 人内，察哈尔之阿穆岱鸿台吉、喀尔喀之卫征索博该，右翼三
> 万人内，鄂尔多斯之库图克台彻辰洪台吉、阿苏特之诺木达喇
> 古拉齐诺延、土默特之楚噜克鸿台吉，执政理事。遂称为札萨
> 图汗，共致大国治统太平。"③

所说"往见盘结腰刀之噶尔玛喇嘛，遂授禅教"，可见当时喇嘛教逐渐普及，已成为蒙古的国教了。所说"聚集六万人"，意思是召集左右两翼六万户，也就是说会合全蒙古的全部力量。所谓"执政理事"，同后来《清朝实录》所载喀尔喀五部落执政贝勒等一样，可能是后来的盟长等的意思，绝非图们汗朝廷的官吏。所说"共致大国治统太平"云云，可能是粉饰的词句，但也在说明可汗多少恢复了宗主权。所谓右翼三万户的执政理事里居首位的鄂尔多斯库图克

---

① 何乔远的《名山藏》的《鞑靼传》所载相同。又据《实录》隆庆四年六月乙丑，巡按直隶御史刘良弼所说，和六年七月甲午，巡按宣大御史孙录所奏，当时黄台吉正和土蛮构隙。

②《明史》（卷二百二十二）《张学颜传》载："俺答封顺义王，察罕土门汗语其下曰：俺答奴也，而封王。吾顾弗如。挟三卫窥边，欲以求王。"冯时可的《俺答后志》末尾，也有同样记述。

③ 原文（按海日楼笺证本，卷六，第12页，"传示大政令，左翼三万人内"句，"令"字似应属下读，"传示大政，令……执政理事。"——译者）实际作库图克彻辰洪台吉，现按德译本改正。又德译本把喇嘛的形象"腰刀盘结"译成了"Ilduni Sanggiduktschi"，好像是他名字的一部分。又，对于台吉的洪台吉，本是大台吉之意。可见这时洪台吉如何之多。

台彻辰洪台吉(Khutuktai Sechen Khong Taiji)，就是吉囊死后称霸河套的他的侄儿切尽黄台吉，也就是《蒙古源流》的作者萨囊彻辰洪台吉的曾祖父。阿苏特的诺木达喇古拉齐诺延(Nomdara Khulachi Noyan)，恐怕是他的从子阿速的大酋哑速火落赤把都儿(Asud Khulachi Baghatur)，土默特的楚噜克鸿台吉(Chürage Khong Taiji)不用说就是俺答之孙、辛爱黄台吉之子、第三代顺义王扯力克黄台吉。至于左翼三万户的执政理事之中，察哈尔的阿穆岱鸿台吉(Amutai Khong Taiji)，可能是《兵略》里所说的山前察汗儿达子部落最有名的房酋奴木黄台吉，喀尔喀的卫征索博该(Oijang Subukhai)就是所谓泰宁叛酋速巴亥，实际也就是后面所述的喀尔喀巴林部落的苏巴海。可见这些都是当时具有代表性的蒙古大酋。

不过，应该注意的是，照《蒙古源流》的字面看来，这些执政理事好像是岁次丙子同时被召集任命的，其实并不是这样，应该理解这五个人正是图们汗这一代，一个一个依次被批准的。岁次丙子正是万历四年，当时还是俺答的全盛时代，他的儿子黄台吉还没有袭封，何况他的孙子，扯力克这时还没有显露头角。尤其喀尔喀的索博该，万历十年已死，他和万历十五年袭封的顺义王扯力克，[①]年份怎么也连不上。所说岁次丙子，可能是图们汗迎接噶尔玛喇嘛的年份。总之，这时候察哈尔汗的权威已稍微恢复，如前所述，在兴安岭以西地区，克什克腾部固不待言，连浩齐特、苏尼特、乌珠穆沁等部，也都归其属下，直到察哈尔部灭亡时期，这在《蒙古王公表传》和《蒙古游牧记》里都有记载。当然，小王子的东迁，并不意味着抛弃了对蒙古的宗主权，但实际在俺答、把都儿的全盛时代，这一带地区已经很难说是小王子的属地了。

图们汗治下察哈尔部的发展情形，如上所述很惊人。万历二

---

① 《明史》卷二十《神宗本纪》万历十年三月和十五年三月各条。

十年,图们汗死了,他的嫡子布延彻辰汗嗣立。这时似乎已趋于保守退缩。在明人记录里,此后,侵寇辽东的记录也渐渐少了。《蒙古源流》里也几乎没有记载关于布延汗的事迹。但《万历武功录》(卷十)里却立有卜言台周即布延台吉的列传。《明史》(卷二百三十八)《李成梁传》里也时有卜言台周的活动情形,尤其是该书《李如松传》里,描述李成梁的爱子李如松的战死情况说:

> "明年(万历二十六年)四月,土蛮寇犯辽东,如松率轻骑,远出捣巢,中伏,力战死。帝痛悼,令具衣冠归葬,赠少保宁远伯,立祠,谥忠烈。"

征朝战役中那样的名将,竟在这次战役未了时,轻易死于蒙古之手。[①] 这里说敌人是土蛮侵寇,但从年份来推断,无疑是布延汗。又据《实录》万历二十九年八月己丑条载:"顺义王与东房擦罕儿构兵。命大同督抚,慎加侦探,固我内圉。"[②]当时彼此退缩的小王子和顺义王,似乎终于没有进行决战就停下了。

万历三十一年,布延汗死后,长子莽和克没有即位已先死了,第二年,汗位就落到了幼孙民旦[③]的肩上。《神宗实录》万历三十五年七月,兵部尚书肖大亨的《边防事宜疏》里有一节叙述当时辽左夷情说:"幼憨嗣立,柔懦无为,奴速诸酋,互相雄长。"据《蒙古源流》载,陵丹汗立时年仅十三岁,这时也只有十五六岁。所称"幼憨",是年幼的虎墩兔憨(库图克图汗)之意,奴速诸酋是指新兴的

---

① 看来,这在朝鲜是惊心动魄的事件。《李朝实录》宣祖三十一年(万历二十六年)四月,辛未条载:"麻提督伺候堂上,启曰:昨夕,提督内家丁密言,辽东地方挞子来犯,总兵李如松领兵出战,众寡不敌以致大败,李如松及游击四员不知去处,云。"又壬申条载:"四月初三日,见没于义州卫所属清河地方,此去广宁本城一百三十余里,有假顺挞子,传通彼此消息。李如松初以精兵,破斩挞子若干而回,提督不悟其示弱诱引,乃于夜间领去五千兵马,驰入伏中,虏乱起夹击,两军暗中相搏,将官死者七八,军兵折死甚众,或有走回者。大约死亡三千余,云。"又甲戌、戊寅条也记述了这事。

② 《明实录》影印国学图书馆传抄本,万历二十九年八月己丑条没有这项记述。唯同月庚寅条载有"以大同镇探报房情,命慎加防御"等话。——译者

③ 所谓民旦是据后引《兵略》的,民旦可能是陵旦的异译。

建州女真的强酋奴儿哈赤（Nurhachi）和他的弟弟速儿哈赤（Shurgachi）。在这以前，从图们汗时代察哈尔部就已传入了喇嘛教，且还很流行。从《蒙古源流》可知陵丹汗特别笃信喇嘛教，曾由喇嘛受数次灌顶，且建造释迦牟尼佛庙等堂塔伽蓝。据传今天遗留下来的蒙文大藏经等经卷，也都是这时期译出的。[1]《明史·鞑靼传》等记述东迁以前的察哈尔部情形说："时，小王子最富强，控弦十余万，多蓄货贝，稍厌兵。"正可移来同这时情况对照。当时蒙古可汗的朝廷究竟如何繁缛，从明、清记录里所载陵丹汗宠幸嬖人之多，和宰相各官名义俱备的情况就可以推测了。[2]

然而，正在这时，各酋骄横已渐不能控制。陵丹汗也不得不对属下远族喀尔喀的强酋有所畏忌，对近族敖汉、奈曼等的跋扈也无可奈何。所谓八大营二十四部部众也都逐渐显出背离、独立的倾向。而助长、煽动这种背离倾向的是新兴的劲敌清太祖所施巧妙的调侃手段。到这时候，陵丹汗虽想膺惩背叛、巩固统一，却为时已晚，心有余而力已不足。清天命十年（明天启五年）冬十一月，讨伐北方科尔沁部的贰心，无效。十一年和天聪元年间，南方亲族敖汉、奈曼反而逃亡投清，部下的喀尔喀巴林、札鲁特部里，也出现逃

---

① 内藤虎次郎《被焚毁的蒙满文藏经》（《读史丛录》）。组成喇嘛教圣典的主要经卷《经律论》三藏之中，经部或正藏叫作《甘珠尔》（Bka'-'gyur），副藏或杂藏叫作《丹珠尔》（Batan-'gyur）（《佛教大辞典》第 608 页）。现在有叫作甘珠尔庙等的地方，就是由于该地有藏经的寺院。从这时起，蒙古草原上就不断建造巍峨的喇嘛庙。冯瑗的《开原图说》说："各房近皆敬佛……建寺起楼供佛，其砖瓦木石皆所掳中国匠役为之。造作寺观，有甚华丽者。亦有僧，多内地人，皆与酋首抗客礼，有番僧至，则酋首罗拜，谓之楼子。房营帐多在楼子傍，其左右前后三四十里，即其板升。板升者，夷人之佃户也。"

② 天聪八九年间，察哈尔部众被清朝收抚时，陵丹汗的妻妾众多，自不待言，投降的台吉、官人，也有几百人，其中不少是济农（副王）、寨桑（宰相）、蝦（侍卫）等。特别是噶尔马济农，德参济旺、多尔济达尔汉、多尼库鲁克四人，号称察哈尔国四大寨桑（《清本宗实录》）。据明代纪录，也列有陵丹汗用事权臣贵英哈等人名字（《三朝辽事实录》、《明史》卷二百三十九《张臣传》）。更惊人的是清《太宗实录》天聪元年二月己亥，太宗给奈曼的招降书里说："察哈尔汗攻掠喀尔喀，以异姓之臣为达鲁花，居诸贝勒之上，又离析诸贝勒之妻，强取诸贝勒之女，以摆牙喇之奴，云云。"达鲁花无疑是达鲁花赤的简称。由此可知，元代盛行的达鲁花赤遗制直到清初还保存着。所谓摆牙喇就是亲卫军。

往科尔沁的人，其间还渐有清军侵越的事件发生，以致可汗本人终于不得不西迁避难。据《三朝辽事实录》和《明史·鞑靼传》等记载，察哈尔部的西迁，在天聪一二年（天启七年、崇祯元年）之交。天聪元年五月，重新对西邻哈喇嗔大营要求自己主权的陵丹汗，不久便和阻止他西迁的西方各部联合军作战，虽曾一度稍败，但最终灭掉哈喇嗔大营，吞并土默特部众，并立即进逼明境宣府、大同，要求把本部和别部的新旧岁赏全归他一个人。① 哈喇嗔大营溃灭后，它的属部朵颜卫改称喀喇沁了。

　　陵丹汗以辽东百战之兵，对清军竟至抱头鼠窜，反而自己粉碎了右翼各部，大为丧失了声望。哈喇嗔的余众和土默特的顺义王自不待言，就连他的旧部乌珠穆沁、浩齐特、苏尼特等，也部投奔漠北喀尔喀去了，剩下还能和他意气相投的只有《蒙古源流》的作者萨囊彻辰等的鄂尔多斯少数酋长而已。前面所说的乌珠穆沁、浩齐特、苏尼特等部酋，因陵丹汗横暴而逃亡避难，就是指这件事。《源流》里说"因背道违理，肆意而行，故不能身享太平。云云。"天聪三年（崇祯二年）秋，陵丹汗犯明廷延绥红水滩，又攻宣府龙门。五年十一月，又出兵兴安岭东石拉木轮（Shira Müren）地方。六年夏，遭到清太祖亲征，未及接战，便立即远遁。八年，越河套、河西，来到离青海还有十天路程的大草滩，出痘而死。时年四十三岁。陵丹汗和清太祖同庚。所说大草滩，和《明史》（卷三百三十）《赤斤蒙古卫传》所说的"出嘉峪关西行二十里曰大草滩"是一个地方，也就是今安西州门户地方。在这以前，天聪八年五月，清太宗亲率大军，过蒙古地，一路上收抚察哈尔来归的官民，对明廷大同、宣府炫耀兵威以后，就回师了。九年春，又遣亲王多尔衮（Dorgon）等，深入黄河河套，越过明廷榆林边外三天路程的地区，到达陵丹汗的遗

---

① 以上见《清太宗实录》、《明史·鞑靼传》。

子额尔克孔果尔额哲（Erke Khongghor Ejei）和他的母亲苏泰（Sutai）太后等所驻的托里图（Tolitu）地方，把察哈尔部遗众尽数收降。于是，从达延汗以来的小王子世家就完全灭亡了。① 但是，清廷尊重额哲的门第，把太祖的女儿嫁给了他，让他和他的母亲苏泰太后等同住在察哈尔部故地义州边外的孙岛、习尔哈地方，因而察哈尔部的地位比其他各部还稍高一些。然而到康熙十三年，吴三桂叛变的时候，额哲的末弟布尔尼（Burni）纠合奈曼等部，企图乘机恢复陵丹汗旧业，结果是一败涂地，察哈尔部遂丧失了自治权利，变成了清朝直辖的八旗，并被迁到宣化、大同边外。② 现在察哈尔的地名，就是这样来的。

5.察哈尔部的分支

现在来探讨察哈尔部的世系和它的分支。《蒙古源流》只载有图们汗之子"布延台吉等兄弟共十一汗"，并没有列举每个人的名字。瞿九思的《万历武功录》（卷十）《土蛮列传》的末尾说：

"自是之后，土蛮老而厌兵，边患稍戢。久之，以狗马病死。子卜言台周嗣。土蛮或名土蛮罕，或名土买罕，或名察罕儿，或名插汉儿。土蛮生八子：长卜言台周，次宰赛兀儿，次伯言户儿，次把哈委正，次额参，次先银，次烧花。又言生四子：长卜彦伯吉，次柏太，次卜彦兔。"

下面还有卜言台周、宰赛兀儿、额森等列传。又，郑文彬的《筹边纂议》（卷一）《历代夷名宗派》和王鸣鹤的《登坛必究》（卷二十三）《北房各支宗派》条，题为《北胡夷酋号名叉罕儿宗派》，记述如下：

"初代享只罕生三子，二代长子打来孙生四子，三代长子

① 《清太宗实录》天聪九年五月丙子、六月甲午、十一月丁未朔、《东华录》、《大清一统志》。
② 《蒙古源流笺证》卷八。《中国名人录》（《Eminent Chinese》）第304—305页。

土蛮生六子。

四代长子卜言台住，四代次子宰桑兀儿，四代三子伯彦户儿，四代四子把哈委正，四代五子额参，四代六子先银。

三代次子委正，三代三子煖兔，三代四子壮兔。

二代次子黑石炭生二子，三代长子土妹，二代次子扯镇，二代三子大委正。"

三代土蛮的儿子有：卜言台住（周）、宰桑（赛）兀儿、伯言户儿、把哈委正、额参、先银六人。和《武功录》所载的除末子烧花以外，完全相同。《武功录》的《宰赛兀儿列传》说："宰赛兀儿，土蛮次子也。又名柏大。"或者所说"又言生四子"，并不是另有其他儿子，卜彦伯吉就是卜言台周，宰赛兀儿即柏太，卜彦兔即伯言户儿，只是重复了前四子的讹传，也未可知。《武功录·卜言台周传》末尾说："卜言台周或名卜彦伯，或名卜言台住，或名伯彦太主，或名拨言太主，或名卜言台主。"这就更增加了卜彦伯吉就是卜言台周的可能性。总之，从《武功录》的赞词："土蛮之子数人，而卜言台周及宰赛兀儿，乃独倔强。孛彦、炒花，碌碌因人成事，不足论。"看来，孛彦、炒花并不是什么了不起的人物。

二代打来孙（达赉逊）之子，《源流》说有"图们台吉、达赉巴噶达尔罕、岱青台吉三人"。《登坛必究》等却说，有"长子土蛮，次子委正，三子煖兔，四子壮兔。"《武功录·土蛮列传》里还有："土蛮之弟小打儿汉"一句话。因此，有巴噶达尔罕（小打儿罕），固属事实，但上述四子中，谁是达尔罕，谁是岱青，很难弄清楚。《武功录》（卷十三）《委正传》说："委正，打来孙第二子也。为泰宁酋长，而恃去开原七百里而远，而又与王杲通婚媾，颇有桀心。"又《大委正列传》说："大委正，又名庄秃，打来孙第四子也。"可见打来孙次子叫委正，四子叫壮兔（庄秃）。叔叔叫大委正（一克委正），因而侄儿就叫小委正（把哈委正）。看来，大小委正（一克委正，把汉委正）的勇名曾轰动一时。《登坛必究·住房三间义(又)汗家达子宗派》①里说："长子土蛮罕,次子捆的冷庄兔台吉,三子委正台吉。"捆的冷是 Köndölen(昆都仑)的译音,庄兔是壮兔,委正就是前面所说的委正。壮兔既叫大委正,应该是兄长,单叫委正的应该是弟弟。或者就是小委正。②

《武功录》(卷十三)的《黑石炭列传》载:"黑石炭,孛只第五子也。"赞词说:"孛只之子五人,黑石炭独以强著哉。它所谓打来孙及阿牙台皮、卜以麻、王文打来,稍称善乎? 然再传而土蛮恶矣。云云。"照这样说来,博迪汗(孛只罕)五子之中,打来孙是长子,次子阿牙台皮,三子卜以麻,四子王文打来,而黑石炭是第五子。阿牙台皮和卜以麻的名字,在前引米万春的《蓟门考》里也曾出现。《源流》所载博迪之子,除达赉逊(打来孙)以外,只有库格珠特台吉和翁衮都噶尔二人。这两个人分别是苏尼特部和乌珠穆沁部的始祖。很难辨认五子之中,谁是库格珠特台吉,谁是翁衮都噶尔。

再查肖大亨的《北虏风俗》(夷俗记)所附《北虏世系》说:歹颜哈的长子是铁力摆户。铁力摆户死后,遗二子。并列世系表如下:

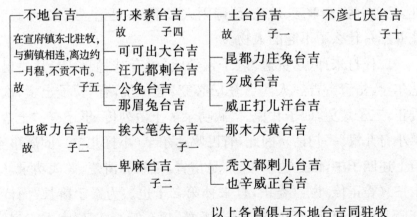

以上各酋俱与不地台吉同驻牧

① 这里显然是《住三间房叉汗家达子宗派》的倒误。
② 《万历武功录》卷十,有《灰正、一克灰正列传》,说是"土蛮部夷也"。这里可能是把委正和一克委正误作两个人了。

据此看来,歹颜哈当然就是达延汗,铁力摆户是图鲁博罗特,不地台吉是博迪台吉,打来素是达赉逊,土蛮是图们,不彦七庆是布延彻辰。昆都力庄兔就是《登坛必究》里的捆的冷庄兔,也就是大委正。威正打儿汗是委正台吉。《登坛必究》里略去了歹成台吉,他是《蒙古源流》里的岱青台吉。因此,威正打儿汗正是《源流》里的达赉巴噶达尔罕。《世系》所说的可可出大台吉是苏尼特部的始祖库格珠特台吉。汪兀都喇台吉是乌珠穆沁部的始祖翁衮都噶尔,也就是《黑石炭传》里的王文打来。公兔台吉和那眉兔台吉,别处没有看到,但既然说"黑石炭,字只(不地)第五子也",那么那眉兔的异名或者是黑石炭。《武功录·黑石炭传》说:"黑石炭又名打来汉(打剌汉)"。该书出现的打来汉全都是指这个人,对此他的从子就叫作巴哈达尔罕(小打儿汉)。那眉兔这个名字颇接近纳密克,但不地台吉之弟并非纳密克,而是也密力即乜明。又据《登坛必究》的另一条说:"我力命那言生二子,长子不一骂台吉,次子哈喇处台吉。"这和说也密力之子有挨大笔失(阿牙台皮)和卑麻(卜以麻),大略一致。挨大笔失和卑麻,容当后述,总之,他们不是不地台吉的儿子,而是他弟弟也密力的儿子。说挨大笔失的长子是那木大黄台吉,这可能是煖兔的异译。《武功录》(卷十三)《煖兔·拱兔列传》说:"煖兔,阿牙台皮长子也。""拱兔,阿牙台皮二子也。"由此看来,煖兔、拱兔当是土蛮的从弟。

《明史》(卷二百三十八)《李成梁传》叙述土蛮当时具有代表性的强酋说:

> "当是时,俺答虽款塞,而插汉部长土蛮,与从父黑石炭,弟委正、大委正,从弟煖兔、拱兔,子卜言台周,从子黄台吉,势方强。泰宁部长速巴亥、炒花,朵颜部长董狐狸、长昂佐之。东则王杲、王兀堂、清佳弩、扬吉砮之属,亦时窥塞下。十年之间,殷尚质、杨照、王治道三大将,皆战死。"

所说从子黄台吉，必定是《武功录》(卷十)《黄台吉列传》中所说的"黄台吉别名小黄台吉，土蛮侄也。"可能是后面所说的歹青(岱青)之子黄台吉。《登坛必究》等书里所说黑石炭之子土妹，就是《武功录》(卷十)所说的土墨台猪。所说扯镇就是后面所说的扯臣黄台吉。还有，图们汗(土蛮台吉)的儿子本来有十一人，而《北虏世系》里却只记录了一子布延彻辰汗(不彦七庆台吉)。布延彻辰汗有子三人，均未列名。这样太不可靠了，只好拿后来记录的《辽夷略》来补充。

以上只是依据《武功录》、《登坛必究》和《北虏世系》来考证的。以下再根据张鼐的《辽夷略》加以考察。辽海郑文彬的《筹边纂议》成书于万历十八年岁次庚寅孟冬。淮阴王鸣鹤的《登坛必究》是万历戊戌岁(二十六年)冬月吉旦著于白狼公署。泰安肖大亨的《北虏风俗》有万历甲午(二十二年)盛冬的序。黄梅瞿九思的《万历武功录》刊有万历岁在壬子(四十年)夏五月二十有五日《翰林院添注待招臣瞿九思序》。华亭张鼐的《辽夷略》卷首说："余自庚申十一月归途，撰次《辽夷略》，记其种落住牧及市赏诸处，盖得之周中丞毓阳《全辽图》底本中，颇详而核。"庚申是光宗泰昌元年，距万历壬子相隔九年。因此，《辽夷略》记述末年的事最详。正如他所说的，记种落驻牧地和市赏诸处最详细。例如："以广宁锦义而论之，其土蛮憨一种凡九枝，共三十酋。而领市赏则镇远关也。其煖塔必一种凡十枝，共四十酋，而领市赏则镇运关与大福堡也。其大委正一种，凡三枝，而领市赏亦镇远关也。其克石炭一种凡三枝，共九酋。而领市赏亦镇远关也。云云。"镇远关在广宁北镇远堡外。大福堡在锦州城西。原文说：

"其酋曰土蛮憨，号老王子。九子：自长男扯臣憨而下，曰委正黄台吉，曰额参台吉，曰锁迷台吉，曰歹青台吉，曰琵琶台吉，曰莽官儿大台吉，曰卜言大台吉，曰桑阿儿寨台吉。今诸

酋皆虎墩兔憨约束之。牧地直广宁,去寨十余里,而市赏皆广
宁镇远关。扯臣憨之长男曰莽骨速台吉,即虎墩兔憨之父也。
二子,一为憨,约束诸部。而次曰秒兔黄台吉。兄弟约兵三万
余骑矣。次男曰毛起炭,存而有子一,曰脱脱亥。其骑亦有五
千。此莽骨速之派为独盛,而制诸部也。虏中称憨如帝。委
正故。二子,长伯言,次伯言大,而约兵三千余。额参台吉故。
仅一子曰召克大,绝矣。锁迷之子,长麦力根,次哈大,亦拥骑
二千余。歹青之子二,曰㐅赖,曰黄台吉,俱在。而㐅赖二子,
长扯扯台吉,次张台吉。黄台吉一子曰噶儿骂台吉。亦拥兵
约二千余骑也。琵琶之子曰克什兔,曰阿败,约兵千余耳。其
莽官儿(大)尚存,而有子曰伯言兔,亦约兵千余骑。卜言太
存,有三子,长色令,次拱赤,三把兔儿。而兵数亦与琵琶同。
桑阿儿寨存,生子四,曰扯扯阿败,曰王儿寨,曰拱革,曰班台,
拥骑三千余。而视莽官、琵琶、卜言太三部,差雄矣。计土蛮
之派凡二十一枝。俱帝虎墩兔憨。憨兵不下三万,而合诸酋
兵又几二万,是以为土蛮之种强也。"

土蛮憨(图们汗)之子是扯臣憨(彻辰汗),他的儿子是莽骨速(莽和
克),孙子是虎墩兔憨(库图克图汗)。莽和克之弟虽无秒兔黄台
吉,却有毛起炭(茂奇塔特),这和《源流》完全一致。所以,虎墩兔
憨之弟秒兔黄台吉可能就是桑噶尔济。除扯臣憨以外,其余委正、
额参、卜言大(卜彦兔),都和《武功录》符合。但究竟谁是宰赛兀
儿,谁是先银,谁是烧花,还不能考定。

《满洲实录》(卷八)记载清太祖天命十年(1625年)八月,当时
逃往科尔沁部的一部分察哈尔部来归,说:

"初,察哈尔车臣汗卒,孙林丹立,尽夺实纳明安部岱青
(车臣弟也)人民。岱青率其妻并六子札尔布(Jalbu)、色棱
(Sereng)、公格(Güngge)、实达达(Shidada)、噶尔玛(Garma)、

　　武尔占(Urjan)，叛归鄂巴洪台吉。至是，岱青、札尔布、色棱，
　　从科尔沁来谒。"

车臣汗(彻辰汗)的弟弟岱青(歹青)，即《辽夷略》里所说的歹青，他的部落叫作实纳明安(Shine Mingghan)部。只是他的六个儿子，和上面所说的两个儿子不同。尤其噶儿骂(噶尔玛)是次子黄台吉之子，从岱青来说，是孙子。这事该怎样解释呢？

　　茅元仪的《武备志》(卷二百〇五)《镇戍辽东》条，引《兵略》①所载《辽东镇外住牧夷人》说：

　　　"擦汗儿达子大部落，山后地名阿力素等处住牧。系辽东
　　辽阳边外，离边三百里，近奴儿哈赤。老王子土蛮哈故。生七
　　庆哈，故。生挟桑兔，故。生虎墩兔哈，存，袭王，小名民旦，部
　　落三万有余。大娘子一克台户生五子：长子黄台吉即煖兔台
　　吉，存。部落二万有余。二子圪炭台吉，存。部落五百有余。
　　三子把拜台吉，存。部落五百有余。四子姑列台吉，存。部落
　　五百有余。五子索浪台吉，存。部落五百有余。

　　　　二娘子七青台户生七子：长子威敬黄台吉，存。部落七千
　　有余。二子素浪达儿汗台吉，存。部落五千有余。三子歹青
　　台吉，存。部落三千有余。四子矮参台吉，故。部落三千有
　　余，众人分兵。五子补大台吉，存。部落三千有余。六子琵琶
　　台吉，存。部落五百有余。七子桑葛在台吉，存。部落五千有
　　余。"

---

① 《兵略》的作者不详。然从《武备志》作者随便引证来看，必定是当时著名的书。清姚觐元所编《清代禁毁书目》，随处见到"《兵略》、明陈象明撰"。该书目补遗一中说："《兵略》十四本。查《兵略》系明陈象明撰，其书作于崇祯九年，取自古兵家言，分类抄撮，体例与《武备志》相同，多系剿袭各书成文，了无发明之处。其辽东、蓟门诸类中，语句尤多诋斥，应请销毁。"此外并没有叫作《兵略》的书，可能就是此书。但中华人民共和国孙殿起著《清代禁书知见录》说："《兵略》无卷数，明新安毕懋康撰，无刻书年月，约崇祯间刊，《陈目》作陈象明撰。"如果这书是崇祯间刊，而《武备志》是天启元年之作，年代就不合了。容待以后考证。

这里,土蛮哈(图们汗)、七庆哈(彻辰汗)、虎墩兔哈(库图克图汗),没有问题。只是把挟桑兔说成是莽和克,不知是何缘故,可能是别名。所说"大娘子一克台户"、"二娘子七青台户"的台户是太后的音译。五子加七子,合计十二子。这和前面所说图们汗有子十一人,大致相符。这里恐怕说的是大夫人大太后、二夫人聪明太后的意思。这些可能都是图们汗的遗子,但大娘子一克台户的五个儿子之中,仅长子黄台吉有部落二万余,其余各子都只有部落五百余,也很奇怪。其他各书里都没有记载这一支的世系,可能是由于大娘子这一支的世系自立一个系统,或者长子黄台吉即煖兔台吉,也就是后来的布延彻辰汗吧!

反之,二娘子七青台户的七个儿子,大体上和前引《辽夷略》所记相符。即威敬黄台吉是委正黄台吉、素浪是锁迷、歹青是歹青、矮参是额参、补大是卜言太、琵琶即琵琶、桑葛在是桑阿儿寨。尤其所说:"额参台吉故,仅一子曰召克太,绝矣"和所说"矮参台吉,故。部落三千有余,众人分兵"非常吻合。只是兄弟顺序不同,数目也不一致,这是显著的不同。这些是驻牧山后的擦汗儿达子大部落。他们是察哈尔部落的正统。所说山前、山后并不是《兵略》作者随便区别开的,《清太祖实录》天命十年八月,科尔沁的奥巴烘台吉也说:"南察哈尔与北阿尔察哈尔林丹汗期会"云云,本来是蒙古人之间固有的名称。所说南察哈尔就是山前擦汗儿达子小部落,北阿尔察哈尔的林丹汗显然是指北边山后察哈尔大部落的可汗。所谓阿尔(Aru)当然是山后的意思。

关于山前的小部落,在《兵略》里,另有:"擦汗儿达子小部落,山前辽东地方宁远、广宁边外青山住牧,离边一百余里。"后面还有:"长子奴木大黄台吉,存。部落七千有余。二子银定台吉,存。部落七千有余。三子苏克气台吉,存。部落三千有余。云云"等记述。这些是谁的儿子不详。《辽夷略》里对此有如下记述:

　　　　"直广宁西北而牧，离边约七百余里，市赏亦由镇远关者：
　　　　其酋曰瑷塔必，故。而生十子：曰脑毛大黄台吉、曰以儿邓、曰
　　　　扯臣台吉、曰青把都儿、曰速克赤把都儿、曰卜言兔、曰必思扯
　　　　赤台吉、曰额儿得你丑库儿、曰阿民台吉。其第十子曰拱兔
　　　　者，对锦州西北边五百里而牧。其市赏在锦州大福堡焉。脑
　　　　毛大始为蓟门抚夷，后以寇辽故，挟市广宁关下，辽人竞弗许
　　　　……盖瑷塔必十枝，凡三十二派，而脑毛大、拱兔为强。"①

从脑毛大黄台吉（奴木大黄台吉）、以儿邓（银定）、速克赤（苏克气）
这些名字的一致来说，前述《兵略》所记诸子和《辽夷记》所记十子，
显然是相同的，父亲是瑷塔必。所称瑷塔必不外是前述的打来孙
（达赉逊）之弟阿牙台皮，也就是《北虏世系》的挨大笔失，和他的儿
子那木大黄台吉（奴木大黄台吉）也相吻合。那么山前的小部落就
是山后大部落的从弟部落。《辽夷略》里所记的地处似很辽远，实
际离广宁、锦州边外不远。据《登坛必究》（卷二十三）的《北虏各支
宗派》里的《北胡夷首名号叉罕儿宗派》的记述说："初代瑷塔心
（必）生三子：二代长子那木大，二代次子炒忽儿，二代三子额参。"
那木大就是奴木大（脑毛大），炒忽儿就是前面所说的额儿得你丑
库儿。《万历武功录》里曾多次出现炒忽儿的名字。脑毛大是前述
图们汗的五个执政理事之一的察哈尔的阿穆岱鸿台吉。同时是阿
牙台皮二子瑷兔和拱兔之一的瑷兔，拱兔就是这里所说的拱兔。②
《辽事实录》天启二年六月，王在晋的奏折里曾提到他的末路说：

　　　　"西虏之近广宁者为虎墩兔。虎，虏中之王称憨者也。而

---

① 按《辽夷略》清初史料四种本、第 4 页，"曰卜言兔，曰必思扯赤台吉"作"曰卜言兔思扯赤台吉"。又
玄览堂丛书本：卜言兔、必思扯亦作一人，额儿得、你丑库儿作两人。——译者

② 瑷兔这个名字很多，和脑毛大的字音相差很远，而 Nomtai 和 Nuan-t'u 却不过是同音一转。《武功
录》卷十有《恼毛大传》，卷十三有《瑷兔、拱兔传》，完全作两个人处理，当然是错误的。又《蒙古源
流》卷七说："本年丁亥，察哈尔之阿穆岱洪台吉前来叩见，呈献金银币帛等物，驼马皆以万计。云
云。"据此，那么万历十五年丁亥，脑毛大（阿穆岱）曾到河套地方去迎接达赖喇嘛。

昏于酒色，无远志。其叔脑毛大，专横得众，又老而不能自强。”

据《蒙古源流》(卷七)说阿穆岱鸿台吉曾在丁亥年(万历十五年)代表察哈尔部参拜达赖喇嘛。

奴木大这个名字，除《大明实录》隆庆四年条里载土蛮汗纠集了虏酋奴木大而出现外，非常罕见，而脑毛大这个名字，却经常出现在《明史·李成梁传》等里面，是万历年代侵犯辽东的著名强酋。《全边略记》(卷一)《蓟门略》万历四十七年八月条里以脑毛大黄台吉出现。其强盛情形，从熊廷弼的《计安西虏书》里曾把虎墩兔罕(憨)、黄台吉和拱兔称作察哈尔部三大酋，便可了解。据《明史》(卷二百三十九)《杜松传》说：杜松想捣黄台吉帐，反而掩杀了拱兔部落，可见奴木大黄台吉的驻地是和拱兔一样，是在大小凌河流域。据《东夷考略·海西考》说：开原北关叶赫东城主金台吉的孙女中，长孙女速不他嫁给脑毛大的孙子桑阿儿寨，次孙女中根儿是虎墩兔的妻子。当时苦于清太祖压迫的北关便不得不倚靠蒙古势力。脑毛大之孙桑阿儿寨可能就是《辽事实录》等所说的虎墩兔憨的贵人桑阿儿寨吧？

拱兔这个名字，在《明史·李成梁传》里也写作滚兔，作为土蛮之弟一再出现。《明史》(卷二百三十九)《杜松传》载：万历三十六年冬十二月，新任辽东总兵官杜松受总督王象乾指挥，出塞击拱兔说：

> “松受总督王象乾指，潜捣黄台吉帐，以牵制寇。乃从守远中左卫，夜驰至哈流兔，掩杀拱兔部落百四十余级……拱兔果以无罪见剿怒，小歹青又数激之，乃以五千骑攻陷大胜堡。”

大胜堡距锦州北三十五里，宁远中左所城位于宁远(今兴城)到锦州的路上连山北边、杏山南边。所以说靠近这里边外的哈流兔，就是《蒙古游牧记》(卷二)《土默特右翼旗》条所说的哈柳图河地方。

《游牧记》说：

> "水獭河，蒙古名哈柳图，源出苏巴尔噶冈，南流经托罗克
> 台山，入小凌河。"

这里和小歹青占据的大凌河流域相邻，稍偏西南的小凌河左岸的一个支流流域。据《辽事实录》天启二年六月辽抚王在晋奏称："迩据哨探周守廉、左辅报：稍哨至塔山地方，有拱兔营。"这个塔山就是哈柳图河发源的苏巴尔噶（蒙古语是塔的意思）冈的汉译名称。又拱兔的营地西接小歹青，在《全边略记》（卷一）《蓟门略》天启三年正月，蓟辽总督王象乾也曾提到过。《辽事实录》天启二年七月，王在晋的奏折里评论说："至于歹青、拱兔等所居，在河西（即辽河以西）襟喉之地。东向与奴（奴儿哈赤）通，则直闯关门，无烦后顾。西向与我通，则密迩宁前，可作前茅。"由此可见，小歹青和拱兔经常相互支援，最为倔强。既和明廷朵颜西边相结，又阻碍东通虎酋。《皇明经世文编》（卷四百八十）所载熊廷弼《计安西虏书》说："初，小歹青欲抢犯宁前，拱兔阻之。既而明无故捕杀拱兔部夷。"小歹青因激拱兔说："叔屡沮我抢，今偏杀叔夷，愿以兵助叔必报。若款，不如死。"察哈尔汗土蛮的从弟拱兔不仅和敖汉部祖小歹青互相应援，而且又是血肉近亲。

《辽夷略》还继续说：

> "离广宁西北边八百余里而牧，从镇远关市赏者，有大委
> 正一枝。大委正为打来孙四子，尝佐土蛮挟我封贡，而边吏弗
> 与。大委正故而长男阿惠以入犯右屯，中神枪死城下。次男
> 昂惠台吉，三男墨力台吉，其兵骑无考。然大约今为屏虏，不
> 似大委正时矣。"

又说：

> "离义州正北边千余里住牧，而市赏仍镇远关，则有克石
> 炭一枝。克石炭为孛只五子。数为宁前患，而挟封贡。生三

子：长男扯臣黄台吉，次男舍剌台吉，三男讨讨败台吉。三子
各有二男，盖六派也。"

克石炭就是黑石炭。黑石炭这个名字肯定出自克什克腾部。克什
克腾部自达延汗始封以来，斡齐尔博罗特一派的子孙曾繁盛一时。
究竟怎样由博迪汗的第五子承袭这个称号的呢？可能由于黑石炭
的势力非常强盛，一时控制了克什克腾部吧！

以下略述敖汉、奈曼两部。关于敖汉部，《蒙古王公表传》（卷
二十六）《敖汉部总传》说：

"敖汉部在喜峰口外，至京师千有十里。东西距百六十
里，南北距二百八十里。东界奈曼，西界喀喇沁，南界土默特，
北界翁牛特……达延车臣汗子十一，长图噜博罗特，其嗣为敖
汉、奈曼、乌珠穆沁、浩齐特、苏尼特五部……图噜博罗特子
二：长博第阿喇克，详乌珠穆沁部总传。次纳密克，生贝玛土
谢图。子二。长岱青杜楞，号所部曰敖汉，次额森伟征诺颜，
详奈曼部总传。岱青杜楞子索诺木杜棱及塞臣卓哩克图，初
皆服属于察哈尔。以林丹汗不道，天聪元年，偕奈曼部长袞楚
克率属来归。诏索诺木杜棱居开原，塞臣卓哩克图还旧牧。"

又关于奈曼部，《蒙古王公表传》（卷二十七）《奈曼部总传》说：

"奈曼部在喜峰口外，至京师千有百一十里。东西距九十
五里，南北距二百二十里。东界喀尔喀左翼，西界敖汉，南界
土默特，北界翁牛特……太祖十六世孙图噜博罗特三传至额
森伟征诺颜，即以为所部号。子袞楚克袭，称巴图鲁台吉，服
属于察哈尔。以林丹汗不道，天聪元年，偕从子鄂齐尔等，率
属来归，诏还旧牧。"

但是，《辽夷略》记述如下：

"鬼麻之枝有五，其派十有四。直义州大康等堡而牧，从
大康领市赏者，长男都令小歹青也。直义州西北边五百里而

牧,从镇远入市赏者,次男额参委正也。额参即乃蛮。直咸家
路大定、大茂等堡四百里而牧,仍从大康领市赏者,三男昂翚
台吉、四男青歹青、五男石保赤丑库儿也。鬼麻故,而五男独
石保赤丑库儿在耳。都令之子二:曰率闹即打剌汉台吉,曰色
令台吉。有骑约五千余。乃蛮七子:曰专难即把兔儿……大
约都令、乃蛮二派稍强。而皆奉约束于虎墩兔憨也。"

鬼麻和贝玛的音稍不同,和阿牙台皮之弟卜以麻的音相合,后面谈
到的朵颜炒蛮的妹夫悲马,或者就是此人。他的长子都令小歹青
是《表传》里的岱青杜楞,次子额参委正是额森伟征,而额参则是乃
蛮(奈曼)。这正是敖汉、奈曼,毫无疑问。[①] 都令之子率闹可能是
索诺木,乃蛮之子把兔儿可能是衮楚克巴图鲁台吉。岱青杜楞所
以叫作都令小歹青,可能是因为宗家土蛮之子另有个岱青,称为大
歹青。大康、大定、大茂堡,都在义州西边。

　　前面所引的《北虏世系》里,鬼麻作卑麻,应属正确。他的儿子
有秃文都剌儿台吉和也辛威正台吉。也辛威正就是额参委正,也
就是额森伟征,当无异议。秃文都剌儿和都令小歹青即岱青杜棱,
似乎稍有不同,但确是一个人。

　　《明史》(卷二百二十八)《李化龙传》载当时辽东巡抚李化龙的
奏折里,叙述都令小歹青如何困扰明边的情形说:"小歹青者,素以
凶狡,雄长诸酋,且其巢穴当众虏之中,北结土(蛮)酋,为其心腹耳
目,西助长昂,东助矽花诸虏。大举动以数万,无所不窥。小窃则
飞骑出没于锦义之间。"最终说:"臣化龙在事以来,数为之辍食而
叹。谓小歹青不死,辽左之忧,且未艾也。"《三朝辽事实录》天启二
年九月,著者辽抚王在晋的奏折里说:

①《登坛必究》说:"我力命那言生二子,长子不一骂台吉、次子哈喇处台吉。"这个不一骂好像就是贝
　玛。又据王鸣鹤的《登坛必究》和冯瑗的《开原图说》说:魁麻之子卜言兀,卜言兀子额参、委正。由
　时代关系看来,这种说法似乎为好,但姑且从《表传》和《辽夷略》的说法。

"歹青虽系憨族,而不与憨同赏。然其赏有数,不若憨之费矣。"

《明史·鞑靼传》天启四年,记述他死的那条说:

"其年,歹青以领赏哗边,边人格杀之。歹青,虎墩免近属也。边臣议,岁给赏命银一万三千有奇,而虎怏怏,益思飏去。"①

关于小歹青,《万历武功录》(卷十)《小歹青列传》说:"小歹青,堵剌儿男也。"由此看来,卑麻又叫作堵剌儿,和他的儿子秃文都剌儿一样,是两人通用的称号。堵剌儿这个名字,在《明史》和《武功录》里时常出现,尤其《武功录》里还有列传,说:"堵剌儿与土蛮、打剌罕并起。"打剌罕就是黑石炭。因此,和土蛮、打剌罕并起的堵剌儿,无妨看作是黑石炭的从弟卜以麻(卑麻)。但《武功录》的赞词里说:"歹青,一朵颜夷也。"这可能是因为小歹青的驻地和朵颜的驻地过于接近,所以搞错了。小歹青是敖汉部酋,显然不是朵颜房酋。

《辽夷略》虽还有下述一条:

"离广宁、镇静、镇远等堡三百余里而牧,其市赏仍由镇远者,有五路即郎台吉,故。生七子:曰扯劳亥、曰花台吉、曰逞

---

① 关于歹青之死和偿命银,《实录》天启六年二月癸卯条记述颇详,说:

"经略高第会同总督王之臣疏言:虎墩兔为八部酋长,素称骄黠。观其不饵奴贿,而终为中国藩篱,可谓忠顺矣。适其台吉歹青以领赏假道于白塔峪,乘醉需索,夷人常态,我兵与格斗,遂毙歹青,并杀四夷。夷语台吉即中国称宗室也。歹青系墩兔之至亲,夷俗惟在阵斩杀不计,非两相战杀,俱索偿命。自去秋八月,讲酋不遂,怏怏以去。阁部抚院虑其为患,再三讲酋,无可复减。许其偿命银,春秋两季,共一万三千四百两。该酋及桑昂寨,各以其妻为金台什之女。金台什为中国而死于奴。阁科姚宗文原许银四千两及马箭一千一百两,优恤其二女。今虎妻已生一子,他日袭虏王者。桑昂寨为恼毛大之孙,今主张八大营兵事者。曰赏春秋两季,该银一万二百两。臣等议,将旧恤银一万二百两,于额赏银内搏节处之,其偿命新银一万三千四百两,于简汰册内加增舲船犒劳等银区处。总无增于额赏三十三万之数。特旨:这本区画甚当,著兵部速与复议行。"(按影印国学图书馆传抄本、第四百八十九册、天启实录卷六十三、第40—41页,最后"特旨"作"得旨"。——译者)

吉儿、曰把败、曰爪儿兔、曰宰赛、曰委正。而七子分为十八派。其带甲控弦者，大约满万，而独马少，不便鸣镝而驰也。扯劳亥之子四……花台吉之子二……逞吉儿之子六……把败之子二……爪儿兔之子一……宰赛之子一……委正之子二。"①

《登坛必究》(卷二十三)里的《北胡夷酋号名叉罕儿宗派》条也说：

"初代五路生七子，二代长子扯劳亥等，二代次子把败，二代三子呈吉儿，二代四子歹青，二代五子花台吉，二代六子炒花，二代七子宰桑谷。"

但联系到察哈尔，还不知道谁是谁。所说五路台吉，肯定是《万历武功录》(卷十)《土蛮列传》上所说：土蛮"顷之，大会矮塔必(暖塔必)、兀鲁台周十余万骑，祭旂纛，声欲入河东广宁"的兀鲁台周，或者是该书《黑石炭传》(卷十三)里所说的五路台周。这些《列传》里也经常出现扯劳亥(赤劳亥)这个名字，也作"五路男赤劳亥"。此外，花台吉、呈吉儿、把拜(把败)等名字，也时常出现。只知这些人都是辽左的强酋，无法考证。或许就是《满洲实录》(卷七)天命七年二月十六日条如下记载的兀鲁特部的情形，也未可知。《实录》载：

"蒙古兀鲁特部明安(Mingghan)、鄂勒哲依图(Öljeitü)、索诺木(Sonom)、吹尔札勒(Choirjal)、达赖(Dalai)、密赛(Misai)、拜音岱(Baindai)、噶尔玛(Garma)、昂坤(Angkhun)、多尔济(Dorji)、固禄(Gürü)、绰尔齐(Chorchi)、奇卜塔尔(Kibtar)、布彦岱(Buyandai)、伊林齐(Irinchi)、特灵(Teling)、实尔呼纳克(Shirkhunak)等十七贝勒，并喀尔喀等部台吉，共率所属军民三千余户并牲畜归附。"

---

① 按《辽夷略》清初史料四种本、第 5 页，"离广宁、镇静、镇远等堡"作"离广宁、镇静、镇边、镇远等堡。"——译者

这里只把五路(U-lu)和兀鲁特(Urud)混在一起了,姑且记下,留待以后考证。

又,清太宗时来降的察哈尔国阿喇克绰忒部落和多罗特部落、实纳明安部落等,也都暂且不论。

6.朵颜卫和喀喇沁部

朵颜、泰宁、福余三卫,也叫作兀良哈三卫。位于兴安岭东,是明代历史上最著名的藩卫之一。明人常把三卫夸成"京师之肩背",或"陵寝之藩篱",但三卫实际上随势而变,有时引导西虏,有时引诱东虏,常给明朝造些麻烦。至于三卫的起源确是,明洪武末年,朵颜卫设在屈裂儿(Güiler)河源靠近朵颜山麓,泰宁卫设在今洮南附近,福余卫设在今齐齐哈尔东边瑚裕尔(Fuyur)河附近。[①]后来逐渐南迁,到明朝中叶以后,便逼近到京师肩背,情况是"自大宁前抵喜峰,近宣府,曰朵颜;自锦义历广宁,至辽河,曰泰宁;自黄泥洼逾沈阳、铁岭至开原,曰福余"。[②] 但是,把它叫作兀良哈三卫是错误的。据茅元仪的《武备志》(卷二百二十七)所载《北虏译语》说:蒙古语称"泰宁卫为往流,称福余卫为我着,称朵颜卫为五两案。"五两案显然是 Uriyangkhan,即兀良罕,而泰宁、福余并不是五两案,却是别的种族。如后所述,只有朵颜卫是元初驻在斡难河源头的兀良哈的后裔,其余二卫和它不同。历史事实是:泰宁、福余等卫由于察哈尔部东迁,遭到了蹂躏破坏,唯独朵颜卫依据山险,得以留存而繁荣起来。

弘治、正德年间,朵颜卫有个受明太祖、太宗册封的都指挥脱

---

① 和田清《关于兀良哈三卫的根据地》(《史学杂志》第四十编、第六号、昭和四年六月号),原书第118—137 页。

② 依据王世贞《三卫志》。《明史·三卫传》全是抄袭此文。

鲁忽察儿以来的正统、都督阿儿乞蛮，和西边的小王子通婚，势力逐渐强盛起来。到正德年间，都督花当嗣立，威名轰动三卫。花当的长子革列孛罗天亡，次子把儿孙、嫡孙革兰台都骁勇绝伦，最终排斥其他酋长，一族控制了整个朵颜卫地区，继而联合小王子等大虏，逐渐侵掠明边。《明史纪事本末》（卷二十、《设立三卫》）载："花当子把儿孙骁勇深入，结婚小王子，为中国患滋甚。"①《实录》嘉靖二十年九月，总督胡守中奏称："革兰台骁勇绝伦，今虽通贡，乃私与北虏和亲，广招达子数万，沿边抢掠。"又，《实录》嘉靖二十年六月，兵科给事中扈永通等奏称："小王子结好朵颜，而辽东不得高枕矣。"这些都是记述朵颜卫形势的。嘉靖九年，花当死了。十年嗣立的革兰台又在小王子东迁的后一年，即嘉靖二十七年死去。他的长子影克，影克弟董狐狸、兀鲁思罕、长秃（獐兔）等又都雄杰，能够维持父祖世业，尤其时刻不忘和大虏通好。②据《明史》所载，朵颜卫的跳梁跋扈，是花当子把儿孙入鲇鱼关马兰谷，杀参将陈乾前后开始的。嘉靖二十九年，俺答大举侵寇的时候，它号称辽阳军，倚为股肱，特别卖力地充当向导。到这时候，明朝对它便不得不心存惮惧了。同年九月，开始设立蓟辽总督，领蓟州、保定、辽东三郡来防御它。③察哈尔部东迁以后，最著名的酋首是影克、董狐狸（董忽力）、兀鲁思罕、长秃和影克的长子长昂（专难）、长昂之子赖洪大（赖晕大）等。

再拿清人的记载对照来看，《蒙古王公表传》（卷二十三）《喀喇沁部总传》说：

"元时有札尔楚泰者，生济拉玛，佐元太祖有功。七传至

---

① 《明史纪事本末》广雅书局、光绪十四年重刊本，卷二十，第 8 页。"花当子把儿孙骁勇深入"，广雅本作"花当次子把儿孙骁勇敢深入"。——译者

② 这里各条多数是根据《明史纪事本末》卷二十、《设立三卫》。只关于革兰台的殁年，依照《叶氏三卫考》。

③ 《明史纪事本末·设立三卫》、《武备志》卷二百〇四《镇戌蓟镇》条所引《兵略》。

和通,有众六千户,游牧额沁河,号所部曰喀喇沁。子格埒博
罗特继之。生二子:长格埒勒泰宰桑为札萨克杜棱贝勒固噜
思奇布、札萨克一等塔布囊格埒勒二族祖,次图噜巴图尔为札
萨克镇国公色棱一族祖。格埒勒泰宰桑子曰:长恩克、次鄂默
克图,均居喀喇沁;次莽古岱,别隶土默特。见土默特左翼镇
国公善巴传。天聪二年二月,恩克曾孙苏布地以察哈尔林丹
汗虐其部,偕弟万丹伟征等乞内附。"①

所说始号所部曰喀喇沁,很值得怀疑。所称元太祖的功臣札尔楚
克、济拉玛父子,是驻在斡难河源的兀良哈札儿赤兀歹、折里麦父
子二人。其他,和通即花当、格埒博罗特即革列孛罗、格埒勒泰即
革兰台、恩克即影克、莽古岱和苏布地等,都将在后面叙述。

郭造卿的《卢龙塞略》(卷十五)《贡酋考》里,记述朵颜卫的事
最详尽。其余像王鸣鹤的《登坛必究》(卷二十二)和陈仁锡的《皇
明世法录》(卷五十八)所引戚继光的《蓟镇边防》等书,也有论述。
现据戚继光的《蓟镇边防》等记载说:长昂、董狐狸、兀鲁思罕、长秃
等统称朵颜的《大一千夷酋宗派》,他们的驻地是大宁、哈剌兀素、
大鱡场、青城、会州一带,靠近明边。他们都是西虏属夷。而其余
花当的末子把班和号称《小一千夷酋宗派》的别酋哈哈赤(花当五
子)等子孙,则驻牧在遥远的老哈河以北,离明边较远。他们都是
东虏属夷。总之,朵颜各酋,虽称强盛,然还不能完全独立。长昂
的嫡嗣摆洪大夭亡以后,他的遗子苏不地(速卜得)、晚旦(远旦)
等,就是后来投降清太宗的塔布囊苏布地、万丹伟征。他们是今喀
喇沁右翼旗和中旗的始祖。今喀喇沁左翼旗的始祖色棱,也和他
们一样,都是同族。他父亲图琳固英的名字,在《清太宗实录》里作
杜棱固英,在明《辽事实录》里,却以为贵英他不能出现。又,今土

① 按《钦定外藩蒙古回部王公表传》乾隆四十四年内府刊本,卷二十三,第1页,"二族祖"和"一族祖"
的"族"字,都是"旗"字。又"长恩克,次鄂默克图"作"长恩克、次准图、次鄂默克图"。——译者

默特左翼旗的远祖莽古岱(猛古大),也出自朵颜卫,是著名的都督影克的亲弟弟。[①]

这个著名的朵颜卫究竟怎样突然变成了喀喇沁呢？分析这个问题时,首先想到的就是现在仍在多伦诺尔方面保持繁盛的明代大营哈喇嗔。哈剌嗔、哈喇嗔、哈喇庆或呵剌嗔,各种名称,和喀喇沁(Kharachin)这个称谓,当然都是同音异译。明人使用前几种字样,而清人只用后一种名称。《清朝实录》、《蒙古源流》一开始就用喀喇沁字样来写老把都的营名。因此,喀喇沁部的名称可能是从老把都以后的部名,或许比那更早,是从亦不剌(Ibrahim)时期、脱欢(Toghon)时期的哈剌嗔营名来的,这是最容易推测的。

据此看来,哈喇嗔营和朵颜部众确实具有密切关系。老把都以来,哈喇嗔大营的强大势力向东发展,吞并控制了邻近的朵颜的大部分。嘉靖二十六年,小王子东迁;二十七年春正月,哈喇嗔的把都儿(Baghatur)就由镇静堡寇犯广宁,杀死参将阎振。这一年到二十八年间,其兄俺答(Altan)又不断东犯宣府、永宁、怀来、隆庆等地,朵颜三卫的夷众也有的与此呼应,逐渐进扰,窃边入犯。到二十九年八月便发展成为所谓庚戌大寇。这时,侵入古北口的俺答称朵颜夷众为辽东军,作它的股肱、充当向导。三十年正月,马市成立,明朝和蒙古暂时保持和平。同年十一月,诱导北虏的朵颜逆酋哈丹儿、陈通事等伏诛,翌年和平又告破裂。三十一年四月,把都儿(Baghatur)、辛爱(Sengge)等二万余骑又大举入寇宁远新兴堡,侵犯辽东前屯地方,杀死指挥王相等。[②] 后来,把都儿、辛爱等侵犯蓟东辽西等地最甚,明朝大臣大将因此而死的很多。小王子既由辽河上游向东越过兴安岭,他的劲敌俺答也马上从滦河

----

① 《蒙古游牧记》卷二、《喀喇沁》,郭造卿的《卢龙塞略》卷十五,王鸣鹤的《登坛必究》卷二十三,张鼐的《辽夷略》。

② 以上主要依据《大明世宗实录》、《明史·世宗本纪》、《明史·鞑靼传》等。

流域向东侵犯,从小王子控制下夺得了三卫一部分。《实录》嘉靖三十一年夏五月壬午朔条说:"时,虏酋大把都儿黄台吉等胁降三卫诸夷及李家庄之贼,势张甚,诸边相继告急。"阿儿乞蛮、花当、把儿孙以来大力扶植的小王子势力,当然不会一下子就丧失了整个朵颜卫地区,所谓李家庄之贼,是蓟东的界岭口、义院口边外的朵颜别种。① 由此大致可以看到西虏势力所及的范围。

如按《皇明世法录》(卷五十七、五十八)所载米万春的《蓟门考》、戚继光的《蓟镇边防》和王鸣鹤的《登坛必究》(卷二十三)来划定所谓东虏属夷(属察哈尔汗统治下的朵颜各酋)和西虏属夷(顺义王、昆都仑汗势力下的朵颜各酋)的界线,可知大致从热河上游的毛金坝一带,通过大名城建昌县东北,到明廷宁远前屯地方划一条线,其中西虏属夷居十分之六七,包括朵颜都督嫡派革兰台、影克诸子在内。而西虏属夷的大部分当然归附在邻境的哈喇嗔大营手下。《武备志》(卷二百〇五)《镇戍辽东》条所引《职方考》记述这方面的形势最详,说:

> "朵颜虽强,阳顺阴逆,时为虏向导。住牧喜峰口边外会州、青城诸处,附青把都部下。"

说朵颜全卫都慑伏于青把都部下。所说青把都是哈喇嗔的大酋大把都儿昆都力哈的次子。老父既死、嫡兄黄把都儿也夭亡以后,青把都便独揽了大权。《全边略记》、《皇明从信录》等记述了他强盛的情形。据说万历二十三年,声言大兵二十万集于大宁时,辽东蓟镇督抚各大臣为之惊惶失措。据《兵略》载,嫡统黄把都儿嗣子白洪大,部落也不过一万五千,青把都的弟弟们哈不慎、满五素、马五大以下各部落,各有一万余众,唯独他突出,领有部众约二万余。

---

① 所说李家庄之虏,在《叶氏四夷考》、《朵颜三卫考》嘉靖二十二年条等,都有记载。它的位置是根据《穆宗实录》隆庆元年十二月乙巳条的记载推测的。又参看《万历武功录》卷一的《宣大镇、史二官、车达鸡列传》。

《职方考》另一条里,把哈喇嗔大营当作青把都和白洪大二人共同领有的部落,特别是因为青把都所部在哈喇嗔的东边,所以自然更便于控制朵颜卫。关于和西边的顺义王关系多提到白洪大,对此,关于东边的朵颜卫则主要提到青把都。又据《全边略记》、《两朝平攘录》、《明史·吴兑传》等记述,青把都曾把他的女儿东桂嫁给朵颜都督长昂,以此求得关系的进一步亲密,但青把都死后,他的六子六孙丧失了控制朵颜的权势,落到昆都仑汗(Köndölen Khan)正统的手里了。

明朝天启初年,清军既摧毁明朝的辽东,甚至动摇了蒙古内部,于是哈喇嗔大酋便继续东进。王在晋的《三朝辽事实录》载天启二年五月作者王在晋转奏抚夷游击朱梅的报告里,说:同年三月初,

> "哈喇慎大酋罕孛罗势、伯彦黄台吉等差中军打打户、歹彦恰等,又朵颜卫属夷三十六家酋首速不的、煖太等,先后各带领兵马,于宁前中前等处,列营驻劄。"

六月间,王在晋的奏折里就罕孛罗势、伯彦黄台吉说:

> "又,哈喇慎三(二字之误?)大部白言黄台吉、韩不世台吉恨奴(奴儿哈赤)之陷全辽,藐视天朝,誓必复广宁以泄忿。欲差人往永召卜、火及诸大酋,纠众攻奴,其志锐,其言确。"

这里所说的韩不世台吉、白言黄台吉,必定就是上面所说的罕孛罗势和伯言黄台吉。天启二年正月,他们率领朵颜属夷企图邀击夺取广宁城的清军。所说永召卜是应绍不乞庆黄台吉,所说火及,恐怕是火落赤的脱误。据《兵略》说:白言台吉是老把都第五子马五大的次子,憨不什台吉(即韩不世台吉)是第二代昆都仑汗白洪大的亲侄。这两个酋长在青把都、白洪大死后,拥戴嫡派白洪大的嗣子打利台吉,是代表大营势力的强酋。《大明实录》、《明史·三卫

传》等所载的班、白两酋,也必定是憨不什(班不什)、白言两酋。①
又,《明史》(卷二百五十九)《袁崇焕传》里谈到,广宁一经失陷,山
海关外地方全被哈喇嗔各部占据了。但天启二年七月出镇行边总
督王象乾的奏折里叙述此事特别详尽。其中有"插汉兵一万守广
宁,哈喇慎兵一万守宁前,云云"等话。哈喇嗔兵拒守宁远前屯地
方,可见大营的势力,当时已经控制了朵颜卫全境,并已达到更东
面的泰宁卫故地。所以,在当时的记录里,包括《辽事实录》在内,
就有把哈喇嗔和朵颜混同的倾向。至于《明史·袁崇焕传》,便公
然把朵颜三十六家叫作哈喇嗔三十六家了。因为朵颜卫这个名称
是明人起的称谓,并非蒙古人通用的名称。蒙古各部只漫然把它
叫作兀良哈。因此,这个边界并入哈喇嗔以后,丧失了兀良哈的旧
称,得到了哈喇嗔的新称。不过,朵颜卫都督一族全部改称喀喇
沁,并非仅仅由于这种混同。下面我们还必须就朵颜各酋稍加研
讨。

　　郭造卿的《卢龙塞略》、张鼐的《辽夷略》、米万春的《蓟门考》、
戚继光的《蓟镇边防》、陈组绶的《皇明职方地图》、诸葛元声的《两
朝平攘录》、茅元仪的《武备志》、王鸣鹤的《登坛必究》和《口北三厅
志》所引《两镇三关通志》等,记述明末朵颜各酋的形势最详。据王
在晋的《三朝辽事实录》列举的强酋大数为朵颜三十六家;据《两朝
平攘录》(卷一)《顺义王条》说:左都督长昂、右都督把班,"通二酋
所辖一百五十五枝。今各路缴赏者乃二百四十七枝,比前多九十

①《兵略》里记载老把都儿的五子、二十九孙、十三曾孙的世系甚详。其中白言台吉是老把都儿的季
　子马五大二子中的季子。他的亡兄叫作班不什台吉。但班不什台吉在《兵略》写作当时(转引《兵
　略》的《武备志》成书于天启元年夏)既然已经死了,那么,就不会是罕孛罗势。憨不什是老把都儿
　的嫡子黄把都儿的次子摆独赖台吉的季子。除此以外,再没有可以考定是罕孛罗势的酋首了。据
　《辽事实录》说:罕孛罗势和朵颜的猍晕大相继于天启二年六月间死去。后来就只见有白言台吉的
　活动,班不什的名字不见了,此即证明班酋就是罕孛罗势。然班、白二酋之上,还有偶公,这可能是
　大营嫡统的打利台吉。从《清实录》天聪二年二月条载朵颜属夷,除白言台吉外,另有称"我汗"或
　"我喀喇沁汗"者,也可以了解。

二枝。"以上各书所举酋名超过了二百,现在为避免烦琐,不一一考证,仅就所谓朵颜六凶,略加稽考。

何乔远的《名山藏·王享记》的《鞑靼》条里记有朵颜六凶。《武备志》(卷二百〇五)所引《职方考》说:

> "三卫夷共二百七十枝,酋长长昂、炒蛮、董狐狸诸夷及夷妇大小嬖只、猛可真等,号为六凶,而长昂尤黠云。"

首先考定三个夷妇。猛可真也作猛可顺。《万历武功录》(卷十三)《猛可真列传》说:"猛可真,老把都妻也。"又据《明史》(卷二百三十九)《张臣传》说:"猛可真者,俺答弟把都儿妾也。"曾因犯黑峪关,被革除岁赏。《蓟门考》说:"女酋猛可真,故夷脱力(革兰台之弟)之子、都督影克堂兄弟之妹、把都儿之妾。与其兄弟共住马兰谷路境外。"据《全边略记》(卷十三)万历十三年条说:"以猛可真盗边罪,责问青把都。"又,高拱的《伏戎纪事》所说:"老把都死,其妇颇有异志,云云。"这个强悍女酋,可能就是猛可真。所说大嬖只,据《武功录》或《张臣传》说:"大嬖只者,顺义王乞庆哈弃妾也。"并载与猛可真共遭张臣谴责。《蓟镇边防》说:古北口外之夷,"大比只巢住无碍,去边三百五十里(乃辛爱妻)。"《蓟门考》说:

> "一,都指挥故夷伯彦帖忽思、伯思哈儿、伯彦孛罗三人之子,并见在。弟把秃孛罗等叔侄四枝部落,约有一千余骑,在古北口东,卜地名以逊以马兔一带住牧。因伯彦帖忽思妻名八个镇,伊女是辛爱之妾,今古北哨后入属夷挨台必营者也。"

挨台必就是阿牙台皮。小嬖只也可能是《蓟门考》里所载"一,都指挥伯彦打木部落,约有七百余骑,在石塘岭境外北方满套儿等处住牧。其妹名苏不亥,系辛爱第九妾也"辛爱的妾。伯彦帖忽思是花当次子革孛来的长子。伯彦打木(来)是花当第三子脱力的第六子。按所说嬖只就是把汉比妓、大成比妓的比妓,《元史》和《亲征录》作伯姬,《成吉思汗实录》作别乞。也就是《蒙古源流》(卷五)里所说次于福晋(后、Khatun)的尊称拜济(妃、Beiji)。王士琦的《三云筹俎考》(卷二)《夷语解说》载:"比妓是各台吉之妻,与宗室妃同。"据《蓟门考》说:"前各酋首之妾,房中皆呼为嬖只。各夷借势为名,阳虽中华藩篱,阴实北房向导。"可以想见,大小嬖只、猛可真各酋,假借把都儿、辛爱的余威,嚣张的情形。《武功录》(卷十三)说:"塞上视两酋妇(猛可真、大嬖只)殆如虎狼也。"

其次是男酋炒蛮。《武功录》说:"炒蛮伯彦帖忽思第二子也。"伯彦帖忽思本来没有男孩,这是错误。《蓟门考》说:左都督花当是妾出的哈哈赤之子。《卢龙塞略》(卷十五)说是哈哈赤的长子,这个说法正确。《世宗实录》明确记载①嘉靖四十年三月,由正千户升任都指挥佥事。《蓟门考》说:"大炒蛮见有亲兄弟小把都儿、董灰等十人,叔侄约有千骑,俱在境外大宁城前后住牧。伊妹系东房故酋悲马之妻。"悲马就是卜以马,是敖汉、奈曼的始祖。又据《平攘录》说:"炒蛮又在东边,住地名必留兔,离边八百余里。"参考《两镇三关志》、《蓟镇边防》条等说:"他们住在大宁城东北老哈河畔。"因此,其弟小把都儿曾帮助土蛮汗,其妹亦有嫁给东房的,六凶之中,只有这一酋确是东房势力下的属夷。不过,据《明史》(卷二百十二)《戚继光传》说:"炒蛮还娶大嬖只为妾,因而也和西房交欢。"董狐狸是花当的曾孙都督革兰台的八子之一。《武功录》(卷十三)《董狐狸列传》说:"董狐狸又名董忽力,革兰台第五子也。"各种记载里都说:自从长兄影克死后,他和侄儿长昂都极鸷强。他的驻地在哈剌兀素地方,距义院口、界岭口边外三百七十里。可能在今大凌河上游、建昌附近。长昂(Chang-ang)也作专难(Chuan-nan),是著名的左都督花当的嫡裔,都督影克的长子。《万历武功录》(卷十

---

① 《万历武功录》卷十三、《大嬖只列传》说:"炒蛮,伯彦帖忽思第二子也。授我都指挥佥,居朵颜久。"《卢龙塞略》卷一、《五贡酋考》明确说是"哈哈赤之长子"。《蓟门考》也说哈哈赤的儿子里有叫炒蛮的,或叫作东炒蛮。因为说是驻在老河,所以还是认为是哈哈赤之子正确。

三)《长昂列传》说:"长昂又名专难,影克长子也。少失母,养于姨母土阿,姑母那干,皆以子畜之。稍长,室西虏青把都女东桂。由此昂益习于兵。隆庆初,土蛮首难,影克愿为耳目。竟被金痍而死。上幸赦死罪,许昂得袭都督,通贡如初。"《辽夷略》说:"其后,土蛮首难,影克为共耳目,竟被兵死。生三子:长贵英,又名长昂,即专难。屡犯屡抚,不能如影克之世矣。"《蓟门考》说:

"影克兄弟八枝,部落约有三千余骑。在喜峰口境外东西,地名会州(平泉之南二十里,今察罕城)、青城(大宁新城、即今黑城子),逃军兔及老花(老哈河)前后住牧。各归顺把都儿、辛爱部下二十年矣。常被北虏调为向导,使为前锋。影克隆庆元年,导犯界岭口、出义院口,被我官军用快抢打伤,回巢即死。今有伊男专难,袭职为首。太平路等边呼为长昂。"

长昂的根据地,各书一致说是大宁城,就是辽中京以后的都址、老哈河左岸的大名城。长昂曾娶哈喇嗔的青把都之女东桂,并夺占了已经嫁给土蛮汗的妹妹。据《明史·三卫传》说:更"西结婚白洪大"。可见早已和大营通婚了。正德十年,以把儿孙盗边开始的朵颜卫叛乱,到隆庆、万历年间,长昂的猖獗就更甚了。

《明史·李成梁传》万历二十九年条说:"是时,长昂已死。"长昂这时已经死了,长子摆洪大(伯魂大)早已夭亡,次子赖洪大嗣立。和叔父蟒金等酋,强梁并未少减。赖洪大在《明史》(卷二百三十九)《杜松传》里作赖晕大,在《辽事实录》里作狭犟大。狭犟大在天启二年四五月间死去,《辽事实录》把赖洪大和朗素、煖太、速不的等酋并称为代表所谓朵颜三十六家的酋首。速不的就是《兵略》所说摆洪大第四子的苏不的,《辽夷略》所说伯洪大的第四子速卜得,清人记述里所见到的塔布囊苏布地。煖太等的身世不详。朗素,在《皇明经世文编》(卷四百六十四)所载王象乾的《条议款虏》里说"属夷徕晕大,今朗素之季父也。"因而可能也是摆洪大的遗子、苏不地之兄。塔布囊苏不地在天聪三年投降清朝。清太宗对苏不地的死,比作科尔沁土谢图汗奥巴,认为是蒙古各酋中最优秀的人才,深为悼念。① 这个最优秀的人才苏不地,在明末曾荣任朵颜都督。《清太宗实录》(卷六)天聪四年正月丙午条有如下记述:

> "上(清太宗)欲息兵安民,与明修好,以婉词致书,令喀喇沁苏布地作为己书,奏之明主(崇祯帝),遣喀喇沁人持往。书曰:朵颜三卫都督都指挥苏布地等奏:臣等累世以来,为皇上固守边围,受恩实多……云云。"

在清朝的记录里出现朵颜名称,这是唯一的一次,由此可见,喀喇沁的苏不地就是朵颜卫的都督,都指挥以下的名称虽都已略去,但至少可以肯定苏不地是都督。《蒙古游牧记》(卷一)、《清朝实录》天聪二年二月条以下、明《辽事实录》等,都说朵颜卫的酋首们以苏不地为首,称塔布囊的颇多。所说塔布囊(Tabunang),据《蒙古源流》说,是仅次于洪台吉、台吉的尊称。明人记述里也作他卜囊、他不能、倘不浪等。照《兵略》等所记事例,分明是女婿的意思,但据《武备志》(卷二百二十七)《北虏考》所引《蓟门防御考·虏语解》说:一般女婿叫苦力干,官家女婿才叫他不浪,显然是满语的额附(Efu)、汉语的驸马的意思。然据《辽事实录》天启二年五月条载,巡抚王在晋、总督王象乾说:"朵颜三十六家新婚于大营,号为倘不浪者之赏,云云。"朵颜的苏布地各酋不仅从祖父以来就和哈喇嗔联姻,而且这里还都成了大营的驸马。它对明朝还称"朵颜三卫都督都指挥"的官职,降清以后,便自称"喀喇沁蒙古塔布囊苏不地等",这并非没有缘故的。如上所述,朵颜卫不久改称喀喇沁部的原因虽已得到说明,但为什么只有朵颜一卫改称喀喇沁部并留存下来的理由,还没有充分明确。那么强大的喀喇沁大营灭亡绝迹,

---

① 《蒙古游牧记》卷二,《喀喇沁部》的注

所遗名称只留存在属领朵颜地方,完全是由于陵丹汗西还的大变迁所导致的。

小王子东迁以后,在兴安岭东风靡一世,使远在满洲的女真、达呼尔各族都屈服在他的麾下,唯独南端留下一块形势险要、资源丰富的朵颜挟赏之地,想来,一定非常遗憾。这种情形足以使交谊深厚的察哈尔和哈喇嗔两部之间产生很大衅隙。《全边略记》(卷三)天启七年六月条有如下一段记载:

> "把汉哈喇慎之地,祖属于察汗儿,以讲人口相隙者。满五素幼时,受养于察汉。今长矣,率部落归其父世把都儿,而察汉不悦也。"

这段文字似稍费解,[1]总之,可以想象,哈喇嗔部的强盛已逐渐侵犯到察哈尔部的权力利益。《蒙古源流》列举所谓图们汗五个执政理事,竟把最强盛的哈喇嗔部长抛开,却把他属下的一个酋长哑速火落赤把都儿备为一员,也未尝不可以看作是暗示着两大部的反目。

据《两朝平攘录》载朵颜的长昂和察哈尔的图们汗之间的纠纷说:

> "按:青台吉二女,一适土蛮,一适长昂。(长昂)妻死,其妹来吊,长昂通而留之。且赂青台吉。土蛮见妻被留,久而不归,忿甚。故与黄酋图长昂也。后又欲以兵万人,助督府蹇达破长昂,已约刻期举事。适蹇公以艰去位,弗果。(土)蛮自是怨中国负约。"[2]

现在看来,这里所说的青台吉显然是哈喇嗔的青把都儿。蹇达前后两次总督蓟辽军务,第二次大约在万历末年,和这件事无关。据

---

[1] 所谓把汉哈喇慎,意思是小哈喇慎,或者是指朵颜地方,也未可知。

[2] 按《两朝平攘录》明万历商浚刻本,卷一,第8页,"故与黄酋图长昂也",商刻作"故与黄酋亲图长昂也"。——译者

《明史·李成梁传》说：万历十九年边败，总督蹇达、总兵李成梁匿而不闻，被劾，蹇达和辽东李成梁都一时被撤职。所说"蹇公以艰去位"，肯定是在这时，正当土蛮、长昂和青把都儿繁盛的时候。但这时辛爱黄台吉已经死去，因而所说黄酋，并不是指辛爱，可能是指土蛮属下的强酋奴木大黄台吉。总之，长昂是青把都儿的属夷，而且曾帮助土蛮侵掠，《明史》的《李成梁传》、《戚继光传》等都有记述。然而他竟敢干出这么大的无理暴举而激怒可汗，可能是仗恃哈喇嗔的有力支援。想来可能是，青把都儿用他的一个女儿羁縻长昂，这个女儿死了，又夺取已经嫁给半老的图们汗的妹妹，再用来饵诱长昂，深感得策了吧。"且贿青台吉"这句话，似乎已经完全传出了个中消息。我们不认为长昂和土蛮的斗争，由此一变而为青把都儿和土蛮的开衅之因，但不得不认为它在青把都和土蛮两敌抗争之间决定了长昂的态度。于是，察哈尔和哈喇嗔便结下了不解的恩怨，后来，对共同的大敌——清朝的兴起，两部非不能相互协助，反而竟互相残害，越发给了清军可乘之机。

明崇祯元年，清天聪二年，大蒙古陵丹库图克图汗虽曾几次想打败渺小的女真——酋奴儿哈赤，终于没有决战一次，就白白地迁往宣大边外故地去了。这固然是因为毫无纪律的察哈尔部众看到可怕的清军精锐便胆怯了，但另一方面，还因为背后的哈喇嗔等部不但不对可汗予以支援，反而成了它的内顾之患。察哈尔部的东迁促进了泰宁、福余两卫溃灭，现在它的西迁又必须威胁到哈喇嗔、土默特各部的存在。果然，哈喇嗔各部在得到可汗西来的警报以后，大为震骇。《辽事实录》(卷十七)天启七年四月，在叙述察哈尔大兵正往西移动，哈喇嗔各酋疲于防御的情形之后，最后说："插酋僻处东隅，与宣风马牛不相及，今横生枝节，控弦十万，加于白言等部，如千钧之压卵，必无幸。"但《辽事实录》没有提到战争的结果如何。据《明史·三卫传》载：

　　"长昂死，诸子稍衰，三卫皆靖。崇祯初，与插汉战于早落
　兀素，胜之，杀获万计。以捷告。未几，皆服属于大清云。"
清《太宗实录》（卷四）天聪二年（崇祯元年）二月条载：

　　"蒙古喀喇沁部落苏布地、杜棱古英、朵内衮济、诺干达
　喇、万丹卫征、吴尔赫贝勒、塔布囊等以书来奏曰：察哈尔汗不
　道……我喀喇沁部落被其欺凌，夺去妻子牲畜。我汗（打利台
　吉？）与汗布颜台吉（白言台吉）、博硕克图汗（顺义王卜失兔）、
　鄂尔多斯济农（额璘沁济农）、同雍谢布（永邵卜乞庆黄台吉？）
　及阿苏忒（哑速火落赤把都儿之子？）、阿霸该（阿巴嘎）、喀尔
　喀诸部落合兵，至土默特部落格根汗（顺义王的别号）赵城地
　方，杀察哈尔所驻兵四万人。我汗与布颜台吉率兵十万回，时
　值察哈尔兵三千人，赴明张家口请赏，未得而回，又尽杀
　之……察哈尔汗根本动摇。"

这次的战场，一说是早落兀素，一说是土默特赵城，好像不是一个
地方，但应看作是一个地方的蒙古名和汉名。总之，这两条记述，
无疑是指同一次战役。[①] 只是这段文字似乎说哈喇嗔等联军获得
大捷，但《鞑靼传》却记述经过如下：

　　"崇祯元年，虎墩兔攻哈喇慎及白言台吉、卜失兔诸部，皆
　破之。遂乘胜入犯宣大寨。"

据同年秋总督王象乾回答毅宗皇帝的忧国咨询说："御插之道，宣
令其自相攻。今卜失兔西走套内，白（言）台吉挺身免，而哈喇慎所
部多被掳，不足用。永邵卜最强，约三十万人。合卜失兔所部，并

---

① 土默特的赵城，不知在哪里。大致在归化城方面。因为说是格根汗的赵城的地方，还说从喀喇沁
　汗从这里回喀喇沁的路上，遇见从张家口北返的察哈尔兵，可以证明无疑。所谓格根汗（Gegen
　Khan）是俺答皈依喇嘛教以后的尊称。在蒙古是较顺义王的王号更常见的通称。清朝记录里也
　屡次见到，但明人方面却几乎不见这个称号。《蓟门考》的《北虏考》里有"俺答者即革革哈安滩也，
　西边称为俺答，宣大称为安滩，诸夷中又号为安滩罕，罕之一字，番语中极尊之号也。"这是绝无仅
　有的一个例子。

联络朵颜三十六家及哈喇慎余众,可以御插汉。然与其构之,不如抚用之。"实际上,陵丹汗在以后几年曾往来于大同边外和河套之间,经常贪得明朝的抚赏。看来,塔布囊苏布地的上书和或许根据这书的《三卫传》的记述,只是把开始交手一战的小捷尽量夸大了。① 在局部小战里侥幸获得了小胜,但习于太平游猎的右翼各部终究不是百战辽东的察哈尔军的敌手。因此,一度从属哈喇慎并打算协助明军的朵颜各酋,也正像前面所说的,向后金国投了降表。于是,哈喇慎、土默特本部在求援不得的情况下,即告崩溃。至于得到了救援的朵颜和东部土默特别部,便得以幸存下来。《蒙古游牧记》(卷二)所说:"林丹汗恃其强,侵不已。鄂木布楚琥尔(东方土默特别部酋长)愤甚。因约喀喇沁苏布地等,共击败之赵城。恐不敌,天聪二年,偕苏布地上书乞援,寻来朝。"正可如此解释。总之,从这次战役以后,开平、上都一带已经再也没有哈喇慎部,所以再也听不到白言台吉等各酋的情况,足证鏖战结果对昆都仑汗和顺义王等联军完全不利,据《清朝实录》载:明崇祯五年(天聪六年),太宗远征西方察哈尔时,哈喇慎、土默特、阿苏特、永谢不等各部已经杳无痕迹,兴安岭西面地方全归察哈尔领有了。于是,哈喇慎这个名称只留存在朵颜地方,成了现在的喀喇沁部。

现在试依照郭造卿的《卢龙塞略》(卷十五)《贡酋考》,作世系表如下:

---

① 这里所说联合军战捷,《藩部要略》、《游牧记》等清代记录里都有记载,但似乎都以唯一的苏布地的上奏书为依据,颇不足信。参考另一篇论文《土默特赵城之战》,原书第891—906页。

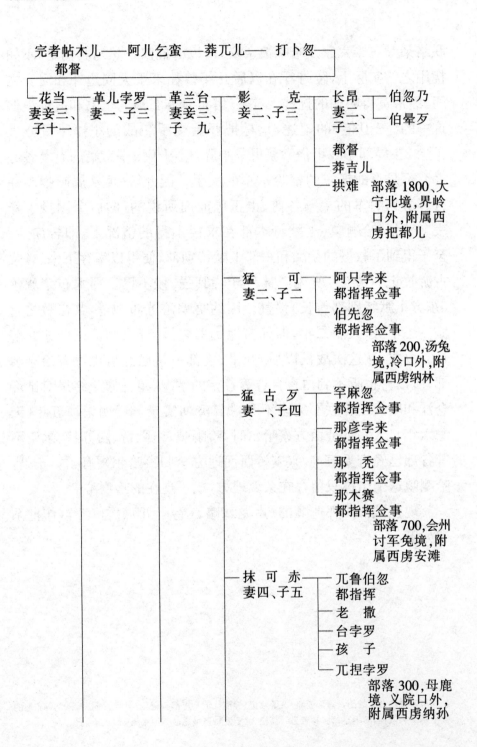

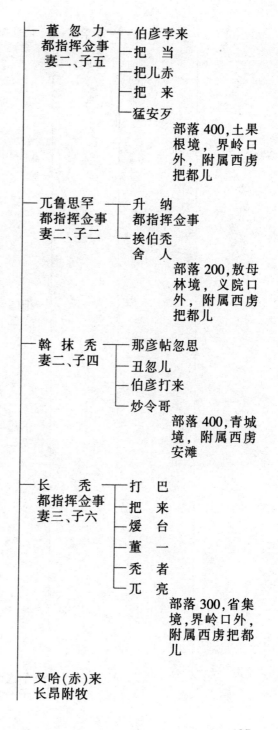

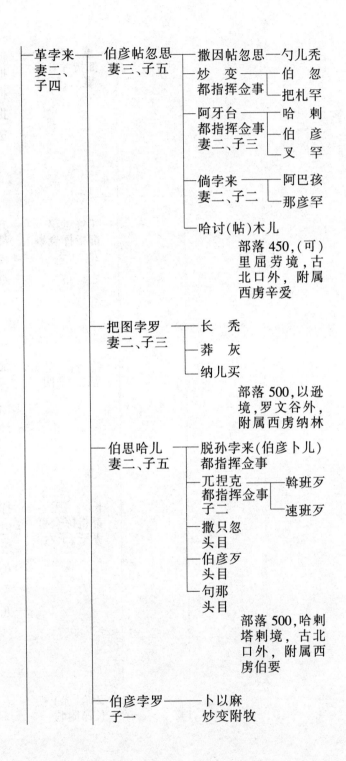

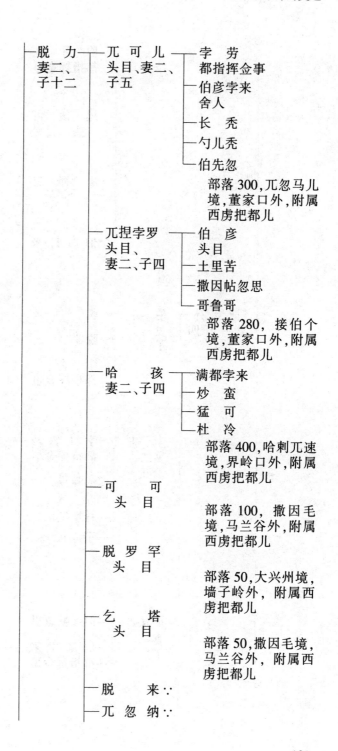

脱　力
妻二、
子十二

兀 可 儿
头目、妻二、
子五

孛　劳
都指挥佥事

伯彦孛来
舍人

长　秃

勺儿秃

伯先忽

部落 300,兀忽马儿
境,董家口外,附属
西房把都儿

兀捏孛罗
头目、
妻二、子四

伯　彦
头目

土里苦

撒因帖忽思

哥鲁哥

部落 280, 接伯个
境,董家口外,附属
西房把都儿

哈　孩
妻二、子四

满都孛来

炒　蛮

猛　可

杜　冷

部落 400,哈剌兀速
境,界岭口外,附属
西房把都儿

可　可
头目

部落 100, 撒因毛
境,马兰谷外,附属
西房把都儿

脱罗罕
头目

部落 50,大兴州境,
墙子岭外, 附属西
房把都儿

乞　塔
头目

部落 50,撒因毛境,
马兰谷外, 附属西
房把都儿

脱　来∴

兀 忽 纳∴

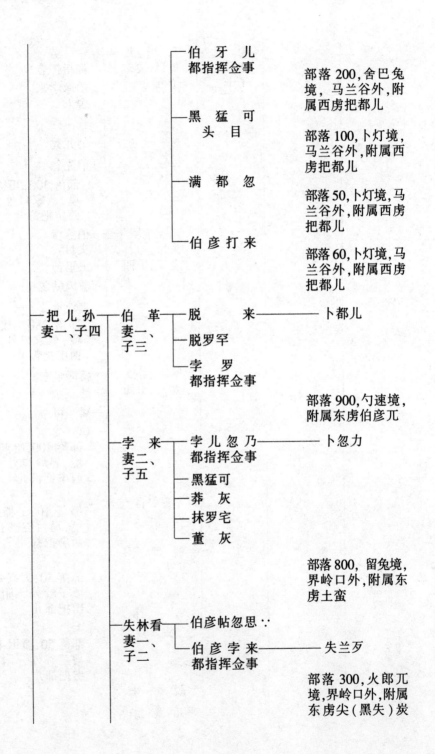

伯 牙 儿
都指挥佥事

部落 200,舍巴兔
境,马兰谷外,附
属西房把都儿

黑 猛 可
头 目

部落 100,卜灯境,
马兰谷外,附属西
房把都儿

满 都 忽

部落 50,卜灯境,马
兰谷外,附属西房
把都儿

伯彦打来

部落 60,卜灯境,马
兰谷外,附属西房
把都儿

把 儿 孙
妻一、子四

伯 革
妻一、
子三

脱 来 —— 卜都儿

脱罗罕

孛 罗
都指挥佥事

部落 900,勺速境,
附属东房伯彦兀

孛 来
妻二、
子五

孛 儿 忽 乃 —— 卜忽力
都指挥佥事

黑猛可

莽 灰

抹罗宅

董 灰

部落 800,留兔境,
界岭口外,附属东
房土蛮

失林看
妻一、
子二

伯彦帖忽思∵

伯彦孛来 —— 失兰歹
都指挥佥事

部落 300,火郎兀
境,界岭口外,附属
东房尖(黑失)炭

490

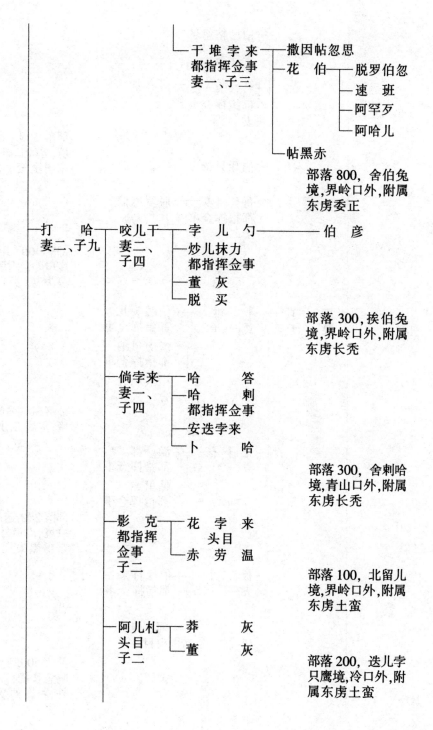

干堆孛来
都指挥佥事
妻一、子三

┌ 撒因帖忽思
├ 花 伯 ┬ 脱罗伯忽
│   ├ 速 班
│   ├ 阿罕歹
│   └ 阿哈儿
└ 帖黑赤

部落 800, 舍伯兔
境, 界岭口外, 附属
东虏委正

打 哈
妻二、子九

咬儿干
妻二、
子四

┌ 孛 儿 勺 ──── 伯 彦
├ 炒儿抹力
│ 都指挥佥事
├ 董 灰
└ 脱 买

部落 300, 挨伯兔
境, 界岭口外, 附属
东虏长秃

倘孛来
妻一、
子四

┌ 哈 答
├ 哈 刺
│ 都指挥佥事
├ 安迭孛来
└ 卜 哈

部落 300, 舍刺哈
境, 青山口外, 附属
东虏长秃

影 克
都指挥
佥事
子二

┌ 花 孛 来
│ 头目
└ 赤 劳 温

部落 100, 北留儿
境, 界岭口外, 附属
东虏土蛮

阿儿札
头目
子二

┌ 莽 灰
└ 董 灰

部落 200, 迭儿孛
只鹰境, 冷口外, 附
属东虏土蛮

491

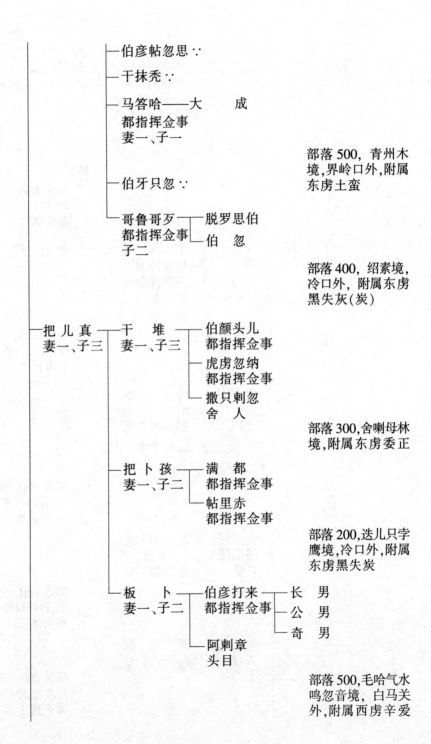

伯彦帖忽思∵

干抹秃∵

马答哈——大　　成
都指挥佥事
妻一、子一

部落500，青州木境，界岭口外，附属东房土蛮

伯牙只忽∵

哥鲁哥歹　　脱罗思伯
都指挥佥事　　伯　　忽
子二

部落400，绍素境，冷口外，附属东房黑失灰(炭)

把儿真　　干　　堆　　伯颜头儿
妻一、子三　妻一、子三　都指挥佥事

虎房忽纳
都指挥佥事

撒只刺忽
舍　人

部落300，舍喇母林境，附属东房委正

把卜孩　　满　都
妻一、子二　都指挥佥事

帖里赤
都指挥佥事

部落200，迭儿只孛鹰境，冷口外，附属东房黑失炭

板　卜　　伯彦打来　　长　　男
妻一、子二　都指挥佥事　公　　男
　　　　　　　　　　　　奇　　男

阿刺章
头目

部落500，毛哈气水鸣忽音境，白马关外，附属西房辛爱

```
┌─哈哈赤      ┌─炒  蛮 ── 纳木打来        部落 100,
│ 妻二、子八  │ 都指挥佥事
│            │
│            ├─主蔺台                    部落 80,
│            │ 都指挥佥事
│            │
│            ├─董  灰                    部落 50,
│            │ 都指挥佥事
│            │
│            ├─帖  古                    部落 50,
│            │ 头目
│            │
│            ├─哈木宅                    部落 50,
│            │
│            ├─那干∵
│            │
│            ├─把札孩                    部落 50,
│            │
│            └─把秃儿                    部落 50,
│
│                                        (合计部落 430)罕
│                                        赤保哈境，界岭口
│                                        外,附属东房阿牙
│                                        他皮
│
├─孛   来 ── 脱孙孛来    ┌─大    成      
│ 子一        都指挥使   │ 都指挥佥事
│             妻一、子二 └─卜    彦
│
│                                        部落 200,炒儿(兔)
│                                        境,附属东房那彦
│                                        兀
│
├─把 都 儿  ┌─董忽力∵
│ 妻一、子四 ├─干卜勿儿                  部落 100,
│           │ 都指挥佥事
│           ├─板卜来                    部落 100,舍剌不花
│           └─那彦帖忽思                部落 100,
│
│                                        (计部落 300) 炒秃
│                                        境界,附属东房那
│                                        彦兀
│
└─把秃来    ┌─伯颜哈当── 伯    桑        部落 150,
  妻一、子二 │ 都指挥佥事
            └─伯彦打来                  部落 50,
                                        (合计部落 200)以
                                        马兔境,冷口外,附
                                        属东房土蛮
```

493

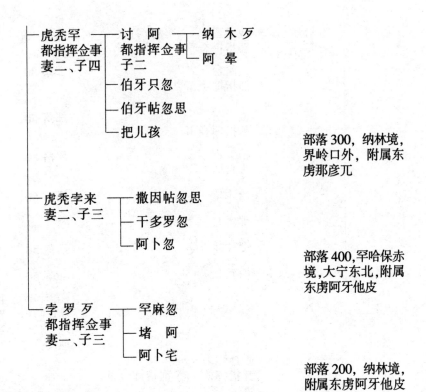

部落300，纳林境，
界岭口外，附属东
房那彦兀

部落400，罕哈保赤
境，大宁东北，附属
东房阿牙他皮

部落200，纳林境，
附属东房阿牙他皮

《卢龙塞略》是万历庚戌（三十八年）成书。因此，没有记载那以后的世系，《贡酋考》是这类记录里最详细、最精确的记录。尤其载有驻地、部落数目和所属东房、西房的主人名，很有意思。

7.土默特支部的东迁

土默特部和敖汉、奈曼部并列在辽西边外地方。这个土默特部是怎么建立起来的呢？这个问题还需要探索一下。张穆的《蒙古游牧记》（卷二）《土默特右翼旗》条就这个问题有如下记述：

"元太祖十九世孙鄂木布楚琥尔与归化城土默特为近族，（鄂木布楚琥尔曾祖阿勒坦号格根汗……有子九：长僧格，号

> 杜棱汗。鄂木布楚琥尔,僧格孙也。)父噶尔图,以避察哈尔
> 侵,由归化城移居土默特。"

土默特部是顺义王属部的部名,今土默特右翼旗的王公是格根汗
俺答(Gegen Khan Altan)的后裔。诚如张穆所言。因此,该旗的
东迁是无可争辩的事实。然而逃避察哈尔侵掠的并非噶尔图,右
翼旗也并没有从归化城东迁。何况今右翼旗获得土默特这个名称
是在归化城本部灭亡以后。在这以前,这里原是察哈尔的驻地,已
如前述。所以,张穆的说明全是错误。为了探讨这个真相,暂且不
得不从其他方面来进行。

顺义王俺答的长子辛爱黄台吉就是《游牧记》所说的僧格杜棱
汗(Sengge Dügüreng Khan)。因为他和俺答父子不睦而分地市赏
各异,这事哄传一时。《两朝平攘录》(卷一)只说:"黄台吉住兴和
迤北。"《九边图说》所述最详,《宣府镇图说中路城堡之图》的注释
说:

> "自马营迤西,经龙门、大小白阳、葛峪、常峪、张家口、膳
> 房、右卫、新开、新河、洗马林、柴沟堡边外,俱为虏酋黄台吉驻
> 牧之地,劲兵约六七万,最号桀黠。不时窥犯本镇及蓟镇。"

他所以经常伙同大把都儿等侵犯蓟镇、辽东地方,充当经略朵颜卫
的急先锋,原因就在这里。前面已经提到:朵颜六凶之中,有二凶
是他的宠妾。二凶之中,关于大嬖只,《实录》万历十二年正月条说
是"古北路夷妇",戚继光的《蓟镇边防》说:"大比只巢住无碍,去边
三百五十里(乃辛爱妻)"。她是贡夷伯颜帖忽思之女。另外一个
小嬖只,米万春的《蓟门考》说:

> "一、都指挥伯彦打木(来)部落,约有七百余骑。在石塘
> 岭境外地方满套儿等处住牧。伊妹名苏不亥,系辛爱第九妾
> 也。因亲归顺本虏部下,联络相接,往还不绝。前数年,石塘
> 岭路白马关等处,哨探虏情,多得的音,皆出此夷之密报。本

> 夷得辛爱头畜甚多。隆庆元年，伊妹已故。因辛爱索要牛马
> 不绝，遂尔背虏南向。于白马关地名西驼骨境外，复被辛爱围
> 困收服。今与辛爱各心其心矣。"

应该看到辛爱的威力已经深入到朵颜地区。

辛爱黄台吉死于万历十四年，他的儿子扯力克袭击顺义王，余
部便日益东进。《武备志》所引《职方考·蓟镇边外夷》条说：

> "镇外系朵颜三卫属夷。东北系擦恼儿（擦汉儿，即察哈
> 尔之误）。西北系青把郡儿、大劈只、赶兔等部落住牧。"

又，《明史》（卷二百三十九）《王保传》载：万历"二十三年冬，顺义王
扯力克弟赶兔率三军，犯自马关。"明《神宗实录》万历三十二年十
一月蓟辽总督蹇达的奏章里说：

> "中东二协，领赏者三卫属夷。而西路领赏者，半系西虏
> 之裔。如赶兔者，倚恃顺义王之弟，更为桀骜之尤。"

白马关位于古北口西、石塘岭北，正当从潮河流域的满套儿方面入
犯的要冲。赶兔就是赶兔，也就是《游牧记》所说的噶尔图。这个
大劈只和赶兔，和在蓟镇西路边外猖獗的黄台吉的寡妇和遗子，可
能有些同类关系。《实录》万历四十三年五月，蓟辽总督薛三才的
奏章里，指出："赶兔，西虏也。系属夷伯彦打赖外甥。"顺义王扯力
史之弟赶兔，是属夷伯彦打赖即伯彦打木（来字之误）之妹苏不亥
的儿子。又据《大明实录》、《明史》的《鞑靼传》和《三卫传》等说：嘉
靖四十三年五月，明廷总督杨选因囚系辛爱妻父朵颜的属夷通汉
（通罕），十月反而招致大寇，因罪而死。《北虏纪略》的虏酋名目里
又见有："花当答子在辽东，辛爱外父。"花当达子可能就是朵颜达
子之意，是指通汉，可能还是辛爱第几妾的父亲。

黄台吉在万历十年他父亲俺答死后承袭顺义王位，移至归化
城方面，因而分割他的东部领地，建立了各营。其中之一叫作兀爱
营。《武备志》所引《兵略·蓟镇边外夷》条说：

　　"东夷兀爱是营名。与下北路龙门相对，离独石边一百余
里。此夷系虏王扯力克亲枝，部落约三千有余。在蓟镇喜峰
口、黑峪关互市。酋首安兔故。生三子：长子圪他汗台吉，存。
三子巴赖台吉，存。"①

虏王扯力克就是顺义王扯力克，他的弟弟安兔是辛爱黄台吉的第
九子。《职方考》里也见有这个安兔，说是万历十八年中，勾引史、
车二夷叛去。所说史、车二夷是驻在今龙门所边外的明朝属夷，因
为驻地的关系，自从黄台吉以来，就常遭受土默特别部的侵扰。据
明《穆宗实录》隆庆六年闰二月条说："车夷与史夷俱为北虏异种，
各该部落不过千余人，于宣府边外，附塞住牧。嘉靖间，史夷、车夷
相继来住，然不详其由来。"②《职方考》说："史车二夷故朵颜种。嘉
隆间，相继内附，移住边内周四沟、滴水崖、龙门所、南山一带，受我
抚赏。万历十八年，安兔勾引叛去，云云。"从他们所驻的位置以及
叫作北虏异种或夷看来，很可能是朵颜同种，即兀良哈别种，或者
就是嘉靖、隆庆年间被把都儿、辛爱等夺去原来驻处的朵颜别部李
家庄的残部。

　　总之，这里所说的安兔，当然是兀爱营的酋长安兔，勿庸论辩。
虏王扯力克的亲支安兔当然就是顺义王扯力克之弟赶兔。《实录》
万历四十三年六月乙未，蓟辽总督薛三才所载赶兔一族的世系，可
以证明这种推论是正确的。他说：

　　"后赶兔死，满妇改嫁阿晕。与赶兔长子乞炭亥岁相仇
杀……今其子温布渐强。乞炭亥复与相合，而雄心复起矣。
踵赶兔之故智，屡为其少子毛乞炭拥兵挟赏者日加。"

---

① 按《武备志》活字本，第五十五册，卷二百〇五，第15—16页，"长子圪他汗台吉，存"还有"句下二子
完布台吉，存"一句。又"东夷兀爱"是"宣府镇边外住牧夷人"，引文说是《蓟镇边外夷》。——译者
② 按《明实录》影印国学图书馆传抄本，第三百五十三册，隆庆实录卷六十七，第2—3页，隆庆六年闰
二月壬戌条的原文是："虏酋黄台吉遣兵掠东夷革固等帐房，夷众以去。革固者，不知何所从来。
嘉靖间始流住宣外，与史夷杂处。宣府因遂抚之，以为外藩。然非故属夷。"——译者

所说满妇是赶兔的遗妻满旦。试把这个世系和前引《兵略》所载安兔的世系来对比一下,可知赶兔显然是安兔,乞炭亥是圪他汗,温布是完布。最后,毛乞炭和巴赖在音韵上相差很远,可能是两个人,也可能是同人异名。《万历武功录》(卷十三)里特别立了《赶兔列传》载:"赶兔,黄台吉子也。母所居在满套儿,为蓟门属夷,以故得部。长男、公男、其男等,随母逐水草,禀食于石塘路白马关。"公男、其男恐怕错了,其男可能就是乞炭亥。①

这里,再回到最初的问题上。《游牧记》所说土默特右翼旗的始祖噶尔图和鄂木布楚琥尔父子,确实可以考定是上述的赶兔和温布父子。因为满旦、温布母子后来日益强盛,直至察哈尔部的西迁,明人的记录里有据可查。《明史纪事本末》(卷二十)《设立三卫》项在记述清太祖决定夺取明廷辽东抚顺所,在这一年的同月条下说:

"万历四十六年夏四月,满旦及男温布台吉等睥睨石塘间……满旦母子益恣,以万骑攻白马关及高家堡。顷之,寻盟。盖隆庆以来,长昂称枭桀,雄塞上,垂四十年……至满旦,以一妇踯躅曹石间,意不可制。"

这时,在哈喇嗔、朵颜各酋聚集在东边的时候,在朵颜西部地方,满旦母子被看作是长昂以后的强酋。看来,安兔即赶兔死于万历四十三年,长子乞炭亥和继父不和,日趋衰颓,东部土默特部众便落到次子温布的手里了。

此后的变迁,很难找到记录。十年以后,察哈尔部西迁,土默特部的鄂木布联合参加了抵抗,这从上引《游牧记》说:"林丹汗恃其强,侵不已,鄂木布楚琥尔愤甚,因约喀喇沁苏布地等,共击之于赵城。恐不敌,天聪二年,偕苏不地上书乞援,寻来朝"可以了解。

_____

① 《皇朝藩部世系表》卷一,《蒙古游牧记》卷二。

而且，察哈尔汗的猛势，一举粉碎了哈喇嗔大营，接着又击溃了顺义王的归化城土默特。因此可以想象，同时据守在今丰宁县附近的东部土默特别部，也必定震骇而东奔。但是，现在的喀喇沁部地方本来是朵颜卫的根据地，哈喇嗔大营的残部也肯定投奔到这里来了，因而土默特部的部众就在这里呆不下去了。便越过这里拥向更东方的今土默特部所驻的地方了。这个地方原来是山前擦汗儿达子的根据地，正赶上该部之间也发生了动摇，因而弃地他徙了，这里暂时成为无人居住的空闲地，土默特部众便乘机来到这里驻下了。以上所说不过是由大势推测的假定，但从《游牧记》说鄂木布和苏布地联合起来，可以推测，喀喇沁（朵颜）和土默特（兀爱）两部接邻；而在明、清的记录里，最初朝阳、阜新方面并没有土默特部，后来才出现，可证该部东迁时间不久。土默特这个名字，首次出现在清朝的记录里，是《太宗实录》天聪三年（崇祯二年）五月癸卯条，说："以土默特部落俄木布楚琥尔部下人逃走，遗人追之。"看来土默特部的东迁是在上年赵城之战以后到这时以前的一段时间里。

土默特部除鄂木布楚琥尔（俄木布楚琥尔）后裔的右翼旗以外，另外还有一个左翼旗。它是今喀喇沁部的同族，远祖出自朵颜卫都督影克之弟莽古岱。[①] 莽古岱，《卢龙塞略》（卷十五）作猛古歹，《蓟门考》等作猛古得，是都督革兰台的第三子，其妻伯彦主喇、儿子韩不户（韩乜户、韩百户、罕麻忽），都是著名的夷酋。据《蓟门考》说：他们"各归顺把都儿、辛爱部下二十年矣。"[②]《蓟镇边防》还说是西虏属夷，说："鹅毛兔、伯彦主喇等巢，住东北青城、会州一带，去边三百六十里。"《卢龙塞略》（卷十五）说："猛古歹妻伯彦主

---

① 前述朵颜世系和把儿真的玄孙里，都说伯彦打来之子有长男、公男、奇男三人，而这个赶兔之子，也有长男、公男、奇男。

② 按《蓟门考》崇祯八年刻《皇明世法录》卷五十七，第 32 页，"二十年矣"作"三十年矣"。——译者

喇,子曰罕麻勿、曰那彦孛来、曰那秃、曰那木赛,并都指挥佥事,共部落七百余名。在会州讨军兔境界住牧,直南至贡关二百余里。附属西虏安滩。"①因为朵颜属夷都附属东虏或西虏,而该夷无疑和西虏安滩(俺答)、辛爱特别亲密。该夷迁往东部地方,当然是和右翼旗(兀爱营)的东奔一起的,不过,从这个喀喇沁部的别部冒用土默特的名称看来,也可以推测它们如何亲密。因为自清代以来蒙古部落就以旗为独立单位,部的存在徒有其名。而且同部必定是同族,常是在同一个地方比邻居住,而唯独土默特左翼旗是个特例,它和同族的喀喇沁部分开,却冒用了异族土默特的名称。②

8. 泰宁福余各卫和喀尔喀部

东迁后的察哈尔(Chakhar)部的南方,敖汉(Aokhan)、奈曼(Naiman)部和喀喇沁(Kharachin)、土默特(Tümed)各部、明代的朵颜(Doyan)卫等,都已叙述过了。察哈尔部的北方,明代的泰宁(T'ai-ning)、福余(Fuyur)各卫的后裔,究竟怎样了呢? 前面已经谈到,泰宁卫由于察哈尔部东迁,几乎溃灭了。福余卫的命运似乎也大致一样。

据清《太祖实录》说:蒙古喀尔喀(Khalkha)的强酋有个名叫宰赛(介赛)(Jaisai)的,早就遭受太祖忌惮。天命四年(万历四十七年、1619年)七月二十五日,太祖攻陷明廷铁岭城,前来参加战斗,打了败仗,被太祖生擒了。《满洲实录》(卷六)说:

① 按《卢龙塞略》万历刻本,卷十五,第4页,"直南至贡关"作"直西南至贡关",此处疑有脱误。"西南至贡关"之上,似应为"直××口若干里"。——译者
② 内蒙古各部,除上述以外,还有喀尔喀左右两翼旗和附牧在土默特左翼旗的唐哈拉哈(唐喀尔喀)等。这些全是清代以后从外蒙古喀尔喀迁来的。因此,任凭《游牧记》等去记述,这里从略。

"是夜,蒙古喀尔喀部斋赛、札鲁特(Jarud)部巴克(Bak)与巴雅尔图岱青(Bayartu Daiching)色本(Sebün)诸台吉等约二十人,共领兵万余,星夜而来,伏于秫田内。及天明,有出城牧马者约十人,宰赛兵见之,发矢追杀。我兵一见,即出城。知是蒙古,欲遽战,又无上命。不战,而吾人已被杀。但蹑其后而行。帝出城,见曰:'为何不战? 可急击之'。大王(代善)曰:'今一战,恐贻后悔。'帝曰:'此兵乃宰赛兵也,吾与宰赛之恨有五,今又先杀吾人如此,何悔之有'。诸王大臣遂领兵冲杀。败其兵,追至辽河,溺死及杀者甚众。生擒宰赛并二子色特希尔(Sedkil)、克实克图(Keshiktü)及巴克、色本并科尔沁(Khorchin)、桑噶尔寨(Sanggharjai)(明安贝勒子也)、宰赛妹夫岱噶尔塔布囊(Daighal Tabunang)及其臣十余人,兵百五十余,尽囚于钟楼内。"

宰赛,《太祖实录》又作介赛,显然是明人记录里所说的宰赛。王在晋的《三朝辽事实录》(卷一)记述这次战役说:

"宰赛因铁岭陷,引兵与奴酋(清太祖奴儿哈赤)争斗,被执。"

当时,宰赛率领两个儿子、四个副将、兵马万骑,关于所说两个儿子连同副将一起被擒,两者说法完全一致。但这个宰赛是明人最熟悉的蒙古东部的强酋,《明实录》和《明史·鞑靼传》等说:万历三十三年夏,诱杀明开原庆云堡守御熊钥,曾被停止市赏。后来,三十五年夏,由于北关叶赫(Yehe)夷酋乞怜,乃赦其罪。《明史·鞑靼传》记这次铁岭战败说:"万历四十七年,大清兵灭宰赛及北关金台什(Gintaisi)、布羊古(Buyanggū)等。"又,《明史》(卷二百二十八)《李化龙传》把这个宰赛当作了所谓福余伯言儿之子,《明史》(卷二百三十九)《董一元传》记述万历二十二年冬十月,这个伯言儿和泰宁的把兔儿、炒花和卜言台周等相呼应,大举侵入辽西镇武堡,战败而死说："伯言儿最剽悍，诸部倚以为强。尝诱杀庆云堡守备王凤翔，坐革岁赏。至是被戮，诸部为夺气，其部下遂纳款。"从伯言儿、宰赛父子都是开原庆云堡边外的骄酋来说，他们的驻地正是过去福余卫的地方，因而这个宰赛无疑是喀尔喀的介赛，而伯言儿是否是福余卫的夷人，殊属可疑。

抱着这个疑问，再查明人的记录。《明史纪事本末》（卷二十）《设立三卫》万历二十二年十二月（或系十月之误）条，记述伯言儿败死镇武堡时，写作伯言。然该书万历十一年五月条却说伯言是泰宁卫速把亥之子。《全边略记》（卷十）《辽东略》万历十年条里也说泰宁酋速把亥之子有个伯言，都把这个福余的伯言儿说成是泰宁的伯言，真是奇怪。《全边略记》（卷十）记述速把亥阵殁说：

> "万历十年，泰宁酋速把亥率其弟炒花及子伯言，入犯镇
> 夷堡。李成梁迎之……斩之。"

这正和《明史》（卷二百三十八）《李成梁传》所说"万历十年三月，速把亥率弟炒花、子卜言兔，入犯义州，成梁御之……斩之"一样，福余的伯言儿不仅是泰宁的伯言，而且确是著名强酋速把亥之子卜言兔。如后所述《辽夷略》说："卜言兔一名伯彦务，胡人名多讹音也。"

现据《明史》载，泰宁部长速把亥之子卜言兔这个名字，在《李成梁传》里，于万历九年和十年两次出现以后，就没有再出现。后来，速把亥的遗子闻名的只有次子把兔儿，到万历二十一二年，《李化龙传》、《董一元传》等里突然出现了一个名叫伯言儿的酋首，它的说明是："剽悍异常，诸部倚以为强。"这把兔儿，在《董一元传》里说是"速把亥次子"，在《纪事本末》里作把都，连称"泰宁卫伯言、把都"，因而应该认为把兔儿可能是伯言之弟，伯言儿可能是速把亥的长子。我想，卜言兔的无故失踪和伯言儿的突然出现，都很难以

解释，如果结合《纪事本末》和《全边略记》，把两者看作同一个人的话，这个疑问就可立告冰释了。据《纪事本末》载，伯言并未在万历十年以后，就暂时消失不见了，而《明史》所以一时没有注意到他，恐怕是由于他后来移驻到东北福余故地的缘故。正因为如此，他再度出现所谓泰宁的卜言兔，才称作福余的伯言儿了。果真是这样，那么所谓福余的伯言儿，不仅绝对不是福余卫的夷人，却正是所谓泰宁部长速把亥的长子卜言兔。而且，这个所谓泰宁部长速把亥，其实也不是泰宁卫夷人，而是蒙古方面记录中所说所谓喀尔喀巴林（Bagharin）部落的始祖苏巴海达尔汉诺颜（Subukhai Darkhan Noyan）。这个问题将在后面详细论述。因此，《清朝实录》认为这个人的长孙宰赛是喀尔喀蒙古，是完全正确的。至于明人有时叫作泰宁的卜言兔，有时又叫作福余的伯言儿，全是按照他侵踞的地方随便说的。

通过探讨得知明人用三卫的原名所称的，其实是喀尔喀蒙古。这种例子在所谓泰宁的炒花上也可看到。炒花也作抄花、粆花等。明人记录里说是泰宁部长速把亥之弟，最著名的强酋，但《三朝辽事实录》（卷六十一）天启六年（天命十一年、1626 年）四月条记述他遭到清太祖讨伐说：

"四月，宁远副将左辅报：本月十七日，东奴过河（辽河），要犯宁远等处。粆花说：'奴酋如果西犯，我们发兵去，助天朝。'带领夷众，行至养善木，撞过奴酋，将粆花、囊路台吉杀死。有歹安儿，相离囊路半日之地。奴酋哨马深至歹安儿营，被歹安儿精兵杀死奴部五十余名，捉获活夷二名，马五十四。奴问：'是谁家兵马，敢与我厮杀。'复带精兵，返到黄河沿。至二十五日早，将歹安儿兵马围住。有歹安儿并妻跑出，其余部落尽被杀掳。粆花亦跑过黄河北躲避。有虎墩儿憨知道，即领兵马数万,赶到三座寺东,奴酋已去远了。"①
这段文字里的东奴、奴酋都是指清祖奴儿哈赤(Nurhachi)。养善木是彰武县附近养息牧的异译。文末的黄河是指辽河上游的西喇木伦(Shira Müren)。然清《满洲实录》(卷八)记述这同一战役却说喀尔喀五部落背盟,与明朝勾通,杀死清军斥堠。因此,天命十一年(天启六年)夏四月,太祖才亲征,说:

> "初,帝与五部贝勒等盟,曾言:'若征明,与之同征,和则与之同和。'后五部贝勒等背盟,私与明和,杀满洲斥堠军,献首于明国,多受其赏。又屡劫满洲使者财物牲畜。由是,与之为恶。于四月初四日,率诸王大臣,统大军征之。初五日,出十方寺边,渡辽河安营,选精骑,令诸王率之急进,寻其居处。亲率众军继之。初六日,大兵星夜前驱。次日天明,分兵八路并进。前锋四王(太宗)、二王(阿敏)及阿济格台吉、硕托台吉先至囊努克(Nangnuk)寨(囊努克乃喀尔喀巴林部落叶赫巴图鲁幼子),囊努克领从者数人,弃寨而走,满洲诸王随后追之。囊努克且战且走,忽背后一王突至,囊努克未及避,被射死于马下。射之者乃四王也。后大兵续至,取还近屯寨,收其牲畜。初九日,命大王、二王、四王暨济尔哈朗(Jirgalang)、阿济格(Ajige)、岳托(Yoto)、硕托(Shoto)、萨哈廉(Sahaliyan)众台吉等领精兵一万,往实喇木伦(Shira Müren),遇有人民即

---

① 按《三朝辽事实录》国学图书馆影印本,卷十六,第18页,"撞过奴酋"作"撞遇奴酋"。又"有虎墩儿憨知道,即领兵马数万"作"有虎墩兔憨知道,即带领兵马数万"。——译者
《实录》天启六年六月乙卯条,记述这事说:
"宁远副总兵左辅报:东奴过河,要犯宁远,遇炒花侄囊路台吉发兵助天朝,有歹安儿相离囊路半日之地,奴酋哨马达子探至歹安儿营,被歹安儿精兵杀死奴酋达子五十余名,捉获活夷二名,得达马五十匹。奴大恨,复益精兵,将歹安儿兵马围住。歹安儿并妻逸出。部众尽被杀掠,妙花亦过黄河北边躲避。有虎墩兔憨知道,即带领兵马数万,赶到三座寺,东奴已去远矣。"
这没有记述可疑的日期,但完全相同。且以囊路作炒花之侄这一点,和后来虎墩兔的话也相符。看来,囊路不是妙花的季子,应该是侄子。

收之。如马力不及则回。复令三王（莽古尔泰）及八固山诸将，率兵二千，继前去诸王而进。诸王马乏，欲进不能，未至其地而返。三王乘夜续进，与回兵之路相左，遂渡实喇木伦河，收获牲畜无算，乃还大营。帝率兵回至瑚珲（Kükün）河边安营。"

这次战役是清太祖首次到蒙古，也是最后一次亲征。十方寺是铁岭西九十里的一个堡的名称。[①] 瑚珲河也作呼珲河、库昆河，是今通往新开河的一条河。[②] 现在把两条记事比较一下。奇怪的是时间差了两周，可能是明人传报的错误造成的。作战的战场相同，前后两阶段的用兵这点也相同。毫无疑问，两者所记述的是同一事实。明人所说的和炒花共同行动的囊路必定是和清人所说的喀尔喀巴林的叶赫巴图鲁（Yehe Baghatur）的幼子囊努克。如果是这样，那么炒花也确是巴林的酋长。总之，通过这么对比，毫无疑问，明人所说的泰宁炒花，就是清人所说的喀尔喀巴林部落的酋长。明人中，像《辽事实录》（卷八）天启二年三月尚书张鹤鸣说："虎墩兔憨、炒花、宰赛等虏，元之裔也。"炒花、宰赛和察哈尔汗（Chakhar Khan）同是北元遗裔，而所谓三卫兀良哈（Uriyangkhai）却不同，认为是达延汗（Dayan Khan）的子孙喀尔喀蒙古。倘若炒花果真是喀尔喀巴林酋长，那么他的亲兄所谓泰宁部长速把亥，也必然是巴林部的酋长。

关于速把亥，《明史》（卷二百三十八）《李成梁传》载隆庆、万历之交，辽左日渐多事的情况说：

"当是时，俺答虽款塞，而插汉部长土蛮……势方强。泰

----

① 《满洲历史地理》卷二，第 507 页。

② 《大清一统志》卷四百〇九之一，《养息牧牧场山川》条说："库昆河在牧厂西北一百十里，源出喀尔喀左翼南乌尼苏台山，东流经土默特左翼北，自西勒图库伦流入境，又东北流，会养息牧河，舆图作呼珲河。"《明史·李成梁传》等所见的可可母林，也就是这条河。

宁部长速把亥、炒花，朵颜部长董狐狸、长昂佐之。"

又，万历十年记述他战死的一条说："速把亥为辽左患二十年，至是死。帝大喜。云云。"若说为辽左患二十年，那么他的活动从嘉靖末年就开始了。从那以后，速把亥就成了辽东最强的夷酋。这从《俺答后志》里夸耀俺答的武功说："东服土(土蛮，即图们汗)速(速把亥)、西奴吉(诺颜达喇吉能)丙(西海丙兔)。"及《皇明从信录》万历二年条载俺答一受封"土蛮、速把亥请封"便可了解。但据《全边略记》(卷十)《辽东略》说：万历二三年之交，速把亥羡慕开原南关的酋长王台强盛，或向之求婚，或卤略其地。速把亥确实是察哈尔部东迁以后，全盛的图们汗的首屈一指的帮手。据《蒙古源流》(卷六)说：当图们札萨克图汗(Tümen Jasaktu Khan)盛时，分治蒙古六万户的五执政理事里，左翼二人之一，有个"喀尔喀之卫征索博该(Oijong Subukhai)"。明人自然听到过五执政理事的名字。一定也知道索博该的名字，当然可以把他考定为所谓泰宁部长的速把亥，也就是喀尔喀巴林部落的苏巴海。《皇朝藩部世系表》说他是喀尔喀巴林部落的远祖，是阿尔楚博罗特(Alchu Bolod)之孙苏巴海(subukhai)，他有个儿子叫巴噶尔图尔。那么，苏巴海便是图们汗的从父辈。从他们的年代、所部，都符合看来，著名的泰宁速把亥就是著名的喀尔喀索博该。同时，毫无疑问，也就是巴林的苏巴海。苏巴海之子巴噶尔图尔，恐怕是巴噶巴图尔(Bagha Baghatur)的误传，就是速把亥之子把兔儿。说到这里，就可以更进一步进行考定了。

9.喀尔喀五部落的系统

兀良哈三卫的朵颜卫，前面已经论述过了。其余泰宁、福余各卫也已被蹂践而残破，后来兴起的是喀尔喀五部落。所谓喀尔喀五部落究竟是哪些部落呢？

关于内蒙古喀尔喀五部落,《蒙古源流》(卷六)记述达延汗分封诸子说,"阿尔珠博罗特(Alchu Bolod)统率内五鄂托克喀尔喀"。其中巴林和札鲁特现在都知道。据《蒙古王公表传》(卷二十八)《巴林(Bagharin)部总传》载:

> "巴林部在古北口外,至京师九百六十里。东西距二百五十一里,南北距二百三十三里。东界阿噜科尔沁(Aru Khorchin),西界克什克腾(Keshikten),南界翁牛特(Ongni-ghud),北界乌珠穆沁(Üjümüchin)。元太祖十六世孙阿尔楚博罗特生和尔朔齐哈萨尔。子二:长乌巴什(Ubashi),详札噜特部总传。次苏巴海,称达尔汉诺颜,号所部日巴林。子巴噶巴图尔(Bagha Baghatur)嗣。有子三:长额布格岱洪巴图尔(Ebügedei Khong Baghatur),次和托果尔昂哈(Khotoghor Anggha),次色特尔(Seter)。初,皆服属于喀尔喀。天命四年,额布格岱洪巴图尔偕喀尔喀部长,遣使乞盟,允之。十一年春,以背盟,私与明和,大军往讨,阵斩台吉囊努克(Nangnuk)。冬,讨札噜特,诏分军入部境,以张兵势,焚原驱哨而还。会察哈尔林丹汗(Lingdan Khan)掠其部,诸台吉奔依科尔沁(Khorchin)。天聪二年,色特尔率子色布腾(Sebteng)及额布格岱洪巴图鲁子色棱(Sereng)、和托果尔昂哈子满珠习礼(Manjušri)等,自科尔沁来归,优赏抚辑之。"

又《蒙古王公表传》(卷二十九)《札噜特(Jarud)部总传》载:

> "札噜特部在喜峰口外,至京师千五百一十里。东西距百二十五里,南北距四百六十里。东界科尔沁,西界阿噜科尔沁,南界喀尔喀左翼,北界乌珠穆沁。元太祖十八世孙乌巴什(Ubashi),称伟征诺颜(Oijong Noyan),号所部日札噜特。二子:长巴颜达尔伊勒登(Bayandar Ildeng),次都喇勒诺颜(Du-

ral Noyan）。巴颜达尔伊勒登子五：长忠图（Jongtu），传子内齐（Neichi），相继称汗。次赓根（Kenggen），次忠嫩（Jongnon），次果弼尔图（Khubiltu），次昂安（Augghan）。都喇勒诺颜子二：长色本（Sebün），次玛尼（Mani）。初，皆服属于喀尔喀。太祖高皇帝甲寅年（万历四十二年，1614 年），内齐以其妹归我贝勒莽古尔泰（Manggūltai），忠嫩及从弟额尔济格（Eljige），亦来缔姻。天命四年秋，大军征明铁岭，色本偕从兄巴克（Bak）等，随喀尔喀台吉宰赛，以兵万余助明，为我军阵擒。冬，内齐（Neichi）、额尔济格（Eljige）、额腾（Edeng）、鄂尔斋图（Öljeitü）、多尔济（Dorji）、桑阿尔斋（Sanggharjai）、弼登图（Bidengtü），偕喀尔喀卓哩克图洪巴图鲁（Joriktu Khong Batur）等，遣使乞盟，许之。遣大臣往莅盟。其宰桑扣肎属有来奔者，上以盟不可渝，拒弗纳。旋释色本、巴克归。八年，巴克来朝，命释其质子鄂齐尔桑（Achirsang）与俱归。而忠嫩（Jongnon）、昂安（Angghan）等屡以兵掠我使赍往科尔沁之服物及牛马，上遣军征之。斩昂安，俘其众，忠嫩子桑图（Sangtu）以孥被擒，来朝乞哀。诏归令完聚。未几，所部诸台吉复背盟，袭我使固什（Hūsi）于汉察喇及辽河畔，掠财物。十一年，命大贝勒代善（Daišan）率师往讨，斩鄂尔宰图（Öljeitü），擒巴克、多尔济、桑噶尔斋、鄂齐尔桑及岱青（Daiching）、拉什希布（Lashikib）、额多伦（Etolun）、札木素（Jamtso）、阿穆克、拉卜什、岱青等凡十四台吉，师还。仍诏释归。寻为察哈尔林丹汗所掠，往依科尔沁。天聪二年，内齐、色本暨玛尼、巴雅尔图岱青、桑图、桑古尔、桑阿尔斋、果弼尔图等先后率属来归。台吉喀巴海杀察哈尔台吉噶尔图（Ghartu），以俘七百献，赐号伟征。"

巴林部和札鲁特部的位置与四至等，由于后来的形势，不足以看出当时的状态,但所传各酋的世系是相当可靠的。

现在来和明人所传作一比较。肖大亨的《北虏世系》里说歹颜哈(Dayan Khan)的第六子叫作纳力不剌台吉,其世系如下:

纳力不剌台吉——虎剌哈台吉——苏不害打儿汉台吉

在蓟镇边外,　　　子四　　　　为犯辽杀死

与土蛮相连,

年年犯辽东,

不贡不市。

子一

这里所说苏不害打儿汉台吉,因"为犯辽杀死",很像是速把亥,但还不能仅凭这一条就肯定下来。又据王鸣鹤的《登坛必究》(卷二十三)说:除"虎剌哈气台吉生二子:长子那木大黄台吉,次子速不言台吉"外,还列举了《东胡夷酋号名哈儿宗派》,说:

"初代虎剌哈赤生五子,二代长子兀把赛生三子,三代长子伯言大儿,三代次子荒吉,三代三子卜爱。

二代次子速把亥生三子,三代长子卜言兔,三代次子卜言把都儿,三代三子卜言谷。

二代三子兀班生二子,三代长子煖兔,三代次子伯牙儿。

二代四子答补生五子,三代长子老撒,三代次子卜儿艾,三代三子尔只革,三代四子卜儿汉兀,三代五子额参得儿。

二代五子炒哈。"

初代虎剌哈赤的长子是兀把赛(乌把什),他的长子叫伯言大儿(巴颜达尔)。虎喇哈赤的次子是速把亥(苏巴海),他的儿子是卜言把都儿(巴噶巴图尔),这和前面所引《蒙古王公表传》的说法正相吻合。所说虎喇哈赤无疑就是阿尔楚罗特之子和尔朔齐。因此,可知《北虏世系》的虎喇哈是虎喇哈赤的脱误,苏不害就是苏巴海(速把亥)。他的祖父纳力不剌就是阿尔楚博罗特。

关于虎喇哈赤（Khurakhachi），除《武备志》所引《职方考》和《世宗实录》嘉靖三十四年四月条以外，四十一年二月，兵部尚书杨溥等说：

> "今西北之虏，宣大蓟镇有俺答（Altan）、辛爱（Sengge）、把都儿（Baghatur）、土蛮（Tümen），辽东有虎剌哈赤（Khura-khachi），陕西有吉能（Jinong）。"

赵时春的《北虏纪略》载：

> "东则泰宁、福余地，直辽左矣。虏之特起新酋，曰虎喇哈赤者，众不满千。"

虎喇哈赤是赵时春时期即嘉靖末年，辽左特起的新酋。

但《登坛必究》只记载了他的前代，张鼐的《辽夷略》里却记述了他很久的后代说：

> "泰宁卫之夷酋曰虎喇哈赤，故矣。而生五子：曰速把亥、曰粆花、曰歹青即伯要儿、曰委正、曰兀班。其直广宁镇远、镇宁、镇武、西平、海州、东昌、东胜边四百余里而牧，由镇远市赏者，速把亥诸种也。虎喇哈赤之先大父魁猛磕，嘉靖中，尝入我剌梨山。至速把亥益慓悍，扰边上无虚岁。后以入寇镇夷堡，为参将李平胡射死，斩其级。死时尚披戴盔甲臂手。级大如斗也。速把亥有三子：长卜言兔，无子；次卜言顾，有三子；其三男把兔儿有七子焉。二枝分为十派也。卜言冤一名伯彦务，胡人名多讹音也。卜言兔伤父死，与其弟把兔儿枕戈饮血，而思蹂塞上以相当。后塞上御之岁苦矣。而把兔儿以镇武堡箭伤竟死。其死之者董将军一元也。"

镇远、镇宁、镇武、西平都是广宁所属的堡名，东昌、东胜是海州即海城所属的堡名。① 虎喇哈赤五子的名字也和《登坛必究》所载稍

---

① 参看《满洲历史地理》卷二，第499—503页。

有不同，但《登坛必究》所载似乎比较正确，后面将详细论述。所说："虎喇哈赤之先大父魁猛磕，嘉靖中，尝入我剌梨山"，虎喇哈赤的先大父就是达延汗把秃猛可（Dayan Khan·Batu Möngke）。侵入我剌梨山的魁猛磕（Küi Möngke）恐怕是另一个酋首，不是达延汗。这虽是误会，但速把亥于万历十年入寇广宁镇夷堡，被李成梁部下的参将李平胡射死，确是事实。速把亥的头大，当时还披戴着甲胄。《万历武功录》（卷十二）《速把亥列传》说："始，速把亥伏殴刀死，尚披戴盔甲臂手，汉使降夷长汉往验级，级大如斗也。"可见速把亥有一副赳赳武夫的躯体。《辽夷略》关于这事显然是取材于《万历武功录》的。《武功录》的《速把亥列传》说：

> "速把亥，虎喇哈赤仲子也。嘉靖丙午（二十五年）岁，以三卫故，迁徙旧辽阳迤北沙埚之间。于是部泰宁人抄本、花大、把儿都、红脸孛罗等，引弓之夷万余人，颇虓勇。东西到锦（州）义（州）一千五百里，所在皆可直入犯，无险阻。是时，大父魁猛磕惑内罗言，常入我剌梨山，杀边吏王相，甚至卤掠人，动以三四千数。自是以后，花当之属，皆与虎喇哈赤并勃勃著名塞上矣。延引至速把亥世，益慓悍，出入乘蠡，张旂志鼓吹。吹掌膂箓。数数然，从土蛮，入海、盖、开原。"

又说："速把亥一名速卜亥，一名苏把亥，为泰宁卫酋长。生四男：长卜言兔，又名伯彦务；次卜言把都儿，又名把兔儿；次卜谷；次勺里兔，又名召立兔。"长子卜言兔，次子卜言把都儿，没有问题。三子卜谷是《登坛必究》的卜言谷、《辽夷略》的卜言顾之误。季子勺里兔（召立兔）是新加的。所谓"花当之属"，是朵颜属夷之意。卜言兔和把秃儿想要报父死之仇，进行寇掠。万历二十二年十月，确在镇武堡被董一元将军击败而死。

《辽夷略》还接着记述了卜言兔的三个儿子，这里从略，以下记述把兔儿的七个儿子说：

　　"把兔儿之七子：长额伯革打黄台吉，次曰阿把兔儿、三曰
　　榜什台吉、四曰色特儿、五曰卜兔儿、六曰昂阿、七曰昂奴……
　　额伯革打之子三：曰色令、曰速木儿、曰翔弄……凡十二派。
　　皆把兔儿之种。诸夷部约拥骑万五千，而皆受调度于秒花。"
把兔儿是《蒙古王公表传》里的巴噶巴图尔（Bagha Baghatur），额伯
革打黄台吉是额布格岱洪巴图尔（Ebügedei Khong Baghatur），昂
阿是和托果尔昂哈（Khotoghor Anggha），色特儿是色特尔（Se-
ter），色令就是色棱（Sereng）。一般说来，明人的记录比较详细，清
人所传大都简略。总之，可以推测，这些人驻在辽河河套附近、河
西南边一带。

　　其次，《辽夷略》里记述炒花各族说：

　　"其直镇武、四平、东昌、东胜、长静、长安、长勇、平虏诸堡
　　而牧，从镇远关入市赏者，秒花诸种也。自万历乙卯（四十三
　　年），辽阳长安堡开木市，而广宁镇远以东、辽阳以西，塞外诸
　　夷落往来游牧无禁矣。① 秒花一名炒哈，一名抄花。隆（庆）万
　　（历）间，与妹夫花大为党，而图报其兄速巴亥之仇。岁苦我
　　边，然亦屡衄受伤，幸免捕诛耳。而至今秒花诸种为强。秒花
　　生九子：长袄八歹青、次曰把败、三曰额参、四曰剌八时气、五
　　曰歹安儿、六曰端木度、七曰卜塔什利、八曰本卜太、九曰囊
　　奴。九子之派分为二十六，强矣……是皆秒花之种也。今秒
　　花尚在，而计其诸部落兵，盖万五千骑焉。"
长静、长安、长勇各堡都隶属辽阳城，平虏堡属于沈阳卫。② 由此看
来，前述《辽事实录》的囊路（囊奴）是炒花的季子，歹安儿是他的第
五子。看来，当时《满洲实录》所注："囊努克乃喀尔喀巴林部落叶
赫巴图鲁幼子"，这个叶赫巴图鲁就是炒花。炒花所以叫叶赫巴图

---

① 关于辽东马市、木市，《明史》卷八十一，《食货志》里曾大略谈到。
②《满洲历史地理》卷二，第504—507页。

鲁(Yeke Baghatur、大巴图鲁),可能因为他的侄儿、速把亥之子叫巴噶巴图鲁(Bagha Baghatur、小巴图鲁),所以才这样称呼的。又据《万历武功录》(卷十二)《炒花、花大列传》说:

> "炒花,虎喇哈赤季子也。嘉靖中,炒花最稚弱。黄勇(汉人名)常亡抵于穹庐,易之,竟归速把亥。久之,速把亥略广宁,炒花辄执干戈往从矣。隆庆初,复从酋长黑索罗等,万余骑略河东,稍稍称强。明年,速把亥、歹青驰鹞背山,使者十余辈约炒花。炒花至,然后入丁字泊,居一二年,遂与土蛮仇杀。云云。"

炒花的确是虎喇哈赤五个儿子里的最小的,起初很幼弱。《登坛必究》的记述是正确的。当时,炒花还没有儿子或孙子。因而没有记述。可是,后来逐渐长大,最后享年甚长,以至把兔儿的子孙和炒花一族都服他统率了。我认为他就是南喀尔喀的卓哩克图洪巴图鲁(Joriktu Khong Baghatur)。炒花部落曾经和察哈尔汗土蛮争夺驻地,驻在最南边。前面所说天命十一年四月清太祖的征伐,就是攻略这个地方,当然在这里会出现五子歹安儿和九子囊奴。长子袄八歹青等的问题,容后再述。

《辽夷略》记述花大事说:

> "朵颜卫夷酋有把伴者,先年抢至粆花营,配粆花妹公吉阿亥为妻。遂依泰宁而居,受其驱使。其牧地在广宁东北,离镇静、镇安等堡三百余里,而市赏由镇远关。居久之,把伴死。有二男:长花大,次孛儿败,俱死。花大之子四……孛儿败之子三……夫把伴一枝,虽属粆花调度,仍系朵颜夷种,其不属泰宁诸夷明矣。故不列于泰宁夷酋中。"

和叔父炒花并列的所谓姑夫花大,实际是炒花的妹夫、朵颜把伴之子。对把兔儿来说是从弟。倘若定要称作姑夫,那么花大是炒花的另一个妹妹的丈夫,也未可知。前引《辽夷略》里曾明确记载:炒花的妹夫是花大。

以上所说这些泰宁卫夷酋，其实都是喀尔喀巴林部落和它的属部，驻在西喇木伦河以南、察哈尔部偏东一带地区的。而驻在北方铁岭、开原边外的，却是虎喇哈赤的其余的儿子们。

《辽夷略》载：

> "直辽沈平虏正北四百里而牧者，虎剌（哈）赤第三男歹青即伯要儿诸子也。其牧地名猪儿苦周一带。直沈阳、铁岭六百余里而牧，市赏仍入开原新安关者，秒花第四男委正诸子也。其牧地名岳落一带。直关（开）铁西北七百余里而牧，仍入新安关市赏者，秒花第五男兀班诸子也。其地名古路，半升户儿大汉把都楼子。然夷性狡矣，时欵时服，宁有常哉。"

关于其牧地猪儿苦周、岳落和古路半升户儿大汉把都楼子等，近来田中克己有详细的研究。① 但这项记录里误字脱字很多，开头的虎剌赤应是虎喇哈赤，中段的关铁也应该改成开铁。此外，"炒花第四男"、"炒花第五男"，其实应是虎喇哈赤第四男、第五男。参考前一项自可了解。第三男歹青即伯要儿，是《登坛必究》所说的第四男答补，第五男兀班是第三男兀班。这里的第四男委正是一个错误，应该代之以长男兀把赛。现据《辽夷略》下文说：

> "伯要儿故，而生五子：长子者卜儿亥也。生八子……共约兵三千余骑。次子者耳只革也，故，而生四子……共约千余骑耳。三子者老思也，故，而生三子……老思三男练二千骑矣。四子者卜儿罕骨也，故，而生二子……约兵千余骑。五子者额参大也。生四子……约兵千余骑。计伯要儿之种几五

---

① 田中克己《喀尔喀五部的成立和住地》（《东方学》第十六辑，昭和三十三年九月）。据田中考证：委正诸子所住的岳落是Khol、Kondulin两河合流处以北的Yalohada（今图什业图王府附近），兀班诸子的牧地古路半升户儿在今达尔罕王府附近，大汉把都楼子在开通县附近，伯要儿诸子的驻地猪儿苦周在今博王府附近。

枝,分二十一派,而时为辽沈间患苦矣。"①

冯瑷的《开原图说》(卷下)《东虏二十二营枝派图》里列有题为《卜儿亥等七营图》的世系表,说是虎喇哈赤之子答补的系派,并附记说:

> "一营卜儿亥,系大(答)补长男。生八子:蟒谷儿太、因得革儿、哈尔寨、卜答习力、所南、长速、蟒谷、蟒谷速,部落六千余,精兵二千骑。酋长年近五十岁。负性狡猾,惟妇言是听。领兵用事卜艾,往来上关王小哥、那里卖。
>
> 一营耳只革,系答补次男,已故。生四子:所南、卜答舍力、所宁、赖卜答(哈),部落二千余骑,精兵一千骑。领兵用事红大贾儿古赤,往来上关通事元头我只愧等。
>
> 一营卜答赤,系答补已故三子老思长南(男)。生子以克把拜、以(把)汉把拜,部落二千余,精兵千骑。酋长年近三十岁,负性狡猾。领兵用事忙浓,往来上关奈蛮住等。
>
> 一营卜儿罕谷,系答补四男,已故。生子把汉台州、火把(我包)台州、昂革台州,部落二千余,精兵千骑。领兵用事哈剌把拜、卜浓,上关通事妥脱等。
>
> 一营额孙大,系答补五男。生子所宁、那兔、那速户、撒哈儿寨,部落八百余,精兵六百骑。酋长年近四十岁,负性狡猾。领兵用事阿卜大贾儿古赤,往来上关通事孩子桶空儿等。"

所说伯要儿就是虎喇哈赤的第四子答补,他的长子名叫卜儿亥,次子名耳只革,三子名老思,四子名卜儿罕骨(谷),五子名额参大(额孙大)。卜儿亥也常出现在其他记录里。耳只革就是清人所说的额尔济格,老思恐怕就是万历二十二年首先和清朝打交道的喀尔喀老萨贝勒(Loosa Beile)。这段文字里错字很多,现在依《卜儿亥

---

① 按《辽夷略》清初史料四种本、第7页,"老思三男练二千骑矣"作"老思三男总二千骑矣。"——译者

等七营图》改正了。本文里记述了酋长的年龄、性格、各酋的兵数，并附记了领兵用事的人名和上关通事人名，饶有兴趣。那个领兵用事的贾儿古赤可能是断事官（Jarghuchi）。下面再回到《辽夷略》来看。关于委正暂且不谈，关于兀班记述如下：

"兀班故，而生二子：曰莽兔、曰伯言儿。莽兔之子七：曰莽骨大、曰比领兔、曰伯洪大、曰剌把什、曰剌巴太、曰所宰、曰色崩。伯言儿以入犯高平被伤死。其子宰赛生三子。于万历己未（四十七年）秋七月，为奴酋所获。其长男青台州、次男爪儿兔、三男海来兔，有兵一万五千骑强矣，而不虞奴之乘其后也。至今奴质以饵其部落云。"

《开原图说》关于这事，在《宰、煖二营图》的后面附记如下：

"一营煖兔，系兀班长男。生七子：蟒谷儿大、比领兔、伯洪大、剌把什、剌把太、所宁（所宰）、色崩等。部落万余，精兵三千余。酋长年近六十岁，负性朴实。纵部下零窃。领兵用事三江榜什、大榜什，往来上关汉人王小厮、李银、王卖等。

一营宰赛，系兀班次男伯要儿之子。生三男：青台州、爪儿兔、海来兔台州。部落一万余。精兵五千余。酋长年近四十岁，负性狡猾。领兵用事歹安儿他卜浓。往来上关伯赛、额孙大、伯户、把气革儿等。"

虎喇哈赤的第三子兀班，生二子：长名煖兔（莽兔），次名伯言儿。伯言儿的儿子叫宰赛。清太祖的劲敌宰赛，实际就是这个酋长。兀班的次子伯要儿之子宰赛怎么会错成速把亥之子伯言儿的儿子了呢？这是因为都被称作所谓福余的伯言儿（伯牙儿）之子的缘故。宰赛的三个儿子的名字，和《清实录》所载不一致，可能是同人异名。那个领兵用事的榜什，恐怕就是巴克什（Bakshi）。

关于委正，《辽夷略》和《开原图说》所记甚详。据《开原图说》（卷下）《舍剌把拜等十三营枝派图》说：魁麻之子有卜言兀、把都儿、土章三人。卜言兀之子是额参和惟正。并详载了他们的世系。附记里特别说：

> "考虎刺哈赤子五人：嫡长子速把亥即李宁远所杀者、庶长子兀把赛、第三子兀班、第四子答补。兀班，答补子孙，旧在开原，如煖兔、宰赛、卜儿亥等，已分营领赏矣。第五子钞花，又名爪儿兔，见在，子九人，与速把亥子孙卜言兔等共二十余营，俱在广宁领赏。至于舍剌把拜等十三营。旧传系兀把赛之后，细查复为魁麻子惟正之后，非虎喇哈赤枝派也。"

《登坛必究》（卷二十三）载："初代魁麻生三子，二代长子卜言兀生二子，三代长子额参，三代次子委正，二代次子把都儿，二代三子土章生三代歹青。"这里所依据的可能是同样的资料。不过，据《北虏世系》说：卑麻之子只有秃文都剌儿台吉（岱青杜棱）和也辛威正台吉（额参委正），没有卜言兀。这里的额参委正是一个人的名字，不是两个人。卑麻（Buima）当然是因为字形类似而误作魁麻（K'uei-ma），但或许是因为联想到著名的魁猛可等，以致弄错。错误的根源在于把这个额参委正误认为是两个人，把卜言兀的两个儿子，哥哥是额参，弟弟是委正。因而便得出了"细查复为魁麻（卑麻）子惟正（委正）之后，非虎喇哈赤枝派也"的结论。不过，认为惟正是魁麻之后，庶长子兀把赛之后就没有了，所以在札鲁特部的世系图谱里见不到他，而如果是魁麻（卑麻）之后，那就是察哈尔部的分支，而不是喀尔喀了。这里还是依照老的传说，认为是兀把赛之后较为正确，"舍剌把拜等十三营"是虎喇哈赤的后裔。

但这里所列还是嫡长子速把亥、庶长子兀把赛、第三子兀班、第四子答补、第五子钞花的顺序，正如和《登坛必究》所载那么正确。《辽夷略》所说速把亥、炒花、歹青即伯要儿、委正、兀班的次序既不正确，名字也有讹误。关于委正，应该像《开原图说》所暗示的，就是兀把赛即乌巴什。《辽夷略》记述委正说：

　　"委正故，而生四子：长以邓儿、次脱卜户、三脱退、四小老思（厮）。以邓儿（以儿邓）故，有十子。长舍剌把败（拜），而有三子：曰果兔儿（果儿兔）、曰把什汉、曰剌把什，拥兵千余也。次男哈剌把拜故，而有五子：曰剌伴、曰剌什气、曰什伯兔、曰歹青、曰桑阿赛（三哈柴），而拥兵亦约千余骑。三男妆难，生二子：曰得勒革兔（儿）、曰色捧。四男妆兔，有二子：曰阿卜大台吉州、曰我速苦利，而拥兵各五百余。五男小耳只革，生二子：果木台吉州、曰歹安台吉（儿台州）。六男伯培故，生一子，曰朱身。七男果丙兔（生一子，曰三袄儿），而亦约兵四百余。八男火把台州故，而生一子，曰抄花，约兵三百余。九男把秃男（儿），亦约兵三百余。十男奴台（哈屯），生一子，曰昂革台吉（州），而约兵三百余。

　　委正之次男脱卜户者故，而生二子：长孛罗大、次打剌汉台吉州，约兵四百余。

　　委正之三男脱退故，而生一子，曰歹青，亦约兵三百余。

　　委正之四男小老思（厮）者，亦约兵四百余。

　　盖委正四男而分二十三派矣。"

拿这些和《开原图说》的《舍剌把拜等十三营枝派图》对比，除文字稍有不同以外，全都相同。文字互异的地方，已经在引文里注明了。

　　再拿这些和前述札鲁特部的世系比较，那么，委正（惟正）肯定是乌巴什伟征诺颜，以儿邓（以邓儿）肯定是巴颜达尔伊勒登。其余有些困难。正如鸳渊一所考证的，[①]妆兔可能是忠图（Jongtu）。内齐（Neichi）这个名字不详。据《蒙古游牧记》（卷三）《札噜特部原图》说，是忠图的嫡子，其后相继称汗，可能属于喀尔喀嫡统。同

① 鸳渊一《明末的喀尔喀和泰宁》（《史林》第二十六卷，第四号，昭和十六年十月）。

样,妆难确是忠嫩(Jongnon),果丙兔确是果弼尔图(Khubiltu)。清朝方面的记录比明人所传的不完备,不能一一考订。但这里所说委正的系派其实属于乌巴什之后,是喀尔喀札鲁特部的酋长,却很明确。哈剌把拜这个名字,在《满文老档》等里以喀尔喀部落的哈喇把拜(Khara Babai)出现。

关于这些酋长的驻地,《开原图说》(卷下)首先引高折枝的说法,说:

> "庆云西北十里曰关门台,即新安关也。关门之外即虏地。关门西北六十里至上辽河,河西岸城基旧塔尚存,相传为旧开原城。城西有山冈,迤西北去亘四十余里,夷呼为断头山,谓此山至河西尽也。东虏二十二营,每叩新安关乞赏,皆先营于此地,或札山南,或札山北,或札城西,或札辽河东岸。虽各自住牧,大抵不越此山左右前后耳。赏毕,煖兔从此山西北归巢,宰赛从正北归。"

似乎大体在《辽东志》所说的西辽河北、东西两金山附近。新安关,据《辽东志》(卷二)说是"开原城西六十里庆云堡"的关口。又说:

> "煖兔楼子仍在大汉把都楼子北四十余里,去金山犹三百八十里。至旧开原则五百余里矣。"

或又说:

> "煖兔西三十里,即卜儿亥楼子。又西则耳只革、卜儿罕谷、额孙大兄弟之营。又西卜答赤、歹安儿、伯要儿兄弟之营。此数营者,皆以次而西,相去亦如东南诸营。"[①]

所谓楼子,就是后代所说的喇嘛庙。

> "建寺起楼供佛,其砖瓦木石皆所虏中国匠役为之,造作寺观有甚华丽者。亦有僧,多内地人,皆与酋首抗客礼。有番

---

① 按《开原图说》玄览堂丛书本,卷下,第19页,"兄弟之营"作"兄弟三营"。——译者

僧至，则酋首罗拜，谓之楼子。虏营帐多在楼子旁，其左右前后三四十里，即其板升。板升者夷人之佃户也。盖北虏之族，虽日逐水草，迁徙不常，然各酋长亦各择形势便利，据一方以为牙帐，即汉匈奴传所谓王庭。遇战争游猎乞赏，则随事为出，事已，复归旧巢。其各画疆分界，设险据要，亦略与中国同。"

明末时期，蒙古、满洲显然已有筑屋定居的风气。从这时开始，草原上便建起了巍峨的喇嘛庙。①

这样，福余、泰宁两卫地方都被北虏占据了。诚如《开原图说》所说："今在广宁两枝（速把亥、炒花），每假托太（泰）宁卫夷人。在开原三枝（煖兔、宰赛、卜儿亥），又假托福余卫夷人，虏亦狡矣。"那么，真正的泰宁、福余夷人怎样呢？当然，多数被察哈尔、喀尔喀夷酋蹂躏而屈服了，但另一部分仍然称三卫夷人，向明廷朝贡并受赏。例如泰宁卫都督只儿挨和福余卫都指挥宰来罕，便是这样。但实际上，他们已经在泰宁、福余没有根据地，只是躲在朵颜、泰宁卫等的一些角落里，贪求一点岁赏。郭造卿的《卢龙塞略》等书记述如下：

"（泰宁卫）始祖右都督革干帖木儿生脱脱宰来，其子曰歹安儿……歹安儿子：长曰只儿挨，袭职；次曰满都，为舍人；共部落百二十余名，在小兴州境界驻牧。南直古北口三百余里，东南至贡关七百余里……今辽东口外，有泰宁卫酋首曰莽金火勺，营住中辽河，约二百三十里。曰赖土鲁宰儿户，营住塞儿山，去西平堡约三百里。曰扯儿揹忒木儿，营住哈喇河，去海州不远。曰把儿度土累，营亦住中辽河。又有曰忒木儿、曰歹木下、曰哈卜言，其营皆相附。

---

① 和田清的《试论清太祖之兴起》(《东亚史研究·满渊篇》第624—633页）。

（福余卫）都督指挥使名可歹,子曰朵卜,未尝袭职。有七子。其一吉儿罕,子二:曰猛古、曰莽灰,共部落二十余名。在塔剌塔驻牧。直古北口三百余里,东南至贡关五百余里。其二孛来罕正千户,部落二十余名,在小兴州驻牧。直古北口五百余里,东南至贡关七百余里。"①

这种例子还很多,避免烦琐,从略,窥一斑可察全豹。

10.喀尔喀的全盛时期

以上考证的结果已经明确,经常出现在明末记录里的泰宁、福余两卫的夷酋,其实都是喀尔喀蒙古的酋长。这当然是明人不承认喀尔喀蒙古侵据两卫故地的事实,仍然沿用旧称的结果。那么,喀尔喀究竟在什么时候、又是怎样侵入到这里的呢? 要想详细、确切地加以阐明,固然不可能,但首先考虑的应是达延汗晚年,封他的儿子阿尔珠博罗特到内蒙古喀尔喀这件事。这个内蒙古喀尔喀当时处在什么情况也很难弄清楚。其次则是下一代的博迪阿拉克汗(Bodi Alak Khan)时可能击灭泰宁的满会王、收其地为可汗直接领地。于是,察哈尔部东迁了。格呀博罗特(Gere Bolod)的后裔敖汉(Aokhan)、奈曼(Naiman)部不知何时又转到达赉逊汗(Daraisun Khan)的侄儿贝玛(卑麻)土谢土(Buima Tüshiyetü)的手里,经过发展,来到今辽西边外地方,察哈尔部控制着它的背后地区,跟着南下,后来,喀尔喀巴林部南下,来到它东方的辽河河套地区。察哈尔部的东迁诚然使辽东边外的形势为之一变。接近嘉靖末年,辽左特起的新酋虎喇哈赤(Khurakhachi)、魁猛磕(Küi Möngke)等逐渐显露头角,是随着小王子达赉逊(Daraisun)东侵而

① 按《卢龙塞略》万历刻本,卷十五,第18—20页,"歹安儿"作"歹答儿",又"袭职"作"袭祖职","歹木下"作"勺术下"。——译者

来的。虎喇哈赤就是喀尔喀蒙古的始祖，魁猛磕是后来科尔沁部的远祖。关于小王子东迁的驻地，前面已经详述，《世宗实录》嘉靖三十年二月，咸宁侯仇鸾奏报他侵驻的情形说：

> "泰宁、福余二卫夷人畏虏，徙避夹墙，宜抚回原卫驻牧。如果寡弱不能自立，惮归故土，亦当计处安插，并经略所遗原卫地方，毋得北虏侵略。"①

对此，总督侍郎何栋报告说：

> "北虏小王子打来孙一部，侵驻三岔河，泰宁夷人屡与仇杀，闻避夹墙……其辽东属夷苦虏患者，多系二卫（泰宁、福余）部落……第节年遭虏屠掠，终不外附。"

又，嘉靖三十四年四月条里所载：北虏虎喇哈赤及魁猛磕欲假道东夷内侵，不遂，魁猛磕乃率所部攻哈寨，与义州边外夷酋孙宾稳克等战，正是上述仇鸾、何栋所报情况的一个具体事例。《开原图说》（卷下）概述这事如下：

> "辽镇之有虏患。自嘉靖二十五年，元小王子苗裔打来孙者，收复三卫属夷，举部东移，驻潢水之北，西南犯蓟门，东北犯辽左，而辽左始有虏患。以与宣（府）大（同）虏，东西分部，故谓东虏。打来孙即土蛮之父，今其子虎墩兔憨相继称憨，如古单于之号，世总统东部诸虏矣。当时打来孙部落有虎喇哈赤者，骁勇善战，所部兵甚精，为太（泰）宁、福余夷勾引，入辽河套游牧，遂为广宁辽（阳）、沈（阳）、开（原）、铁（岭）大患。至今五六十年，其遗孽乃更猖炽。"

喀尔喀部落的发展，从辽阳沈阳西逼铁岭、开原，从泰宁卫东都，遍及福余卫的全部地域，控制了这一带地区的实权。这种情形一看《实录》嘉靖四十三年六月己卯条所载虏酋猛磕孛罗猖獗的记

---

① 按《明实录》影印国学图书馆传抄本，第三百十七册，嘉靖实录卷三百七十，第4页，"毋得北虏侵略"作"毋为北虏侵据"。——译者

录便知。猛磕孛罗可能就是郑晓的《皇明北虏考》所说罕哈（喀尔喀）部的猛可不郎。就后来喀尔喀部的炒花、宰赛等迁驻的地区，更可了解这种形势。关于他的迁驻地，《明史》（卷二百二十八）《李化龙传》所载万历二十三年辽东巡抚李化龙的奏折里说："直广宁、辽、沈则把兔、炒花、花大，直开、铁则伯言、煖兔。"还详述炒花等的驻地说："据旧辽阳以北，居两河之中。"旧辽阳大约在今巨流河城附近，所说两河之中，即河东（辽东）、河西（辽西）的中间地带的意思。辽河河套地区陷于虏手，曾引引喧嚣物议，隆庆、万历年间，这个地区就已非三卫所有，而听任喀尔喀蒙古蹂躏了。炒花的驻地，既如前述，明、清记录都一致认为是从旧辽阳方面延伸到西北的西喇木伦地方。《三朝辽事实录》里则说炒花往来驻牧于养善木即今彰武县附近。还说"黄泥洼一带远隔境外，非我兵所能守，而炒花之部落在焉。"黄泥洼地方位于辽阳西南、太子河和浑河合流处的南岸，是著名的福余、泰宁两卫分界地区。喀尔喀部落越过福余卫南界，扩展到泰宁卫东端一带地区，明人尚且认为是泰宁卫的叛酋。由此看来，两卫的末路，就不言而喻了。

关于占据炒花等驻牧地北方的伯言儿、宰赛等部落的位置，《实录》万历三十七年八月条记载李化龙的话说："自辽河以东，则宰赛（伯言儿之子）、煖兔（伯言儿之兄）竞长争雄。"[①]他们经常联合北关叶赫压迫开原庆云堡。与其说他们是在法库、康平地方，莫如说是还越过了东边的辽河，来到八面城、郑家屯方面。当时的辽河和现在不同，从今法库、康平以北立即折向西面流去。这样就再没有福余卫残存的余地了。据《皇明从信录》万历四十六年四月条记叙辽东处在清军铁蹄蹂躏之下时的北虏位置说："宰、煖各营方集辽河西岸，虎墩传调啁喝，炒花亦屯镇静边外。"又四十七年六月条

---

① 《明实录》影印国学图书馆传抄本，查无此项记述。日本京都大学《明代满蒙史料·明实录》抄本，第九册，第566页，虽有李化龙等议覆应许卜石兔循例贡市的记录，但也没有这几句话。——译者

说:"西虏适市庆云堡,亦结聚亮子河。"亮子河流经今开原北面注入辽河。[①] 这一切固然都是纷乱时期的情形,但从这里也足以想到他们势力的中心。现在的札鲁特部远祖忠嫩、昂安等逼近明边,眼看来到辽河河畔的情形,《清朝实录》和《辽事实录》都有同样的记载。

在这种情况下,自小王子东迁以后,经过嘉靖末年到隆庆、万历年间,出现了喀尔喀蒙古的全盛时期。它的势力已风靡福余全境,直到辽河东边和女真叶赫部毗邻,还侵夺泰宁卫东境,直接和明廷辽东接壤。因此,清朝最初接触的蒙古,几乎全是喀尔喀。要详述喀尔喀五部落全盛时期的疆域,颇有困难,但由以上情形推测,大体上西面以兴安岭为界,东面跨辽河东西,北面到今达赖罕王旗北边,南面到巴林的南境。除今巴林、札鲁特、阿鲁科尔沁部外,还包括科尔沁左翼三旗(达赖罕王旗、博王旗、宾图王旗)的大部分,可能还吞并了新民府地方。但喀尔喀的主力却偏重在当时东南方的明边,主要结集在辽河沿岸地方。因此,它的西方和北方自然比较薄弱。不久,山阴的阿鲁科尔沁部便从今乌珠穆沁方面越过兴安岭,伸入到西喀尔喀的中部。同时,科尔沁部南下的急先锋已逐渐逼近到郑家屯方面。后来由于清朝的勃兴和察哈尔的灭亡、喀尔喀的战败投降,就定下了今天这样的局面。

小王子东迁以前,达延汗第六子阿尔珠博罗特(那力不剌)被封于喀尔喀,也出现了罕哈部酋首猛可不郎的名字。到嘉靖末年,他的儿子虎喇哈赤颇活跃。隆庆、万历年间又有他的儿子乌巴什、速把亥等。其中速把亥最倔强,充当小王子图们汗的羽翼,完全侵并了福余卫故地,且逐渐侵占泰宁卫的东半部。万历十年三月,速把亥和明辽东总兵官李成梁作战,不幸败死在义州镇夷堡,但喀尔

---

① 《辽东志》的《地理志·开原城》条说:"亮子河,城西五十里,源出城东北枪杆岭,西流入辽河。"

喀的强盛并未由此衰微,速把亥之子卜言兔、把兔尔等赖叔父炒花、姑夫花大的援助,继亡父之后,又占据泰宁故土,与明军构怨,气势越发猖獗起来。他们想乘势联合西邻宗主布延彻辰汗(卜言台周),于万历二十二年十月,想大举进犯辽西,分东西军进入广宁镇武堡,遇到了明辽东巡抚李化龙、总兵官董一元等迎击,全军覆没,大将卜言兔阵亡,副将把兔儿也受重伤,不久死去。《明史》(卷二百三十九)《董一元传》载:

> "伯言儿(卜言兔)最剽悍,诸部倚以为强……至是被戮,诸部为夺气,其部下遂纳款。"

又载:

> "把兔儿以镇武创重,叹曰:'我竟不获报父仇乎?'未几死,其众散乱,诸部悉远遁。"

由此可知,这次大败给喀尔喀的打击多么重大。董一元为彻底防止敌人再举,这一年冬天,再率健卒出塞,渡河踏冰四百里,和监军杨镐一同渡过黑山,直捣虏巢,全师而还。[①]《明史》(卷二百二十八)《李化龙传》万历二十三年条说:"去年把兔、伯言战死,炒花、花大一败涂地,今伯言子宰赛受罚入市,广宁、辽、沈、开、铁间,警报渐稀。"喀尔喀的盛势不免遭到一次挫折。这时正值丰臣秀吉进行侵朝战争中间,清太祖的兵打败了所谓叶赫、哈达等九国联军的第二年。这一年,喀尔喀五部落的老萨贝勒开始与清通款。所说老萨贝勒可能就是前述兀班的三子老思。

但是,喀尔喀的强盛并未因此就一败涂地,不能再起。速把亥的遗孽卜言兔、把兔儿兄弟都战死了,强酋花大也从此销踪匿迹了,但这兄弟的叔父、速把亥的亲弟炒花还活着。炒花是援助速把亥,自隆庆那时就身经百战的老英雄。因而不久就挽回了喀尔喀

---

① 《明史》卷二百三十九,《董一元传》。

部落的颓势,这是很自然的。《明史》(卷二百三十八)《麻贵传》万历三十八年条载:"泰宁炒花素桀骜,九子各将兵,他部宰赛、煖兔又助之,边将畏战,但以增岁赏为事,寇益无所忌。"但据《三朝辽事实录》(卷七)载,天启二年正月,辽抚王化贞说,明朝为了牵制建夷奴儿哈赤(Nurhachi),以赏银怀柔北房,倘先加赏于陵丹汗(Lingdan Khan),则炒花必代表喀尔喀而来投,请求加赏毫不次于他的宗主陵丹汗。他的结论说:

> "要结憨八大营领去银万两,小歹青领银二千,钞花五大营领银一万,钞花等增新赏四千余两。盖以终前岁加憨赏之局。"

所说小歹青是察哈尔汗的近属、今敖汉部的远祖,倔强,即陵丹汗亦不屈从。他的赏银仅只二千,号称所部八大营十万余众的全蒙古宗主察哈尔汗(憨)本身,赏银也不过是万两,而炒花不仅获得同额的赏银一万两,而且还仿效上年陵丹汗临时赏银之例,今年还硬要同额新赏四千余两。本来,这种赏银其实不外是收买北房的费用,表面借口说是抚恤过去因效忠明朝而被清军灭掉的北关叶赫(Yeke)的遗族,曾娶北关东城主金台失(Gintaisi)孙女的陵丹汗当然应该受赏,而喀尔喀的炒花强要这种赏银,本来是毫无道理的。尽管如此,炒花却像上述那样硬要,由此可以看出喀尔喀的势力如何强大。实际上,炒花是清初蒙古最鸷强的喀尔喀五部落的总领导人。为了考证这种情况,还必须看一看北部喀尔喀的势力,明确所谓炒花五大营的性质。

11.炒花五大营和喀尔喀五部

泰宁、福余的本土,看来已经有分成南北二部的趋势。南下的喀尔喀纵在速把亥极盛时期,它的北方已经被庶兄乌巴什占据,和南方的速把亥形成对峙。速把亥死后,他的两个儿子就和他们的叔父炒花、花大共同霸占南方,两儿死后,炒花便独自代表了南方的势力。对此,在北方称雄的是乌巴什之弟兀班的两个儿子煖兔、伯言儿,以及伯言儿之子宰赛。《明史》(卷二百二十八)《李化龙传》所载万历二十三年李化龙的奏折里所说:"直开、铁则伯言、煖兔。"《神宗实录》万历三十七年八月奏折里所说:"自辽河以东,则宰赛、煖兔竞长争雄,"就是指这种形势。煖兔这个名字多得很,但既非《万历武功录》(卷十三)所说:"煖兔,阿牙皮台长子也"的煖兔,也不是《兵略》里擦汗儿达子大部落即土蛮汗察哈尔部酋首世系里所说"大娘子一克台户生五子,长子黄台吉即煖兔台吉存,部落二万有余"的煖兔。而是《开原图说》(卷下)所载《宰、煖二营图》里所说"煖兔见为酋长",附记说"煖兔系兀班长男。生七子:蟒谷儿大……等部落万余,精兵三千骑,酋长年近六十岁,负性朴实,纵部下零窃,云云"的煖兔。宰赛是该《图说》所说"伯牙儿故,宰赛见为酋长",附记说"宰赛系兀班次男伯要儿之子,生三男……部落一万余,精兵五千骑。酋长年近四十岁,负性狡猾,云云"的宰赛。《明史·李化龙传》所说泰宁的卜言兔之子,好像就是福余的伯言之子,这是因为卜言兔也叫作伯言,而福余的伯要儿也叫伯言,名字相同而造成了混乱。宰赛是速把亥之弟、兀班之孙,绝不是速把亥之子卜言兔的儿子。

煖兔性情朴实而他侄儿宰赛却狡猾,因此两人之间看来难免冲突。《开原图说》说:

> "宰赛楼子又在煖兔楼子东北六十余里,新建一城。南方砖包,东北西三方俱土筑。以数年前,煖酋恶宰酋不逊,欲约诸酋共灭之。宰酋因建此城备兵者,今但以居板升,而酋帐营野次。"

从清太祖最初就专顾虑宰赛,就可推测宰赛如何跋扈之甚。尤其

万历四十七年(天命四年,1619 年)七月铁岭之战,彼此旗鼓相当,最能说明这点。明《三朝辽事实录》叙述这次的战况只说:

"先,铁岭被围,有蒙古酋宰赛,率领二子、副将四名,并万余骑,战败衄。二子被掳,其副将一即奴妻兄。"

清太祖《满洲实录》(卷六)记载更详,说:

"是夜,蒙古喀尔喀部落宰赛(Jaisai)、札鲁特部巴克(Bak)与巴雅尔图岱青(Bayartu Daiching)、色本(Sebün)诸台吉等约二十人,共领兵万余,星夜而来,伏于秫田内。及天明,有出城牧马者约十人,宰赛兵见之,发矢追杀。我兵一见,即出城,知是蒙古,欲遽战,又无上命,不战而吾人已被杀,但蹑其后而行。上出城,见曰:'何为不战?可急击之。'大王(代善)曰:'今一战,恐贻后悔。'帝曰:'此兵乃宰赛兵也。吾与宰赛之恨有五,今又先杀吾人,何悔之有?'诸王大臣遂领兵冲来。败其兵,进至辽河,溺死及杀者甚众。擒宰赛并二子色特希尔(Sedkil)、克实克图(Keshiktü),及巴克、色本,并科尔沁桑噶尔寨(Sanggharjai)(明安贝勒子也)、宰赛妹夫岱噶尔塔布囊(Daighar Tabunang),又其臣十余人,兵五十余人。尽囚于钟楼内。"

随从宰赛各将领中的色本,就是今札鲁特右翼旗(西札鲁特旗)的始祖,据《蒙古王公表传》说是札鲁特部始祖乌巴什的次子都喇勒之子,巴克是他的从兄。所说岱青可能是都喇勒之兄巴颜达尔伊勒登的第四子瑚弼尔图的儿子代青。他的从兄内齐是札鲁特左翼旗(东札鲁特旗)的始祖,称代代汗。看来,《明史·李成梁传》等所说:万历三年会集炒花入犯的虏酋堵喇儿,可能就是这个乌巴什之子、色本之父的都喇勒。都喇勒之兄巴颜达尔伊勒登可以肯定是明人记录里的以儿邓。以儿邓这个名字不断出现在《明史》的《李成梁传》、《麻贵传》等中,是窥犯辽东的一个虏酋。特别从出现在《皇明从信录》看来,他和开原南北关的纠纷最有牵连。照此说来,色本、巴克是宰赛的从兄弟,岱青是他的从子辈。最后,据《太祖实录》说:科尔沁的明安贝勒(Mingghan Beile)在铁岭战前七年,万历四十年春正月,把女儿许配给了太祖。因此,《辽事实录》所说:"副将一即奴妻兄",毫无疑义是指明安之子桑噶尔寨(Sang-gharjai)。明安贝勒是今左翼后旗(达赖罕王旗)的始祖,所以该部落从那时起就和喀尔喀接邻。这样来探讨所谓副将四名的性质,则是巴克是强酋煖兔的嗣子,岱青是札鲁特左翼的代表,色本是札鲁特右翼的代表,桑噶尔寨是嫩科尔沁一个部的代表。由此可以想象,宰赛的威力西面从东西札鲁特地方起,东面跨据辽河两岸,北面控制科尔沁南部,风靡所谓北喀尔喀全土。尤其令人吃惊的是,当时科尔沁部已和清朝通款和好,而还驱使它的一部分人去和太祖搏斗。

更据《三朝辽事实录》天启元年十月著者王在晋奏称:"此时,陵丹库图克图汗有志助明讨清,然恐伤宰赛之心,未敢决行。"①这是说铁岭之败,宰赛已被清军俘虏,接着承蒙恩释,因而铭感有报答清朝的心意,所以受到陵丹汗掣肘,未能决行。宰赛的势力因铁岭之战似乎一败涂地,但还是坚持这样,可见他当时的盛势如何了。但清朝厌恶宰赛的势力,并未一朝而解消,一直压制他不放,结果,到天聪八年前后,宰赛夫妻已落到苦于饥饿的匹夫匹妇的境地,至此,北喀尔喀的一代强虏终告覆灭了。宰赛败后,喀尔喀部落大为震慑,当年冬天,五部落贝勒和清太祖缔结了攻守同盟,至此,清太祖才断然和察哈尔陵丹汗决裂了。于是天命六年(天启元年),攻陷明廷沈阳、辽阳,第二年(天启二年)又攻占广宁。在这期间,蒙古察哈尔、喀尔喀各酋也接二连三地来降,唯独札鲁特部落

① 按《三朝辽事实录》国学图书馆影印本,卷六,第16页的原文是:"虎酋恐伤宰赛之心,既不能为我之助,然曾受我之约,或尚可离彼之群。"——译者

还有不心服的，屡次劫掠清廷使节。天命八年（天启三年）四月，太祖便派兵讨伐。据《满洲实录》（卷七）说：

"初，札鲁特昂安贝勒（Angghan Beile）执满洲使者与叶赫，杀之。又遣往蒙古使者，屡被截杀于路，夺其牲畜。帝怒之。于四月十四日，命阿巴泰台吉（Abatai Taiji）、德格类台吉（Degele Taiji）、斋桑古台吉（Jaisanggū Taiji）、岳托台吉（Yoto Taiji），领兵三千，往讨之。至二十一日，连夜疾行，二十二日方曙，过罗（Lo）地，渡辽河，纵兵急趋。有前锋总兵岱穆布（Daimbu），领精兵五十，先至额尔格勒（Ergele）地，为昂安（Angha）所属，遂略地百里，乃与参将雅希禅（Yahichan）、博尔晋辖（Borjin Hiya），至昂安居处，攻之。昂安率妻子并二十余人，乘牛车而奔。雅希禅、博尔晋辖，领三十余骑，下马。岱穆布领十余骑，勒马而立。昂安避下马之兵，直冲岱穆布。岱穆布迎战，当先射之。昂安部下一人，举小枪刺中岱穆布口，遂坠马，重伤而死。我兵冲入，杀昂安父子并从者于一处。尽获共妻子军民牲畜，及擒桑图（Sangtu）台吉妻子而回（乃钟嫩贝勒之子、昂安孙也）。"①

这就是前引《札鲁特部总传》所说的："而忠嫩、昂安等屡以兵掠我使赍往科尔沁之服物及马牛，上遣军征之。斩昂安，俘其众。忠嫩子桑图以孥被擒，来朝乞哀，诏归令完众。"据传说：昂安好像是忠嫩之弟，然在这桑图的注里说："乃钟嫩（忠嫩）贝勒（Jongnon Beile）之子，昂安之孙也。"显然是"昂安之侄也"的讹误。他的驻地额尔格勒不详，但说当时太祖迎接班师，来到古城堡之南。古城堡

---

① 这次战役也见于《实录》天启六年闰六月乙卯条，原文说："奴酋侵并西虏部落，抚夷副将王牧民报称：西虏炒花男四营出堡，禀讨本年春季分箭马二赏。因称昂奴近东边住牧，猛有奴儿哈赤兵到围住，杀伤昂奴，妻子掠去，我各头脑因马瘦弱，住的星散，时齐不上兵来，不曾追赶。今黄把都儿会同把领、宰囊、煖兔、卜儿亥五大营，在舍莫林一处住牧，差人会虎墩兔憨助兵报仇，不知肯不肯，等情。"

在开原庆云堡北、镇夷堡西,是当时新安关的关口,由此大体可知它的方位。① 当时,据说太祖见天降雨说:"蒙古之国犹此云然。云合则致雨。蒙古部合则成兵,其散,犹如云收而雨止也。俟其散时。吾当亟取之。"太祖对蒙古的关心,由此可知。

后来,太祖军败宁远,不久就死去。因此,蒙古部落又露出背叛的意思。太祖死后,天命十一年冬十一月,太宗便遣将加以镇压。这次,除北边札鲁特外,也讨伐了南边的巴林部。《太宗实录》(卷一)天命十一年十月己酉(十日)条载太宗自己的话,谴责喀尔喀历来的罪行说:

> "前己未年(万历四十七年、1619 年)擒贝勒介赛时,曾刑白马乌牛,誓告天地云:我满洲及喀尔喀,协力征明,无相携贰。战与和,均当共议以行。若喀尔喀听明人巧言厚赂,背弃盟誓,而先与明私和者,天地谴责,令喀尔喀溅血暴骨而死。我满洲若背弃盟言,谴责亦如之。乃尔喀尔喀五部落竟潜通于明,听其巧言,利其厚赂,以兵助之。是尔之先绝我好也。又尔卓礼克图贝勒下有托克退者,犯我台站,且扰害我人民,掠取我财畜,至再至三,甚至将所杀之人,献首于明。畴昔盟言安在哉。昔盟誓时,尔五部落执政诸贝勒及卓礼克图贝勒,俱与此盟,而昂安不从,尔等因以昂安委我裁置,我是以兴师诛昂安。嗣后尔札鲁特诸贝勒复云,昂安之罪,固应诛戮,我部落仍愿修旧好,不似东四部落,②或食言败盟也。我故归桑土妻子及昂安之子。癸亥年(天启三年,1623 年),复申盟誓云:察哈尔,我仇也。科尔沁,我戚也。尔慎无与察哈尔通好,或要截我遣往科尔沁之人,致起兵端。无何,尔又背此盟,于

---

① 据《辽东志》和《武备志》附图。《辽东志》卷三《兵食志》说:"古城堡,官军三百一员名,堡西南归能屯可屯兵。梁才屯可按伏,陡沟儿北挖通贼道路,开原城兵马可为策应。"
② 所谓东四部落似乎是指炒花等巴林部落和宰赛等札鲁特部落等。

甲子年（天启四年、1624年），尔札鲁特右翼袭我使于汉察喇地方。乙丑年（天启五年、1625年），又追我使于辽河畔，恣行劫夺。是年，又要截我使臣顾锡，刃伤其首，尽夺其牲畜财物。尔扎鲁特，何其贪利而背义也。然我犹念前好，不问尔罪，远征巴林；所俘获尔使百余人，悉行遣释。后桑土以诳言而来窥我，我已洞悉其奸，仍不执桑土，遣之归，以观动静。盖我之推诚于尔，不欲终弃前盟如此。丙寅年（天启六年、1626年），尔札鲁特左翼诸贝勒觇我使臣之出，屡次要截道路，劫夺财畜，并行残害。是尔札鲁特之贪诈不仁，妄加于我者，终无已时也。我之所以兴师致讨者，职是故耳。”

这里几乎说尽了以前和喀尔喀的关系。于是，清大军即日出发征讨喀尔喀札鲁特部落。过了四天，癸丑条说：

“别遣副将楞额礼（Lenggeri）、参将阿山（Asan）率兵六百人，入喀尔喀巴林地方，驱逐哨卒，纵火燎原，以张声势。”

接着，记述征伐结果说：

“甲子（十五日），大贝勒代善（Daishan）自军中遣使奏言：喀尔喀札鲁特部落贝勒巴克与其二子及喇什希布（Lashikib）、戴青（Daiching）、桑噶尔寨（Sanggharjai）等十四贝勒，俱已擒获，杀其贝勒鄂尔寨图（Öljeitü），尽俘获其子女人民牲畜而还。

丙寅（十七日），楞额礼、阿山还自巴林，俘获甚多。”

这就是《札鲁特部总传》所说的：“未几，所部诸台吉复背盟，袭我使固什（顾锡）于汉察喇及辽河畔，掠财物。十一年，命大贝勒代善率师往讨。斩鄂尔宰图，擒巴克、多尔济、桑阿尔斋、鄂齐尔桑及岱青、拉什希布、额多伦、札木素、阿穆克、拉卜什、岱青等凡十四台吉，师还。仍诏释归。”以及《巴林部总传》所说的：十一年“冬，讨札鲁特，诏分军入部境，以张兵势，焚原驱哨而还。”到这时，喀尔喀部落全部慑伏。这就是北部喀尔喀札鲁特部的始末。过去宰赛盛时一时势力极为强大,但当时还不免要屈从南方的炒花。这里,我们可以再回到炒花五大营的问题上来。

所说炒花五大营,数次出现在《三朝辽事实录》里。例如:天启二年正月,辽抚王化贞的奏折里说:"炒花闻之,率其五大营来,云云。"又"秒花五大营领银一万"等。天启六年(天命十一年)四月,炒花被清太祖打败,陵丹汗责骂他败亡逃窜丑态时说:"秒花你是五营之主。当初宰赛被东奴拿去,你不与我说,'宰赛女儿与了东奴抱去',你又不与我说,你又与奴酋两家来往不断。囊路是你的侄子,被奴杀死,你也不顾,把他的儿子歹安儿抢去,你也不顾。难道你不是汉子?"所说"囊路是你的侄子"可能是"你的季子"之误。由此可见,五大营无疑都属炒花。那么,这所谓五大营究竟是指哪些营呢? 能给些暗示的还是明人的记录。据《辽事实录》天启三年四月,抚夷副将王牧民报告喀尔喀札鲁特部落昂阿贝勒被清太祖讨灭时,结尾说:

> "今黄把都儿会同把领、宰赛、煖兔、卜儿亥五大营,在舍莫林一处住。差人会虎墩兔憨,助兵报仇,不知肯否。"

这就是所谓五大营。若再要探求这一类的记录,还有《太祖实录》天命十年(天启五年)八月,清朝的新同盟者科尔沁部的奥巴烘台吉(Ooba Khong Taiji)势将遭到陵丹汗讨伐时,向太祖告急时就喀尔喀部落的态度说:

> "五部落贝勒中,吾不知其他……所恃者,惟烘巴图鲁贝勒(Khong Baghatur Beile)及巴林而已。其介赛(Jaisai)、巴哈达尔汉(Bagha Darkhan)情状皆欲附察哈尔,加兵于我。"

试比较这两条记录,黄把都儿可以说是烘巴图鲁贝勒,把领可以说是巴林,宰赛是介赛,而煖兔可以说是巴哈达尔汉,毋庸置疑。这就是说,南方的黄把都儿和把领是可靠的伙伴,靠近的北方的宰赛和煖兔反而是敌人。这里只有前者的卜儿亥不见于后者。

卜儿亥应是前述答补的长男卜儿亥，他的名字散见于《辽事实录》和《明史·李成梁传》万历五年条所说会同速把亥、炒花、煖兔等人犯的卜儿亥，无疑是一个人。但在《辽事实录》天启元年（天命元年）二月，巡抚薛国用的报告里，见有："卜儿亥之子又系奴婿，云云。"拿来和清人的记录对比，《实录》记载清室和外藩蒙古的联姻关系最为详细无遗。据此，若说天命六年以前就成了清室额驸的喀尔喀酋长，除了《满洲实录》（卷四）天命二年（万历四十五年）条载"二月，以皇弟达尔汉巴图鲁贝勒（Darhan Baturu Belle）郡主逊戴（Sundai）与蒙古喀尔喀巴约特（Bayot）部恩格德尔台吉（Enggeder Taiji）为妻"以外，并无别人。所说达尔汉巴图鲁贝勒就是太祖的亲弟舒尔哈齐（Šurgači）。这个恩格德尔就是《满洲实录》（卷三）乙巳年（万历三十三年，1605）条所载："是年，蒙古喀尔喀巴约特部达尔汉贝勒之子恩格德尔台吉，进马二十匹来谒。太祖曰：越敌国而来者，不过有希图而已。遂厚赏之"的恩格德尔。他还在万历三十四年冬十二月，引导五部落喀尔喀各贝勒使者来朝。实是喀尔喀蒙古最早归顺清朝的。拿这些来和《辽事实录》的记述对比，所谓奴婿之父达尔汉巴图鲁，似乎肯定不外是卜儿亥的尊称。这卜儿亥就是前述《开原图说》里《卜儿亥等六营图》所载的答补之子"卜儿亥见为酋长"的卜儿亥。他的两个儿子之中有一个叫因得革儿。因得革儿在《辽夷略》里作得因革儿，这就是因革得儿（Enggeder）之误吧？又说这个恩格德尔是"越敌国而来"，这是说越过宰赛、煖兔等地来的吧。总之，所说炒花五大营，可能就是指巴林、札鲁特、巴约特等所谓喀尔喀五部落。

问题在于如此强盛的炒花，他的名字竟不见于清朝的记录。清人究竟用什么别名称呼这个强酋呢？因为炒花的名字绝不该不见于清朝记录里，而这五大营的盟主，无疑要算在上述喀尔喀五部长之中。现在就五部长来看,宰赛以下三个酋长显然绝不是炒花,困而炒花的别名必定是烘巴图鲁或者巴林两者之一。炒花既是全领域的盟主,是五酋中的最强盛者,立即可以推测论定是经常名列第一的烘巴图鲁。对此还有其他证据。据清《太祖实录》说:天命四年六月,太祖在铁岭获大捷,俘虏强酋宰赛,喀尔喀全土为之震骇。同年十月,五部落各酋长首先派遣使者乞和,接着十一月,遂与清朝使臣相会,缔结了针对明朝的攻守同盟。《满洲实录》(卷六)记述这个来使说:

> "喀尔喀部卓礼克图洪巴图鲁贝勒(Joriktu Hūng Baturu Beile)等致书曰:斋赛屡启衅端,诚为有罪,其处此,惟在于汗。但明国乃敌国也,如征之,必同心合谋,直抵山海关。负此言者,天神鉴之。云云。"

又,会盟时,五部落执政贝勒中最强的是杜陵洪巴图鲁(Dureng Hūng Baturu)。后来,喀尔喀背盟,天命五年六月,又载所遣问罪使复命的话说:

> "五部贝勒等已负盟矣。谒鄂巴岱青(Ooba Daicing)二次,不容相见。诸部之使不来,惟二部使者至。述杜棱洪巴图鲁之言曰:'吾子孙之必俱变,而不能制,然吾身绝不负汗也。'"

所说卓礼克图和杜棱,终归是同一个洪巴图鲁。遣使者是卓礼克图,而会盟者是杜棱。从洪巴图鲁不仅是喀尔喀最强大的酋首,统率着全喀尔喀,并且似乎已进入老境看来,我们认为他应该就是炒花。炒米就是前面说的巴林部落的叶赫巴图鲁。我看:叶赫巴图鲁或洪巴图鲁都是大巴图鲁的意思,有时可以通用。明代《辽事实录》、《从信录》等记载万历四十八年(天命五年)正月的会盟说:"市夷数报,伯要儿、炒花等与奴歃血盟。"五部落的盟主炒花当然参加了会盟,倘若不把炒花考订为洪巴图鲁,那就一切都无法解释了。

现在不厌其烦地列举参与天命四年十一月会盟的五部落各酋的名字。据清《实录》载："喀尔喀部执政贝勒杜棱洪巴图鲁（Dureng Hūng Baturu）、鄂巴岱青（Ooba Daicing）、额参（Esen）、巴拜（Babai）、阿素特音（Asut Jin）、莽古勒岱（Manggūldai）、额布格德依洪台吉（Ebugedei Hūng Taiji）、乌巴什杜棱（Ubasi Dureng）、古尔布什（Gurbusi）、岱达尔汉（Dai Darhan）、莽古勒岱岱青（Manggūldai Daicing）、毕登图（Bidengtu）、叶尔登（Yeldeng）、绰瑚尔（Čūhur）、达尔汉巴图鲁（Darhan Baturu）、恩格德尔（Enggeder）、桑噶尔寨（Sanggarjai）、布塔齐杜棱（Butaci Dureng）、桑噶尔寨（Sanggarjai）、巴雅尔图（Bayartu）、多尔济（Dorji）、内齐汉（Neici Han）、魏征（Uijeng）、鄂勒哲依图（Ūljeitu）、布尔哈图（Burgatu）、额腾（Edeng）、额尔济格（Eljige）"等二十六名。这和前引《蒙古王公表传》所记会盟的参加者相同。《表传》载：

> "冬，内齐、额尔济格、额腾、鄂尔斋图、多尔济、桑阿尔斋、弼登图偕喀尔喀卓哩克图洪巴图鲁等，遣使乞盟。许之。遣大臣往莅盟。"

所列的酋名大都是内齐汗属下札鲁特部的酋长，附有横线的人名都是。反之，最前面杜棱洪巴图鲁以下的鄂巴岱青显然是炒花的长子祆八歹青，额参就是他的三子额参，巴拜是他的次子把败，额布格德衣洪台吉是速把亥的三子、把兔儿的长子额伯革打黄台吉。因此，所说乌巴什杜棱和古尔布什可能就是速把亥的次子卜言顾之子都令和古路不四。这些都是南方巴林的酋长。因此，杜棱洪巴图鲁即卓哩克图洪巴图鲁必定是炒花就更明确了。达尔汉巴图鲁、恩格德尔父子一并出现，可见是巴约特的酋长，即卜儿亥和他的儿子因革得儿。桑噶尔寨和布塔齐杜棱是该部额孙大之子撒哈尔寨和老思之子卜答赤。还有两三个人弄不清楚，但我想当时在世的酋长的名字大致全了。

炒花既是洪巴图鲁，还有一个更难的问题，那就是五大营主下余之一的把领——巴林，究竟是指什么人？仔细想来，炒花是速把亥的季弟，并非南方势力的嫡系。巴林部的正统、南方势力的本宗里有个速把亥之子把兔儿（巴噶巴图尔），把兔儿的三个儿子中，长子额布格尔德衣洪台吉是有势力的酋长，尤其是次子和托果尔昂哈（昂阿）是后来巴林左翼旗的祖先，季子色特尔（色特儿）是巴林右翼旗的祖先。因此，所说把领（巴林）必定是指这些人中的一人无疑。这里所说的五大营之中，黄把都儿和把领驻在南方泰宁故地，宰赛、煖兔和卜儿亥三营驻在北方福余旧土。

最后，应该谈的是所谓喀尔喀五部落的名义和本质的关系。《蒙古源流》里起首固然就有"内五鄂托克喀尔喀"这个名字，但那不过是作者根据后来的事实追溯记载的，达延汗把这个地方封给阿尔珠博罗特时，未必是五个部落。郑晓的《皇明北虏考》里说"罕哈部营三"，显然说是喀尔喀三部落。究竟从什么时候变成五部落的呢？正像田中克己所推测的，[1]强酋虎喇哈赤强盛时，有子五人，各为一营，因而成了五部落。所说五个儿子是：长子兀把赛（札鲁特部祖）、次子速把亥（巴林部祖）、三子兀班、四子答补（巴约特部祖）和五子炒哈（炒花）。其中以三子兀班之孙宰赛和五子炒花最强。正因为最强，才被清朝盯上了，结果被击灭了。《蒙古王公表传》里说札鲁特部和巴林部最初追随喀尔喀，这肯定是说他们服从宰赛和炒花的节制。但清朝一兴起，强有力的宰赛和炒花及其子鄂巴岱青等彻底消灭无余，反而留下了比较微弱的札鲁特、巴林和巴约特各部（不过，其中巴约特部，后来也被消灭了）。这就是五大营的历史，因而清人依旧把它叫作五部落喀尔喀。《蒙古

---

① 田中克己《喀尔喀五部落的成立和住地》（《东方学》第十六辑，昭和三十三年九月）。

源流》所说内五鄂托克喀尔喀，是误认为最初就是这种形势。由此看来，所谓炒花五大营和五部落喀尔喀原是一回事。到了清初，这些差不多都溃灭了。仅它的残部退到了今巴林、札鲁特地方。

为了设想当初五部落的位置，试再探求有关概括的记述。瞿九思的《万历武功录》（卷十）《土蛮列传》和方孔炤的《全边略记》（卷十）《辽东略》里载有万历六年正月御史安九域的上书说：

> "辽镇中后所及前屯，与（外）边乌牛背大青山，有朵颜大一千酋、长昂酋、长（獐）兔酋、董狐狸酋、小一千酋、土鲁赤酋、忽兔罕酋。广宁锦义边外红螺旧辽阳，有卜儿爱酋、卜言兔酋、速把亥酋、哈屯酋、歹青酋。辽阳长安外边中辽河，有泰宁莽金酋、卜劳九（兀）酋、把儿庆（度）酋、卜言酋、哈当酋。开原外边上辽河，有福余莽巾酋、炒木酋、卜哈酋、卜言酋。东胜外边蛤蜊河，有扯赤揹酋、忒木儿酋。土鲁酋、孛儿户酋。岁为塞上患。"

《明史》（卷二百二十八）《李化龙传》里载有万历二十三年巡抚李化龙的奏疏说：

> "环辽皆敌也。迤北土蛮种类多不可数。近边者，直宁前则长昂，直锦义则小歹青，直广宁辽沈则把兔、炒花、花大，直开铁则伯言、煖兔。其在东边、海西则猛骨孛罗、那林孛罗、卜寨。皆与辽地项背相望，并墙围猎，则刁斗声相闻。盖肘腋忧也。"

王在晋的《三朝辽事实录》的《总略·辽境诸夷》条载：

> "虏中酋首以百计，子侄部落以数十万计。直前屯者为赖、蟒等，直宁远者为獐兔、拱兔等，直广宁者为小歹青、以儿邓、黄台吉等。折而西北则虎墩兔憨为虏王，而东西部皆属之。北则煖赤、伯言他不能等。折而东北则卜言顾等。又折

而东则钞花等。镇安广宁之间，为西虏歹青、虎墩兔憨、钞花、黄台吉、拱兔等营。锦义之间，为小歹青营。此河西三面虏也。逾三岔河东则额伯革打大成等直海州西，孛儿败、伯言等直辽沈西，煖兔、宰赛等直开原西。北则恍惚大等。东北则北关。东则南关。辽沈之东则奴、速等。开铁之间，煖兔、宰赛等营。抚顺至宽奠一带，东南俱近海。此河东三面虏也。"[1]

这实际是依据《筹辽硕画》(卷一)所载的万历三十六年时巡按御史熊廷弼的《疏》增补凑成的。总之，据此可知其大概形势。

12.福余卫和科尔沁部

喀尔喀的北方还有福余卫遗孽，更往北还有科尔沁部。《辽夷略》载：

"福余卫之夷今弱矣。万历丁亥、戊子(十五六年)间，勾西虏为开、铁患，亦中国一疥癣也。乃竟为西虏所残弱，而避居混同江。江离开原边千余里，其久不赴新安关领市赏，积弱不振之故也。先是，夷酋生三子：长往四儿、次撒巾、三锦只卜阿。往四儿故而有子恍惚太。其恍惚太之子曰把剌奈、曰卜教。而约兵千余骑也。撒巾故而有子，生卜而炭，亦拥兵千骑焉。锦只卜阿故，而有子主儿者阿，故，生一子，曰土门二，约兵三千余骑。夫恍惚太、土门二皆曩曰引煖兔、伯言儿为边患者，然总其部才五千，非附会西虏，乌能狼突而讧塞上哉。"

《开原图说》里也载有《福余卫夷恍惚太等二营枝派图》，略详述了自往四儿等之父孛爱到恍惚太、土门儿的一系。末尾附著者冯瑗

---

[1] 按《三朝辽事实录》国学图书馆影印本，首卷总略，第2页，"子侄部落"作"子姓部落"。又"逾三岔河东"作"三岔河东"。又"则额伯革打大成等"作"则额伯革等打大成等"。——译者

的按语说：

> "福余卫夷，在者此二酋。万历初年，为开铁西北患者，亦
> 独此二酋。自二酋勾东虏以儿邓、煖兔、伯要儿等为开、铁患，
> 二酋亦遂为东虏所弱。今且避居江上，不敢入庆云市讨赏。
> 独坐穷山，放虎自卫，其取反噬，固其宜也。自恍惚太立寨混
> 同江口，凡江东夷过江入市者，皆计货税之。间以兵渡江东
> 掠。于是，江东夷皆畏而服之。自混同以东，黑龙江以西，数
> 千里内数十种夷，每家岁纳貂皮一张，鱼皮二张，以此种富强，
> 安心江上。西交北关，南交奴酋，以通贸易。女真一种所不尽
> 为奴酋并者，皆恍惚太之力也。"

可见福余遗孽驻在混同江口。此外，《清实录》里所看到的锡伯(Si-be)、卦勒察(Gūwalča)部二者之一，可能就是锡伯部。[1] 恍惚太这个名字也出现在前引《实录》总略里，《万历武功录》的《土蛮列传》等记载里一再出现。

朝鲜申忠一的书启里所说："自奴酋家，至蒙古王剌八所在处，东北去一月程。晚者部落十二日程。沙割者、忽可、果乙者、尼麻车、诸备时五部落，北去十五日程。皆以今年投属云。"它必定是这些部落里的哪一个部落，但还无法解释。果乙者近似卦勒察；怀疑诸备时是锡伯，但不能肯定。书启里还记述癸巳年（万历二十一年）九月，清太祖击败叶赫、哈达等所谓九国之兵说：

> "如许(叶赫)酋长夫者(卜寨)、罗里(纳林布录)兄弟，患
> 奴酋(奴儿哈赤)强盛，请蒙古王剌八、兀剌(乌拉)酋长夫者太
> (布占泰)等兵。癸巳九月，来侵。奴酋率兵迎战于虚诸部落
> (赫济格城)，如许兵大败。夫者战死，罗里逃还，夫者太投降。

---

① 岛田好：《锡伯、卦尔察部族考》(《满洲学报》六)。岛田考证锡伯的根据地戮儿河即绰尔河。戮儿河是今流绕巴彦附近蒙古尔山山麓的河，锡伯就在它的附近。《满洲实录》里说，锡伯部附近有绥哈城，就是因为这个缘故。

所获人马、甲胄，不可胜计。奴酋选所获蒙古人二十，被锦衣，骑战马，使还其巢穴。二十人归言奴酋威德。故剌八令次将晚者二十余名，卒胡百十余名，持战马百匹，橐驼十头来献。马六十四、驼六头与奴酋，马四十四、驼四头与小酋（速儿哈赤）。其将领等，奴酋皆厚待，给与锦衣。"

蒙古王剌八肯定是科尔沁部的主人翁阿岱（Ungghadai）。他的次将晚者可能是蒙古的次将明安贝勒（Mingghan Beile）。这样，当时翁阿岱的根据地看来在距兴京老城一个月路程的地方，而明安驻牧的地方还不到它的一半，大约在十二天路程的地方。如后所述：翁阿岱是图什业图王的远祖，明安则是今左翼后旗即博多勒噶台王（博王）的祖先。

科尔沁地方，在明代属于内蒙古六万户之外。达延汗初期，那个乌讷博罗特王（Üne Bolod Ong）也另拥有自己的势力，立于中央蒙古混乱局面以外，满都古勒汗（Mandaghul Khan）死后，向满都海彻辰福晋（Mandukhai Sechen Khatun）求婚，才稍微处于同达延汗竞争的地位。后来还有苏尔塔该王（Surtukhaya Ong）、鄂尔多固海诺颜（Ortoghohai Noyan）、布喇海巴图尔台吉（Borkhai Baghatur Taiji）等，科尔沁部似乎成了左翼三万户的强有力的伙伴。

据清人记录：成吉思汗之弟哈萨尔的十三世孙有个叫图美尼亚哈齐的，他的长子奎蒙克塔斯哈喇是科尔沁部的中兴之主。清人张穆认为奎蒙克是明初的酋首，这是误会。根据清人的记录，如祁韵士的《皇朝藩部世系表》等说：奎蒙克塔斯哈喇生二子：长曰博第达喇，次曰诺扪达喇。博第达喇生子乌把什、爱纳噶、阿敏和齐齐克、纳穆赛等。然据王鸣鹤的《登坛必究》（卷二十三）载《东胡夷酋号名哈儿宗派》说：

"初代魁猛可生二子，二代长子孛只答儿生五子，三代长子扯赤揹生三子,四代长子占赤,四代次子石剌臣。

三代次子言大,三代三子都督,三代四子那木大,三代五子兀把赛。

二代次子哪木答儿生三代者儿得。"

这个魁猛可就是奎蒙克,二代长子孛只答儿是博第达喇,二代次子那木答儿是诺扪达喇。那么,三代长子扯赤揹是齐齐克,三代四子那木大是那木赛,三代五子兀把赛是乌把什,可以肯定无疑。扯赤揹的名字也出现在前引安九域的奏章里。言大和都督究竟是谁不详,但兄弟的数目却都一致。所谓《东胡夷酋号名哈儿宗派》可能有错误,从下面的《虎喇哈赤系图》看来,好像是《哈儿哈宗派》的误称,其实,无疑是火儿慎(科尔沁)。反之,《登坛必究》里却有所谓"所管部落大火儿慎官儿",酋名"老撒汗"。还有"所管部落火儿慎官儿兄弟二人""那密台吉、他儿你台吉"的名字,这究竟应该是科尔沁的哪一个酋首,无从得知。科尔沁除了火儿慎这个名字以外,在《万历武功录》的《土蛮传》、《速把亥传》等里还常见有好儿趁。博第达喇之子是和清太祖作过战的翁果岱,翁果岱之子是奥巴洪台吉。由此看来,奎蒙克绝不是明初的人,而是明末的人,我们还可以从明人的记录里探索出来。

首先,据《武备志》(卷二百〇四)所引《职方考》说:

"又辽东境外,有虏二枝,一名魁猛可,一名虎喇哈赤,专为难于辽西。"

《世宗实录》嘉靖三十四年四月条说:

"先是,北虏虎剌哈赤及魁猛磕、打来孙等,欲假道东夷内侵,不遂。"

虎喇哈赤即达延汗之孙,无疑是喀尔喀各部落的祖先。魁猛可即魁猛磕,无疑就是奎蒙克。清人记录里把今科尔沁部的繁荣写作这个人以后,确有道理。想是长期屈服于东边的科尔沁部,在小王子打来孙（达赉逊）东迁的引诱下，逐渐获得了活跃的机会。

现在的科尔沁部哲里木盟地方，北自齐齐哈尔南边，南至旧边墙一带，包括的地区颇广。这当然是清初以后的发展形势，明末时期，它的南境只到今达赖罕王旗的北境为止。现在的左翼三旗地方原来似乎倒是属于喀尔喀五部落的地方。据清《三朝实录》说：清初派往科尔沁的使臣，必须通过喀尔喀地区，不免时常遭到劫夺，说的正是这种形势。科尔沁的嫡宗奥巴给清廷的信里，自称："嫩江水滨所居科尔沁贝勒"，也可以作为一个证明。这个图什业图汗奥巴所驻的城叫格勒珠尔根城，靠近嫩江水滨，绝非现在的图什业图王府所在地方。这从后来天命十年十一月遭到察哈尔陵丹汗围攻时，清朝的援军从开原出农安去救它也可了解。

总之，当时喀尔喀五部落强盛，向西南进展受到阻碍的科尔沁部，便回过头来向东面发展了。据清《实录》载，东海北路的卦勒察部、席比部似乎曾是它的属领之一。卦勒察部和席比部一起于万历二十二年九月，在科尔沁的翁果岱、莽古斯、明安等率领下和清太祖交战时，首次出现，后来遭到清兵几次征讨。《太祖实录》天命十年八月条载"东海北路卦勒察部"，《太宗实录》崇德三年正月条又载"秉图王孔果尔有马三十匹，往所属卦勒察费克图屯牧"。所说秉图王孔果尔是莽古斯、明安之弟左翼前旗宾图王洪果尔。费克图屯这个名字可能和今哈尔滨东面的费克图河有关系。又万历三十六年三月，清太祖讨伐吴喇部（今吉林地方）时，说是科尔沁的翁果岱又曾助敌，也可以说是它处在东边的一个佐证。清朝勃兴，首先和科尔沁发生冲突，也可以说是它的本部偏于东方的确论。

科尔沁部早就和清朝打交道了，天命九年二月，逐渐受到察哈尔的压迫，便进而和清太祖结成攻守同盟。于是，十年十一月，遭到了察哈尔汗的攻击。《皇朝藩部要略》（卷一）载：

　　"时,察哈尔林丹汗纠喀尔喀,掠其地,奥巴遣使来告急。
上亲往援,阅兵开原北关,简精骑五千,命三贝勒、四贝勒及台
吉阿巴泰、济尔哈朗等统之。先驰至农安塔地,林丹汗已围奥
巴所居格勒珠尔根城数日,城守坚,不克。闻我师至,仓皇遁。
围遂解。"

格勒珠尔根城据说是古城的意思,但不知在哪里。从清军由奉天
出农安来说,大体可以想象它的方位。

　　奎蒙克的长子叫博第达喇,经长孙齐齐克,传到嫡孙翁果岱。
翁果岱就是和清太祖交战的瓮阿代,他的长子奥巴是今科尔沁右
翼中旗(图什业图王旗)的祖先,次子布达齐是右翼前旗(札萨克图
王旗)的祖先。右翼后旗(苏鄂公旗)的祖先是博第达喇之弟诺扣
达喇的后代,诺扣达喇之孙图美是全科尔沁部的嫡宗图什业图汗
奥巴应该称兄的长者。博第达喇第二子纳穆赛生三子:长莽古斯
是左翼中旗(达赖罕王旗)的远祖,仲明安是左翼后旗(博多勒噶台
王旗)的远祖,季洪果尔是左翼前旗(宾图王旗)的远祖。都是伙同
从兄翁果岱和清太祖作战的酋首。

　　关于科尔沁别部的郭尔罗斯、杜尔伯特、札赉特三个部落,这
些名称大体上从成吉思汗时代就已经出现了,当然,部族的内容有
了显著的变化。现在各部的祖先是:郭尔罗斯出自科尔沁本部的
博第达喇第三子乌巴什,杜尔伯特出自第八子爱纳噶,札赉特则出
自第九子阿敏。①

　　《辽夷略》和《开原图说》里都把他们说成是福余卫的遗孽,他
们的驻地扼制混同江口,而后来的科尔沁部也是驻在嫩江的江边。
这二者不是同一个部落吗? 代表前者的二酋:恍惚太是否就是后
者的翁阿岱,土门儿是否就是后者的图美呢? 这里也像把后来的

---

① 祁韵士的《皇朝藩部要略》卷一,《皇朝藩部世系表》卷一。

喀尔喀五部落误认为泰宁、福余的诸酋一样竟把科尔沁部误认为福余卫的后身了。①

《东洋学报》第 41 卷,第 1—2 号

昭和三十三年(1958)6 月—9 月

---

① 见插图。这是《武备志》的《辽东边图》。《辽东志》和《全辽志》里都载有《辽东边图》,《武备志》的图表画出了万历初年展筑到宽奠的边堡,最为完备。现在采用的就是此图。《九边图说》的《辽东边图》也很详细,但过于烦琐。就这图可以看出凹字形边精的形状和本文所引各堡各关的位置。

七、中三边和西三边的王公

1.赛音阿拉克的儿子们

明代对蒙古的防卫最重要,特在北边设所谓九边镇进行防御。《明史》(卷九十一)《兵志·边防》条说:

> "初设辽东、宣府、大同、延绥四镇,继设宁夏、甘肃、蓟州三镇,而大同总兵治偏头。三边制府驻固原,亦称二镇,是为九边。"

明瞿九思在《万历武功录》第七、第八、第九三卷中,称为中三边,记述了宣府、大同、山西(偏头关)三边边外虏酋情况,接着在第十、第十一、第十二、第十三卷中,称为东三边,叙述了蓟镇、辽东边外即兴安岭东的酋首朵颜三卫和察哈尔(Chakhar)部、科尔沁(Khorchin)部等情况,最后在第十四卷中称为西三边(其实是延绥、宁夏、固原、甘肃四镇),专门记述了黄河河套即鄂尔多斯(Ordos)部的情况。其中东三边的情况已在别处叙述了,这里从略,还是一面参考其他记录,一面专就其中的中三边和西三边进行考察。

蒙古方面,当达延汗在世时,他的长子图鲁博罗特(Törö Bolod、铁力摆户)已经死去,长孙博迪阿拉克汗(Bodi AIak Khan、不地台吉)嗣察哈尔汗位。次子乌鲁斯博罗特(Ulus Bolod、五路士台吉)任右翼济农,但旋即被弑死,三子巴尔斯博罗特(Bars Bolod)代他做了右翼济农。巴尔斯博罗特号称赛音阿拉克(Sain Alak、赛那剌),达延汗死后,似乎曾一度篡夺汗位,但不久死去,他的儿子们凭借亡父赛音阿拉克的余威,恣意控制了右翼各地。《蒙古源流》(卷六)说:

"巴尔斯博罗特之子衮必里克墨尔根济农（Gün Bilik Mergen Jinong）、阿勒坦汗（Altan Khan）、拉布克台吉（Labuk Taiji）、巴雅斯哈勒昆都楞汗（Bayaskhal Köndölen Khan）、巴延达喇纳林台吉（Bayandara Narin Taiji）、博第达喇鄂特罕台吉（Bodidara Odkhan Taiji）、塔剌海台吉（Tarakhai Taiji）等共兄弟七人。长子衮必里克墨尔根济农丙寅年（正德元年，1506）生，占据鄂尔多斯万人而居。阿勒坦汗丁卯年（正德二年，1507）生，占据十二土默特而居。拉布克台吉己巳年（正德四年，1509）生，占据土默特之乌古新而居。巴雅斯哈勒庚午年（正德五年，1510）生，占据永谢布之七鄂托克喀喇沁而居。巴延达喇壬申年（正德七年，1512）生，占据察哈尔之察罕塔塔尔而居。博第达喇甲戌年（正德九年，1514）生……遂将阿苏特、永谢布二处，令博第达喇占据而居。塔喇海幼亡。"

肖大亨在《北虏风俗》（《夷俗记》）所附《北虏世系》里译文用字虽有不同，也有大致相同的记载，其中，长子衮必里克墨尔根济农即明人所称的吉囊（济农），次子阿勒坦汗即俺答，第四子巴雅斯哈勒昆都楞汗即老把都，当然都很著名。叶向高的《四夷考》（卷七）《北虏考》概括地说：

"是时，小王子最富强，控弦十余万，多畜黄金犀毗，稍厌兵。其连岁深入，躁西北边，皆其别部酋，曰吉囊、曰俺答，二酋亦元裔，于小王子为从父行。其大父曰歹颜哈，有十一子，次曰赛那剌，有七子。长吉囊，次俺答。皆雄黠善兵。吉囊壁河套，名袄儿都司，直关中。俺答壁丰州滩，直代、云中。吉囊、俺答各九子，子各万骑。其弟老把都亦数万骑，壁张家口。诸昆从百十，皆有分地。率盗边自肥，日益强盛。"

这里所说的"是时"，是指嘉靖中叶。又《万历武功录》（卷七）载：

"阿著生六子，长吉囊、次俺答，次兀慎一克打儿汗那言，次老把都,次那林台吉,次我托那言。"

吉囊即济农,俺答即阿勒坦,兀慎打儿汗那言即拉布克台吉,老把都即昆都楞汗,那林台吉即纳琳台吉,我托那言即鄂特罕台吉,塔喇海因已夭亡,不算在内。关于兀慎一克打儿汗那言、那林台吉和我托那言等,以后再述。

2.阿苏特永谢布

现在先从东边张家口边外的部落来考察。魏焕的《皇明九边考》(卷五)《大同镇·边夷考》说:

"北虏哈喇真、哈连二部,常在此边住牧。哈喇真部下为营者一,大酋把答罕奈领之,兵约三万。哈连部下为营者一,大酋失喇台吉领之,兵约三万。入寇无常。近来套虏出套,亦同此虏入寇。"

这和郑晓在《皇明北虏考》里所记述相同。哈喇真部即哈喇嗔部的所谓大酋把答罕奈就是后述的哈喇嗔部大酋大把都儿昆都楞汗。所称哈连部其实是《武功录》(卷七)里所说的哈速部即阿速部(阿苏特)的讹误。失剌台吉可能是它的酋长。据《蒙古源流》(卷六)说:阿苏特(Asud)、永谢布(Yüngshiyebü)地方原来是达延汗之子乌巴伞察(Ubasanja)的封地,后来被他的侄儿博第达喇吞并了。《源流》叙述这事的经过说:

"博第达喇甲戌年生,幼时曾戏作歌,有欲将阿济(Achi)、实喇(Shira)二人剿灭,占据阿苏特、永谢布而居之语。因乌巴伞察青台吉之子实喇兄弟相残,责阿济以杀弟之罪,而实喇无嗣被害,众议以为歌验。遂将阿苏特、永谢布二处,令博第达喇占据而居。"

哈连部的失剌台吉可能就是这个实喇台吉。据岷峨山人的《译语》

记述嘉靖初小王子抢杀西北兀良哈条里，列举随征各酋的名字，"把都儿台吉、纳林台吉、成台青、血剌台吉（部下着黄皮袄为号）、莽晦、俺探、己宁诸酋"。这张酋首名单恐怕是从离小王子最近的东方排起的，其中己宁、俺探和把都儿台吉，分别是吉囊、俺答和老把都兄弟，纳林台吉无疑是这兄弟之弟巴延达喇纳琳台吉。所称莽晦可能是指驻在东蒙古泰宁地方的满会王，剩下的成台青和血剌台吉当然就是当时的强酋吉囊兄弟的季父青台吉和他的儿子实喇台吉父子。还有看来很像实喇台吉的，那就是赵时春的《北虏纪略》中所列《虏酋名目》里的"昔马台吉独石边外虏酋子"，或"锡剌台吉夷首"。青台吉也出现在这个《虏酋名目》里，说："青台吉：小王子部下，是吉囊子，疑有二名，或俺答借名以胁我。"《世宗实录》嘉靖二十五年六月辛丑条所载兵科给事中扈永通的奏疏里也提到这个青台吉说：

"近来三关宣大边备，颇皆改观。惟蓟辽延绥，时有警报。闻青台吉候月满欲东，则潮河、白羊、古北、喜峰、当戒严矣。云云。"

由此看来，青台吉直到这时似乎还很强盛。但据《源流》却说实喇台吉兄弟相残，被其兄阿济所杀，并无后嗣，因而该地不久便被从兄博第达喇占据了。实喇台吉的死和哈连（阿苏特）营灭亡的年代，固然还不清楚，但当在青台吉在世的嘉靖二十五年以后，而且似乎距二十六年小王子东迁并不太晚。据《源流》载，父亲青台吉死后，两个儿子立即发生事端，不久招来灭亡惨祸。我想可能是嫡庶之争，适逢济农一家吞并之势，便在因小王子东迁而引起的纷扰的时期招致了灭亡。

然据《北虏世系》载，歹颜哈（达延汗）的第七子那力不赖台吉似乎就是乌巴伞察青台吉，他的子孙长时期繁衍在张家口外地方。反之，博第达喇鄂特罕台吉所占据的地方好像只有北边遥远的永谢布（永邵卜）。那力不赖台吉的后代，大略如下表。

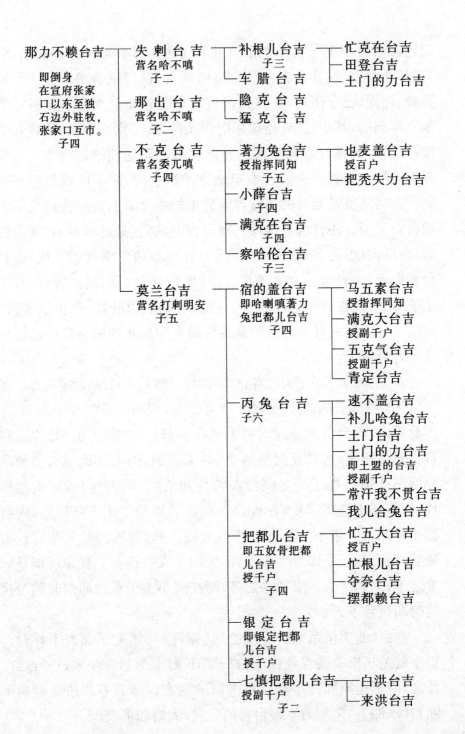

那力不赖台吉
即倒身
在宣府张家
口以东至独
石边外驻牧，
张家口互市。
子四

失剌台吉
营名哈不嗔
子二

那出台吉
营名哈不嗔
子二

不克台吉
营名委兀嗔
子四

莫兰台吉
营名打剌明安
子五

补根儿台吉
子三

车腊台吉

隐克台吉

猛克台吉

著力兔台吉
授指挥同知
子五

小薛台吉
子四

满克在台吉
子四

察哈伦台吉
子三

宿的盖台吉
即哈喇嗔著力
兔把都儿台吉
子四

丙兔台吉
子六

把都儿台吉
即五奴骨把都
儿台吉
授千户
子四

银定台吉
即银定把都
儿台吉
授千户

七慎把都儿台吉
授副千户
子二

忙克在台吉

田登台吉

土门的力台吉

也麦盖台吉
授百户

把秃失力台吉

马五素台吉
授指挥同知

满克大台吉
授副千户

五克气台吉
授副千户

青定台吉

速不盖台吉

补儿哈兔台吉

土门台吉

土门的力台吉
即土盟的台吉
授副千户

常汗我不贯台吉

我儿合兔台吉

忙五大台吉
授百户

忙根儿台吉

夺奈台吉

摆都赖台吉

白洪台吉

来洪台吉

从"在宣府张家口以东至独石边外驻牧,张家口互市"来看,这个那出台吉是阿济台吉,失剌台吉是实喇台吉,大概不错。又据郑文彬的《筹边纂议》所载《历代夷名宗派》中所说《所管部落一克委兀慎官儿》"不可台吉生一子,搅力兔台吉生四子。长子矮木盖台吉,次子哈安台吉,三子敖八台吉,四子孛儿汗度台吉",又所谓《所管部落打喇名安官儿》"抹蓝台吉生五子。长子把都儿台吉,次子所的盖台吉,三子丙兔台吉,四子银定台吉,五子赤慎把都儿台吉"。译字和顺序虽有些不同,但与《北虏世系》末段所说的不克台吉和莫蓝台吉几乎一样而互有出入。总之,这就是继承哈连(阿苏特)部落的后代哈不嗔部落、委兀慎部落、打剌明安部落的族谱,并确驻牧在朵颜卫西邻、独石边外。

关于永邵卜即永谢布(Yüngshiyebü)部的驻地,茅元仪的《武备志》(卷二○五)《镇戌宣府》条所引《兵略》的末段《宣府镇边外住牧夷人》说:

> "张家口大市厂边外,西北接甘肃边外,大酋永邵卜,部落四万有余,夷酋阿速等,部落二万有余,七庆把都儿,一万有余,俱听哈喇慎王子白洪大调遣,不听管束。"

又《武备志》(卷二○六)《镇戌山西》条也引《兵略》里各酋的族谱,和《北虏世系》完全相同,不过多少有些省略和误字。现从《北虏世系》摘引如下:

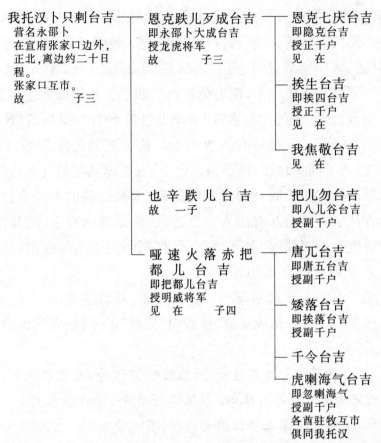

我托汉卜只剌台吉是赛那剌的第六子，即博第达喇鄂托罕台吉。恩克跌儿歹成台吉是明末纪录里著名的永邵卜的大成台吉，也就是前条所说的大酋永邵卜，其子恩克七庆台吉是七庆把都儿，亚速火落赤把都儿台吉也当然是阿速火落赤把都儿台吉，也就是前条所说的夷酋阿速。至于《北虏世系》所称龙虎将军、明威将军、正千户、副千户等，都是隆庆五年间俺答封贡时，明廷所授的称号。

七庆台吉，也见于《北口三厅志》（卷七）所引《宣镇图说》。据《筹边纂议》（卷一）《历代夷名宗派》的《顺义王达子宗派》说，"初代赛那浪罕生六子"，其中"二代六子我托那言住青山后正北，地名十孛儿太，生三子。三代长子大臣台吉生四代影克台吉兄弟三人。

三代次子合落气台吉,三代三子独繭儿台吉生一子,四代把都户台吉"。赛那浪罕就是赛音阿拉克汗(Sain Alak Khan)。他的第六子我托那言就是我托汉卜只(达)剌诺颜(Noyan),他的长子大臣台吉是歹成台吉,孙子七庆台吉是恩克七庆台吉。大臣台吉之弟合落气台吉可能是歹成台吉之弟火落赤台吉,独繭儿台吉是也辛跌儿台吉,他的儿子把都户台吉则是把儿户台吉之误。这里兄弟的顺序也前后颠倒了。

这永邵卜大成台吉是俺答的侄儿,这从《明史》(卷二三九)《达云传》说"永邵卜者顺义王俺答从子也"。《明史纪事本末》(卷六十)《俺答封贡》条说"俺答兄子永邵卜大成"。《明史》(卷三三〇)《西番诸卫传》说"俺答庶兄子永邵卜"。《实录》隆庆六年十月癸酉条说俺答异母兄子永邵卜大成,便可了解。这里虽说"俺答兄子",但俺答是赛那剌的第二子,除吉囊外,别无其他兄长,而且永邵卜大成是第六子博第达喇鄂特罕台吉之子,因此,所说"俺答见子"可能是"俺答弟子"之误。但从特别提出"俺答庶兄子永邵卜"看来,博第达喇或许是俺答的庶兄,也未可知。因为蒙古的风习是庶出之子列于嫡子之末,所以,即使《蒙古源流》将博第达喇列为第六子,明人的记录也和它一致,也很难骤然断定。

总之,博第达喇夺取叔父乌巴伞察的封地阿苏特、永谢布占据了这里,这如《源流》记载,确是事实。但乌巴伞察(那力不赖)的后裔依然在独石边外繁衍,博第达喇等仍驻牧张家口边外,距正北边约二十天路程的地方。阿速又作阿索特、阿苏特等,多结合永谢布、永邵卜、应绍不出现。这个名称至少恐怕和元代的阿速卫有关系。永乐年间著名的和宁王阿鲁台(Aruktai)就是阿苏特部的酋长,他的儿子阿里玛丞相就是收容保获为瓦剌也先所掳大明正统皇帝的人,据传英宗曾娶这个丞相的女儿摩罗(Molo)生子朱泰萨(Ju Taisa),后来当上阿苏特部酋。据魏焕的《皇明九边考》(卷七)

说阿苏不过是应绍不部七营里一个营的营名,但据《源流》等说,阿苏特却是足以和永谢布对立并称的大部。我抚那言所占据的十字儿太(Shibartai)方位不详,但我们由此大体可知张家口边外阿苏特、永谢布的位置。

3.永邵卜的全盛时期

永邵卜(永谢布)大成台吉的势力似乎颇强盛。隆庆六年十月和吉能(Jinong)同时任督都同知,被称为仅次于老把都(Baghatur)、辛爱黄台吉(Sengge Khong Taiji)的右翼几十个酋首里的四都督,不久还加了龙虎将军的称号。龙虎将军是最高的荣誉称号。永邵卜营原是哈喇嗔大营所管的一营,而大成台吉也服从它的调遣,但不受管束,甚或反而凌驾哈喇嗔的大酋老把都儿之上,要求和顺义王同等待遇。方孔炤的《全边略记》(卷二)《大同略》万历二年条下说:

> "时,永邵卜亦晋阶龙虎将军,志骄矣。谓如顺义王所市数。于是,关吏辩折之日:'青(把都儿)、永(邵卜)二枝,固已相等'。永酋无辞。"

关于新永邵卜的别部阿速和把儿户,岷峨山人苏志皋的《译语》里记述如下:

> "日把儿户,虏中呼为黑达子,好战斗,兵至数万。以镔铁为刀。曰纳(平声)逊纳不孩,亦小王子宗党,与吉囊、俺答阿不孩辈,兵至数十万常据河套,与榆林、固原、宁夏诸边相望。"

所谓纳逊纳不孩,可能是阿苏阿不孩的讹误,指阿速火落赤把都儿。火落赤把都儿的本籍是阿速的故乡,这从他的名字看来也毫无疑问。火落赤把都儿,不外是察哈尔图们汗右翼三执政理事之一的"阿苏特之诺木达喇古拉齐诺延(Nomdara Khulachi Noyan)",前面已经谈过。

把儿户这个名字肯定是从流入贝加尔湖的巴儿户沁（Barghu-jin）河附近来的，现在驻牧在呼伦贝尔地方的巴尔呼（巴尔虎）部也是从那里迁来的。明代的把儿户也许和这个部有些关系。《蒙古源流》里作巴勒噶沁（Barghajin），是永邵卜部十营之一，以叭儿厥著称。黑达子把儿户可能是永邵卜大成台吉之弟、阿速火落赤把都儿之兄，也辛跌儿台吉的部落名。把儿户这个名称在《明史》（卷二二二）《郑洛传》里曾两次出现，随着俺答迁移到西海（青海），在那里驻牧的酋首有永邵卜的别部把尔户和丙兔、火落赤等。把尔户当然是把儿户的同音异译。据前引《北虏世系》和《兵略》的族谱，也辛跌儿台吉之子有个把儿勿即八儿谷。这个把儿勿显然就是《郑洛传》里看到的把儿户，不过，《译语》记述的把儿户的年代较此似稍靠前。看来，所谓把儿户可能和永邵卜、阿速等一样，原是部名而非酋名。因为是累代酋名的通称，所以可以推定，把儿勿之父也辛跌儿就是《译语》所说的把儿户。《蒙古源流》（卷六）万历五年岁次丁丑，阿勒坦汗迎接达赖喇嘛时第一次唯一的迎接使就是"永谢布之巴尔郭岱青（Yüngshiyebü-in Barghu Daiching）"。永谢布的巴尔郭岱青可能就是永邵卜别部的把儿勿台吉。据《郑洛传》说：后来，巴尔户遭明军和番人（西藏人）夹击，在西宁大败。把儿户的部落也叫黑达子，这必定是针对附近的察罕塔塔尔（白达子）的名称，但其理由不详。《全边略记》（卷二）《大同略》里所说"哈喇慎青把都儿伺隙夺其庐而去"的"迤北黑夷"，或许也是指这个部落，也未可知。

总之，正如《译语》所说，阿速、把儿户是内蒙古西北边的部落，永邵卜本部也离明边很远。《大清一统志》（卷四○八之三）记俺答全盛时期的疆域说：

> "开拓疆土，南至大同山西边，北至永邵卜，东至喀喇沁，
> 西至鄂尔多斯。"

又，万历五年九月，明宣大总督方逢时的《陈虏情以永大计疏》里，列举大同边外虏酋说：

> "俺答老矣，黄台吉亦衰病不支。套虏远在西镇，切庆黄台吉颇称恭顺。兀慎、摆腰人寡力弱。永邵卜远去边鄙。惟青把都兄弟五人，各拥千兵。"

由此可以了解，旧永谢布万户是直接和宣大边外地方相连，到哈喇嗔营兴起，哈连营衰颓后，这个万户的南边地方为老把都家族和辛爱黄台吉族类所占据，新永邵卜各部自然不得不退到北边。《口北三厅志》（卷七）所引《宣镇图说》只记述了距离明边几百里以内的各酋长，仅在最后作为唯一例外，记述如下：

> "边外远野驻酋首稳克等，部彝约九千余骑。在边逦西，名不喇母林、吾力艮一带驻牧。离边约一千三百余里。倘忽台吉等部彝约八千余骑，在边逦西地不喇母林、吾力艮一带驻牧。把儿台古等部彝约五千余骑，在边逦西哈喇我包一带驻牧，离边二千余里。"

不喇母林、吾力艮、哈喇我包等地都不详，不喇母林是不是下喇母林之误呢？倘若是下喇母林（锡拉木伦），那就是今百灵庙东北向北流的河川。可能驻牧在这里了。它的酋长稳克（Wên-Ko）、倘忽（Tang-hu）和把儿（Pa-êrh）台吉就是永邵卜大成之子恩克（Ên-ko）、阿速火落赤把都儿之子唐兀（Tang-wu）和也辛跌儿之子把儿勿（Ba-êrh-wu）台吉。哈喇我包（Khara Obo）意思是黑鄂博，把儿户部落之所以被称为黑达子，或许是由此而来。当然。强盛的永邵卜各酋也常到南边的兴和附近来，它的家族也经常往来张家口大市厂，但大体说来，退到那么遥远西部的位置，致使他们不久就走向甘肃边外去了。

前引《兵略》载永邵卜根据地说："张家口大市厂边外，西北接甘肃"，这个下句颇费解。其实这是由于永邵卜各酋不断往来于甘肃边外地方所引起的误会。《武备志》(卷二〇八)《镇戍甘肃》条引《兵略》说：

> "甘镇边外住牧夷人，西海离边三五百里不等，盘住夷人，酋首永邵卜乞庆黄台吉等，部落二万有余。住牧甘镇边外，在于宣府张家口互市领赏。"

所称乞庆黄台吉就是七庆把都儿。永邵卜大成台吉自居贡市宣府，守臣待他很优厚，因而不能擅自侵寇，便随俺答西去迎接活佛，遂留据青海，这是《明史》(卷二三九)《达云传》等所记载的。起初，因俺答征讨卜儿孩，青海才开始有了北虏，到俺答第四子丙兔驻牧在这里以后，河套各部酋长如切尽黄台吉等来牧的也多了。万历六年间，完全征服了西番各族以后，这个地方遂成为迎佛的中心地，北虏繁盛的新领地。七年八月，俺答东归归化城，他的从子永邵卜、火落赤等和两儿还久驻不去，一再加强这个根据地。后来俺答死去，辛爱黄台吉逝世，顺义王传到第三代扯力克，控制逐渐废弛，西海便动摇了。加以万历十五六年间，青海的丙兔和河套的切尽黄台吉相继死去，十六年九月，永邵卜等大举侵入西宁，杀死明副总兵李奎，[①]丙兔之子真厢迁到莽刺川，永邵卜之弟火落赤迁到捏工川，逼近西宁，逐日蚕食蕃族。然顺义王扯力克非仅不制止这种行动，且亲自赴援火落赤等，因而西海虏势大振。万历十八年中，明廷边将相继阵殁，诸蕃皆表示屈从，成了北虏的膀臂。后来，凭尚书郑洛的谋略，总兵尤继先等的奋战，虏势稍衰，但火落赤和真厢仍猖獗不止。火落赤和真厢成了明末时期仅次于辽东插汉儿土蛮的严重边患。

据《兵略》说：西海其他各酋里出现了河套的切尽黄台吉之侄铁雷和松山的败酋宾兔之子那木大等，但都弱小无足轻重。直到

---

① 前后记录都是专以《明史·西番诸卫传》为依据的。根据《明史·本记》和《达云传》等，李奎也写作李魁。因是字音相通。

清初青海唯一的大酋仍是永邵卜的七庆把都儿。这从《明史·鞑靼传》末尾所说:插汉儿的林丹汗击灭哈喇慎、土默特后,唯一能与之对抗的强酋仅有永邵卜,并夸大说"永邵卜最强,约三十万人"云云,可以推测出来。但这个永邵卜部众也分外脆弱,当林丹汗西迁时,它的本土立即成了被蹂躏的中心,西海的残部不久也因额鲁特、西藏的扩展,最终灭亡了。

4.哈喇嗔部

哈喇嗔这个名字恐怕是出自元代的哈喇赤。[①] 到了明代,最初是从瓦剌顺宁王脱欢时期出现的。据叶向高的《四夷考》(卷六)的《北虏考》记述脱欢灭掉他的劲敌和宁王阿鲁台,将要统一塞北说:

"是时,脱欢强,稍并有贤义、安乐(都是瓦剌别部)之众。忽击杀阿鲁台,悉收其部落,欲自立为可汗,众不可。乃行求元后脱脱不花王为主,以阿鲁台众归之,居漠北。哈喇慎等部俱服属焉。"

这是宣德末年。由此可见,哈喇嗔等部似乎是漠北的部落。如前所述,阿速(阿苏特部)的阿鲁台(阿噜克台)曾驻牧在今呼伦贝尔地方,[②]因而它的邻部哈喇嗔想必也在漠北。不知何时南下,弑杀也先太师的阿剌知院的根据地,移到今独石口边外。[③] 杀死阿剌知院取而代之的字来就是《蒙古源流》(卷五)所说的"喀喇沁蒙古博贲太师",而右翼济农第四子巴雅思哈勒又袭其后。

《蒙古源流》(卷六)载:

---

① 和田清《兀良哈三卫的研究》(《满鲜地理历史研究报告》第十三卷,第 367—368 页),原书第 335 页。

② 同上,第 219—220 页。

③ 同上,第 368 页。

　　　　"巴雅思哈勒庚午年生,占据永谢布之七鄂托克喀喇沁而
　　居。"
这个哈喇沁确是明人所说的哈喇嗔。郑晓的《皇明北虏考》载:

　　　　"南有哈喇嗔、哈连二部。哈喇嗔部营一,酋把答罕奈,众可
　　三万。哈连部营一,酋失剌台吉,众可二万,居宣府大同塞外。"
前面已经说过,这个哈连部就是哈速部,也就是阿速部之误,它的
酋长是失剌台吉。哈剌嗔和阿速两部总是接连出现。《译语》所载
"曰阿剌慎,曰莽观镇,兵各二三万。常在宣府边外住牧,云是分地
也。牛羊多于马驼,不时为患,若大举入寇,必纠套虏以恣猖狂"的
阿剌慎也就是这个部落。那么巴雅思哈勒是什么时候从河套迁到
这里的呢? 这可能是在嘉靖十年前后。这时正是右翼发展的时
期,不仅阿速、哈喇嗔,前述的永邵卜、哈不慎、委兀慎、打剌明安等
也都是这时发展起来的。委兀慎原来是河套内的部落,正像后面
所说,在俺答哈之孙扯力克的注脚里说:"先在山西偏关外胡地委
兀儿趁一带住牧",后来东移,号称威武镇营。

　　现在首先叙述哈喇嗔部的把答罕奈即巴雅思哈勒,也就是把
都汗的情况。《筹边纂议》(卷一)《顺义王达子宗派》和康熙《宣化
县志》(卷十七)《武略志》都载有哈喇嗔部《系谱》,不过都很粗略。
《北虏世系》比较详细,但遗漏很多。还不如《武备志》(卷二〇五)
《镇戍宣府》条所引的《兵略》。现在依据《兵略》的记述,另以其他
记录补充。《兵略》的记述如下:

　　　　"宣府镇边外住牧夷人。哈喇慎是营名,与独石相对,离
　　独石边三百余里。在旧开平住牧,张家口互市。昆都仑哈生
　　五子,长子黄把都儿,故,生四子。二子青把都儿,故,生六子。
　　三子哈不慎,故,生六子。四子满五素,存,生十一子。五子马
　　五大,故,生二子。

　　　　黄把都儿,故,部落约一万五千有余,生四子。

长子白洪大,即昆都仑哈,哈即王子也,存。总掌管哈喇慎达子。生三子,长子打利台吉,存,二子蛮地台吉,存,三子抄什麻台吉,存。

二子摆独赖,故,生二子,长子刀儿计台吉,故,二子憨不什台吉,存。

三子擦汗我不根,故,绝嗣。

四子我不根,又名丙兔朝库儿台吉,存。

青把都儿,故,部落约二万有余,生六子。

长子来赛台吉,存,生二子,长子不答什台吉存,二子施令台吉存。

二子哑拜台吉,存,生二子,长子朝麦兔台吉存,二子不剌兔台吉存。

三子来洪达赖台吉,存,生一子,沙木颜台吉存。

四子摆洪达赖台吉,故,生一子,桑儿在台吉存。

五子石令台吉,存。

六子我着台吉,存。

哈不慎,故,部落约一万有余。生六子。

长子小歹成台吉,故。

二子脱可台吉,存。

三子歹安儿台吉,存。

四子矮鸦兔台吉,故。

五子迭可兔台吉,存。

六子洮儿计台吉,存。

满五素,存,部落约一万有余。生十一子。

长子史的贵台吉,存。

二子满根儿台吉,故。

三子不剌兔台吉,存。

四子摆哈儿台吉,故。

五子塞令台吉,故。

六子脱计台吉,故。

七子本不什台吉,存。

八子习喇我不根台吉,存。哑音。

九子岛儿计台吉,存。

十子班莫台吉,存。

十一子哑不世台吉,存。

马五大,故,部落约一万有余。生二子。

长子班不什台吉,故。

二子白言台吉,存。生二子,长子加儿木台吉,存,二子不列世台吉,存。

临边住牧,章兔倘不浪等,部落约一千有余。

章兔倘不浪,恩的个倘不浪,歹青倘不浪,歹都倘不浪,自洪大倘不浪,伯颜倘不浪。"

最后的倘不浪(Tabu-nang)是女婿的意思。这是指哈喇嗔部的女婿,其中还可能有朵颜酋首等。再回到最前面。《筹边纂议》说,老把都的驻地是"住独石后三间房",三间房可能在旧开平附近。《北虏世系》说:"老把都儿台吉,即昆都力哈,初款授都督同知……在宣府张家口东北,至独石、开平一带住牧,张家口互市。"并列举他的五个儿子说:"摆三勿儿威正台吉,即黄把都儿,故。子四。""昆都仑歹成台吉即青把都儿,授金吾将军,故。子五"。[①]"哈不慎台吉,授指挥佥事,故。子六。""矮儿克勿打儿汗台吉,即满五素,授指挥佥事,子七。""七庆朝库儿台吉,即满五大,妻速麦比妓,子一。"列举了他们的别号。儿子的数目都较少,世系最差的仅限

---

① 按《北虏世系》明万历二十二年自刻本,表第21—22页,"昆都仑……子五"作"子六"。——译者

于子代,孙代完全没有记述。

更据《口北三厅志》(卷七)所引《宣镇图说》说:

> "口外哈喇慎为部中大酋,高祖阿喇哈,曾祖昆都仑,称鞑靼王子,故。祖黄把都儿承袭,故。父白洪大承袭,故。今长子打利台吉承袭,亦部中王子,统属节流支派三十余枝,共约部夷十万有余,强弱相半。俱在独石口边外地名旧开平等处驻牧,离边二三百里不等。其马营赤城边外,地名补喇素泰。为汪阿儿害驻牧。"

高祖阿喇哈是高祖赛音阿拉克,曾祖昆都仑就是曾祖巴雅思哈勒昆都楞。[①] 在《宣化县志》里说是:"顺义王名俺答,系元裔小王子洒阿汗之第三子。"洒阿汗即赛那浪罕,也就是赛音阿拉克汗的异译。但高祖赛音阿拉克未必是迁来旧开平的始祖,曾祖昆都楞汗才是最初移驻而称汗号的始祖。昆都楞汗这个称号并不是个人名字。可能是他家族世袭的汗号。因为说"哈即王子也","称鞑靼王子","亦部中王子",就是表示累代世袭汗号。《兵略》里称祖父老把都儿为昆都仑哈,称他们的孙子白洪大也为昆都仑哈,就是个明证。又,《口北三厅志》,在哈喇慎马营地补喇素泰的注释里说:"即西(布?)尔哈苏台。《统志》克西克腾有高柳谷,蒙古名伊克布尔哈苏台。又西南十五里,有巴淡(汉?)布尔哈苏台。案蒙语布尔哈苏柳也。"这个解释正确。

老把都的势力,起初和吉囊、俺答两兄并列。嘉靖二十年九月,已由明朝悬赏"爵都督赏千金"购求他和他的两兄的首级而驰名。[②] 所以,老把都从赛那剌之子移驻哈喇嗔,可能离这个年代也不远。嘉靖二十五六年间,已成俺答侵寇的左翼,和保只(博迪

---

① 中岛竦《蒙古通志》第 314 页。
②《大明世宗实录》嘉靖二十年九月壬子,《山西按察司副使胡松疏》。

汗）、俺答与吉能共称当时蒙古四大头目。[①]《世宗实录》嘉靖三十年五月条里，把他列为俺答亲支五部之一，但这个强大的昆都力哈并非俺答的属下，而是忠实的同盟部落。《明史》（卷二二二）《王崇古传》说：

> "吉囊子吉能据河套，为西陲诸部长。别部宾兔驻牧大小
> 松山……自河套以东，宣府大同边外，吉囊弟俺答、昆都力驻
> 牧地也。又东蓟昌以北，吉囊、俺答主土蛮居之。皆强盛。"

把俺答和昆都力两人并列起来，最符合实际情况。

隆庆五年，俺答一受明册封为顺义王，老把都和王嫡子辛爱黄台吉二人都只被任为都督同知，感到不满意，[②]还希望获得和他哥哥顺义王同样的王号。老把都不久病殁，志愿终于没有实现，但这也足以说明四大头目互不相让的形势。俺答被封为顺义王，老把都也同时希望封王，俺答的主子土蛮汗也立即逼近辽蓟要求封王。吉能当时并没有提出要求，但到后来，他的孙子吉能却援引俺答玄孙卜失兔袭封顺义王之例，强求封王，后来号称为济农汗。老把都虽没有受明册封，但却自称蒙古汗号。[③]可汗这个称号，在喇嘛教输入以后授封的人很多，在那以前，一说可汗就意味着是元室的嫡统。达赉逊汗时期，阿勒坦请求获得索多汗称号，《源流》尚且大书特书，认为是异例。但老把都一向就称汗号，和阿勒坦汗并列的昆都楞汗名号，随处可见。[④]老把都的势力竟如此强盛，但他的为人似乎是个宽厚长者，非但援俺答曾扶助其兄吉囊之例，很好地扶助了其兄俺答，并和秉性凶悍而与俺答不和的辛爱黄台吉和故主小

---

① 《大明世宗实录》嘉靖二十五年七月戊辰，《总督宣大侍郎翁万达奏》，又二十六年四月己酉条。
② 《明史》（卷二二二）《吴兑传》，除老把都、辛爱二人以外，稍后吉能和永邵卜大成台吉也被任命为都督同知，当时有蒙古四都督的说法。
③ 《国朝献征录》所载《俺答后志》、《明史》（卷二二二）《张学颜传》、（卷二三九）《官秉忠传》等。
④ 《蒙古源流》（卷六）、《蒙古游牧记》（卷七）《土谢图汗》注。

王子土蛮汗，也颇融洽相处。① 他的部落日益繁盛，而顺义王的威势却逐渐衰微。于是，老把都的儿孙便像从前俺答压迫吉能那样，逐渐表露出脱离顺义王部而独立的姿态。据《兵略》说：老把都有五子，二十九孙，十三曾孙，部众总计达七万人。《明史·吴兑传》和《李成梁传》等都大书特书他的子孙倔强而势威的情况。因为宣府口北道边外是个形胜最佳之地，水草丰美，土地肥沃，所以占据这个地方的哈喇嗔，不久便恢复了往日应绍不（永谢布）部的全盛形势。

于是，第一是可汗，第二是脱离可汗的右翼济农，第三是压倒济农的顺义王，第四是脱离顺义王的昆都楞汗，这四者的独立使漠南内蒙古的中心逐渐增为四个。这种形势始于所谓四大头目的对立。在前引《王崇古传》的那段文字里已颇明显，《清朝实录》（卷六）天命五年正月，清太祖给蒙古林丹汗的信里更加明确了，他反驳察哈尔炫耀四十万众说：

> "且此六万人之众，又不尽属于尔。属鄂尔多斯者万人，属十二土默特者万人，属阿苏忒、雍谢布、喀喇沁者万人。则此三万人之众，又各有新主也。于尔何与哉。即此三万之众，亦岂尽为尔有？以不足三万之国，乃远引陈言骄语，为四十万，云云。"

这就说明背离可汗所率左翼三万户的右翼三万户，也是各自分散独立的。

老把都和他的儿子青把都等究竟怎样向朵颜地方伸张势力，威胁辽蓟边境，上面已经谈到。康熙《宣化县志》（卷十七）《武略志》万历四十一年秋条说："白洪大台吉拥兵临塞，要挟岁增（缯?），督臣抚臣指陈利害，乃解去。"这里的脚注如下：

> "先是，青把都要挟岁缯，凡三与之。至是，白洪（大）驰精

---

① 《大明穆宗实录》隆庆四年十二月甲寅，总督王崇古的话。

骑八千,借前为口实。将吏汹汹,以为与之便。总都余(涂)宗潘,巡抚王道亨谢勿许,且指陈利害,乃解去。按白洪大台吉乃老把都之长孙,黄把都之长子……青把都乃老把都之二子,即昆都仑台吉。生六子,长曰木(来?)洪大。自此以后,迄天启中,卜石兔借互市,啧有烦言,而边臣不敢许。至五年,在大同边外讲市。郎素在山海关外讲市。时敖木台吉毛吉炭台吉亦以市故,啧有烦言。案敖木与毛吉炭驻牧宣府东路四海冶,下北路满水崖边外,皆三封顺义王扯力㞎次子阿洪(弟安兔)之子,其长子曰七庆。郎素系哈喇慎部落,乃长昂台吉之子。贵英亦彼中头目。亦住喜峰口外。"

后段几句所说哈喇嗔实际是它的属部朵颜卫,敖木(布)和毛吉炭就是后来东土默特部的兀爱营。这些前面已论述过了。[1] 此外,当明朝天启年间,清朝兴起时,班不什台吉、自言台吉等进而在辽西方面活跃起来,哈喇嗔部和西迁的察哈尔部交战,终至陷于溃灭等,已如上述。[2]

5.俺答哈的子孙

魏焕的《皇明九边考》(卷六)《三关镇·边夷考》载:

"北虏亦克罕一部,常住牧此边,兵约五万。为营者五,曰好城察罕儿,曰克失旦,曰卜尔报东营,曰阿儿西营、曰把即郎阿儿。入寇无常。近年虏在套中,以三关为出入之路,直抵山西地方抢掠。嘉靖十九年秋,虏首吉囊拥众数万,由偏头等关,入寇太原,大掠居民而出,零贼亦为乡兵所歼。二十年秋,前虏复由本关入,直抵平定州,参将某甲被害。居民杀虏者无

---

① 和田清《察哈尔部的变迁》七、《土默特枝部的东迁》,原书第599—605页。
② 和田清《察哈尔部的变迁》六、《朵颜卫和喀喇沁部》,原书第572—599页。

　　数。山西自来被达虏之惨，未有过于此矣。"
经详查，前段在郑晓的《皇明北虏考》中已经概述，①不过据《源流》
说：巴尔斯博罗特的第五子巴延达喇纳琳台吉"占据察哈尔之察罕
塔塔尔而居"。可能察罕塔塔尔也包括在察哈尔之内，但其地在何
处不详。巴延达喇肯定是《筹边纂议》的《顺义王达子宗派》和《北
虏风俗》所附《北虏世系》里的赛那浪罕（赛那刺）的第五子那林台
吉。他的驻地，《筹边纂议》说"住独石正北，地名我力速太"。《北
虏世系》却说："在宣府独石边外正北住牧。离边十五六日之程，张
家口互市。"那林台吉子孙的世系颇繁杂，列表于下。《明史》（卷二
三八）《李成梁传》也载有：万历十八年二月，"卜言台周、黄台吉、大
小委正结西部叉汉塔塔儿五万余骑，深入辽、沈、海、盖。云云"。
所谓西部叉汉塔塔儿可能就是这个察罕塔塔儿。

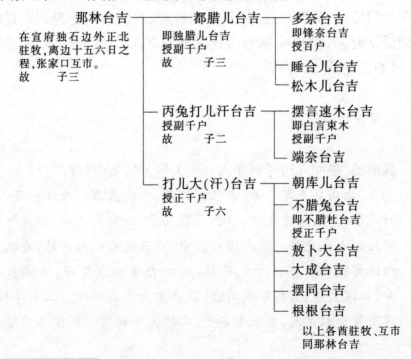

---

① 和田清《论达延汗》八《小王子的本宗部落》，原书第 83—490 页。

打儿大台吉写作打儿汗台吉，朝库儿台吉写作朝儿库台吉，是按《武备志》的不同记载另一种写法。

《九边考》（卷七）《榆林镇·边夷考》还说：

"河套东西长一千八百里，南北中长一千余里，左右减半。榆林外套，皆汉朔方郡，秦取匈奴河南地即此。成化七年，虏始入套，抢掠即出，不敢住牧。弘治十三年，虏酋火筛大举入套，始住牧。正德以后，应绍不、阿儿秃斯、满官嗔三部入套。应绍不部下为营者十，曰阿速、曰阿喇嗔、曰舍奴郎、曰孛来、曰当喇儿罕、曰失保嗔、曰叭儿厥、曰荒花旦、曰奴勿嗔、曰塔不乃麻。旧属太师亦不剌，后分散，各部惟哈麻真一部全。阿儿秃斯部下为营者七，旧亦属亦不剌，今则大酋吉囊领之。为营者四，曰哮哈厮、曰偶甚、曰叭哈思纳、曰打郎。满官嗔部下为营者八，旧属火筛，今则大酋俺答阿不孩领之。为营者六，曰多罗土闷、曰畏吾儿、曰兀甚、曰叭要、曰兀鲁、曰土吉喇。三部兵约共七万，俱住牧套内，时寇绥、宁、甘、固、宣、大等边。"

前面已经提到，《皇明北虏考》也有此记载。不过，把所有部落都作为河套内的部落，似乎是误解。现在仅就俺答的属部进行考察。

俺答是吉囊之弟，是最活跃的人物。我这篇文章也以他的霸业为中心来加以考察，首先对他的世系进行探索。俺答的世系，见于种种记录。康熙《宣化县志》（卷十七）《武略志》所载，是泛引前述记录的，王鸣鹤的《登坛必究》（卷二十三）《北虏各支宗派》和郑文彬的《筹边纂议》（卷一）《顺义王达子宗派》完全相同，但都很简略。王士琦的《三云筹俎考》（卷二）《封贡考》所载几乎和肖大亨的《北虏风俗》所附《北虏世系》相同，但多少有些增补，较《武备志》所引《兵略》也有些补充，所以，现在专据《三云筹俎考》，并参考《北虏世系》和《兵略》，列表如下。泰安肖大亨的《北虏风俗》成书于万历甲午（二十二年），临海王士琦的《三云筹俎考》只写到万历四十一年，因而这里还有增补的余地。防风茅元仪的《武备志》是天启元年所著。

俺答哈 ———————	兴克都隆哈 ———————	扯力克哈 ———————
隆庆五年受封顺义王，万历九年卒。 　在大同边外大青山昭君墓，丰州滩驻牧，西至河套，东至宣府洗马林一带，离边三百余里。 　　　　子九	即黄台吉。 万历十一年袭封顺义王，十三年卒。 　先在宣府边外旧兴和所，小白海、马肺山一带驻牧离边三百里，袭封后仍驻俺答旧穴。 　　　　子十四	万历十五年袭封顺义王，先在山西偏关外，胡地委兀儿趁一带驻牧，袭封后仍驻俺答旧穴。水泉、得胜二处互市。 　　　　子七

晃兔台吉 —————
授龙虎将军
在委兀儿趁一带
驻牧，离边约七百
余里。故。
子三

卜石兔黄台吉 ————————— 卜罗户台吉
即舍剌克炭台吉，初
授龙虎将军，晃兔早
故，卜酋远居西海，扯
力克故，五路台吉迎
归袭封，见在哈套察
汗敖剌驻牧。
子一

把都慢黄台吉
他儿泥台吉
俱授指挥佥事
随卜石兔驻牧

五十万打力台吉 ————— 五班南台吉
（即毛明暗台吉）
在大同新平边外驻牧
子二
次子尚幼。
随卜石兔驻牧

（毛）明暗台吉 ————— 察汗我不艮台吉
满官正比妓所出，驻
新开口，卜酋未封，
明安代理其事，诸部
多服
子二
打儿泥台吉
俱随毛明暗驻牧

士麦台吉 ————————— 士麦大儿台吉
子三
次子尚幼。

耳章速台吉
二酋俱在委兀儿趁驻牧

我儿谷道台吉

革立猛克台吉
子一尚幼。
授百户、
随卜石兔驻牧。
以上各酋俱在新平市
口互市。

五路黄台吉————
　即那木儿台吉，先授
　指挥佥事，后升龙虎
　将军。在大同天城边
　外正北五克儿菊儿克
　一带驻牧。离边五百
　余里，卜酋婚封，本酋
　颇效劳力。
　新平市口互市。
　故　　　子四

青把都儿补儿哈兔————
台吉
　授指挥佥事、驻牧互
　市与五路台吉相同
　　　　　子七

哈木把都儿台吉
　授指挥佥事。
　在山西偏关西北边外
　擦哈把剌哈素驻牧，
　离边一百六七十里，
　新平市口互市　见在

松木儿台吉————
授指挥佥事。
在宣府下西路正北边

───── **敖卜言台吉**
　　授副千户
　　五路故,代领其众,颇
　　知恭顺, 在伊父原巢
　　驻牧。

── **聂库台吉**
　　授百户　　见在。

── **虎喇哈气台吉**
　　授副千户　　见在。

── **勿同台吉**
　　授百户　　见在。

以上三酋与敖卜言一
同驻牧

───── **歹成朝库儿台吉**
　　(兵兔台吉)
　　授百户

── **宰生台吉**
　　(金兔台吉)
　　授百户

── **王都儿台吉**
　　(他儿拜台吉)

── **山羔儿台吉**
　　(班班石台吉)

── **大刀儿计台吉**
　　(刀儿计台吉)
　　授百户

── **小刀儿计台吉**
　　(把汗彤儿计台吉)

──　**公布台吉**
　　(归登台吉)

以上诸酋俱在新平塞
外驻牧,随五路部落
以奉款约。

───── **的力盖儿台吉**
　　授副千户　　见在

外擦哈猱儿驻牧,离
边约二百余里,新平
互市, 极穷为盗,即
开市之虏亦多苦之,
名其部曰贼达子。
故　　　　子四

—段奈台吉
即波儿哈都台吉,
授指挥佥事,
在宣府膳房堡迤北马
肺山一带驻牧, 离边
二百余里,新平互市
故绝。

—打赖宰生台吉————
即我摺进台吉
驻牧互市与段奈同,
本酋忽慧,卜酋封贡
极为效顺　　子一

—台石台吉
即台失哈不害
授指挥佥事

—安兔台吉————
以下各台吉俱在宣
镇龙门所边外一带
地方驻牧。
故　　　　子三

—朝兔台吉————
故　　　　子三

—土列哈兔台吉

—土力把兔台吉

—摆言兔台吉
故绝

—明暗台吉
授副千户

—— 跌力波儿台吉
　　授副千户　　见在

—— 葛勘儿台吉
　　授百户　　见在

—— 虎督度
　　即小活佛，万历二十
　　年题升朵儿只唱，年
　　可五六岁，盖西方僧
　　之前身也。

——— 主儿窳大台吉
　　随父宰生驻牧

——— 圪他汗台吉

—— 完布台吉

—— 巴赖台吉

——— 召儿必太台吉

—— 瓦红大台吉

—— 素那台吉

```
┌─不彦台吉────────────┬─摆腰把都儿台吉──────
│    即摆腰台吉      │    授指挥同知
│    在大同阳和边外西北│              子六
│    一克菊儿革驻牧，离│
│    边三百余里，阳和守│
│    口堡互市。      │
│    故      子一   │
│
│
│
│
│
├─铁背台吉────────────┬─把汉那吉──────────
│    故      子一   │    即大成台吉
│                 │    先授指挥使，后升昭
│                 │    勇将军。
│                 │    幼丧父，育于祖母一
│                 │    克哈屯，因与祖俺答
│                 │    有隙，偕妻把汗比妓
│                 │    投降中国，贡市之端
│                 │    由此酋起。在山西偏
│                 │    关外西北哈朗兀驻
│                 │    牧，离边三百余里，大
│                 │    同得胜。山西水泉二
│                 │    处互市，万历十四年
│                 │    坠马而死。
│                 │              子二
│
└─丙兔台吉────────────┬─三温台吉──────────
     授指挥同知      │    即宰生，又名真相。
     营名威武慎，在陕西│    袭伊父指挥同知。
     河州西海驻牧，甘肃│              子一
     偏渡口互市。     │
     故      子三   ├─土麦台吉
                   │
                   └─傻代台吉
                        以上三酋俱系威武儿
                        慎部山后驻牧，山西
                        水泉营互市。
```

——松木儿台吉
　　授百户　摆腰故代领
　　其众。

——明暗台吉
　　授副千户

——同门台吉
　　即土门台吉
　　授副千户

——兀上台吉
　　即兀尚哑不害
　　授百户

——刺麻台吉
　　为僧

——五十拜台吉

以上各酋俱同不彦台
吉驻牧　俱见在

——冷克木台吉————猛克台吉
　　授昭勇将军。　　授指挥佥事
　　早故　　　　子一　其父早故，随育于祖
　　　　　　　　　　　母把汗比妓，即忠义
——不速布台吉　　　　夫人之幕。忠义与子
　　二酋俱随把汗比妓驻　素囊驻于归化城地
　　牧，在哈朗兀即大板　方,分为东西哨,猛克
　　升迤西是也。　　　　随驻于西哨之地。
　　　　　　　故绝。

——揣旦台吉
　　随父三温台吉驻牧。

把林台吉
授指挥同知
在大同阳和正北山后
歹颜那矢机驻牧，离
边五百里，阳和守口
互市。
故　　　　子七

纳赖台吉
即纳儿委台吉
授百户

补儿哈兔台吉
即补儿哈都台吉
授副千户

姐姐台吉
即且且台吉
授副千户

土麦台吉
授百户

著力兔台吉
即着力把都儿台吉
授指挥同知

廷定台吉

挨克台吉

以上七酋俱随丙兔海
上驻牧，惟土麦台吉
于大同守口随贡开
市。

哥力各台吉
在大同得胜堡边外垛
兰我肯山后驻牧，离
边三百余里，得胜堡
互市。
故　　　　子一

打赖阿拜台吉
即那那台吉
授指挥佥事
故　　　　子四

不他失礼黄台吉
先授指挥同知，后升
骠骑将军，又升龙虎
将军，又升都督佥事，
在大同杀胡边外丰州
滩山后可儿兔一带驻

哑不害台吉
早故

素囊黄台吉
把汉比妓所出，先是，
把汉那吉故，遗

———┬**班慢台吉** ——————**班的思克台吉**
　　　即班儿慢台吉　　　　　　见在
　　　授指挥佥事
　　　见在　　　　子一

　　├**也林金台吉**

　　├**打赖台吉**

　　└**山阿儿架台吉**
　　　俱见在

　　　以上诸酋部夷不满千
　　　数，俱随素囊东哨驻
　　　牧，杀胡堡塞外。

———**习令台吉**
　　　尚幼，随素囊驻牧。

577

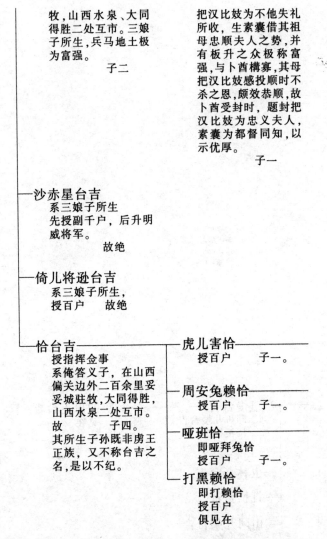

牧，山西水泉、大同得胜二处互市。三娘子所生，兵马地土极为富强。
　　　　子二

把汉比妓为不他失礼所收，生素囊借其祖母忠顺夫人之势，并有板升之众极称富强，与卜酋构寨，其母把汉比妓感投顺时不杀之恩，颇效恭顺，故卜酋受封时，题封把汉比妓为忠义夫人，素囊为都督同知，以示优厚。
　　　　子一

沙赤星台吉
系三娘子所生
先授副千户，后升明威将军
　　　　故绝

倚儿将逊台吉
系三娘子所生，
授百户　　故绝

恰台吉
授指挥佥事
系俺答义子，在山西偏关边外二百余里妥妥城驻牧，大同得胜，山西水泉二处互市。
故　　　　子四。
其所生子孙既非虏王正族，又不称台吉之名，是以不纪。

虎儿害恰
授百户　子一。

周安兔赖恰
授百户　子一。

哑班恰
即哑拜兔恰
授百户　子一。

打黑赖恰
即打赖恰
授百户
俱见在

　　安兔台吉、朝兔台吉的儿子和恰台吉的子孙都没有记载，这里是根据《兵略》和《北虏世系》增补的。青把都儿补儿哈兔台吉的儿子们的名字相差太远。根据《北虏世系》和《兵略》把不同的名字补注在括弧内。其余稍有不同都没有注。唯独关于素囊黄台吉，《兵略》说："不他失里黄台吉，系顺义王俺答第七子，三娘子所生也。生二子，长子哑不害台吉，即温布，又名素囊。二子公赤儿哑不害

——————啞班兔恰
　　　　　授百户

——————色冷恰
　　　　　授百户

——————土麦恰
　　　　　即秃麦恰
　　　　　授百户

台吉。"《北虏世系》也仅载长子"哑不害台吉"和次子"公赤儿哑不
害台吉",而没有"哑不害台吉,早故"。我想这可能对姑且依照《筹
俎考》。又关于兴克都隆哈即黄台吉第七子打赖台吉和他的儿子
主儿寫大台吉,《兵略》说:"三娘子系故虏王扯力克继母,存,生二
子,长子打赖台吉,存。二子嘴儿寫台吉,存。"想是指同一件事,而
那里说是父子,这里说是兄弟。三娘子初嫁俺答,俺答死后,又作

了他儿子黄台吉的妻子,所以不他失里是头一个丈夫的儿子,打赖台吉则是第二个丈夫的儿子。这还可了解,但把嘴儿窥台吉作为次子,就不可解了。这样,黄台吉之子就不是十四人而是十五人了。还是应该照《北虏世系》和《筹俎考》打赖和主儿窥应该是父子,而《兵略》之所以致误,大概是由于二弟也是三娘子之子吧。

最有趣的是俺答之孙、松木儿台吉之子,竟成了蒙古活佛虎督度(Khutuktu)。蒙古出了活佛,可能是由于俺答的赫赫威势,但竟然出自极贫的所谓贼达子松木儿的儿子,确不可思议。肖大亨的《北虏风俗》(夷俗记)《崇佛》条记述这事说:

> "曩俺答在时,往西迎佛,得达赖喇嘛归,事之甚谨。达赖每指今松木台吉所居曰:'此地数年后,有佛出焉。'后达赖喇嘛卒,不一年,至万历十六年,松木之妻孕矣。孕尝袒,腹中有声,众僧曰:'此当生佛。'比产时,儿果自言曰:'我前达赖喇嘛也。'众僧曰:'此真向者达赖复生矣。'达赖生时乘马念珠及经一册,顺义王西还,以此数者示儿,儿果曰:'此我之马也。'于诸物中,独取念珠与经曰:'此我之故物也。'且时时作西方语。惟僧能解之。甫三四岁时,言祸福,亦辄应。夷人闻之,于是,千里赢粮,而走谒之者,日相望于门也。咸号曰小活佛,上其事以闻。万历二十年奉圣旨,升松木之子为朵儿吉昌,异其事也。以故夷人愈益崇佛不倦,而喇嘛之在虏中者,我岁有所赐,以奖异之。松木台吉常居上谷西北,今顺义王之亲弟,其子曰虎督度,年可七八龄云。"①

《夷俗记》书成于万历甲午(二十二年),十六年出生的活佛,这时是七八岁。前表里作二十年加朵儿只唱,加称号时,可能只有五六岁。总

---

① 按《北虏风俗》宝颜堂秘笈本,第3页,"孕尝袒腹中有声"作"孕尝在腹中有声",又"升松木之子为朵儿吉昌"作"升松木之子为朵儿只昌"。又按《夷俗记》明万历二十二年自刻本,第9页,文与秘笈本同。——译者

之,这就是后来第四世达赖喇嘛云丹札木苏(Yon-tan Rgya-mts'o)。

6.顺义王的六大部落

强盛的顺义王,他的势力范围分为六大部落、十二哨。《武备志》(卷二〇六)《镇戍山西》条引《兵略》所述俺答各酋分地、世系,末尾说:

"以上诸酋住牧宣大山西边外,东至独石、三间房,西至黄河丰州滩、昭君墓、威宁海、九十九泉,北至大青山等处。共六大部落一十二哨,东六西六分巢。"

三间房位于独石口边外,丰州滩在归化城东,今白塔镇附近,①昭君墓在其南,即今青冢,②威宁海是今希尔泊,九十九泉在北方山中,所谓大青山是指今阴山山脉。③ 这里共分六大部落十二哨。更据《兵略》载:《大同镇边外住牧夷人》说:

"丰州滩即板升,是营名,虏王扯力克及三娘子东哨部落住牧。扯力克故,今长孙卜石兔袭封。部夷约五万有余。在大同德胜、杀胡堡、新平互市。"④

又记《山西镇边外住牧夷人》说:

"青山是营名,虏王扯力克西哨部落,约四万有余。山西水泉营、红门互市。"⑤

即以今归化城边为界划分东西两哨。所谓六大部落究竟是哪些

---

① 和田清《关于丰州天德军的位置》、《史林》第十六卷,第二期,(昭和六年四月),原书第905—921页。

② 《读史方舆纪要》(卷四十四)《大同府·大同县》,《青冢》条。

③ 《大清一统志》(卷四一〇之一)《威宁海子》和(卷四一〇之二)《九十九泉》。

④ 《读史方舆纪要》(卷四十四)《山西行都司》《得胜堡、杀虎堡、新平堡》等条。

⑤ 《中国古今地名大辞典》,《水泉堡》条说:"在山西偏关县东北六十里,北至边墙二里。堡为明宣德中所筑,稍南为红门口,均为出塞要道。"

呢？要想解答这个问题还要看《武备志》。《武备志》(卷二〇六)《镇戍山西》条引《职方考》说：

> "其部落分为东西哨,有六枝。一顺义王扯力艮等并素囊台吉,一设克炭台吉,一兀慎打儿汉台吉,一摆腰把都儿台吉,一青把都、白洪大台吉,一永邵卜大成台吉等,皆统于顺义。板升、自丰州滩以西、至黄河三百余里。皆板升所据。自赵全伏诛后,其余党丘富等居之。今属恰台吉分野。"

其中青把都、白洪大是著名的老把都之子和孙的叔侄。也就是哈喇嗔部的代表。永邵卜大成台吉是俺答之弟我托汉卜只剌台吉(博第达喇鄂特罕台吉)之子,是哈喇嗔以北永邵卜(永谢布)的代表。这些前面已经论述过了。所称摆腰把都儿台吉是俺答第二子不彦台吉(摆腰台吉)之子,即摆腰部势力的代表。兀慎打儿汉台吉是兀慎部势力的代表。所谓兀慎部乃是俺答之弟老把都之兄拉布克台吉的封地。《源流》说："占据土默特之乌古新而居",他的驻地,在《筹边纂议》的《顺义王达子宗派》里说是："住阳和后口葫芦海子。"《北虏世系》里说："在大同镇堡正北克儿一带住牧,离边约一百七八十里,大同守口堡互市,即阳和后口。"所谓克儿大约就是葫芦海子。葫芦海子是威宁海(希尔泊)西边并排的湖沼。其世系记录在《兵略》和《北虏世系》等中颇详,《三云筹俎考》(卷二)《封贡考》也特别记录了。(见下页附表)

始祖兀慎打儿汉剌布台吉是赛那剌的第四子,即拉布克台吉。《万历武功录》(卷七)《俺答列传》里常常和俺答、吉囊并列出现喇不台吉的名字,就是这个拉布克台吉。他的儿子是兀慎阿害兔台吉,孙子是兀慎歹成打儿汗打儿麻台吉。兀慎(乌古新)部在西哨部落里。顺义王扯力艮等和素囊台吉没有什么问题,但设克炭台吉不详,但从顺义王后立即列出,后三者是东哨部落看来,前三者自然是西哨部落,所以这些可能还都是顺义王的同族,是和素囊台

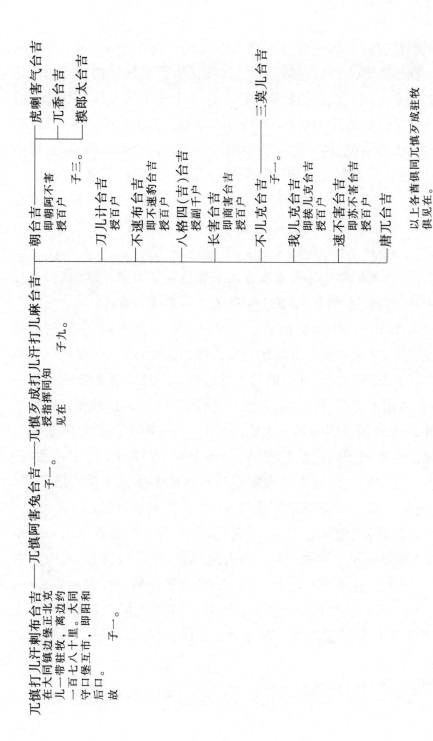

兀慎打儿汗剌布台吉 ——— 兀慎阿箸兔台吉 ——— 兀慎歹成打儿汗打儿麻台吉 ——— 朝台吉 ——— 虎喇箸气台吉
在大同镇边堡正北克 大同镇边堡驻牧，离边约 授指挥同知 即朝阿不箸 兀香台吉
儿一带驻牧，离边约 一百七十里。大同 见在。 授百户 摸郎太台吉
一百七十里。守口堡互市， 子一。 子九。 子三。
守口堡互市，即阳和
后口。 即阳和
故 子一。

刀儿计台吉
授百户

不速布台吉
即不速豹台吉
授百户

八格四（吉）台吉
授副千户

长箸台吉
即商箸台吉
授百户

不儿兔台吉
我儿兔台吉
即挨儿兔台吉
授百户

速不箸台吉
即苏不箸台吉
授百户

唐兀台吉

三莫儿台吉
子一。

以上各酋俱同兀慎歹成驻牧
俱见在。

583

吉互不相容的卜石兔黄台吉即舍喇克炭。这么一来，这是在顺义王根据地内形成的另一派势力。在顺义王直接统辖的别部里。还有主要是由汉人组成的板升部落。这是由统治妥妥城（脱脱城）的俺答义子恰台吉所统辖的。[①] 恰(Kiya)原是侍卫的意思。《三云筹俎考·夷语解说》说："恰与首领同"，《兵略》说："夷狄以恰名，即中国千把总"，千把总约相当于下级士官。

时代稍向上追溯。《穆宗实录》隆庆四年十二月甲寅，载有总督王崇古上皇帝的《北虏招抚策》，其中列举俺答属下六大酋的名字，几乎和《职方考》所载六支大酋一致。它说：

"盖把都俺答亲弟吉囊之子吉能等皆亲弟（侄之误），而兀慎、摆腰、永邵卜、哆罗土蛮等又多其末统亲枝也。"

王崇古所列举的当然包括了当时值得注意的强酋，其中除河套的吉能以外，其余六酋必定是代表俺答势力的大酋。试对照前引《职方考》的记载则毫无疑问，俺答本身是顺义王扯力克和素囊台吉一支，把都是青把都、白洪大，兀慎是兀慎打儿汉台吉，摆腰是摆腰把都儿台吉，永邵卜是永邵卜大成台吉。所称哆啰土蛮是俺答的叔父、达延汗的第四子阿尔萨博罗特（Arsu Bolod）的部落。《蒙古源流》（卷六）说："阿尔萨博罗特墨尔根鸿台吉统率多伦土默特之众。"[②]《北虏世系》所载歹颜哈第四子我折黄台吉的世系如下页附表。

《三云筹俎考》（卷二）在题名《虏酋市场》的《得胜堡市口互市酋长》条里列举"多罗土蛮下招力兔台吉，歹颜黄台吉，麦力艮台吉"三个人。这就是上述著力兔歹成台吉和歹雅（稚）黄台吉、麦力艮台吉。又方孔炤的《全边略记》（卷二）的《大同略》隆庆五年条说："哆啰土蛮把都儿黄台吉者俺答之侄也，并市水泉。"当然这歹

---

① 恰台吉就是俺答的义子脱脱。
② 《蒙古源流》海日楼笺证本，卷六，第14—15页，"统率多伦土默特之众"，笺证本作"统率七万人之众"。——译者

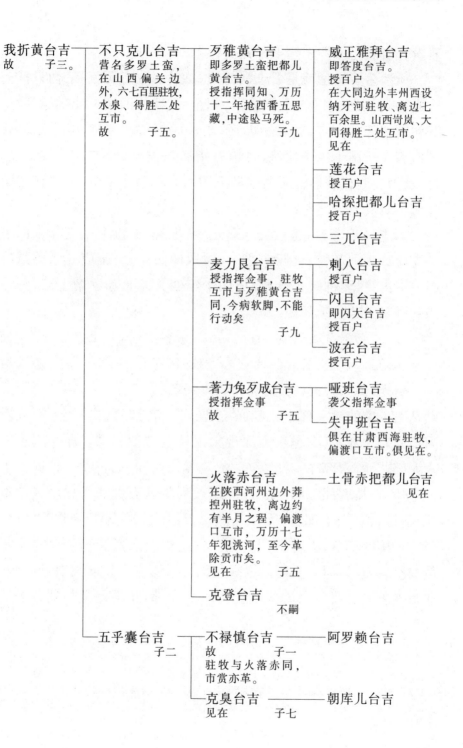

我折黄台吉 —— 不只克儿台吉 —— 歹稚黄台吉 —— 威正雅拜台吉
故　　子三。　营名多罗土蛮，　即多罗土蛮把都儿　即答度台吉。
　　　　　　　在山西偏关边　黄台吉。　　　　授百户
　　　　　　　外，六七百里驻牧，授指挥同知、万历　在大同边外丰州西设
　　　　　　　水泉、得胜二处　十二年抢西番五思　纳牙河驻牧、离边七
　　　　　　　互市。　　　　藏，中途坠马死。　百余里。山西岢岚、大
　　　　　　　　故　　子五。　　　　　子九　同得胜二处互市。
　　　　　　　　　　　　　　　　　　　　　见在

　　　　　　　　　　　　　　　　　　　—— 莲花台吉
　　　　　　　　　　　　　　　　　　　授百户
　　　　　　　　　　　　　　　　　　　—— 哈探把都儿台吉
　　　　　　　　　　　　　　　　　　　授百户
　　　　　　　　　　　　　　　　　　　—— 三兀台吉

　　　　　　　　　　　—— 麦力艮台吉 —— 刺八台吉
　　　　　　　　　　　授指挥佥事，驻牧　授百户
　　　　　　　　　　　互市与歹稚黄台吉
　　　　　　　　　　　同，今病软脚，不能　—— 闪旦台吉
　　　　　　　　　　　行动矣　　　　　即闪大台吉
　　　　　　　　　　　　　　　子九　授百户

　　　　　　　　　　　　　　　　　　　—— 波在台吉
　　　　　　　　　　　　　　　　　　　授百户

　　　　　　　　　　　—— 著力兔歹成台吉 —— 哑班台吉
　　　　　　　　　　　授指挥佥事　　　　襲父指挥佥事
　　　　　　　　　　　故　　　子五　—— 失甲班台吉
　　　　　　　　　　　　　　　　　　俱在甘肃西海驻牧，
　　　　　　　　　　　　　　　　　　偏渡口互市。俱见在。

　　　　　　　　　　　—— 火落赤台吉 —— 土骨赤把都儿台吉
　　　　　　　　　　　在陕西河州边外莽　　　　见在
　　　　　　　　　　　揑州驻牧，离边约
　　　　　　　　　　　有半月之程，偏渡
　　　　　　　　　　　口互市，万历十七
　　　　　　　　　　　年犯洮河，至今革
　　　　　　　　　　　除贡市矣。
　　　　　　　　　　　见在　　　子五

　　　　　　　　　　　—— 克登台吉
　　　　　　　　　　　　　　不嗣

　　　—— 五乎囊台吉 —— 不禄慎台吉 —— 阿罗赖台吉
　　　　　　子二　　故　　　子一
　　　　　　　　　　驻牧与火落赤同，
　　　　　　　　　　市赏亦革。

　　　　　　　　　　—— 克臭台吉 —— 朝库儿台吉
　　　　　　　　　　见在　　　子七

雅黄台吉就是多罗土蛮把都儿黄台吉。①

所谓多罗土蛮就是七土默特的意思。《蒙古源流》最初只称七土默特，后来也称十二土默特了。七土默特的旧制不详，但实际是起初属多郭朗台吉，后来经火筛，归入我折黄台吉领下，后来又归了俺答。所谓十二土默特，恐怕是指后来发展的十二哨说的。总之，扯力克时代著名的所谓顺义王的六大部落十二哨，无疑在他祖父俺答时代已俨然存在了。

但进一步考察，这六大部落之中，把都、白洪大一支和永邵卜一支应计入阿苏特、永谢布之中，属永谢布万户，不应计入土默特万户以内。据《神宗实录》万历四十年四月总督涂宗濬上疏，陈述当时顺义王势力衰颓说：

> "初封俺答之时，与之约曰：东自宣府，西至河套，责令俺答约束。今宣府白洪大自为一枝，河套吉能自为一枝，虏王所制者，山（西）大（同）二镇十二部而已。"

顺义王一家的六大部十二哨必定在土默特万户之内，上述明人所列举的六大部，其实是从表面现象误认的拟似称谓。那么真正的六大部，是哪六部呢？《世宗实录》嘉靖三十年六月庚申，侍郎史道说"俺答亲枝五部"，同年五月庚戌条列举这五部的名称说："把都儿、辛爱、伯腰、卜郎台、委兀儿慎台吉，凡五部。"这五部加上巨帅俺答亲统的部落，正合六部之数。它的内容虽然和《职方考》所记载的稍有差异，但开头所列把都儿仍是永谢布万户的强酋，因而并非勉强求同。我们力求探索真正的六大部，就不得不归到过去所

---

① 万历《武功录》（卷七）《俺答列传》上，说："是时打来孙、瓦剌、兀良哈皆小部。打来孙依套虏，它皆居云中西北，依俺答。而会小王子裔孙土蛮，方分为四枝。曰多罗土蛮把都黄台吉，曰麦力艮台吉，曰著力兔台吉，曰克邓台吉。拥众十余万，恃其繁盛，数与俺答争强。盛为蓟辽迤东患害。"这主要是根据《国朝献征录》（卷一二〇）所载《通贡传》的。总之，非常错误，是把多罗土蛮和蓟辽边外的察哈尔部土蛮混淆了。不过，多罗土蛮把都黄台吉、麦力艮台吉、著力兔台吉、克邓台吉等名号还是对的。

谓满官嗔六营。《明史纪事本末》的《俺答封贡》条也载满官嗔初为
八营。但魏焕的《皇明九边考》、郑晓的《吾学编·皇明北虏考》、瞿
九思的《万历武功录·俺答列传》、王圻的《续文献通考》、朱健的
《今古治平略》、《渊鉴类函》等都载不久即并为六营。《皇明北虏
考》说：

> "满官嗔部营八，故属火筛，今从俺答。曰多罗土闷、曰畏
> 吾儿、曰兀甚、曰叭要、曰兀鲁、曰土吉剌、三部（这两字恐怕是
> 衍文）众可四万。"

满官嗔读音 Monggholchin。这六营可能是基本，所谓十二哨可能
是这六营分化为左右两翼而发展起来的。《兵略》所说"共六大部
落，一十二哨，东六西六分巢"，和《职方考》所说"部落分为东西哨，
有六枝"等，正可以看作是形成这种形势的说明。

其中关于多罗土闷的问题，已谈过了。《大清一统志》叙述鄂
尔多斯部的疆域说："北界多罗图们"，正足以推测这个部的位置。
关于畏吾儿部，《兵略》说："兵兔台吉故，系顺义王俺答第四子，在
营名威兀慎住牧。"《三云筹俎考》和《北虏世系》说俺答第四子丙兔
台吉"营名威武镇，在陕西河洲西海住牧，甘肃扁渡口互市"。所以
他正是威武镇部的始祖。前引《实录》嘉靖三十年四月条里出现的
委兀儿慎台吉想来也就是此人。嘉靖三十七、三十八年间，他远徙
西方入西海不归，他的故地由长兄黄台吉的子孙所取代，仍称威兀
慎营。《武备志》（卷二〇五）《镇戍宣府》条引《兵略》说：

> "西夷威兀慎营是营名，与中路葛峪堡相对。离独石边一
> 百三十余里，部落约五千有余。在张家口互市。三娘子系已
> 故虏王扯力克继母，存。生二子，长子打赖台吉，存，二子嘴儿
> 窊台吉，存，脱脱倘不浪掌威兀慎人马。"

但三娘子忠顺夫人之子是打赖台吉等，嘴儿窊台吉是他的儿子而
不是弟弟，前面已经说过。所谓西夷是对下北路龙门的黄台吉之

他子安兔、朝兔等东夷兀爱营而称的。威兀慎营人马由脱脱倘不浪即前述恰台吉掌握。这就是威兀慎营即畏吾儿的始末。

其次，兀甚即兀慎、叭要即摆腰。前者是俺答之弟兀慎打儿汗剌布台吉的后裔，后者是俺答次子不彦台吉的后裔。这已经说过，剌布台吉是"在大同镇边堡正北克儿一带住牧，离边约一百七八十里，大同守口堡互市"。所谓克儿，可能是大同边外葫芦海子附近。不彦台吉"在大同阳和边外西北一克菊儿革住牧，离边三百余里，阳和守口堡互市"。① 据《蒙古源流》说：万历十三年（1586）来归化城参加俺答葬礼的达赖喇嘛，在向东方哈喇沁巡锡途中，曾应图默特的卫新（Üishin），巴雅果特（Bayàghud)、博尔济吉斯（Borjigis)、毛明安（Maghu Mingghan)等诸延邀请，宣讲广大精微经卷。这个卫新、巴雅果特、无疑就是兀甚、叭要。

兀鲁一名肯定和黄台吉次子五路把都儿台吉的名字有关。五路台吉是最强有力的酋长，他的驻地"在大同天城边正北五克儿菊儿一带住牧，离边约五百余里，新平市口互市"。万历三十二年（1604）八月，北房五路黄台吉以数千骑入犯镇河口，是俺答封贡以后的最大事件。又三十九年（1611）四月，五路黄台吉会集宣大蓟镇七十三酋，是为了决定顺义王卜失兔的袭封事。五路台吉就是因为这次封婚之功，被任命为龙虎将军的。《神宗实录》万历四十年（1612）五月，总督涂宗濬奏称：土默特万户"十二部之中，智力足以雄长诸酋者，五路台吉也"。这话是和"公正足以慑服诸酋者，兀慎台吉也"对照而言的。这不是兀鲁部酋长还是谁呢？

最后，满官嗔六营之一的土吉剌，《殊域周咨录》中作土不剌。两者都不见于其他记录，无从考证。张尔田氏在《蒙古源流》注里说是王吉剌的讹误，是元代弘吉剌的遗名，但这样也无法解释。②

① 阳和即今阳高。关于守口堡，参看《读史方舆纪要》（卷四十四）。
②《蒙古源流笺证》（卷六）注。

《元史》(卷四十)《本记》至元五年五月条也有秃不剌一名,但这也无法考证。除此以外,那个满官嗔总称的起源蒙郭勒津,从当时直到现在都和土默特部关系很深,但它本来的性质不详,只好暂且记下,留待以后考证。

《武备志·北虏考》所载总督涂宗濬威胁顺义王卜失兔的话里,略可看到各部的位置。它说:

> "尔卜酋,将以守边为功乎? 我将自山西水泉营至得胜堡,割而与素襄守。自得胜至新平,割而与兀慎、摆腰守。自新平至新河,割而与五路守。自新河至宣镇,割而与白洪大守。人自贡,人自市,无烦王也。"

这种假定的分割地段,当然表明了各酋割据的位置,因而所拟割与素囊的偏西地方就是归化城方面,正当顺义王根据地的中心,东面连接兀慎和摆腰部落,更东则属五路台吉,最东边宣府镇边外地方就是哈喇嗔的驻地。

7. 鄂尔多斯部的世系

以下该谈俺答的霸业了,但在那以前,略谈一下右翼济农的正统鄂尔多斯部,也许更方便些。关于鄂尔多斯旗的建立,《蒙古源流》里有详细说明,它的子孙现在还在繁衍,因此,它和察哈尔、土默特各部不同,经过情形比较明确。《蒙古源流》是鄂尔多斯右翼前旗酋长(萨囊彻辰)亲自撰写的,叙述极为精密,尤其关于世系,可能是根据他的家谱写成的,最可凭信。明叶向高的《四夷考》(卷七)《北虏考》也说:

> "歹颜哈有十一子,次曰赛那剌,有子七,长吉囊,次俺答,皆雄黠善兵。吉囊壁河套,名袄儿都司,直关中。俺答壁丰州滩,直代、云中。吉囊、俺答各九子,子各万骑。"

《蒙古源流》(卷六)叙述吉囊即衮必里克济农死后,他的九个儿子分立割据说:

"于是,兄弟九汗分析另居。诺颜达喇济农(Noyandara Jinong)占据四营(Dörben Khoriya)。拜桑固尔(Baisangghur)占据右翼扣克特·锡包沁(Keüked Shibaghuchin)、乌喇特·图伯特(Urad Tangghud)。卫达尔玛(Oidarma)占据右翼达喇特·杭锦(Dalad Khanggin)、墨尔格特·巴罕(Merged Bakhan)。诺木塔尔尼(Nom Tarni)占据右翼巴苏特·卫新(Ba-

《蒙古源流》(卷六)

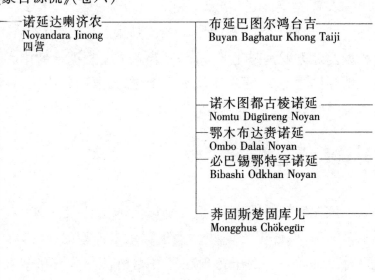

诺延达喇济农———布延巴图尔鸿台吉
Noyandara Jinong　　Buyan Baghatur Khong Taiji
四营

诺木图都古棱诺延
Nomtu Dügüreng Noyan
鄂木布达赉诺延
Ombo Dalai Noyan
必巴锡鄂特罕诺延
Bibashi Odkhan Noyan

莽固斯楚固库儿
Mongghus Chökegür

拜桑固尔台吉　　　　爱达必斯达延诺延
Baisangghur Lang Taiji　Aidabis Dayan Noyan
右翼
托克特锡包沁
乌喇特图伯特

590

sud Üishin)。布杨古赉(Buyangghulai)占据伯特金·哈里郭沁(Betekin Khalighuchin)。班札喇(Banjara)占据左翼浩齐特·克里野斯(Khauchid Geriyes)。巴特玛伞巴斡(Badma Sambhawa)占据左翼察哈特(Chaghad)、明阿特(Mingghad)、科尔沁之三十四处(Khorchin Khoin Ghuchin)。阿穆尔达喇(Amudara)占据右翼四鄂托克卫郭尔沁(Uighurchin)。鄂克拉罕(Üklekhan)占据右翼三鄂托克阿玛该(Amakhai)而居。"

现在在分析他们的位置以前,先据《蒙古源流》列出各酋的世系如第 590—599 页附表

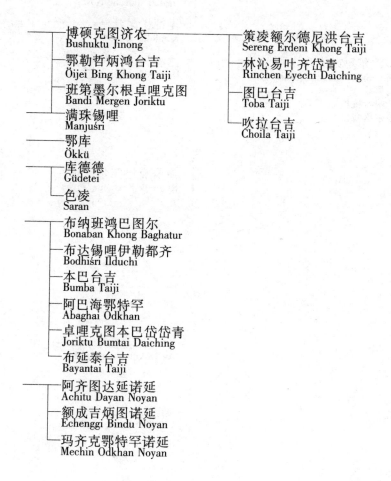

博硕克图济农
Bushuktu Jinong

策凌额尔德尼洪台吉
Sereng Erdeni Khong Taiji

鄂勒哲炳鸿台吉
Öijei Bing Khong Taiji

林沁易叶齐岱青
Rinchen Eyechi Daiching

班第墨尔根卓哩克图
Bandi Mergen Joriktu

图巴台吉
Toba Taiji

满珠锡哩
Manjuśri

吹拉台吉
Choila Taiji

鄂库
Ökkü

库德德
Güdetei

色凌
Saran

布纳班鸿巴图尔
Bonaban Khong Baghatur

布达锡哩伊勒都齐
Bodhiśri Ilduchi

本巴台吉
Bumba Taiji

阿巴海鄂特罕
Abaghai Ödkhan

卓哩克图本巴岱岱青
Joriktu Bumtai Daiching

布延泰台吉
Bayantai Taiji

阿齐图达延诺延
Achitu Dayan Noyan

额成吉炳图诺延
Echenggi Bindu Noyan

玛齐克鄂特罕诺延
Mechin Ödkhan Noyan

鄂巴卓哩克图诺延————
Aoba Joriktu Noyan

塔噶济宰桑诺延————
Daghaji Jaisang Noyan

昆都楞诺延————
Köndölen Noyan

达奇和硕齐鸿台吉————
Daki Khoshighuchi Khong Taiji

卫达尔玛诺木欢诺延————
Oidarma Nomghan Noyan
右翼
达喇特杭锦
墨尔格特巴罕

海努克巴图尔诺延————
Khainuk Baghatur Noyan

阿恰昆都楞岱青————
Akiya köndölen Daiching

楚噜克青巴图尔————
Chürüge Ching Baghatur

阿南达和硕齐诺延
Ananda Khoshighuchi Noyan

绰克图台吉
Choktu Taiji

阿穆桑台吉
Amu Sang Taiji

多尔济岱青
Dorji Daiching

图巴札勒丹
Toba Yeldeng

班崇鸿台吉
Banchong Khong Taiji

贝玛图
Buimatu

奇塔特鸿台吉
Kitad Khong Taiji

喇嘛斡齐尔格隆
Lama Wajir Gelong

图们达哩彻辰和硕齐
Tümenderi Sechen Khoshighuchi

奇塔特岱巴图尔
Kitadtai Baghatur

固哲格齐固拉齐
Küjegechi Khulachi

图迈墨尔根诺延
Tonmi Mergen Noyan

必巴赛诺延
Jibashi Noyan

库森德诺延
Küsentei Noyan

卫玛逊宰桑和硕齐
Oimosun Jaisang Khoshighuchi

桑赛楚库克尔诺延
Sangjai Chökegür Noyan

哈坦巴图尔
Khatan Baghatur

青巴图尔
Ching Baghatur

道济彻辰控库尔———
Tuchi Sechen Künggür

库色勒卫征卓哩克图———
Küsel Oijong Joriktu

诺木诺尔尼郭斡台吉———
Nom Tarni Ghowa Taiji
右翼
巴苏特卫新

库图克台彻辰鸿台吉———
Khutuktai Sechen Khong Taiji

布延达喇古拉齐巴图尔———
Buyandara Khulachi Baghatur

赛音达喇青巴图尔∵
Saindara Ching Baghatur

阿穆达尔墨尔根台吉———
Amudara Mergen Taiji

布扬古赉都喇勒岱青———
Buyangghulai Toghar Daiching
右翼
伯特金哈里郭沁

伯勒格岱绷诺延———
Belgei Daibung Noyan

布尔赛彻辰岱青———
Borsai Sechen Daiching

鄂努昆鸿台吉
Ünügün Khong Taiji

伊实钦台吉
Ishigen Taiji

萨班达喇台吉
Sabandara Taiji

额斯克勒台吉
Esekel Taiji

多尔济卫征
Dorji Oijong

桑成鸿台吉
Sangchang Khong Taiji

鄂勒哲依勒都齐达尔罕巴图尔———巴图台吉————萨囊彻辰
Oljei Ilduchi Darkhan Baghatur　　　　　Batu Taiji　　　　Sanang Sechen

锡塔台彻辰楚库存克尔
Sidatai Sechen Chökegür

昆德德宾图岱青
Küidetei Bindu Daiching

布延岱彻辰卓哩克图
Buyantu Sechen Joriktu

本巴岱绰克图台吉
Bumbatai Choktu Taiji

本巴锡哩彻辰巴图尔
Bumbaśri Sechen Baghatur

达纳锡哩哈坦巴图尔
Danaśri Khatan Baghatur

莽固斯额尔德尼郭拉齐
Mangghus Erdeni Khulachi

图垒青固拉齐
Turui Ching Khulachi

阿津岱绷诺延
Ajin Daibung Noyan

萨台固实鸿台吉
Sadai Khoyoshi Khong Taiji

班札喇卫征诺延 ————————
Banjara Oijong Noyan
左翼
浩齐特克里野斯

多尔济达尔罕岱青 ————————
Dorji Darkhan Daiching

钟都赉卫征诺延 ————————
Jangdolai Oijong Noyan

恩克和硕齐 ————————
Engke Khoshighuchi

巴特玛伞巴斡彻辰巴图尔 ∵
Badma Sambawa Sechen Baghatur
左翼
察哈特明阿特科尔沁

阿穆尔达喇达尔罕诺延 ————————
Amudara Darkhan Noyan
右翼
四鄂托克卫郭尔沁

图墨德达尔罕岱青 ————————
Tümetei Darkhan Daiching

─ 萨济巴图尔鸿台吉
Sajai Baghatur Khong Taiji

─ 卫拉特墨尔根诺延
Oirad Mergen Noyan

─ 额德伊勒登和硕齐
Adai Yeldeng Khoshighuchi

─ 察库墨尔根卓哩克图
Chaghu Mergen Joriktu

─ 色冷哈坦巴图尔
Sereng Khatan Baghatur

─ 巴图特台吉
Baghatud Taiji

── 明爱青岱青
Mingkhai ching Daiching

── 达什卫征鸿台吉
Tashi Oijong Khong Taiji

─ 达赉宰桑
Dalai Jaisang

─ 锡喇卜绰克图
Sharab Choktu

─ 翁奎楚库克尔
Ongghoi Chökegür

─ 喇锡延台吉
Rashiyan Taiji

─ 阿巴岱
Abatai

── 桑济和硕齐
Sangji Khoshighuchi

─ 锡达达楚克库尔
Siddhita Chökegür

─ 本巴达尔台吉
Bumbadar Taiji

── 本拜岱青诺延
Bumbai Daiching Noyan

─ 本巴锡哩台吉
Bumbaiśri Taiji

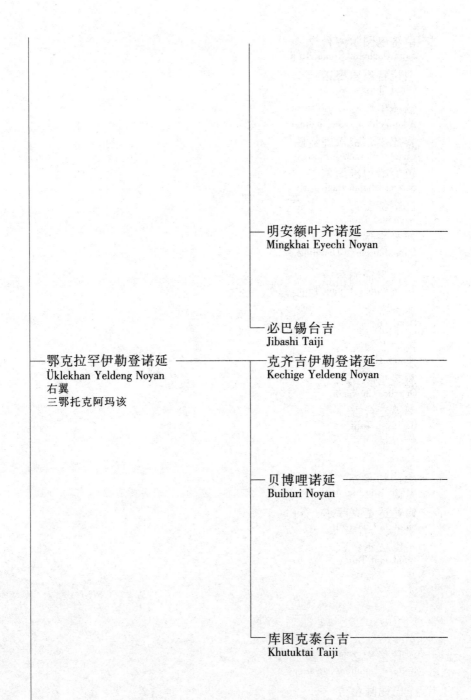

明安额叶齐诺延
Mingkhai Eyechi Noyan

必巴锡台吉
Jibashi Taiji

鄂克拉罕伊勒登诺延
Üklekhan Yeldeng Noyan
右翼
三鄂托克阿玛该

克齐吉伊勒登诺延
Kechige Yeldeng Noyan

贝博哩诺延
Buiburi Noyan

库图克泰台吉
Khutuktai Taiji

察哩必台吉
Charbai Taiji

阿奇依台吉
Ashi Taiji

萨钦台吉
Sakin Taiji

额埒格台吉
Elekei Taiji

本巴台吉
Bumba Taiji

图垒台吉
Türüi Taiji

布延台音札诺延
Buyantai Eyechi Noyan

恩克锡哩台吉
Engkeśri Taiji

蒙克锡哩台吉
Möngkeśri Taiji

贝玛图诺延
Buimatu Noyan

宰相诺延
Jaisang Noyan

宰桑固尔固拉齐
Jaisangkhur Khulachi

衮布台吉
Gombo Taiji

博迪锡哩鸿台吉
Bodhiśri Khong Taiji

额默格勒德岱青
Emegeltei Daiching

拉拜台吉
Lawai Taiji

恩克台吉
Engke Taiji

恩克锡哩台吉
Engkeśri Taiji

巴巴岱青
Baba Daiching

布多尔彻辰卓哩克图
Bodor Sechen Joriktu

博摩尔台吉
Bolomor Taiji

599

拉丁字母的拼音是依照施密特本的注音。汉译本诺延达喇济农第三子鄂木博达赉诺延之子是"鄂木博达赉诺延生子必巴赛鄂特罕巴图尔、库德德色凌二人",满文本也几乎相同,但这显然有误脱。鄂木博仅一子(Ökkü),其弟必巴赛鄂特罕诺延有库德德(Gudetei)、色凌(Saran)二子。和德译本一比,自然明确。又卫达尔玛第四子楚噜克青巴图尔和第五子托济彻辰楚库克尔后项顺位颠倒了,鄂克拉罕伊勒登第二子贝博里和第三子库图克泰的情况也颠倒了。又关于班札剌第二子钟都类,作"钟都类卫征库伯衮达什卫征鸿台吉云云",但据江实指出,这里的库伯衮(Köbegün)是蒙古语"儿子"的意思,[①]这里当然应该读作"钟都类卫征生子达什卫征鸿台吉,云云"。

明肖大亨的《北虏世系》所载和《源流》所传完全符合,现在不厌其烦,抄录于下(见下页附表):

那木大儿吉能是诺延达喇济农,西哨把都儿黄台吉是布延巴图尔鸿台吉,卜失兔台吉是博硕克图济农,无须论证。丢儿盖朝库儿台吉即莽固斯楚固库尔,碗布台吉即鄂木布达赉诺延,比把石台吉即必巴锡鄂特罕诺延,因而所余圪赤圪台吉应当就是诺木图都古棱诺延。根据那些注释也可以了解一些问题。关于狼台吉,《明史》(卷三二七)《鞑靼传》等,嘉靖二十一年载:"吉囊死,诸子狼台吉等散处河西,势既分,俺答独盛。"当是拜桑固尔狼台吉。他的儿子宾兔台吉是额成吉炳图诺延之父,爱达必斯达延诺延。著力兔台吉无疑就是鄂巴卓哩克图诺延。其弟打正台吉是其弟塔噶济宰桑诺延,后面所引的《兵略》也说:"打正台吉即宰僧。"那木按台吉当然就是卫达尔玛诺木欢诺延。铁盖黄台吉是达奇和硕齐鸿台吉,朝儿克台吉是楚噜克青巴图尔,哭线台吉是库色勒卫征卓哩克

---

① 江实译《蒙古源流》注第 29 页(卷六注 34)。

北房世系

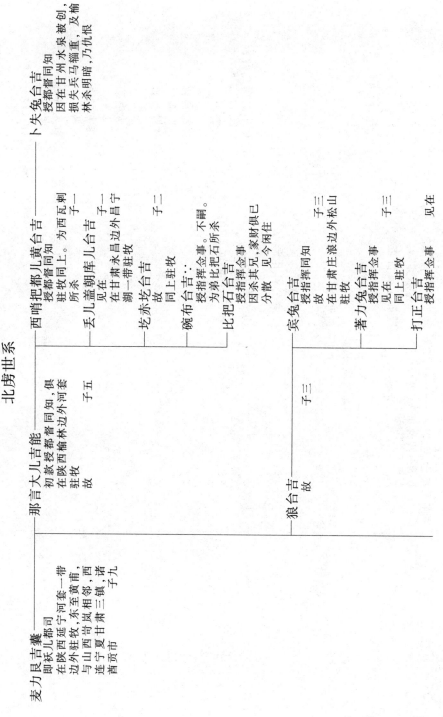

卜失兔台吉
授都督同知
因在甘州水泉被创，损失兵马辎重，及榆林条明暗，乃仇根

西哨把都儿黄台吉
授都督同知
驻牧同上。为西瓦剌所系

子一　丢儿盖朝庫儿台吉
见在
在甘肃永昌边外昌宁湖一带驻牧

子一　挖赤兔台吉
故
同上驻牧

子二　碗布台吉∵
授指挥佥事。不嗣。

比把石台吉
为弟比把石所系

子二　授指挥佥事
因系共见，家财俱已分散

宾兔台吉
授指挥同知
在甘肃庄浪边外松山驻牧

子三　著力兔台吉
授指挥佥事
见在
同上台吉驻牧

子三　打正台吉
授指挥佥事
见在

那言大儿吉能
初款授都督同知，俱在陕西榆林边外河套驻牧
故

子五

狼台吉
故

子三

麦力艮吉襄
即祆儿都司
在陕西延宁河套一带边外驻牧，东至黄甫，与山西苛岚相邻，西连宁夏甘肃三镇，诸酋贡市

子九

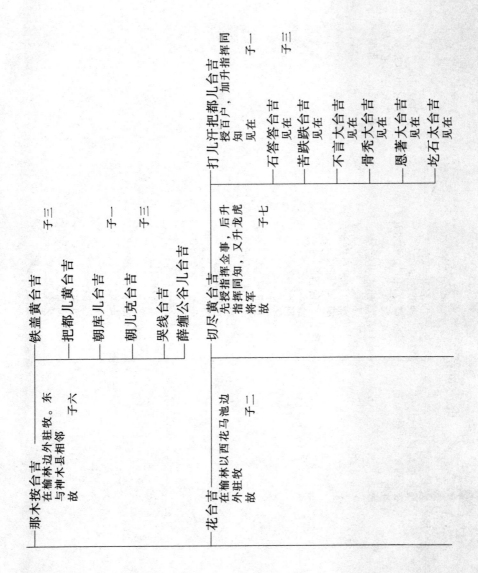

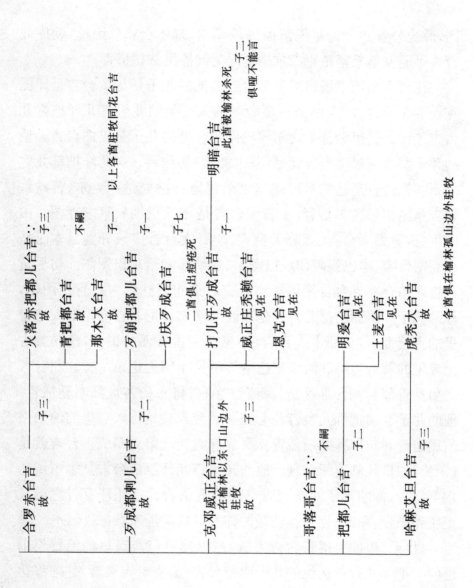

图,薛缠公谷儿台吉是托济彻辰控库尔,都不会错。因此,朝库儿台吉可能就是桑寨楚克库尔诺延之父阿恰昆都楞岱青。

花台吉是诺木塔尔尼郭斡台吉。他的儿子切尽黄台吉是库图克台彻辰鸿台吉,素称蒙古最聪明的人。他的儿子打儿汗把都儿台吉是谔勒哲伊勒都齐达尔罕巴图尔。他的儿子是巴图台吉。他的孙子萨囊彻辰洪台吉就是《蒙古源流》的作者。打儿汗把都儿之弟石答答台吉是达尔罕巴图尔之弟锡塔台彻辰楚库克尔,苦跌跌台吉是昆德德宾图岱青,不言大台吉是布延岱彻辰卓哩克图。由此可见,骨秃大台吉、恩著大台吉、圪石太台吉应该分别是本巴岱绰克图台吉、本巴锡哩彻辰巴图尔、达纳锡哩哈坦巴图尔。切尽黄台吉之弟合罗赤台吉是彻辰鸿台吉之弟布延达喇古拉青巴图尔,他的儿子火落赤巴都儿台吉是莽固斯额尔德尼郭拉齐。明人记录里的青把都台吉、那木大台吉,不见于蒙古方面的记录,这同蒙古记录里的赛音达喇和阿穆尔达喇等不见于明人记录一样。花台吉之弟歹青都剌儿台吉就是《源流》里的勇将布扬古赉都喇勒岱青。他的儿子歹崩把都儿台吉和七庆歹成台吉就是《源流》里的伯勒格岱绷诺延和布尔赛彻辰岱青。歹成都喇儿之弟克邓威正台吉就是《源流》的班札剌卫征诺延。他的儿子打儿汗歹成台吉是多尔济达尔罕岱青,他的孙子明暗台吉是明爱青岱青。打儿汗歹青之弟威正庄秃赖台吉和恩克台吉就是钟都赉卫征诺延和恩克和硕齐。

《世系》里的哥落哥台吉不嗣,可见确是《源流》里的巴特玛伞巴斡。把都儿台吉从他的儿子明爱台吉、土麦台吉来看,是阿穆达喇达尔罕诺延和他的两子明安额叶齐诺延和图墨德达尔罕岱青。最后,哈麻艾旦台吉、虎秃大台吉父子,只能看作是鄂克拉罕伊勒登诺延和库图克泰台吉父子。两者几乎完全一致。萨囊彻辰(Sanang Sechen)的正确译音应该是 Saghan Sechen,这里姑且从旧写法。

又,《万历武功录》(卷七)《俺答列传》里有如下一段记载:

> "吉囊居河套,生子男二十有一人,长吉能,次大那颜,次
> 小那颜,次僧戒阿不孩,次革革阿不孩,次孛吉儿阿不孩,次阿
> 卜害,次虎喇吉,次祝囊权,次薅台吉,次狼台吉,次都喇台吉,
> 次肯腾台吉,次格力个台吉,次那木汉台吉,次白马台吉,次威
> 正台吉,次黄台吉,次打儿汉台吉,次艮定台吉,次笔写契台
> 吉,子女子一,讨赖。或言子一,委兀慎打儿汉台吉。或曰子
> 四,曰吉能,曰打儿汉台吉,曰银锭把都儿台吉,曰笔写契台吉
> (《通贡传》及《牧市答问》)。吉能生五子,长把都儿黄台吉,次
> 炒忽儿台吉,三子莫可考,次隐布台吉,次北把什台吉。七侄,
> 有众数万。亦居河西套中旧东胜、丰州地。"

其中,最后所说:"吉能生五子",和《蒙古源流》及《北虏世系》一样,
即长子把都儿黄台吉、次子炒忽儿台吉(朝库儿台吉)完全正确,三
子无可考,四子隐布台吉(碗布台吉),五子北把什台吉(比把石台
吉)也没有变。所谓其侄七人无妨看作从子宾兔台吉等七人。所
谓吉囊一子委兀慎打儿汗台吉,因为衮必里克第八子阿穆达喇达
尔罕诺延是打儿汗台吉,是卫郭尔沁(委兀慎)的领主,也没有错。
所称吉囊子四人,注脚里也说是根据《通贡传》的,吉能当然是诺延
达喇济农,打儿汉台吉是阿穆达喇达尔罕诺延,银锭把都儿台吉是
鄂克拉罕伊勒登诺延。唯独笔写契台吉不知道是谁,当然也是吉
囊的儿子。不过,把吉囊子九人说成"生子男二十有一人",显然错
了。为什么会产生这种错误呢? 例如从所谓大那颜、小那颜等来
看,可能只是通称、另有正式名字也漫然列举了的结果。其中像孛
吉儿阿不孩等,和前引《武备志·北虏考》等所说吉囊有子叫不及
儿、板不孩极相似,但不能确定,或许就是诺延达喇吉能,也未可
知。薅台吉是后述的切尽黄台吉之父,就是第四子诺木塔尔尼。
狼台吉是第二子拜桑固尔狼台吉。都喇台吉可能是第五子布扬古

赉都喇勒岱青。那木汉台吉无疑是第三子卫达尔玛诺木欢诺延。威正台吉是第六子班札喇卫征诺延。打儿汉台吉是第八子阿穆达喇达尔罕诺延。艮定台吉是第九子鄂克拉罕伊勒登诺延。格力箇台吉是《北虏世系》里的哥落哥台吉，也就是《源流》里的第七子巴特玛伞巴斡。说是这个人早死绝嗣，其实他是明人记录里的小十王，可能在嘉靖十九年间和明军作战时，战死了。① 这样，九子全了，其余的名字都是别名的重复。所谓女子讨赖，或者就是威名赫赫的女婿威正恰他不能之妻。②

8.鄂尔多斯济农的家族

据《蒙古源流》(卷六)载鄂尔多斯济农家族的世系说：

"初，赛音阿拉克之父，年二十九岁，于壬申年(正德七年，1512)为济农，在位二十年，岁次辛卯(嘉靖十年，1531)，年四十八岁，卒。其后，衮必里克墨尔根济农，岁次壬辰(嘉靖十一年，1532)，年二十七岁为济农。与弟阿勒坦汗二人为首，率右翼三万人，行兵中国。至音达噶(Jendege)山谷口，明兵进战。墨尔根济农之子布扬古赉都喇勒岱青(Buyangghulai Toghar Daiching)、阿勒坦汗之子僧格都古楞特穆尔(Sengge Dügüreng Temür)二人，衝入明兵队内，来往突击三次，大破音达噶大队，撤兵而回。"

吉囊(济农)、阿勒坦(俺答)侵寇明朝多次，音达噶山谷口不知位于何处，因而也不知在何时。《源流》在叙述衮必里克济农的儿子们之后，接着说：

"墨尔根济农为济农十九年，岁次庚戌(嘉靖二十九年，

---

① 关于吉囊小王子战死，见《叶氏四夷考》、《明史·鞑靼传》等。
② 关于威正恰他不能，见《万历武功录》(卷十四)《威正恰他不能列传》。

1550），年四十五岁卒。子诺延达喇，壬午年生，岁次庚申（嘉靖三十九年，1560），年三十九岁为济农。于是，兄弟九汗分析另居。"

又说：

"诺延达喇济农在济农位二十三年，岁次甲戌（万历二年，1574），年五十三岁殁。"

但据明人记录说，吉囊是嘉靖二十一年前后死的，[1]因而不会活到嘉靖二十九年。照《源流》说，壬午年即嘉靖元年出生的诺延达喇济农，岁次庚申年三十九岁嗣位，到岁次甲戌年五十三岁，绝不会是在位二十三年，必定是嘉靖二十二年岁次癸卯前后嗣位的。

不仅如此，说诺延达喇济农是岁次甲戌卒，这可能是根据明《神宗实录》万历三年夏四月条所说："北部同知吉能死，命其子把都儿袭父职"算出来的，事实却像《万历武功录》（卷十四）所载，是隆庆六年三月三日死的。

诺延达喇济农嗣其父衮必里克济农之后，当了鄂尔多斯部的部长。这据《明史》（卷二二二）《王崇古传》说"吉囊子吉能据河套，为西垂诸部长"也很明确。隆庆五年，俺答封贡时，吉能与俺答之长弟老把都和俺答长子黄台吉同时特授都督同知。诺延达喇一死，嗣子布延巴图尔鸿台吉同时死于外征途中，济农之位一时为幼弱的嫡孙博硕克图所据。布延巴图尔鸿台吉在明人记录里作把都儿黄台吉。《穆宗实录》隆庆六年七月乙酉，兵部左侍郎石茂华奏陈《防秋事宜》说：

"今酋长吉能物故，其子把都儿黄台吉未回，尚有打儿汉台吉诸酋，分据套中，名分未定。统属无人，恐各酋自相雄长。"

---

[1] 参看叶向高的《四夷考·北虏考》、《明史纪事本末·俺答封贡》及《明史·鞑靼传》等。

据《源流》载,这时右翼各部正忙于讨伐瓦剌,巴图尔鸿台吉兄弟已来到哈尔孩(Kharghai)以南,讨平了八千辉特(Naiman Mingghan Khoid),鸿台吉被敌酋额色勒贝侍卫(Eselbei Kiya)骗到克尔齐逊(Kerchisün)河畔杀害了。这就是《世系表》所说的:"为西瓦剌所杀",打儿汉台吉就是该表所列的把都儿台吉,也就是《源流》里的阿穆达喇达尔罕诺延(Amudara Darkhan Noyan)。

《蒙古源流》(卷六)载:

> "其布延巴图尔台吉(Buyan Baghatur Taiji)被害后,于乙亥年(万历三年,1575)库图克台鸿台吉云:'父殁于家,子残于敌,今八百室内,不可无奉祀之人。'博硕克图济农(Bushuktu Jinong),乙丑年生,岁次丁丑(万历五年,1577),年十三岁,至是,立为济农。"

库图克台鸿台吉即诺木塔尔尼郭斡台吉(花台吉)之子彻辰鸿台吉(切尽黄台吉),是当时河套的指挥者,这也就是《源流》著者萨囊台吉的曾祖父。由此可知河套的济农是负责奉祀八白室的人。博硕克图济农就是明人记录里的卜失兔。《明史》(卷二二八)《梅国桢传》记述他无能说:

> "初卜失兔为都督,其部长切尽台吉最用事,切尽台吉死,卜失兔不能制诸部。"

又,《明史》(卷二三九)《杜桐传》万历十四年条说:"时,卜失兔以都督同知,为套中主,威令不行,其下各为雄长。"又《明史》(卷三二七)《鞑靼传》万历三十五年夏,载总督徐三畏的话说:"河套之部与河东之部不同,东部事统于一,约誓定,历三十年不变,套部分四十二枝,各相雄长,卜失兔徒建空名于上。"博硕克图济农统治时期颇久,但其缺乏统驭力的情况可以想见。失掉统驭的河套各酋,从万历十八九年间,又开始窃犯明边,卜失兔却为首带头。尤其万历二十年赴援宁夏副总兵哱拜叛乱时,最为猖獗。《蒙古源流》(卷七)载：

> "岁次壬辰（万历二十年，1592），鄂尔多斯之博硕克图济
> 农，于二十八岁时，占据鄂尔多斯万人，行兵明地之星钖库（S-
> hing Shigü）河，三日，大有俘获而归。"

这可能就是《明史》（卷三二七）《鞑靼传》里所载："二十年，宁夏叛
将哱拜等勾卜失兔、庄秃赖等，大举入寇，总兵李如松击败之。"所
说庄秃赖就是卜失兔的从叔钟都赍卫征诺延。《源流》里也说："岁
次甲午（万历二十二年，1594），彻辰济农年三十岁，复行兵明地，由
阿拉善（Alak）前往，榆林城（Temegetü）之马姓总兵追至。云云。"
这是《明史·鞑靼传》所载：二十二年"秋，卜失兔入固原，游击史见
战死，延绥总兵麻贵御之，阅月始退，全陕震动。"所谓马姓总兵可
能就是麻贵。[①]

博硕克图济农于岁次丙申，万历二十四年，用兵于西图伯特地
方，招服古噜索纳木札勒（Guru Bsod-namsrgyal）的沙喇卫郭尔
（Shira Uighur），颇尊信喇嘛教。岁次甲寅，万历四十二年，五十岁
时，赠迈达哩胡土克图（Maidari Khutuktu）大慈诺们汗（Yekede
Asarakchi Nomun Khaghan）号，迈达哩胡土克图也赠给他彻辰济
农汗（Sechen Jinong Khaghan）尊号。这时，右翼库图克台彻辰洪
台吉的长子巴图洪台吉（Batu Khong Taiji）之子萨囊台吉已经十
一岁。因为是开始传喇嘛教的彻辰洪台吉的后裔，所以把他租父
萨纳囊彻辰洪台吉（Sanang Sechen Khong Taiji）的称号授给了他。
几年以后，才十七岁时，就"位列大臣之职，任以政事，大加宠眷"。
萨囊彻辰是《源流》的著者，这时正是万历四十八年（泰昌元年）。
第二年辛酉，博硕克图济农再犯明榆林城，越年岁次甲子，天启四
年，年六十岁殁。他的儿子有策凌额尔德尼洪台吉（Sereng Erdeni

---

① 张尔田的《蒙古源流笺证》（卷七）注。

Khong Taiji)、林沁额叶齐岱青(Rinchen Eyechi Daiching)、图巴台
吉(Toba Taiji)、吹拉台吉(Choila Taiji)四人,"长子策凌额尔德尼
洪台吉,辛卯年生,岁次丙寅(天启六年,1626),年三十六岁即位,
阅六月,即于是年殁"。于是"次子林沁额叶齐岱青,系庚子年生,
丁卯年(天启七年,1627),年二十八岁即汗位,谓系有根基人之子,
遂上萨囊彻辰洪台吉之号,称汗"。天启七年是清太宗天聪元年,
当时,因为清朝勃兴之势不可当,萨囊彻辰拟率鄂尔多斯的部众迎
击,但因力不能敌而止。林沁就是降清的额璘沁济农。然《明史》
(卷二三九)《宫秉忠传》记述如下:

> "吉能者卜失兔子,为套中之主,士马雄诸部,见卜失兔袭
> 顺义王,补其五年市赏,遂挟求封王,且还八年市赏,边臣不
> 许,则大怨。"①

所谓卜失兔吉能就是林沁济农。羡慕河东卜失兔袭封顺义
王,补了五年的市赏;又还了八年市赏,自求封王。

吉囊的儿子们分立时,长子诺延达喇占据的四卫不详,但额璘
沁济农却是今鄂尔多斯左翼中旗的始祖。左翼中旗现在俗称郡王
旗,也简称王旗,因为鄂尔多斯七旗里,只有这个旗的札萨克是唯
一的郡王。据张穆的《蒙古游牧记》说:鄂尔多斯"正中近东为左翼
中旗"。并详举它的四至,但现在的地图里没有标出疆域。《北虏
世系》说:"在陕西榆林边外,河套住牧。"明茅元仪的《武备志》(卷
二〇七)《镇戍延绥》条引《兵略》说:

> "神水滩是营名,河套酋首卜失兔住牧,与榆林镇城相对。
> 部落约二万有余。离边三百余里。在榆林红山互市。"

现在的郡王府在榆林县正北,东胜南边。

---

① 见《明史》百衲本,第六十四册,卷二百三十九,第23页。按《明史·宫秉忠传》所载系万历四十年
(1612)与四十六年(1618)之间的事,而据《源流》说,博硕克图卒于甲子(天启四年,1624),额璘沁
继位在丁卯(天启七年,1627)。这样看来,《宫秉忠传》所称吉能似乎不是指额璘沁。——译者

9.其他各部落的建立

自从吉囊讨伐西海亦不剌之后,河套酋首向西方发展的颇不
乏人。把都儿黄台吉的弟弟们朝库儿台吉(莽固斯楚库固儿),圪
赤圪台吉(诸木图都古棱)等,都"在甘肃永昌边外昌宁湖一带住
牧"。大约在今甘肃永昌边外、阿拉善旗内。

《明史》(卷三三〇)《西番诸卫传》列举明末陕西三大寇说:"一
河套、一松山、一青海。"其中,所说的松山即今甘肃凉州的松山驿,
是当时联系东方宁夏镇和西方甘肃镇的必经要冲。虏寇窃据此
地,似乎和俺答西征有关系。《明史·西番诸卫传》说:

> "俺答……美青海富饶,(嘉靖)三十八年,携子宾兔、丙兔
> 等数万众,袭据其地。卜儿孩窜走,遂纵掠诸番。已,引去。
> 留宾兔居松山,丙兔据青海,西宁亦被其患。"

又,《明史》(卷三二七)《鞑靼传》说:

> "俺答常远处青山。二子,曰宾兔,居松山,直兰州之北,
> 曰丙兔,居西海,直河州之西。"

这个宾兔就是隆庆五年俺答受款时,诸酋中率先继任指挥同知的
人,至于所谓俺答之子,看来似乎没有疑问。然据前引《北虏世系》
和《武备志》所引《兵略》的世系看来,俺答九亲子一义子之中,有丙
兔,但没有一个应该是宾兔的。而《明史》(卷二二二)《王崇古传》
却说:"吉能据河套,为西垂诸部长,别部宾兔驻牧大小松山。"《穆
宗实录》隆庆五年二月总督王崇古奏称:"吉能子弟宾兔诸酋,必为
兰、靖、洮、河之患。"宾兔其实疑为套虏别部。又据《神宗实录》万
历二十七年春正月庚寅,甘肃巡抚田乐奏疏,列举当时驻牧松山的
虏酋如下:

> "隆(庆)万(历)间,款市一起,招致宾酋,携弟着力兔、宰

相、子阿赤兔、额勒革、麻记、婿倘不浪,盘窟其中。"①
拿来对照前引《源流》所传世系时,可知吉囊次子拜桑固尔的前三
个儿子是爱达必斯达延诺延(宾兔)、鄂巴卓哩克图诺延(著力兔)、
塔噶济宰桑诺延(宰相),爱达必斯的三个儿子是阿齐图达延诺延
(阿赤兔)、额成吉炳图诺延(额勒革)、玛齐克鄂特罕诺延(麻记),
完全一致。即《明史》所载,与其说有错误,莫如说过于简略。宾兔
并非俺答之子,而是吉囊之孙。

总之,宾兔是和从弟切尽黄台吉并称的套部强酋,占据松山地
方,逐渐南侵河湟番族,后来,随同俺答、吉能等受款,稍微受到抑
制,到俺答、吉能死后,套部发生动摇时,越发成了明边的寇患。到
了这时,明朝终于不能再忍受,万历二十六年,便决定恢复松山之
议,总督李汶、总兵官达云等分道大举直捣虏巢。一下子就夺回了
虏酋占据了四十多年的根据地。② 这事使明人十分高兴,此后,《实
录》反复记载此事说:"是役,断匈奴右臂,联甘、宁辅车。"由此可见
欣喜若狂的神情。于是明朝为使此地不再失掉,便修筑边垣。而
北虏还想回这个地区,数次试图入犯,都被达云等击退。现在围绕
松山地方的袋形长城,恐怕就是这次战役前后筑的。

从松山被逐的虏众,一部分逃往西海。这时,宾兔等已死,弟
著力兔、宰相等的子孙仍回到河套根据地。《北虏世系》里还是像
从前一样说:"在甘州庄浪边外松山住牧",但《武备志》(卷二〇七)
所引《兵略》记叙《宁夏镇两河边外住牧夷人》说:

"敖忽洞五坐山是营名。与兴武清水营相对,离边三五百
里不等。住牧酋首著力兔台吉,故。部落约二千五百有余。

---

① 按《明实录》影印国学图书馆传抄本、没有这条记述,日本东京大学《明代满蒙史料·明实录抄》本,
第九册、第340页,"宰相子阿赤兔",抄本作"宰僧子阿赤兔"。——译者
② 参见《大明神宗实录》万历二十五年十一月丁亥,又二十七年正月庚寅。《明史》(卷二三九)《达云
传》、《鞑靼传》、《西番诸卫传》。但关于总督李汶,《鞑靼传》里作李旼,现据《实录》作李汶。

> 生五子：长子打喇克汗阿不害即机大，又改名合收气，二子炒克兔阿不害即炒兔黄台吉，在河西住牧，三子那木生革、四子多儿计、五子土罢，女婿炒力可偏不能、新偏不能、农兔偏不能。打正台吉即宰僧故，系著力兔弟，部落约二千五百有余。
> 生二子：长子松柏，二子松梅。女婿为正偏不能、尔计偏不能、纱兔偏不能。"

试和《源流》的世系相比，宰僧即宰相之子，难以考证，但著力兔的五个儿子合收气、炒克兔阿不害、那木生革、多儿计和土罢，显然分别是卓哩克图的五个儿子阿南达和硕齐诺延（合收气）、绰克图台吉（炒克兔）、阿穆桑台吉（那木生革）、多尔济岱青（多儿计）和图巴札勒丹（土罢）。又据《兵略》载：

> "贺兰山后长流水蒲草泉等处，是营名。离边二三百里不等。住牧酋首炒兔黄台吉，系河东酋首著力兔二男，部落约五百有余。在清水营厂互市。宾兔故，部落约一千有余，生五子，在中卫厂互市。长子那木大，在甘镇边外西海住牧，二子我琴革，存，三子麻计，存，四子土卖，故，五子明安兔，故。女婿脱计偏不能、克礼东偏不能。"

关于著力兔二男炒兔黄台吉，前面已经述过。宾兔的儿子也不外就是前述的阿齐图（那木大）、额成吉（我琴革）、玛齐克（麻计）等。他们仍然留在贺兰山后。据《皇朝藩部要略·世系表》说：降附清朝的右翼中旗祖善丹之父塔尔丹，是卓哩克图、宰桑之父巴雅斯呼郎诺颜，也就是拜桑固尔的玄孙。拜桑固尔占据的右翼扣克特、锡包沁、乌喇特、图伯特等地，暂且不详，但所说著力兔、宰僧的根据地兴武、清水两站边外三五百里地方，大体相当于《蒙古游牧记》所说的鄂尔多斯正西偏南靠近右翼中旗的驻牧地方。明末以后，形势似乎没有多大变化。现在称右翼中旗为鄂托克，不知是什么缘故。

明《兵略》在前引一条之后，接着就宁夏镇边外河西的蒙古人说：

"黄河岸老虎山，是营名。离平虏边八百余里，住牧夷人俱在平虏厂互市。酋首丑气把都儿，部落约一千五百有余。生五子，长子乞探即独剌台吉，二子古节气，三子寨赛，四子土昧，五子苦宿大。苦素阿不害即威静著力兔，系丑气三弟，部落约一千五百有余。生二子，长子沙阿，二子朵吉，女婿卜味倘不能。屋逆贵系丑气侄男，部落约一千有余。弟兄五人，二弟额什革，三弟实班打儿，四弟聂答大，五弟矮僧，女婿炯吉倘不能。打儿沙系丑气侄男，部落约一千有余。弟兄六人，二弟阿吉大，三弟业克气，四弟额思克，五弟敏当，六弟纳木什哈，女婿同坏倘不能。"

"贺兰山后长流水蒲草泉等处，是营名。离边二三百里不等。住牧酋首……炒罕儿即歹成，系丑气二弟，部落约一千有余。生二子，在中卫厂互市。长子矮木素，二子三见……喇叭即银定。弟土门大儿系歹成侄子，是叛夷，部落约六七百。每遇生事，向诸酋借兵。"

拿来和《源流》世系对比，则丑气把都儿显然是吉囊的第三子卫达尔玛的次子海努克巴图尔诺延，他的五个儿子是奇塔特岱巴图尔（乞探）、固哲格齐固拉齐（古节气）、图迈墨尔根诺延（土昧）、必巴赛诺延（寨赛）、库森德诺延（苦宿大）。所称丑气三弟威静著力兔则是卫达尔玛的第六子库色勒卫征卓哩克图，他的两个儿子乃是多尔济卫征（朵吉）和桑鸿台吉（沙阿）。又所称丑气的二弟歹成父子就是卫达尔玛的第三子阿恰昂都楞岱青（歹成）和他的儿子卫玛逊宰桑和硕齐（矮木素）、桑寨楚库克尔诺延（三见）。所谓侄男屋逆贵兄弟就是卫达尔玛的第五子托齐彻辰控库尔的儿子谔努昆鸿台吉（屋逆贵）、伊实钦台吉（额什革）、萨班达喇台吉（实班打

儿)、头斯克勒台吉(聂答大)等。不过,只是这中间弟兄顺序和数
目多少有些异同。又,所称歹成的侄子喇叭即银定和他的弟弟土
门大儿是阿恰昆都楞岱青之侄、卫达尔玛长子达奇和硕齐鸿台吉
之子喇嘛斡齐尔格隆(喇叭)和他的弟弟图们达哩彻辰和硕齐(土
门大儿)。最后,所称打儿沙兄弟六人,可能就是卫达尔玛的第四
子楚噜克青巴图尔等的儿子们,但不能肯定。

总之,这些酋首确都是卫达尔玛的后裔。据《皇朝藩部要略·
世系表》说:降附清朝的右翼后旗的小札木素之父阿津泰是伟达尔
玛即卫达尔玛的曾孙,左翼后旗的沙克札之父萨济是伟达尔玛之
孙。据《源流》说:卫达尔玛曾占据右翼达喇特、杭锦和墨尔根特巴
罕。现在河套西北角附近、锡剌布里多泊东岸有个地名叫杭锦,驻
牧在这里的右翼后旗就叫作杭锦(Khanggin)旗,在河套北边、包头
对岸地方的左翼后旗叫作达喇特(Dalad)旗。达喇特的正确缀音
应该是 Darkhad,汉字写作打拉忒、达喇特、达尔哈特等。在《蒙古
源流》里早就著名,《吾学编》所谓吉囊四营之一的打郎,可能就是
这个部。杭锦(Khanggin)、达喇特(Darkhad),就是卫达尔玛的分
地杭锦、达喇特。但据《源流》说:卫达尔玛的分地是鄂尔多斯的右
翼,《兵略》也说其子孙繁衍之地是河西边外黄河老虎山或贺兰山
后长流水蒲草泉等处。它像现在那样退居东北,可能是由于受到
额鲁特东侵势力压迫造成的,以致形成这样左右两个后旗。据塔
费(Tafel)说:现在的达喇特(Darkhad)旗很强盛,河套的圣地、成
吉思汗的八白室等皆归它世袭管辖。[①]

吉囊的第四子诺木塔尔尼生四子,其中中间两个儿子在隆庆
末年讨伐托克摩克(Tokmak)时阵殁。[②] 长子彻辰洪台吉最有智
谋。《源流》(卷六)记叙博迪汗之母察噶青安桑太后的话,历数右

① 塔费(A.Tafel):《Meine Tibetreise》第一卷,第 103 页(注 1)。
②《蒙古源流》(卷六)。

翼五能者说：

> "墨尔根济农之子诺木塔尔尼郭斡台吉之子库图克台沙
> 津台吉（库图克图彻辰鸿台吉），则称为能知既往未来之默尔
> 根。"

又，在察哈尔图们汗列举右翼执政理事时，没有提到博硕克图济农
而提到这个台吉。《万历武功录》（卷十四）《切尽黄台吉列传》说：
"切尽为人明敏，而娴于文辞，尤博通内典，"并说当俺答封贡时，
"切尽亲为表文"。又说：

> "是岁，吉能死，切尽日夜伤世父，亟还套治丧，所过道上，
> 皆以抢番为戒。当此时，切尽与威正恰把不能，雄视一套，投
> 足左右，便有轻重。崇古恐有不测，乃欲以好爵縻之。于是，
> 请稍迁切尽与威正恰把不能为指挥同知。"

威正恰把不能是前面所说："威正恰把（他之误）不能者，吉能婿也。
或云威静哈唐不浪，住牧嘉峪关外。"切尽黄台吉后来升任龙虎将
军。《源流》里盛赞此人，说对征服瓦剌西番有功，对俺答受款也出
了些力，尤其对传入喇嘛教功劳最大等，未必是曾孙萨囊彻辰过
赞。所谓库图克图是喇嘛的尊称。所谓彻辰，蒙古语是聪明的意
思。右翼五能者中，其他四人都以剽悍著称，只有彻辰鸿台吉以智
谋使人畏惧。明人记录里也叙述了他的西掠和信奉喇嘛教的事。
叶氏的《四夷考》也叙述他通贡说，俺答受封时也有切尽等在营，自
求贡市；隆庆五年八月，和叔父吉能最先获得在红山墩和清水营开
市。《全边略记》（卷四）《陕西延绥略》万历十五年[①]悼其死说："诸
贡虏惟切尽最服汉义。"看来这个聪明的鸿台吉当时和俺答同是蒙
古的最高指导者。《武备志》（卷二〇七）《镇戍宁夏》条载：

> "《兵略》曰：宁夏两河边外住牧夷人，河东边外住牧夷人，

---

① 《蒙古源流》载彻辰鸿台吉殁年是岁次丙戌（万历十四年）。

俱在清水营厂互市。① 跨马梁、青纱湖是河套营名。与榆林、清平、定边相对,离花马池边五百余里住牧。酋首切尽黄台吉并妻姚妓故,系已故藕台吉男妇,部落约三千有余。生六子,长子舍打大,二子苦的大,三子本言大,四子本的大,五子奔把什力,六子打刺什力,女婿宰生偌不能。黄台吉弟琴赛台吉。贴赖即铁雷系黄妇侄男,部落约一千有余。满克素阿不害即火落赤,系黄妇侄男,部落约二千有余。生四子,长子补打太,二子补打奈,三子卜彦阿不害,四子卜思合儿,女婿教骨大偌不能、根不偌不能。把兔系黄妇长孙,部落约千五百有余。"

拿来和《源流》对比。则切尽黄台吉(彻辰鸿台吉)的亡父所称藕台吉恐怕是诺木塔尔尼的异译。他的六个儿子,除了早死的长子鄂勒哲依伊勒都齐以外,其余则是锡塔台彻辰楚库克尔(舍打太)、昆都德宾图岱青(苦的大)、布延岱彻辰卓哩克图(本言大)、本巴岱绰克图台吉(本的大)、本巴锡哩彻辰巴图尔(奔把什力)、达纳锡哩哈坦巴图尔(打刺什力)等。所称长孙把兔则是鄂勒哲依的遗子巴图彻辰鸿台吉,也就是《源流》著者萨囊彻辰洪台吉的父亲。舍打大,在《明史》(卷二二八)《魏学曾传》里作舍达大,和他的母亲所谓黄妇同是著名的强酋。又黄台吉之弟琴赛台吉可能是唯一生存的末弟阿穆达尔墨尔根台吉,贴赖即铁雷是他的儿子图垒青古拉齐。所称满克素阿不害即火落赤是阵殁的仲弟布延达喇克拉齐巴图尔的遗子莽固斯额尔德尼郭拉齐。这四个儿子的名字是《源流》里也见不到的珍贵记录。又《兵略》说:"迤西响水、波罗、定边一带边外,黑河、打狼河、明水湖、跨马梁住牧夷人切尽黄台吉等,部落约三万有余,离边二三百里不等,接连宁夏地方花马池,在延绥红山

---

① 据《中国古今地名大辞典》载:"清水营堡,在甘肃灵武县东八十里,明正统间筑城,隆庆间设马市于此。"

互市,在宁夏清水营互市。"这里列举了酋首的名字,但不得要领,只得暂且不谈。据《源流》说:彻辰鸿台吉嫡系、鄂勒哲依、巴图等皆有勇名,巴图之子、《源流》著者萨囊彻辰亦夙得博硕克图济农信任,如前所述,曾任河套的执政大臣。

总之,这些酋长显然都是繁衍在河套西南边地方的。《游牧记》所说河套西南右翼前旗即相当于今乌审(Üshin)旗地方。乌审是诺木塔尔尼的分地,即右翼巴苏特卫新的卫新,也就是吉囊阿尔秃斯四营之一的偶甚。在今左翼中旗西南方有乌先府。据《皇朝藩部要略》说:右翼前旗始祖降附清朝的额琳沁之父布达岱就是诺扪塔喇尼华台吉(诺木塔尔尼)的曾孙。所称布达岱可能是莽固斯郭拉齐的长子补打大。因为莽固斯曾和萨囊彻辰同为河套执政大臣,而萨囊彻辰曾对察哈尔汗表示好感而失去了清朝的好感,所以只留下了莽固斯的后裔。

吉囊的第五子布扬古赉的两个儿子一个叫作伯勒格岱绷诺延,一个叫作布尔赛彻辰岱青。据《源流》(卷六)载察哈青安桑太后列举右翼五能者的话,首先说:

> "曾闻,赛音阿拉克之长子衮必里克墨尔根济农之子布扬郭赉都噶勒岱青,人称为见敌则不退缩,击之则被坚死战,勇于战斗之大巴图尔。"

其次列举俺答长子黄台吉、诺木塔尔尼之子彻辰鸿台吉,最后指出布扬古赉的两个儿子,说:

> "布扬郭赉噶尔岱青之子伯尔格岱绷台吉,则张弓能两臂相向,遂称为鄂勒博克图鄂库克,能将驰狐之尾,按节射断。伊弟布尔赛哈坦巴图尔能穿射三锹。"

由此可见,布扬古赉一族勇士很多,其强盛当然可以想见。然据《皇朝藩部要略》说:右翼末旗的始祖乌巴什是波扬呼哩都噶尔岱青(布扬古赉)的曾孙。《游牧记》所以称乌巴什为都噶尔岱青是承

袭他曾祖布扬古赉的称号。这一族在整个明代显然都很昌盛。据
《北虏世系》说：布扬古赉称歹成都喇儿台吉，他的儿子伯勒格岱绷
（歹崩把都儿台吉）有一个儿子，布尔赛彻辰岱青（七庆歹成台吉）
有七个儿子。但其他记录没有类似的叙述。《兵略》尽管列举当时
虏酋的名目几无遗漏，其中也没有发现可以肯定是他们的酋名。
倘若勉强探索，则《万历武功录》（卷十四）中说："秃退台吉者歹成
子也，授指挥佥事。""阿计大台吉者秃退之子也。"又"哈汉把都儿
台吉者秃退之弟也，授指挥佥事。""圪塔台吉者哈汉把都儿之长子
也。""把秃台吉者哈汉把都儿之次子也。""歪利台吉者亦哈汉把都
儿之子也"等等。据此排成世系，则歹成当是布扬古赉岱青，秃退
当是伯勒格岱绷，阿计大当是阿津岱绷，哈汉把都儿当是布尔赛哈
坦巴图尔，圪塔当是他的儿子萨台或萨济，歪利当是卫拉特墨尔根
诺延，把秃当是巴图特台吉。右翼的伯特金、哈里郭沁地方也都不
详，但这样，右翼前末旗的世系已大致明确了。

　　吉囊的第六子班札喇卫征诺延是鄂尔多斯左翼前旗的远祖。
据《源流》说：他的长子是多尔济达尔罕岱青，他的孙子是明爱青岱
青。《北虏世系》所说的克邓威正台吉之子打儿汗歹成台吉和孙明
暗台吉就是这些人。并说："在榆林以东边外住牧。"《武功录》（卷
十四）说："明爱台吉朵儿计（多尔济）之子也。"说："颙与卜失兔、庄
兔赖为党。"庄兔赖即威正庄兔赖台吉，也就是班札喇的次子钟都
赉卫征诺延。据《武备志》（卷二〇七）《镇戍延绥》条引《兵略》说：

　　　"迤东神木、孤山、黄甫川、建安一带边外，桦子山，脱儿
　　川、镇川住牧酋首威正等，部落约六千有余，离边三百余里。
　　酋首威正即庄秃赖台吉，故。炒忽儿台吉存。沙计台吉存。
　　歹实台吉故。挨太赛林故。"

所称威正不外是钟都赉的别号、卫征的异译。所称炒忽儿也可能
指他的儿子翁奎楚库克尔。说是占据自右翼中旗迤东神木到河西

边外，那就是今左翼前旗的位置。现在左翼前旗所以叫作准噶尔是 Jegün Ghar 的音译，不外就是左翼旗的意思。据《皇明藩部要略·世系表》说：后来降附清朝的色棱之父固噜是巴雅喇伟征诺延即班札喇的曾孙。

吉囊的第七子巴特玛伞巴斡死后绝嗣。他的弟弟阿穆达喇达尔罕诺延生子图墨德达尔罕岱青，孙本拜岱青诺延。《武功录》（卷十四）说："土昧阿不害者，打儿汉台吉之长子也，授指挥佥事。万历丙戌（万历十四年，1586）冬，打儿汉赴红山市，染汉地痘病死。制置使郑洛怜土昧阿不害在市久劳苦，而请以土昧阿不害袭父指挥同知，并以所遗佥事秩，属其子本拜台吉嗣。"这也当是打儿汉（达尔罕）、土昧阿不害（图墨德）、本拜台吉（本拜）。达尔汉台吉这个名字也见于前引《穆宗实录》隆庆六年七月兵部左侍郎石茂华的奏章，《通贡传》也说是吉能的弟弟。《全边略记》（卷四）万历二年条也说："吉能之弟打儿汉。"据《明史》（卷二三九）《杜桐传》说：万历"十九年冬，打儿汉子土昧与他部明安互市讫，复临边要赏，声犯内地，桐……率轻骑，自榆林三道并出，遇寇力战，大破之，斩首四百七十余级，鹹明安而还。延绥自吉能纳款，塞上息肩二十年，自此兵端复开，明安子摆言大日思报复，寇钞无己时矣"。最初所引《北虏世系》说卜失兔台吉"及榆林杀明暗，乃仇恨"，就是指这件事。打儿汉、土昧当然就是达尔罕、图墨德，明安、摆言大也就是阿穆达喇的次子明安额叶齐诺延和他的儿子布延台音札诺延。又，《明史》（卷二三九）《宫秉忠传》和《鞑靼传》所载万历末年间猖獗的叛夷旗牌台吉和猛克什力台吉，据《兵略》说，是和切尽黄台吉右翼前旗比邻混驻的人，似乎就是上述的明安之弟必巴锡台吉和第三子蒙古锡哩台吉。

吉囊的末子鄂克拉罕伊勒登诺延，可能是《武功录》（卷十四）所说的"银锭台吉，吉能之弟也，授指挥同知"。银锭这个名字散见于《明史》(卷二三九)《宫秉忠传》、《柴国忠传》。达尔罕诺延的分地是右翼四鄂托克卫郭尔沁,伊勒登诺延的分地是右翼三鄂托克阿玛该,但两者都没有后嗣,也不知道是现在什么地方。但《北虏世系》说:"各酋俱在榆林、孤山边外住牧。"

综合以上所述,右翼济农的全盛以衮必里克济农一代而告终,他的儿子诺延达喇济农已只不过是河套一隅的部长而已。到博硕克图济农以下,竟连河套也失去统制而形成分裂,济农不过徒拥群酋雄长的空名。就连已经衰颓了的明人也侮蔑它的弱势说:"寇弱而易御。"[1]还主张说:"众虽号十万,分为四十二枝,多者不过二三千骑,少者一二千骑……须主战以张国威。"[2]现在研究这些酋首的兴废,毋宁说与大势无关。以上对酋名的一些考订,或许可供阅读《明史》等一些参考,但更大的意义还在于详细研究各该民族的成长、发展过程。

圣心女子大学论丛第十二集
昭和三十三年(1958)十一月刊行

---

[1]《明史》(卷二三九)《王保传》。
[2]《明史》(卷三二七)《鞑靼传》。

补　记

当快要校完本篇时，渴望已久的大著、Henry Serruys 先生的《Genealogical Tables of the Descendants of Dayan-Qan》、《S-Gravenhage》(1958)一书才到手，正和本篇的题目相同。关于这本书行将出版，早在哈根 Mouton&Co. 书店预告的广告里知道了，现在才得到实物。Serruys 先生曾于 1955 年著《Sino-Jurčed Relations during the Yung-Lo Period（1403—1424）（这书是作为 Göttinger Asiatische Forschungen 的第四卷出版的。笔者还没有见到，但从书名看来，大体和笔者《东亚史研究·满洲篇》所载《明初的满洲经略》下、《永乐宣德朝的经略》内容相同。）关于明代蒙古还有许多巨篇。本书最初据肖大亨的《北虏风俗》《北虏世系》译成《Monumenta Serica.10》(1945)出版，后来在 1958 年又根据王士琦的《三云筹俎考》补充改译。其间并曾精读参考瞿九思的《万历武功录》等书，实在是铭心刻骨的名著。Serruys 先生通晓蒙古语，对照当时的蒙古音和现代的蒙古音，尤其利用哈佛出版的《Erdeni—yin tobči》等，还对照库伦本和鄂尔多斯本的古代传说，提出稳妥的意见，这一点实在难以企及。但可惜的是，对应用汉文资料有些遗漏，没有看到郑文彬的《筹边纂议》、王鸣鹤的《登坛必究》、张鼐的《辽夷略》、冯瑗的《开原图说》等，也没有充分利用茅元仪的《武备志》等。本篇几乎完全没有能够参考该书。

昭和三十四年(1959)三月

八、俺答汗的霸业

1.俺答汗的兴起

阿勒坦汗(即俺答哈、Altan Khan)是巴尔斯博罗特济农(Bars Bolod Jinong)的次子,衮必里克济农(Gün Bilik Jinong)的长弟。起初,当衮必里克继承他父亲巴尔斯博罗特的威势时,他就是衮必里克的帮手,彼此势力相伯仲。关于这点,按《蒙古源流》(卷六)在巴尔斯博罗特死后,衮必里克嗣济农条所说"与弟阿勒坦汗二人为首,率右翼三万人",可以看得很清楚。再看明郑晓的《皇明四夷考》《鞑靼》条说"阿著二子,曰吉囊,曰俺答……嘉靖中,吉囊,俺答最强,犯我陕西、河东、云中、上谷"也可了解。阿著是巴尔斯博罗特的别名,吉囊是衮必里克的别称。

但是,他以煊赫威势震撼中外的时期,却在吉囊(即衮必里克)死后的嘉靖二十一二年前后。吉囊生前大力扶翼他的俺答,到吉囊死后才获得独立的机会,东面赶走了察哈尔的小王子,西面威逼河套地区的吉囊诸子;他的人马东边从辽东、蓟镇边外起,西边直到甘肃、西海(青海)迤西,并深入寇犯中原,席掩宣府、大同、山西各边,连年侵寇。明朝为此加紧备边。尤其嘉靖二十一年六月侵寇时,由朔州、广武(雁门)侵入,进犯太原以南沁汾、襄垣、长子、祁县,京师为之戒严。《明史纪事本末》(卷六十)《俺答封贡》项说:"俺答自六月丁酉(十八日)入塞,至七月庚午(二十三日)始出。凡掠十卫三十八州县,杀戮男女二十余万,牛、马、羊、豕二百万,衣襆金钱称是。焚公私卢舍八万区,踩田禾数十万顷。"又,二十九年庚戌八月,自古北口入侵,包围北京城。这次行军明人大为震骇,许多大臣大将因此死去,被称为"庚戌房变",和过去正统己巳年也先入寇齐名。北京的外城就是在这次事件之后修建的,还写出了像王世贞的《庚戌始末志》等许多著作。当时明人多么畏惧俺答的势力,《世宗实录》嘉靖三十年六月庚申条所记兵部侍郎史道的话,最具有代表性。他说:

> "房酋唯俺答为雄,其分住宣府、境外,把都、辛爱等五部,皆亲枝子若弟。一有煽动,即为门庭燃眉之灾。视吉难(吉囊)三子,散处河西僻偶者,不可同语。故今之制驭诸夷,要在此一酋而已。"

所称把都、辛爱等五部,是指俺答之长弟把都儿(Baghatur)和长子辛爱黄台吉(Sengge Khong Taijj),以及俺答诸弟拉布克台吉(Labuk Taiji)、巴延达喇台吉(Bayandara Taiji)和永邵卜(Yüngshiyebü)的博第达喇台吉(Bodidara Taiji)等。这些人都唯俺答之命是从,散处河西偏僻角落的吉囊三子吉能(Noyandara Jinong)、狼台吉(Baisangkhur Lang Taiji)、薅台吉(Nomtarni Chowa Taiji)等也追随俺答。俺答也叫俺答阿不孩,abughai 蒙古语是叔父的意思。这些侄辈都尊称俺答为叔父,由此可以看出他们之间的亲密情形。

隆庆元年秋,俺答又犯山西,率众数万,分三路,自井坪、朔州、老营、偏头关等地侵入,长驱进攻岢岚和汾州,破石州(离石),大掠孝义、介休、平遥、文水、交城、太谷、隰州一带。《明史》(卷三十七)《鞑靼传》说,当时"男女死者数万"。当时,俺答的主谋者赵全一再劝俺答说:"莫若以此时,据有云中、上谷,东封居庸,南塞雁门,独以一面,西当晋代,进则饮河汾,退则重归云谷,此五伯之伐也。"

"效石晋故事,南北之势成矣。"①总之,俺答的凶猛势力,并不逊于往日瓦剌的也先可汗,或他的祖父达延汗(Dayan Khan),他侵寇明边的次数,远远超过了他们。这个察哈尔汗的臣下、右翼济农部属之一的索多汗俺答的实力,实际已风靡全蒙古。

在这以前,嘉靖十二三年,大同发生变乱,残余的党羽逃往塞外,投靠俺答等。俺答便收留他们做耳目,经常窥伺汉人的动静。《明史纪事本末》(卷六十《俺答封贡》)所说:"初大同之变,诸叛卒多亡出塞,北走俺答诸部。俺答择其黠桀者,多与牛羊帐幕,令为僧道丐人,侦诸边,或入京师,凡中国虚实,尽走告俺答。其有材智者,李天章、高怀智等,皆署为长"就是指此。到这时候,蒙古的风气渐开,懂得农耕之利,便招致逃来的汉人,叫他们专事农耕。于是很多汉族的莠民日益集聚到他的势力之下。其中,白莲教残党叛人萧芹等,虽在嘉靖三十年七月,为了换取大同马市之利,擒献给了明朝,但那些残余徒众如丘富、乔源、吕明镇、赵全、周源等,却越发受到重用。《万历武功录》(卷七)《俺答列传》里记述这些情形说:

"三十三年正月,静乐人吕鹤,约赵全、王廷辅、杨通等亡归虏。先是,鹤号称庐山祖师吕明镇,又名吕二,号称吕老祖。专以白莲教为务。鹤自言能识纤纬,言未来事,验如神明。乃传告塞下:'今天遣北番至汉,汉人民死者,当什六、七,吾欲脱众生于厄,有如改辙从吾,吾能致若免虏患。'于是,塞下遂视鹤犹神明。是时,丘富以芹事觉,亡抵俺达所,为部夷。富曩在汉,亦号为丘老祖,至是欲徼灵宠于俺答,因言庐山祖师事,谓若预知那颜兴,欲相与以有成。(俺)答大喜,乃留富居营中矣。而会富有弟曰全,辄习梓人艺,即为答造起楼房三

①《万历武功录》(卷八)《俺达列传》下语,下一句据《明史纪事本末》。

区,极其壮丽。已造舳舻一艘,得渡河西兵而东。已置农器种禾。答益大喜,两人相与为刎颈交,遂易富名,曰一克喇把,进而为酋长矣。自是之后,富亦起室屋三区,治禾数十余顷。"

到三十四年末"是时,丘富说俺答,收奇伟倜傥士,悬书穹庐外,孝廉诸生幸辱临胡中者,胡中善遇之,与富埒。于是边民黠知书者,诈称孝廉诸生,诣庐帐,趾相错。俺答令富试之,能者统众骑,不则给瓯脱地,令事锄耨。"丘富后来,在四十年十一月,侵犯明边时中流矢死去,赵全益受宠用。《俺答传》里接着说:

"其四十二年十月,全与李自馨、赵龙、王廷辅、张彦文、刘天麒,引俺答、黄台吉十余万骑,从墙子岑,入通州、顺义、平谷诸郡,杀略牛、马、羊亡算,京师震惊。已谋攻天寿诸山陵,见宿卫严,转所卤略,得快其欲而去。已越我都城,直走路河。既还。俺答大喜,乃封全官为把都儿哈,而以汉人万余属之。其四十三年九月,全益乘胜,帅五千余骑,深入朔州,攻我念高村,杀二百余人,略牛、马、羊二千三十余头,全以所略广陵王府贾仪宾室余庆郡君为妻。答因封全为仪宾傥不浪。"

所谓天寿诸山陵,就是今所说昌平明十三陵。又所谓广陵王府,广陵是今江苏扬州,这里方位既不符;也没有明朝的王府。倘是指朔州附近的王府,那就是大同代王府的分支、广灵的广灵王府,当时是荣照王的住处。[①] 所谓仪宾,当然是女婿的意思。赵全把他的家室掳来,作为自己的妻子,俺答以为荣,便赐给赵全仪宾傥不浪的称号,傥不浪(Tabunang)按蒙古语是驸马的意思。此外,李自馨自称把汉笔写契,王廷辅号称猛谷王。把汉笔写契(Bagha Bichek-chi)是小书记的意思。赵全的屯堡方仅五里,李自馨的仅二里,都"颇坚壁自固"。又"先是,吕老祖与其党李自馨、刘四等归俺答,而

---

① 《明史》(卷一〇一)《诸王世系》二。

赵全又率谋恶民赵宗山、穆教清、张永宝、孙天福及张从库、王通儿等二十八人,悉往从之。互相延引,党众至数千,虏割板升地家焉。自是以后,亡命者窟板升,开云田、丰州地万顷,连村数百,驱华人耕田输粟,反资虏用。所居为城廓宫室,极壮丽。全多略善谋,自馨谙文字,周元(原)治扁仓术,刘四(天麒)有膂力,能陷坚。虏初入塞,止盗村落,不敢逼城堡。全叛后,教虏左右,疏计课校人牛畜,益习攻取、围困、俺袭事。诸镇疲于奔命矣。全有众万人,骑五万,牛羊称是。自馨及元差减,最下者亦千骑。俺答每欲盗边,先击牛酒,全众计定乃行。以全众熟知险隘陋塞,又华人得先驱谍视,故边将不能防。"①《明史·鞑靼传》也概述此事说:

> "(丘)富等在敌招集亡命,居丰州,筑城自卫,构宫殿,垦水田,号曰板升,板升华言屋也。赵全教敌,益习攻战事,俺答爱之甚。每入寇,必置酒全所,问计。"

板升(Baishin)是固定式房屋的意思。冯瑗《开原图说》——时间稍后,地区也不同——叙述当时盛建喇嘛寺庙的情形说:"建寺起楼供佛,其砖瓦木石,皆所掳中国匠役为之。造作寺观有甚华丽者。亦有僧,多内地人,皆与酋首抗客礼。有番僧至,则酋首罗拜,谓之楼子。虏营帐多在楼子旁,其左右前后三四十里,即其板升。板升者夷人之佃户也。"关于喇嘛庙,容后论述。

据《万历武功录》(卷七)说:嘉靖四十四年,赵全等欲奉戴俺答即帝位,大驱汉人修建大板升城,造长朝殿九重。当上梁之日,忽起大风,梁折屋崩,殿没盖成,到四十五年三月,才得以完成。说:

> "其三月,全与自馨、彦文、天麒等,遣汉人采大木十围以上,复起朝殿及寝殿,凡七重。东南建仓房凡三重。城上起滴水楼五重,会画工绘龙凤五彩,艳甚。已于土堡中,起大宅凡

---

① 《万历武功录》(卷八)《俺答列传》下。

> 一所,大厅凡三重,门二。于是,题大门曰石青开化府。二门
> 曰威震华夷。已建东蟾宫,西凤阁,凡二重。滴水土楼凡三
> 座。亦题其楼曰沧海蛟龙。其绘龙凤亦如之。"

这就是后来归化城的起源。此后数年,当俺答受款时,擒赵全等献
给明朝廷,但板升依旧繁荣如故,归俺答用事权臣恰台吉等管辖之
下。《武备志》引《兵略》说:"板升,自丰州滩以西,至黄河三百余
里,皆板升所据。自赵全伏诛后,其余党丘富等居之。今属恰台吉
分野。"但丘富早已死了,这里提到丘富是错误的。恰台吉是以前
为封贡尽力的俺答的义子脱脱的别名。今归化城西南,黄河河畔
有地名叫托克托,想必是这个酋长的根据地。据明肖大亨的《北虏
风俗》(夷俗记)所附《北虏世系》说:

> "恰台吉,授指挥佥事,系俺答义子。在山西偏关外二百
> 余里妥妥城住牧。大同得胜、山西水泉二处互市。"

妥妥即脱脱。因脱脱是俺答最亲信的义子,所以除丰州的板升以
外,还管领威兀镇。

总之,这个广大的板升地区无疑是俺答财富的泉源之一。并
不限于这个板升,明末蒙古诸酋全都致力农耕。前引《开原图说》
所说"虏帐营多在楼子(喇嘛庙)傍,其左右前后三四十里,即其板
升。板升者夷人之佃户也"就是明证。《筹辽硕画》(卷一)所载熊
廷弼的《务求战守长策疏》里,或者说:

> "往虏故穹馁,又马于冬春草枯时,瘦如柴立,故我犹得一
> 间。近所掠人口,筑板升居之。大酋以数千计,次千顷,又次
> 数百计。皆令种地纳粮料,人马得食,无日不可图我。"

又说:

> "尝秘闻外间人言,向特怕虏杀我耳,今闻虏筑板升以居
> 我,推衣食以养我,岁种地,不过粟一囊草数束,别无差役以扰
> 我,而又旧时掳去人口,有亲成朋友以看顾,我与其死于饥饿,

> 作枯腹鬼，死于兵刃，作断头鬼，而无宁随虏去，独可得活命
> 也。不详之语，以为常谈。"

不仅如此，辽东边外沃野，早已实行农耕，《译语》里也说：兀良哈"务稼穑，不事剽掠"。《实录》里也每见到这类记述。成化二十年五月丁亥朔，都察院经历李成说："三卫人皆土著，可以耕稼，比之北虏，势实不同。"不独三卫是这样，喀尔喀巴林部落也致力农耕。《清朝实录》天命十年八月己酉条说："烘巴图鲁贝勒将田中之禾急刈获焉，"这些记述可作明证。所称烘巴图鲁贝勒就是著名大酋、泰宁的炒花，他们也极关心农业，以便在部内获得农作物。关于当时蒙古的农业问题，朝鲜申忠一的报告里说："蒙古春耕时，多聚人马于平野，累累使之践踏粪秽，后播黍粟蜀秫诸种。又使人马践踏，至耕治收获时，令军人齐力云。"

2.俺答汗的求贡

蒙古本来物资贫乏，如果不和汉族地区进行贸易，自己很难自给。侵寇固使散夷能获得掠夺物，但酋长所得利益极少。因此，蒙古一旦建立秩序，他们便立刻要求与中原通商贸易。瓦剌在也先太师时也曾是这样，由于通商的纠纷，才引起了土木之变。达延汗时代也是这样，他自称大元大可汗，一再岁时入贡。俺答的父亲赛那剌（巴尔斯博罗特），也常受到这种恩惠。俺答汗也曾反复要求通贡。正是由于得不到通贡，才为了泄愤和威胁，侵寇明边。

《明史》（卷三二七）《鞑靼传》载：嘉靖"十一年春，小王子乞通贡，未得命，怒。遂拥十万骑入寇。总制唐龙请许之。帝不听。龙连战，颇有斩获。"这里是指小王子，不是指俺答，暂且不谈。俺答在嘉靖二十年和二十一年要求通贡，《明史·鞑靼传》载：

"（二十年）秋，俺答及其属阿不孩遣使石天爵，款大同塞。

巡抚史道以闻,诏却之。以尚书樊继祖督宣大兵,悬赏格,购俺答阿不孩首。遂大举内犯,俺答下石岑关,趣太原,吉囊由平虏卫入,掠平定、寿阳等处。总兵丁璋、游击周宇战死,诸将多获罪,继祖独蒙赏。"①

又载:

"二十一年夏,敌复遣天爵求贡。大同巡抚龙大有诱缚之,上之朝,诡言,用计擒获。帝悦。擢大有兵部侍郎,边臣升赏者数十人。磔天爵于市。敌怒,入寇,掠朔州,抵广武,由太原南下,沁、汾、襄垣、长子、皆被残。复从忻、崞、代而北,屯祁县。云云。"②

于是,结果便是前面引述的"凡掠十卫三十八州县。云云。"二十五年又两次入寇。③ 二十六年,俺答又在夏秋二次请求通贡。二十七年又请通贡。《明史·鞑靼传》载:

"明年(二十六年)夏,俺答复遣使诣大同塞求贡,边卒杀之。④ 秋,复来请。(总督翁)万达再疏以闻,帝不许,敌以十万骑,西入保安,掠庆阳、环县、而东,以万骑寇锦、义……明年夏,万达复言,敌自冬涉春,屡求贡,词恭,似宜许。不听,责万达周渎。"

结果便造成了著名的二十九年"庚戌虏变"。在这期间,俺答还曾设法请求贡市。《明史·鞑靼传》又说:

"方俺答薄都城时,纵所虏马房内官杨增,持书入城求贡。

---

① 《实录》嘉靖二十年七月丁酉条:"北虏俺答阿不孩遣夷使石天爵、肯切,款大同阳和塞求贡,言其父偍阿郎(赛那剌)在先朝,常入贡,蒙赏赉,且许市易,汉达两利。近以贡道不通,每岁入掠,因人畜多灾疾……巡抚大同都御史史道疏闻其事。因言,虏自弘治后,不入贡,且四十年,而我边岁苦侵暴。今果诚心归款,其为中国利,殆不可言。云云。"又参看八月甲子条。
② 《实录》嘉靖二十一年润五月戊辰条,《李朝实录》中宗三十七年(嘉靖二十一年)正月丙申条。
③ 《实录》嘉靖二十五年五月戊辰条,又七月戊辰条。
④ 《实录》嘉靖二十六年夏甲月己酉条。

辅臣徐阶等谓，当以计款之。谕令退屯塞外，因边臣以请。俺答归，遣子脱脱陈款。① 时（仇）鸾方用事，乃议开马市，以中敌。兵部郎中杨继盛上疏争之，不得。"

于是和议终成。三十年三月，在大同和延绥、宁夏开马市。然当局不得其人，图饱私囊，到三十三年九月，马市又停了。《明史·鞑靼传》记述概况说：

"明年（三十年）春，以侍郎史道涖其事，给白金十万，开市大同，次及延绥。叛人肖芹、吕明镇者，故以罪亡入敌，挟白莲邪教与其党赵全、丘富、周原、齐源诸人，导俺答为患。俺答市毕，旋入掠，边臣责之，以芹等为词。芹诡有术，能堕城，敌试之，不验。遂缚芹及明镇，而全、富竟匿不出。俺答复请以牛马易粟豆，求职役诰敕，又潜约河西诸部内犯，堕诸边垣。帝恶之，诏罢马市，召道还。自是敌日寇掠西边，边人大困。"

擒献肖芹就在这时期，但吕明镇（吕二）的活跃还在以后。这时，当事者咸宁侯仇鸾挟自私心而嘉靖帝求和心亦不坚，马市不久便垮了。俺答也因而下定决心，在以后二十年间，专门倚靠汉人主谋，侵寇掠夺。

到穆宗隆庆四年冬，因俺答之孙把汉那吉投降，明廷和蒙古之间突然达成和议，答应俺答素所企求的开市和通贡。高拱的《伏戎纪事》、冯时可的《俺答前后志》和《通贡传》、王士琦的《三云筹俎考》等书。都详载了这事的经过，兹略述概况如下。把汉那吉是俺答弟三子铁背台吉（铁拜台吉）的独生子。幼失父母，养在祖母俺答妻一克哈屯跟前，长大以后，娶了大成比妓，又自聘了兔扯金的女儿。适有俺答的外孙女已许嫁给鄂尔多斯（袄儿都司），但俺答得知她又漂亮又聪明，便自己娶来，号称三娘子。于是鄂尔多斯大

---

① 《实录》嘉靖二十九年八月壬午条。

怒,俺答便把把汉那吉所聘的女子给了鄂尔多斯,结束了这场纠纷。这时,把汉那吉怨恨祖父不伦、横暴,九月,便率同他的妻子大成比妓和乳母之夫阿力奇等,投奔大同败胡堡请降。明大同总督王崇古和巡抚方逢时据为奇货,便接受了,并报告给了朝廷。当时明廷阁臣高拱、张居正等也都极力赞成,便以擒献赵全等叛徒为条件,允许俺答封贡。据明人解释,当时俺答害怕他的爱孙遭受杀害,而明廷反加以爱护,因而喜出望外,说:"太师全吾孙,我何敢藏叛虏。"于是绑缚了赵全、李自馨、刘天麒、吕世祖等来献,和议达成。五年,封俺答为顺义王,任昆都力哈(把都儿)、黄台吉为都督同知,其余各酋也都分任指挥、千百户等职。①

当时明帝(穆宗)所下的圣谕是:②

"朕惟天地以好生为德,自古圣帝明王,代天理物,莫不上体天心,下从民欲,包含偏覆,视华夷为一家,恒欲其并生并育于宇内也。我太祖高皇帝,膺天眷命,君主万方;成祖文皇帝顺天继统,镇抚九围,薄海内外,无不臣服。迨朕缵承丕绪,于兹五年,钦天宪祖,爱养生灵,胡越一体,并包兼育。顷因尔孙来归,特命边臣护视,给其服食,厚加拊纳,以礼遣还。尔感朕恩,愿称臣内属,岁岁入贡,永为荒服,俘献叛贼,以表捆诚。边臣为奏恳款再三。朕念北蕃朝贡,代固有之,在我国家,亦惟常典。尔能慕华内附,请命恭虔,可谓深识天道者矣。朕实嘉悦。特允所请,封尔为顺义王,尔弟尔子,及诸部落头目,俱授以都督等官,俾尔世居本土,逐草射猎,各安生业,同乐太平。朕代天覆恃万国,无分彼此,照临所及,悉我黎元,仁恩惟均,无或尔遗。尔尚仰遵天道,坚守臣节,约束尔众,永笃恭顺,使老者得安,幼者得长,保境息民,世世安乐。朕国家膺万

---

① 这方面,《明史·鞑靼传》所载也很详细,但好像多少有些错误。
②《实录》隆庆五年三月己丑条所载。

年之天运,尔子孙亦保万年之福泽,岂不永为美利哉。倘尔部众,或背初心,扰我边境,是乃自乖大义,轻弃盟言,天地鬼神,实共鉴临,非尔之福。尔其悉体朕意,尚钦承之。"

受此敕诏后,俺答的贡表①如下:

"北狄顺义王俺答等臣贡表文:

北狄新封顺义王臣俺答等谨叩头百拜奏谢,大明仁圣皇帝陛下。方今普天率土,天朝皇明为尊,实上天之元子,为华夷之正主,九夷八蛮,各受封贡。臣等生长北番,不知臣礼,先年小王子原通进贡,受天朝赏赐。近岁各部落被奸人诱引,坐失抚赏。臣等生齿日多,衣服缺少。臣侄吉能分驻黄河西套,及河西大小松山,臣弟把都儿分驻察罕根脑,接连朵颜三卫。各边不许开市,衣用全无,毡裘不奈夏热,段布难得,每次因奸人赵全等诱引,入边作歹,虽常抢掠些须,人马常被杀伤。近年各边常调兵出搗,杀虏家口,赶夺马匹,边外野草尽烧,冬春人畜难过,实臣等罪恶自取,委因赵全等诱引。近日天助皇明,兵多将广,并爱北狄,致孙那吉南降。蒙万岁天恩,不杀臣孙,收留养赡,准督抚奏请,授那吉指挥使官职。臣弟侄子孙,均感天恩,同心内附,誓不敢再挠各边,自取天诛。各情愿拜受封职,永为蕃夷。节次臣差打儿汉首领赍持番文,赴督抚各官呈递。先遣犯人张彦文,复拿奸恶赵全等八名,督抚为臣奏请,蒙恩许,准赐臣孙彩缎表里布匹,放孙生还。及蒙督抚给臣父子赏赐,臣同臣孙,俱各南望叩谢天恩。且臣北番不通文理,又无表纸,从实请讨。又蒙督抚教臣约会臣弟把都儿、臣侄吉能并臣男黄台吉,东西会同臣亲族永邵卜、多罗土蛮、兀慎、摆腰、委兀儿慎各部落,同心发誓,不犯各边。方许为臣奏请。

① 玄览堂丛书一、《北狄顺义王俺答谢表》。

臣遵谕,会合各枝头目,各差亲丁,随同督抚通舍,复使打儿汉等人赴督抚衙门,各译审明白,为臣奏请。既蒙圣旨怜悯,敕封臣顺义王,臣弟老把都儿及臣男黄台吉各都督同知,臣孙把汉那吉为指挥使,其余臣子孙侄男各为指挥、千百户,共五十七员。蒙赏赐臣大红金彩蟒衣一袭,彩缎八表里,臣弟臣男各红缎狮子衣一袭,彩缎四表里,许臣进贡互市。臣等不胜感戴天恩。臣北番不通文字,原无表式,臣向督抚衙门,求得表式表纸,照臣节次番文情词,写成表文,实出臣各夷诚心,望乞皇帝陛下怜悯臣老年悔祸,感恩诚心,宥臣以前听奸人扰边之罪。臣等进贡马匹,俯赐准留,溥给赏赐,将臣兄吉囊子孙吉能等,原系臣老枝,臣已约会同心内附,彼亦输心归顺。今臣等各受封官,吉能等未蒙授职,臣等祖宗恐怪。臣等伏望圣恩,将吉能一体赐以官职,许其贡市,容臣等分守漠北河套,每年进贡,乞敕各边守臣,各立市场,听番汉人等,每年互相买卖一次,每年春臣等夷使进关为期,回日罢散,华夷各遂安生,使臣弟侄子孙世世感戴恩德,不敢背叛。如有违犯,必遭天杀。臣无任感恩,陈谢之至。谨奉表文,同各枝夷马五百匹,随表具进。以闻。

　　计

进上用银鞍辔,俱全,白马一匹。上用马八匹。进贡马五百匹。

隆庆五年五月　日　北狄新封顺义王　臣　俺答

都督同知　臣　把都儿

臣　黄台吉

指挥使　臣　把汉那吉

指挥同知　臣　宾兔台吉

臣　把林台吉

634

臣　不他失礼

臣　扯礼克

臣　青把都儿台吉

臣　白洪大

臣　永邵卜大成台吉

臣　委兀儿慎著力兔
　　台吉

臣　土罗土蛮把都儿
　　黄台吉

臣　哈剌慎著力兔把
　　都儿台吉

指挥佥事　臣　那木儿台吉

臣　波儿哈都台吉

臣　把都儿台吉

臣　台失哈不害

臣　孙木儿哈不害

臣　哈木阿不害

臣　把都儿台吉

臣　阿不害

臣　那那台吉

臣　哈不慎

臣　满五索台吉

臣　满五大台吉

臣　满克赛台吉

臣　旭胡弄台吉

臣　麦力艮台吉

臣　著力兔台吉

	臣　克邓台吉
	臣　合罗气把都儿台吉
正千户	臣　打儿汉台吉
正千户	臣　来赛台吉
	臣　来洪大台吉
	臣　大成台吉
	臣　大安台吉
	臣　阿拜
	臣　薛的哥台吉
	臣　蛮根儿台吉
	臣　不噶社台吉
	臣　白赖台吉
	臣　插汉敖不艮台吉
	臣　哈不慎台吉
	臣　引克台吉
	臣　挨四台吉
	臣　挨著免台吉
	臣　挨落台吉
	臣　阿不害
	臣　委敬阿拜
副千户	臣　阿拜台吉
	臣　阿不害
副千户	臣　恶不慎台吉
	臣　八耳谷台吉
	臣　唐五台吉
	臣　阿不害

臣　吾奴谷把都儿台吉

臣　薛的哥台吉

臣　银定把都儿台吉

臣　吃慎把都儿台吉

臣　独膆儿台吉

臣　满根大台吉

百户　　　　　　臣　恰台吉

臣　打儿汉

明朝皇帝的敕谕如此堂皇，而俺答的贡表却这般卑躬屈膝，令人骇怪。恐怕这个蒙古贡表是经过汉人手笔加工的。这里排列的名次表示了各酋长的地位，也很有趣。

那些封号、贡额、贡期、互市、抚赏等都是由王崇古拟定的。大略如一下：

议封号官爵。诸部行辈，俺答为尊，宜锡以王号，给印信。其大枝如老把都，黄台吉及吉囊长子吉能等，俱宜授以都督。弟侄子孙，如兀慎，打儿汉等四十六枝，授以指挥。其俺答诸婿十余枝，授以千户。

定贡额。每岁一入贡，俺答马十四，使十人。老把都、吉能、黄台吉八匹，使四人。诸部长各以部落大小为差，大者四匹，小者二匹，使各二人。通计岁贡，马不得过五百匹，使不得过百五十人。马分三等。上驷三十进御，余给价有差。老瘠者不入。其使岁许六十人进京，余待境上，使还，听以马价市缯布诸物给酬赏，其额视三卫及西蕃诸国。

议贡期。贡道以春月及万寿圣节四方来同之会。使人马匹及表文，自大同左卫验入。给犒赏，驻边者分送各城，抚镇验赏。入京者，押送自居庸关入。

立互市。其规如弘治初北部三贡例。蕃以金、银、牛、马、皮张、马尾等物,商贩以缎绸、布匹、釜锅等物。开市日,来者以三百人驻边外,我兵五百驻市场,期尽一月。市场陕西三边有原立场堡,大同应于左卫北威远堡边外,宣府应于万全右卫张家口边外,山西应于水泉营边外。

议抚赏。守市兵,人布二匹,部长缎二匹、绸二匹。以好至边者,酌来使大小,量加赏犒。

议归降。通贡后,降者不分有罪无罪,免收纳,其华人被掳归正者,查别无窃盗,乃许入。①

当然这是明人的理想,事实并没有照这样实行。俺答因为左卫威房堡没有水,要求改市得胜堡。辛爱黄台吉因同他父亲不和,要求另立市新平堡市等。但大体仍是按照这么实行了。西部的吉能和他的侄子切尽等请求互市。第二年封吉能为都督同知,开红山墩市。还允许切尽和著力兔二酋在宁夏清水营互市。唯独辽东的小王子和察哈尔汗一派不服从俺答的威令,还是照旧侵寇掠夺。老把都、吉能都在第二年相继死去,他的子孙很服从俺答的命令。此后数十年间继续和平贡市。明朝大体上获得了北边的安宁,得以息肩。但据蒙古方面解释则是,明人畏惧蒙古侵寇才议和的,明朝皇帝和俺答"共摄大统"。②

明廷在归化城敕建弘慈寺,优待喇嘛僧侣,颇迎合了俺答的心意。而俺答当上顺义王,老把都、吉能、黄台吉都分别任了都督同知,各酋长大体上也都满足于指挥、千百户等微小官职。比起三卫或女真各酋长授任都督、都指挥等显官来,不能不说很卑下。那么,俺答等为什么满足于这种微官卑职呢?我想这虽是由于对前例的无知,但另外也是由于他们极想和明朝和平相处,贪图贡市的

---

①《明史》卷三二七《鞑靼传》。《实录》隆庆五年二月庚子条。
②《蒙古源流》卷六。

好处，把力量用到其他方面去。俺答和北元各王不同，他看到也先和达延汗的先例，已经没有夺回汉地的野心，只满足于做个蒙古霸主，求得年来的夙愿贡市于愿已足。从明朝方面说来，已经不像嘉靖皇帝那么执拗，反而苦于嘉靖以来北虏的侵寇，得以媾和，于愿已足。

3.西北方面的经略

达延汗晚年讨伐黄毛的兀良罕，灭掉了它，解散了它的万户，配属到各部去。[①] 这个兀良罕处于可汗的西北，大约在现在的四子部落和毛明安一带。这个黄毛并没有一下子就灭亡，到俺答汗时，还常为患。据《万历武功录》（卷七）《俺答列传》嘉靖十七年条载："于是，与小王子约，连兵寇黄毛达子兀良罕。"又二十一年条也说："俺答初会兵，略黄毛。"二十二年条又说："其二十二年九月，俺答竟中分军，一军寇黄毛，一军入河西套。"但这些年代未必准确。这个黄毛的情况究竟如何？如何被讨灭？根本不详。该书说："故和林地则黄毛诸达虏居之。向势弱，近颇闻渐强大矣。"方孔炤的《全边略纪》（卷五）《甘肃略》万历十四年条说："黄毛达即瓦剌。"因此，这里所说的黄毛或者就是指瓦剌，也未可知。蒙古北部的情况，在明人记录里根本就不十分清楚。但蒙古方面的记载却很清楚。例如，据《蒙古源流》（卷六）说：

> "阿勒坦汗年四十七岁，岁次壬子（嘉靖三十一年，1552），行兵四卫喇特，于控套扎卜罕地方，杀奈曼明安辉特之诺延玛尼明阿图。将表兄并甥妇以及二子，并所属人众，全行收服，占据四卫喇特。至十九年取其城。行兵中国。"

①《蒙古源流》卷六，《蒙古世系谱》卷四。

早先，蒙古勒克埒青吉斯（墨尔古尔格思）汗初年也曾讨伐过库奎札巴哈（Künggei Jabkhan——枯魁札布堪），卫喇特的根据地。[1]据施密特的德译本，则稍有不同，它说：

> "鼠九年（1552），阿勒坦可汗年四十七，进兵四卫喇特，于库奎札卜（Kunggei Sabchan）地方，杀奈曼明安辉特之诺延（Fürsten）名玛尼明阿图者，掳其妻基葛根阿哈（Dscbigeken Agha）并其二子，曰托孩，曰库库帖儿。所属人众全被收服。遂占据四卫喇特，并将其众迁离首府和宁（Choning）。"

Choning 下面加注说是 Kara Korum 后来改的名称。时期正当俺答封贡的隆庆四年（1570）到十九年以前。德译本里有八千辉特的酋长玛尼明噶图的夫人（Jigeken Agha）和两个儿子的名字（Tokhai, Kököter），很有意义，特别重要的是记载了占领 Choning 即和宁。和宁就是和林，即喀喇和林的别名。汉译《蒙古源流》里脱落了这一条。施密特译文，后面又一次提到这件事。丙午（1576）岁，切尽黄台吉劝俺答皈依喇嘛教一条里，谈到可汗罪业深重，既侵寇了明朝，还征服了卫喇特说：

> "你曾占领和宁，灭卫喇特，并杀戮其诺延及人民。"

这可能没有错误。控套札卜罕应该是控奎札卜罕的讹误，可能是今乌里雅速台（Uliyasutai）西边、西北蒙古的坤桂（Künggei）河、札布罕（Jabkhan）河注入阿雅尔诺尔（Ayar Naghur）的地方，辉特（Khoid）部就驻牧在这里，八千辉特几乎都溃灭了。说是俺答受款前十九年，那就正是岁次壬子，嘉靖三十一年（1552）。当时正是同明廷达成和议，大同马市开市的时候。因此，俺答可能乘机进行了北征。由此看来，蒙古在永乐年间，瓦剌占领外蒙古之后，正像郑晓的《皇明北虏考》里所说："成化间，北虏大抵瓦剌为强，小王子次

---

[1]《蒙古源流》卷五，《蒙古世系谱》卷三。

之,二种反复相残"那种情况,达延汗强盛时,在经略外蒙古上也并没有十分得手。到了俺答汗时才大功告成了。这确是远比寇掠明朝更重大的事件。《蒙古世系谱》(卷四)叙述巴图孟克大衍汗(达延汗)的功业说:

> "与威勒忒(卫喇特)战,大胜之。服其四万威勒忒。下令威勒忒将领,嗣后,房舍不得称殿称宅,寇婴不得过四指,居常许跪,不许坐,食肉许啮,不许割,改乌苏克(Üsük)(酸奶)之名为扯格(Chige)。其部众以食肉用刀跪请,许之。余悉如令。威勒忒至今犹奉行焉。"

这里说的不是达延汗时的事情,而是俺答汗时的情况。

仔细想来,俺答汗这一大功业,并不是可汗一个部的力量完成的,恐怕是和外蒙古喀尔喀部众协力一致完成的。因为直到这时,外蒙古喀尔喀受到瓦剌的压迫,龟缩在东喀尔喀河流域一带,从此以后,才逐渐扩展到外蒙古一带地方。关于这方面,明人的纪录还是对我们无补,清代祁韵士的《皇朝蕃部要略》(卷三)说:

> "外蒙古喀尔喀,亦元太祖裔。以在漠北,故谓之外蒙古。大部四:曰土谢图汗部,为喀尔喀后路;曰车臣汗部,为东路;曰札萨克图汗部,为中路;分左右翼,距京各三数千里。旧服属于察哈尔,天总九年,大军平察哈尔,车臣汗硕垒,偕乌珠穆沁、苏尼特诸部长,上书通好,贡驼马。崇德元年春,以车臣汗部私与明市,谕责之曰:'明,朕仇也。前者察哈尔林丹汗,贪明岁币,阻朕伐明,且欲助之。故朕移师往征。天以察哈尔为非,故以其国予朕。今尔与明市马,是助明也。尔当以察哈尔为戒。'冬,硕垒遣伟征喇嘛等来朝,请与明绝市。上嘉之,命察罕喇嘛往赍貂服朝珠弓刀金币。此喀尔喀部通好之始。"

张穆的《蒙古游牧记》(卷七)记载如下:

> "其裔达延车臣汗,太祖十五世孙也。子图鲁博罗特、巴

尔苏博罗特、阿尔楚博罗特、鄂齐尔博罗特等，由瀚海南徙近
边，为内札萨克敖汉奈曼、巴林、札鲁特、克什克腾、乌珠穆沁、
浩齐特、苏尼特、鄂尔多斯九旗祖。独其季格埒森札札赉尔珲
台吉，留故土，号所部曰喀尔喀，析众万余为七旗，授七子领之，
分左右翼，有三汗，曰土谢图汗、曰车臣汗、曰札萨克图汗……
雍正三年，以图伦额驸策凌击准噶尔功，诏率近族十九札萨
克，别为一部，以其祖图蒙冐赛音诺颜号冠之。积前凡四部，
七十四旗。乾隆中，增至八十三旗，附辉特一旗，额鲁特二旗，
总称外扎萨克。”

其中“由瀚海南徙近边”这句话，是误解达延汗原来驻在漠北的错
误。但格埒森札驻在喀尔喀河畔，“析众万余为七旗，授七人领
之”，可能是事实。《蒙古源流》（卷六）说：“阿勒珠博罗特统率内五
部，鄂托克喀尔喀，格埒森札统率外七鄂托克喀尔喀”，合计十二鄂
托克喀尔喀。阿勒珠（阿尔楚）博罗特的子孙的内五鄂托克喀尔
喀，就是今巴林（Bagharin）、札鲁特（Jarud）等。[①] 所以，外七鄂托克
喀尔喀也可能在现在喀尔喀河流域。《蒙古世系谱》（卷四）关于这
事说：“八子格勒三札掌北七刟来尔喀尔喀。”这里的刟来尔就是札
剌亦儿（Jalar），说明这个地方还属于兀良罕的势力范围。格埒森
札（格勒三札）所以也称札赉尔珲台吉，也是由于这种缘故。但他
分封的七个儿子究竟是谁？ 他们的分地究竟在哪里？ 现在很难详
细考证。据《蒙古游牧记》（卷七）《外蒙古喀尔喀汗阿林盟游牧所
在》载：

“喀尔喀后路土谢图汗部，直大同边外漠北，至京师二千
八百余里。东界冐特山，接车臣汗部，南界瀚海，西界翁金河，
接赛音诺颜部，北界楚库河，接俄罗斯，东南逾瀚海，接苏尼特

---

① 和田清《察哈尔部的变迁》九，《察哈尔五部落的系统》（《东洋学报》第四十一卷，第二期）原书第
612—628 页。

右翼、四子部落、喀尔喀左翼诸部，西北接乌里雅苏台所属唐
努乌梁海……初喀尔喀无汗号，格埒森札第三子诺诺和，掌左
翼，号伟征诺颜，子五，长阿巴岱赴唐古特，谒达赖喇嘛，迎经
典归，为众所服，始称汗，号斡齐赉巴图。子额列克嗣，号墨尔
根汗。额列克子三，长衮布，始号土谢图汗。与其族车臣汗硕
垒、札萨克图汗素巴第，同时称三汗。"[①]

据《蒙古源流》（卷七）说，喀尔喀阿巴岱台吉前去谒见达赖喇嘛领
到经典，是丁亥年（万历十五年），回来以后就在今库伦修建大寺
院。可知阿巴岱这时已经发展到这个地方。据肖大亨的《北虏世
系》说：格别山只台吉有子七人，其一为哑叭太台吉，"在大同镇微
东北住牧，离边约三千余里。部落亦有数万"。格别山只就是格埒
森扎（Geresanja）。其子哑叭太或者就是这个阿巴岱（Abatai）。如
果是这样，那么嘉靖三十一年前后，协助俺答的可能是他父亲诺诺
和。

　　《蒙古游牧记》（卷八）《外蒙古喀尔喀齐齐尔里克盟游牧所在》
里记载赛音诺颜（Sain Noyan）部说："初，喀尔喀有所谓红教者，与
黄教争。伟征诺颜诺诺和第四子图蒙肯，尊黄教，为之护持。唐古

① 《钦定外藩蒙古回部王公表传》（卷四五）、《喀尔喀土谢图汗部总传》里说："土谢图汗部称喀尔喀后
　路，至京师二千八百余里。东界肯特山，西界翁吉河，南界瀚海，北界楚库河，元太祖十五世孙达延
　车臣汗游牧瀚海北抗爱山界，子十一，格埒森札札赉尔珲台吉其季也。兄图噜博罗特、巴尔苏博罗
　特、阿尔楚博罗特、鄂齐尔博罗特等由瀚海，南徙近边，为内札萨克敖汉、奈曼、巴林、扎噜特、克什
　克腾、乌珠穆沁、浩齐特、苏尼特、鄂尔多斯九部祖。详各传。独所部号喀尔喀，留故土。析众万余
　为七旗，授子七人领之，分左右翼。其掌左翼者，为第三子诺诺和及第五子阿敏都喇勒。诺诺和号
　伟征诺颜，子五，长阿巴岱号斡齐赖赛因汗，次阿布瑚号墨尔根诺颜。徙牧图拉河界，今土谢图汗
　部二十札萨克皆其裔。阿巴岱子二，长锡布固泰号鄂尔齐图珲台吉，为札萨克贝子锡布推哈坦巴
　图鲁、辅国公巴海台吉、车凌札布、青多尔济四旗祖。次额列克号墨尔根汗，为土谢图汗察珲多尔
　济、札萨克郡王噶尔丹多尔济……十旗祖。阿布瑚子三，长昂噶海继墨尔根诺颜号……次喇瑚里
　号达赖诺颜，为札萨克台吉塔礼尔一旗祖。次图蒙肯号昆都伦诺颜，裔详喀尔喀右翼部总传。初，
　喀尔喀无汗号，自阿巴岱赴唐古特，谒达赖喇嘛，迎经典归，为众所服，以汗称。子额列克号墨尔根
　汗，额列克子三，长衮布始号土谢图汗，与其族车臣汗硕垒、札萨克图汗素巴第，同时称三汗。崇德
　二年，衮布偕硕垒上书通好。"

643

特达赖喇嘛贤之,授赛音诺颜号(赛音,唐古特语,好也,诺颜,蒙古语,官长也)。令所部奉之,视三汗。图蒙冐次子丹津喇嘛后受诺们汗号于达赖喇嘛。"于是,到了他的儿孙策凌,因攻打准噶尔有功,由雍正皇帝封为赛音诺颜汗,已如前述。《游牧记》(卷九)《客鲁伦巴尔斯和屯盟游牧所在》关于车臣汗部说:

> "喀尔喀东路车臣汗部,直古北口边外漠北,至京师三千五百里。东界额尔德尼陀罗海,接黑龙江呼伦贝尔城,南界塔尔滚柴达木,逾瀚海,按浩齐特、阿巴噶、阿巴哈纳尔诸部,西界察罕齐老图,北界温都尔罕,接俄罗斯边喀,东南接乌珠穆沁部,西与西南皆接土谢图汗部……格埒森札札赉尔珲台吉第五子阿敏都喇勒,有子漠啰贝玛驻牧喀鲁伦诃。生子硕垒,始号车臣汗,又号玛哈萨嘛谛。初,喀尔喀服属于察哈尔,天聪九年,硕垒偕乌珠穆沁、苏尼特诸部长,上书通好,贡驼马。嗣是,贡献不绝。"①

车臣汗其他各末旗都是硕垒的子孙。《游牧记》(卷十)《札克必拉色钦毕都哩雅诺尔盟游牧所在》里,关于札萨克图汗部记载如下:

> "喀尔喀西路札萨克图汗部,直宁夏边外漠北,至京师四千余里。东界翁锦锡尔哈勒珠特,接赛音诺颜部,西界喀喇乌苏额埒克诺尔,接科布多界,南界阿尔察喀喇托辉,逾瀚海,接额济纳旗及镇西府,北界特斯河,接唐努乌梁海……初,格呼森札札赉尔珲台吉,以七子分掌喀尔喀左右翼。左翼徙牧土拉河界,右翼仍留居杭爱山。长子阿什海达尔汉珲台吉,子二,长巴延达喇,子赉瑚尔为右翼长,所部尊之曰汗。卒,子素巴第始号札萨克图汗。卒。"

《蒙古王公表传》所载也略同,但说:"分掌喀尔喀左右翼,左翼徙牧

---

① 《蒙古王公表传》所载略同。

图拉河界,右翼仍留居杭爱山。其长子阿什海达尔汗珲台吉,次子诺颜泰哈坦巴图尔、第四子德勒登昆都伦、第七子鄂特欢诺颜同掌之。"这就是说,第三子诺诺和(Nonogho)和第五子阿敏都喇勒(Amin Dural)分掌左翼;而长子阿什海达尔汗珲台吉(Ashikhai Darkhan Khong Taiji)、次子诺延泰哈坦巴图尔(Noyantai Khatan Baghatur)和四子德勒登昆都伦(Daldang Köndölen)及第七子鄂特欢诺延(Odkhan Noyan)分掌右翼。但所说前者徙牧图拉河界,后者仍留居杭爱山,是否果真是这样呢?

　本来,《蒙古源流》也把格埒森札札赍尔珲台吉写作达延汗最小的儿子,明人的《北虏世系》也是这样。霍渥尔特(Howorth)则说正因为是这样,才继承了达延汗,继续留居该地。[①] 但仔细想来,格埒森札并不是最小的儿子。《蒙古源流》里各子的顺序是按生母分类排列,并不按各子的年龄顺序排列,这从格呼森札的异母兄格呼博罗特的生年便可看得清楚。[②] 再看各子分封的次序,格埒森札的地位相当高。《蒙古世系谱》(卷四)里说:"长子图鲁博罗忒(图鲁博罗特)先卒,长孙钵帝阿拉克(博迪阿拉克)即汗位,次子乌鲁思博罗忒(乌尔斯博罗特)无嗣,三子巴尔思博罗忒(巴尔斯博罗特)封济农,掌右翼三万众。四子阿尔思博罗忒(阿尔萨博罗特)掌七土默特,五子鄂尔济博罗忒(斡齐尔博罗特)掌察哈尔之八克式克膝(克什克腾),六子阿尔楚博罗忒(阿尔珠博罗特)掌五喀尔喀、七子阿尔博罗忒掌察哈尔之鄂齐忒(浩齐特),八子格勒三札掌北札来尔喀尔喀,九子格勒(格呼博罗特)掌察哈尔敖汉、奈曼,十子噶鲁帝台吉(格呼图台吉)无后。十一子五巴三察青台吉(乌巴伞察青台吉)掌阿苏忒、永奢布,图鲁尔图公主适扎鲁特部伯苏忒达

---

① 霍渥尔特:《蒙古史》卷一,第436页。
②《蒙古王公总表》也略同。

尔汉他卜囊（巴噶逊达尔罕塔布囊）。"①倘这项记述不错，那么格呼森札（格勒三札）是十一个儿子里的第八子。所谓北劄来尔的喀尔喀，是喀尔喀河畔的劄来尔（Jalair），也就是接近兀良哈驻地的地带。

又，《蒙古世系谱》（卷四）《大衍汗》（达延汗）条说："八子格勒三札掌北七劄来尔喀尔喀"，（卷五）补记条说："巴图孟克大衍汗第八子格勒三札生七子，分居哈尔哈部落，故称七旗哈尔哈。"

长子阿海达式尔汉欢台吉之后，查萨克图汗策旺札布、勒博贝、诺尔布班第、噶尔桑等是也。二子诺音代哈滩巴图尔之后，王彭苏克拉布滩、公明珠尔等是也。

三子诺和努呼魏征诺音之后，凡四支，一为阿巴太图奢图赛汗之后，遮卜尊旦巴呼图克图、汗望查尔多尔济、四额驸王敦多布多尔济、王丹津多尔济、贝勒车卜登、扯摩初克那摩札尔等。一为阿布呼墨尔根诺音之后，达尔汉亲王诺绥墨尔根济农、王古鲁式奇布等，一为赛音诺音之孙亲王善巴代亲、六额驸王策灵、王坤都伦博硕克图索布等。一为库库挠尔绰克图汗之孙公阿努力等是也。

四子阿敏都拉尔诺音之后，扯臣汗车卜登班珠尔王台吉等是也。

五子赉达台吉，无后。

六子德尔登坤都伦之后，贝勒班第璘亲、拉登查布等是也。

七子塞摩贝妈之后，公通摩克等是也。

---

① 达延汗诸子的生年没有记录，据传："图噜博罗特、乌鲁斯博罗特二人系壬寅年（成化十八年）生，图噜勒图公主、巴尔斯蹲罗特二人系甲辰年（成化二〇年）生，阿尔苏博罗特、斡齐尔博罗特二人系庚戌年（弘治三年）生，札拉尔福晋所生之格呼博罗特系壬寅年（成化十八年）生，格嚼图台吉系辛亥年（弘治四年）生。"

长子阿海达式尔汉欢台吉，是阿式海达尔汉欢台吉，也就是阿什海
达尔汉珲台吉的讹误。查萨克图汗是札萨克图汗。策旺札布是康
熙三十年当上札萨克图汗后的右翼左旗的酋长。博贝是康熙四十
四年成了辅公国的中左翼左旗的酋长。诺尔布班第是雍正十二年
降为镇国公的左翼右旗的酋长。博贝上面的"勒"字，可能是"贝
勒"或"公"字之误。二子诺音代哈滩巴图尔，别处都没见过。后来
的王彭苏克拉布滩是左翼前旗的始祖、郡王朋素克喇布坦。朋素
克喇布坦的祖上是赛音巴特玛哈坦巴图尔。哈坦巴图尔的称号是
世袭的，据《蒙古游牧记》（卷十）注释说："朋素克喇布坦，格埒森札
之六世孙也。父萨玛第号额尔德尼济农"。公明珠尔是左翼后末
旗的敏珠尔。

　　第三子诺和努呼魏征诺颜就是诺诺和伟征诺颜。后来成为四
支。第一支阿巴太图奢图赛音汗即阿巴岱土谢图赛音汗，遮卜尊
旦巴呼图克图就是哲布尊丹巴胡图克图，是库伦大喇嘛庙的住持、
土谢图汗察珲多尔济之弟西第什里。所称汗望查尔多尔济就是这
个土谢图汗衮布之子察珲多尔济。四额驸王敦多布多尔济是察珲
多尔济的长子噶勒丹多尔济之子，就是娶和硕恪靖公主的土谢图
中旗的悖多布多尔济。王丹津多尔济是土谢图中右末旗的札萨克
丹津多尔济。贝勒车卜登是右翼右末旗的车布登。第二支的"阿
布呼墨尔根诺音之后"，是《蒙古游牧记》（卷七）《土谢图左翼中旗》
条所说："诺诺和次子阿布和（阿布呼）、孙昂噶海、曾孙索诺木，世
驻牧库库博罗图，号墨尔根诺颜，管喀尔喀左翼一旗，为八札萨克
之一。康熙二十七年，素诺木子固鲁什喜率族属来归，赐牧四子部
落界外洪果尔。二十八年，由诺颜授为济农，居三汗之次，云云。"
王古鲁式奇布就是这个固鲁什喜。第三支"为赛音诺音之孙亲王
善巴代亲"，是前述丹津喇嘛之孙。《蒙古游牧记》（卷八）说："康熙
三年，赐丹津喇嘛孙善巴，信顺额尔岱青（代亲）号。"就是后来的赛

音诺颜旗。六额驸王策灵是中左末旗的和硕亲王策凌。《游牧记》（卷八）说："善巴再从弟策凌，祖丹津号班珠尔，图蒙肎第八子也。生子纳木札勒，号约苏图伟征阿海，子二，长即策凌，次恭格喇布坦。康熙三十一年，丹津妻格禁勒哈屯，携二孙，自塔米尔来归。诏授策凌三等轻骑都尉，赐居京师。教养内廷。编所属佐领，附察哈尔镶黄旗驻牧。四十五年，尚和硕纯悫公主，授和硕额驸。"也就是后来的超勇亲王固伦额驸。王坤都伦博硕克图衮布是中左旗的始祖，"图蒙肎第十三子衮布，号昆都伦博硕克图"。第四支，"为库库挠尔绰克图汗之孙公阿努力等是也"。可能是赛音诺颜中前旗的阿努哩。阿努哩是图蒙肎之弟巴赛的曾孙素泰伊勒登之孙。

四子阿敏都拉尔诺音就是格垆森札第五子阿敏都喇勒。所谓扯臣汗，当然就是车臣汗。车布登班珠尔，据《游牧记》（卷九）说："顺治十二年，硕垒子巴布嗣为汗，命领左翼札萨克之一。康熙二十二年，巴布子诺尔布嗣。二十七年，噶尔丹掠喀尔喀，至克鲁伦河，时诺尔布及长子伊勒登阿喇布坦，相继卒。孙乌默客幼，台吉纳木札勒等携之来归。凡从众十万余户。诏乌默客袭汗号，统所部众。自是始称车臣汗部。三十六年，还旧牧。雍正六年，赐乌默客孙车布登班珠尔印。"文曰"格根车臣汗"就是这个车布登班珠尔。"五子赍达台吉无后"的"五子"是"六子"之误。赍达台吉恐怕是达赍台吉的倒置，但无确证。"六子德尔登坤都伦云云"可能是第四子德勒登昆都伦。七子"塞摩贝妈之后，公通摩克等是也"的塞摩贝妈是鄂特欢诺延，通摩克就是札萨克图汗中右翼末旗的"格垆克延丕勒族叔父通漠克"的通漠克。《游牧记》（卷十）说："高祖青达玛尼默济克，号车臣诺颜。曾祖唐古特墨尔根岱青，祖本塔尔岱青巴图尔，有子二，长墨德卓哩克图，即通漠克父也。噶尔丹掠所部，墨德卓哩克图族溃奔青海。康熙四十三年，乞还牧喀尔喀，诏许之。授一等台吉。五十三年，通漠克嗣。兼授札萨克。雍正二年，以功封辅国公。"①《蒙古世系谱》据说是著者罗密（Lomi）在雍正十年（1732年）笔录的，从以上各例来看，各酋长都是雍正年间的。由此可以推定著作的年代。各旗牧地的边界，因过于烦琐，从略。但可以肯定，喀尔喀蒙古在清初以前就已经扩展到了外蒙古一带。

这样，格埒森札的七子之中，长子是阿什海达尔汉，次子诺音代哈滩巴图尔，三子诺诺和，四子德尔登昆都伦，五子阿敏都喇勒，六子达赉台吉，七子鄂特欢诺延等，大致搞清楚了，但他们最初究竟占据何处仍然不清楚，因为推测他们最初都没有出喀尔喀河流域。说阿敏都喇勒之子漠罗贝玛驻牧在喀鲁伦（Kerülen）河，最有可能，但不详。至于所称阿什海达尔汉等据居杭爱（Khangghai）山一节，根本不能凭信，因为那里原来是卫喇特部落的中心。尽管这样，他们后来扩展到这一带却是事实。

霍渥尔特根据弗舍（Fischer）《西伯利亚史》说：从1616年（万历四十四年）前后，沿今乌布萨诺尔（Ubsa-nor）湖畔往来于克穆奇克（Kemchik）河畔，控制了唐努乌梁海（Tannu-Urianghai）的阿勒坦汗鄂木布额尔德尼〔Altan Khan（Ombo Erdeni）〕，曾经常和俄罗斯托木斯克官宪互派使节。② 阿勒坦汗当时还在札萨克图汗支配之下，曾率领吉尔吉思，和卡尔梅克（Kalmuk）即卫喇特（Oirad）发生争端。札萨克图汗的势力，在明末清初已达到这方面，这恐怕是他们追随俺答汗经营的结果，也是我所以推测俺答征讨瓦剌可能是和喀尔喀各部共同完成的事业的理由。

关于俺答汗第二次征战的一鳞半爪，见于《武功录·俺答列传》和《俺答前志》嘉靖三十六年条下的"虏遂西往收捕瓦剌，甘肃镇臣大勒兵败之"。但经过情形不详。此外，关于这次征伐，《蒙古

① 这方面的世系都根据《蒙古游牧记》。
② 霍渥尔特：《蒙古史》卷一，第456—470页。又 J.E.巴德勒《俄国、蒙古、中国》。

源流》(卷六)说：

> "其库图克图彻辰鸿台吉，庚子年(嘉靖十九年，1540 年)
> 生，岁次壬戌(嘉靖四十一年，1561 年)，年二十三岁，引兵四卫
> 喇特，于额尔济斯(Erchis)河，征勤土尔扈特(Turghaghud)，
> 击杀喀喇博郭罗，坚立黑纛于灶君之前，将锡木必斯(Shin-
> bis)、土尔扈特，存留一半，安置其地，遂撤兵。"

额尔济斯河就是 Irtysh 河，这里是土尔扈特(Turghucl)部的驻地。
这固然不是俺答的征伐，而二十三岁的青年彻辰鸿台吉(切尽黄台
吉)的这次远征可以看作是俺答唆使的。下面是《蒙古源流》里彻
辰鸿台吉之弟在托克摩克(Tokmak)地方征战的记录，说：

> "其二弟布延达喇古拉齐巴图尔(Buyandara Khulachi
> Baghatur)，壬寅年(嘉靖二十一年，1542)生，年三十一岁。赛
> 音达喇青巴图尔(saindara Ching Baghatur)，乙巳年(嘉靖二
> 十四年，1545)生，年二十八岁，岁次壬申(隆庆六年，1572)行
> 兵于托克摩克，于实喇摩楞(Shira Maren)地方，击败阿克萨尔
> 汗(Aksar Khan)。掠取属众，并掳获秋格依福晋(Chioki
> Khatun)。青巴图尔收为己妻。撤兵而回，至尼楚衮哈萨拉克
> (Nichügün Khasuluk)地方，阿克萨尔汗领兵十万，追至交战。
> 青巴图尔年二十八岁，布尔赛岱青(Borsai Daictring)丙午年
> (嘉靖二十五年，1546)生，年二十七岁，彻辰鸿台吉之长子鄂
> 勒哲伊勒都齐(Öljei Ilduchi)，丙辰年(嘉靖三十五年，1556)
> 生，方十七岁，三人首先进攻。由西北方鏖战。古拉齐巴图尔
> 由正中冲入。所乘之马为阿噜库克射毙，易马而战，马膝又中
> 箭而倒，为殿后军所击，而青巴图尔来援其兄，同殉于阵。彻
> 辰岱青率布哈斯(Bukhas)之图噜贝巴图尔(Töröbei Bagha-
> tur)、哈尔噶坦(Kharaktan)之多塔达噶台吉(Todadakha Tai-
> ji)共七人，一同步战而出。鄂勒哲伊勒都齐所乘之马被射，

仍擐甲步行,阿巴该吉鲁根(Abaghai Kilüken)见之,给以所牵之马,令其乘骑,遂由左超上骑之。其马复被箭,仍步行,遇哈尔噶坦之赛音海努克侍卫(Sain Khainuk Kiya),下马,即以其马与之乘。因欲令其叠骑,驻马让之。海努克云,'我有子,名巴札尔(Bajar)其爱获之,无庸顾我矣。'遂乘其马格斗而出。"

这里所说"其二弟",是彻辰鸿台吉的二弟,后来出现的布尔赛彻辰岱青是叔父布扬古赉(Buyangghulai)的第二子。按兄弟辈来说是从兄弟,再加上彻辰鸿台吉的长子鄂勒哲伊勒都齐,几乎是彻辰鸿台吉全家总动员了。岁次壬申,隆庆六年,这次出兵时期正当彻辰鸿台吉受款的第二年,是趁此时机出兵的。蒙古兵究竟有多少,无从得知,但敌人看来是潮水一般的大军。托克摩克地方很早以前就以蒙古西邻闻名,实际是占据这个地方的哈萨克(Kazak)部落,阿克萨尔汗(Ak Nazar Khan 或 Akak Nazar Khan)是一个著名的大酋。[①] 实喇摩楞可能是现在的 Chu 河,蒙古军出其不意地进行袭击,把它攻陷了。尼楚衮哈萨克不知是今什么地方。蒙古军可能在这里遭到阿克萨尔汗十万大军追击而大败。战斗叙述得颇精彩,几乎像看武侠小说一样。这次套部战败的情况,在《全边略记》(卷五)《甘肃略》万历五年条里,也说:"先是,河套酋略瓦剌,戮其酋,死者千数。诸酋皆惭愧。"明朝方面也把阿克萨尔汗看作是瓦剌的部酋。

这次远征失败后,彻辰鸿台吉立即出师复仇。《蒙古源流》里接着说:

"迨后,其兄彻辰鸿台吉,三十四岁,岁次癸酉(万历元年,1573 年),精选赛音哈屯之四额呼斯,塔本克克里之五和硕齐,

---

① 霍渥尔特:《蒙古史》卷二,第 632—634 页。

并兵七百名往征。直至哈萨罗克地方。托克摩克之阿克萨尔汗带兵十万,迎战于额锡勒太保(Esen Daibu)。彻辰洪台吉传谕于众曰:'敌队在前,不拘何人,不可先我攻进,我亲领之以入。'谕毕,乘博啰呼察之赛音阿固拉萨尔拜(Boro Khucha-in Sain Aghula Sarbai)红马,身披描金象皮红穆纳甲胄,率众攻入敌众。于彼队内,见为首之人,须眉间放出火焰,复见两队乘黑马之兵,马足发火,迅速而至。遂败之。歼戮过半。自此青巴图尔之甲,无不识者,遂生擒阿克萨尔之子三索勒坦(Sultan)。分别惩释,以复二弟之仇。振旅而回。"

最前一段"精选赛音哈屯之四额呼斯,塔木克克之五和硕齐,并兵七百",德文本译作"精干夫人的四个儿子、五个叫 Kegeli 的司令官和精选的七百护卫"。这种译法,语意通顺。鸿台吉有七个儿子,当时率领了四个大的。额锡勒太保不知在哪里,还是在哈萨罗克附近吧。说敌队中,"须眉间放出火焰"和两队黑马兵的"马足发火",可能用的是西洋传来的火器。战争的叙述很简单,但说"歼戮过半",特别提到"生擒阿克萨尔之子三索勒坦",可见打了胜仗。总之,既能在这一带自由往来,说明这个地区已经归服蒙古势力之下了。

这时候,畏兀儿斯坦(Uighuristan)地方,东察哈台汗的残余土鲁番的势力颇强胜,它的残余已并吞了明廷的哈密卫。明廷打消复兴哈密的念头,也正是这个时期。可是,为什么看不到俺答的势力和土鲁番、哈密有一点冲突呢? 仔细想来,土鲁番本来和瓦剌斗争过,但这时术赤的余类,哈萨克(Kazak)侵犯进来,吞并了原来的蒙兀儿斯坦(Moghulistan)的故地别失八里(Bishballik),土鲁番的东侵也正是因为这个缘故。这时已经没有和北方争斗的余力,哈萨克成了土鲁番和俺答的共同敌人,于是征讨瓦剌的俺答可能进而征伐了哈萨克。这就是俺答势力之所以不和土鲁番、哈密斗争立即转而进攻了哈萨克的理由。当时蒙兀儿斯坦（Moghulistan）、畏兀儿斯坦（Uighuristan）的形势，在羽田明的论文和穆广文等的《维吾尔史料简编》里，都有较详叙述。①

下次争战是征伐卫喇特。《蒙古源流》记述稍长，全文引述如下：

"岁次甲戌（万历二年，1574）布延巴图尔（Buyan Baghatur）闻洪台吉弟兄加兵于四卫喇特，遂将辎重留于巴里坤（Bars kül），以次行兵于四卫喇持，令巴图鲁洪台吉哈尔该（Kharghai）在前队，而以额色勒贝侍卫（Eselbei Kiya）领之，欲将八千辉特土默特尽行招服。彻辰洪台吉于齐拉玛汗（Jalman Khan）山后，以喀木苏（Khamsu）、都哩图（Düritü）人为首，并留巴图尔等，率其子鄂勒哲伊勒都齐，追赶三月之久，粮绝，有食巴尔吉勒塔（Barkilda）石块者。图巴罕汗（Tobakhan Khan）之山阳以绰罗斯（Choros）之必齐呼锡格沁（Bajira Shigechin）为首，掳掠四鄂托克。于是，挨次撤回。是时，彻辰洪台吉在博陇吉尔（Bulunggir）地方，伯奇彻辰济雅噶齐（Beki Sechen Jiyaghachi）、图伯特哈富噶济雅噶齐（Tübed Khashagha Jiyaghachi）二使人，有额色勒贝侍卫，眼似兔鹘，非守分之人，恐谗谮八千辉特土默特人众，以分兵势之语。巴图尔鸿台吉不然其言，令其等候于外，乃额巴勒贝侍卫恃彻辰洪台吉素日之宠，任意于釜内，取肋八条，与此二人食之，遣二使人去。后彻辰洪台吉怒甚。乃摆列整马肋四块并琵琶骨，斥责额色勒贝侍卫云：'尔其尽食之，谚云染指于乳汁，投杆于牧群。尔乃以手向我釜内取肉，先与人尝之耶。'遂以指夹取，令其食之。于是，四卫喇特人众共以手指取肉食人之言，互相

---

① 羽田明的《土耳其斯坦（近代）史》——《明末清初的东土耳其斯坦》《东洋史研究》第七卷，第五号）。冯家升、程溯洛、穆广文编著《维吾尔族史简编》上。

非议焉。额色勒贝侍卫掷肉，出于外曰：'马肋八条，我并未食也。君父其请食索岱明阿图（Sutai Mingghatu）之肋八条乎。'言讫，以足顿地而去。是夜，带兵乘马，而至于克尔齐逊（Kerchisün）河，弑巴图尔鸿台吉，额色勒贝侍卫乃叛去。"

这段译文中似乎有些混乱和错误。据施密特的译文是"这时（万历二年）布延巴图尔洪台吉兄弟听说要征伐四卫喇特，彻辰洪台吉正在征伐前述的托克摩克（Tokmak）凯旋途中，便把辎重留放在半路的巴里坤地方，又参加了这次征伐。而在巴图尔洪台吉正在哈尔该东方招服额色勒贝侍卫所率领的八千辉特万户时，彻辰洪台吉却正在济拉玛汗山西面击败喀木苏都哩图所率领的巴图特（Baghatud），其子鄂勒哲伊勒都齐在北方追赶了三个月，粮绝，吃巴尔吉勒塔的石块，在图巴罕汗山东面率领绰罗斯的必齐呼锡格沁等四鄂托克回来了。这时，彻辰洪台吉从博陇吉尔地方派来使者，劝告巴图尔洪台吉不要相信额色勒贝侍卫。巴图尔洪台吉没有听从他的忠告。巴图尔洪台吉为八条马肋而发怒，侮辱了额色勒贝侍卫，额色勒贝侍卫因而抱怨叛去。在克尔齐逊河畔弑杀了巴图尔洪台吉。"[①]巴图尔洪台吉（把都尔黄台吉）是吉能的长子，吉囊之孙。兄弟五人，是彻辰洪台吉（切尽黄台吉）的从兄。明人也明白此事，肖大亨的《北虏世系》在巴都尔黄台吉名下注释说是"为西瓦剌所杀"，他们招降辉特，制服了巴图特、绰罗斯，显然是继承了俺答的事业。辉特可能驻牧在西蒙古，土尔扈特却如前所述驻牧在额尔齐斯（Jrtysh）河流域。巴图特和绰罗斯是后来准噶尔的始祖。巴里坤是今镇西县，博陇吉尔在往那里的路上。这些地方显然都靠近，至于其他的哈尔该、济拉玛汗、图巴罕汗山、克尔齐逊

---

① 《蒙古源流》卷六说：此时，"于阿津柴达木（Ajin-u Chaidam）之上，将鄂尔多斯之满都赉阿固勒呼杀死，遂名为阿固勒呼柴达木云。永谢布之伊巴哩太师只身迷窜，入于白帽之哈密城，被其人所杀"。由此看来，当时似乎还到了柴达木和哈密。试参看其他记录，那还是后来的追述。

河,都不知在哪里。哈尔该或许是杭爱山。图尔罕山似乎很遥远,或许就是唐努、土播的土播汗山,也未可知。总之,俺答的势力已经达到这一带。

4.青海方面的经略

达延汗驱逐了亦不剌、阿尔秃斯之后,占据了鄂尔多斯,但可汗的经略仅止于河套,并没有从这里更往西进。他的势力达到鄂尔多斯以西的河西、海西,还是在可汗之孙吉囊、俺答辈时代。郑晓的《皇明北虏考》说:"正德间……太师亦不剌弑阿尔伦,遁入河西。海西之有虏,自亦不剌始也。"《明史》(卷三三〇)《西番诸卫传》叙述更详,说:

> "西宁即古湟中,其西四百里有青海,又曰西海。水草丰美。番人环居之。专务畜牧,日益繁滋,素号乐土。正德四年,蒙古部酋亦不剌。阿尔秃厮获罪其主,拥众西奔,瞰知青海饶富,袭而居之。大肆焚掠,番人失其地,多远徙,其留者不能自存,反为所役属。自是,甘肃西宁始有海寇之患。"

西海是撒里畏吾儿的驻地。撒里畏吾儿是五代宋初时驻在甘肃边外的畏吾儿逃窜到西边来的。这时,此地开始遭到蹂躏。《西番诸卫传》里继续在嘉靖十一年条下说:

> "甘肃巡抚赵载等言:'亦不剌据海上,已二十余年。其党卜儿孩独倾心向化,求帖木哥等属番来纳款,宜因而抚之。或俾之纳马,或令其遣质,或授官给印,建立卫所,为我藩篱,于计为便。'疏甫上,会河套酋吉囊引众西掠,大破亦不剌营,收其部落大半而去。惟卜儿孩一枝敛众自保。由是,西宁亦获休息,而纳款之议竟寝。"

关于吉囊的活动已经谈到。

俺答侵入西海,是嘉靖三十八年才开始的。《明史·西番诸卫传》说:

> "时,北部俺答猖獗,岁掠宣大诸镇,又美青海富饶。三十八年,携子宾兔、丙兔等数万众,袭据其地。卜儿孩窜走,遂纵掠诸番。已,引去。留宾兔据松山,丙兔据青海,西宁亦被其患。"

方孔炤的《全边略记》(卷五)《甘肃略》说:"嘉靖三十九年,俺答与套虏犯西海。"冯时可的《俺答前志》三十九年九月条说:"俺答居西海患踵,部下病死,遂率众东回,犯凉(州)庄(浪),杀掠甚众。"瞿九思的《万历武功录》(卷七)《俺答列传》里也有略同的记载。丙兔是俺答第四子,宾兔实在并不是俺答的儿子,而是套虏吉能之弟狼台吉的儿子,所以《全边略记》里说"俺答与套虏犯西海"。松山是今甘肃兰州北、永登县东北、松山驿地方。肖大亨的《北虏世系》在宾兔台吉之下注释说:"在甘州庄浪边外松山住牧"。还在丙兔台吉下注释说:"陕西河州西海住牧,甘肃扁渡口互市"。我想是三十八年入侵,三十九年退回来。吉囊只侵犯了西海,而俺答却占据了这个地区。

其次是,随着俺答势力的发展,彻辰鸿台吉入侵西藏,并和喇嘛教发生了接触。《蒙古源流》(卷六)说:

> "岁次丙寅(嘉靖四十五年,1566),(彻辰鸿台吉)年二十七,行兵图伯特。次于锡里木济(Shilimji)之三河交会地方。大布尔萨喇嘛(Borsa Lama)、禅师喇嘛(Chanshi Lama)、达尔罕喇嘛(Darkhan Lama)为首,遣使致信于乌松都尔三津(Usungdur Sanjin)、阿勒坦三津(Aftan Sanjin)云:'尔等若归附于我,我等共此经教。不然,我即加兵于尔'。彼甚畏惧,互相商议,已逾三日。二弟谏言:'何须久待,立即进兵。彻辰洪台吉云:'诘朝日出时,有喇嘛三人前来,其正中坐之喇嘛必向

我善言之，可姑待之耳。'至次日清晨，果有喇嘛三人来谒……
于是，收服三部落图伯特，带领巴克实喇嘛（bLargin Lama）、
阿斯多克赛音班第（Astok Sain Bandi）、阿斯多克斡齐尔托密
桑噶斯巴（Astok Wachir Tonmi Sangghasba）第三人，到蒙古
地方。以乌堪珠沁丹（Ughaju Chindan）与斡齐尔托密为妻，
并给以圭温欢沁（Küi On Ghunchin）之号，尊为各官之首领
焉。"

锡里木济的三河交会地方不详，但总之是说彻辰洪台吉来到西藏
腹地，会见了大喇嘛，得到了斡齐尔托密，并加以重用。仔细想来，
元代颇信仰喇嘛教，但那只限于上层贵族之间，民众似乎仍旧信仰
黑教（萨满教）。[①] 元朝退回塞北以后，这种信仰突然废弃了。也先
太师时，曾请求明廷派遣僧侣，那时似乎还残留一些喇嘛教。但西
部蒙古地方却流行着伊斯兰教，喇嘛教几乎完全被废弃了。仅就
西部各酋长的名字来看，便可了解这种情形。因此，前述关于喀尔
喀蒙古的图蒙冐的传说也很不可靠。在蒙古各酋长中，确实受到
喇嘛教影响，似乎最早是从彻辰洪台吉说的"我等共此经教"开始
的。至少，黄教喇嘛传入蒙古，是从这时开始的。当时的蒙古人也
有这种看法。彻辰洪台吉亲自去迎接斡齐尔托密，并"尊为各官之
首领"，可见这种信仰相当强烈。

其次，《穆宗实录》隆庆三年十一月戊寅条和叶氏《四夷考·北
虏考》载："三年冬，西虏吉能率精骑，西掠熟番灵藏等族"。四年
《万历武功录》（卷七）《俺答列传》说："其九月，俺答西辕、掠西番，
留妻一克哈屯、孙把汉那吉守巢"。此事完全正确。《武备志》（卷
二二六）《北虏考》和《明史》（卷二二二）《王崇古传》等也说，把汉那
吉投降的时候，俺答正在西方征途中。于是，著名的俺答封贡告

---

① 萨满教的大概情形，可参看克德里雅弗采夫的《布里雅特蒙古民族史》第48—52页。

成,可见他们怎样忙于经略西方了。当时,彻辰洪台吉正和托克摩克(Tokmak)作战,并正从事征伐卫喇特。据明方记录说,切尽黄台吉(彻辰洪台吉)让从兄宾兔主持贡市,自己登上西掠瓦剌的征途,当是隆庆六年春一二月间。这次西征的行程一一都记载在《俺答后志》里。在《穆宗实录》隆庆六年六月庚午、七月乙酉等条中,也有把都儿黄台吉(巴图尔洪台吉)西征是该年上半年开始的记载。那么,彻辰鸿台吉等凯旋便是翌年、万历三年前后了。

据《全边略记》(卷五)《甘肃略》载,隆庆五年西海虏酋火落赤等曾略西番尔剌等族,且侵日恙剌真帖木儿各族,所谓西海的火落赤可能就是俺答之弟我托汉卜只剌台吉(俄扎罕博第达喇台吉)之三子哑速火落赤把都儿台吉。于是,万历元年俺答才亲自征服了沙喇卫郭尔(Shira Uighur)。《蒙古源流》(卷六)载:

> "阿勒坦汗年六十六岁,岁次辛未(隆庆五年,1571),与大明隆庆,共慑大统。大颁库藏,不计其数。六十八岁,岁次癸酉(万历元年,1573),行兵萨哈连图伯特(Khara Tiibed)地方。将上下沙喇卫郭尔(shira Uighur)二部落阿木多、喀木之阿哩萨噶尔齐斯奇巴(Arik Sagharjaiba)、喀噜卜伦布木(Garbo Lombum)、萨尔唐萨里克卜(Serteng Seredgyab)之三诺延以及所属人众,尽行收服。阿哩克喇嘛(Arik Lama)、固密苏噶巴克实(Gumi Shoga Bakshi)二人,率所属一同归附。于是,阿哩克喇嘛为汗解脱三恶缘及来世罪孽,升至色究竟天崃诵大有利益区别取舍等经。汗遂嵩志经典,始念六字心咒。"

在这以前则说:"至十九年,取其城。行兵中国,侵凌骚乱,明人大惧。遣使阿勒坦汗,给与孙王(Sun Wang)之号。并给金印讲和。"据萨囊彻辰解释却是:嘉靖三十一年(俺答攻取和宁的那一年)以来,十九年之间,侵凌骚扰明朝,明人大惧,遣使媾和。隆庆帝和阿勒坦汗(俺答)两人"共慑大统"。所谓孙王,当然是顺义王的音讹。

沙喇卫郭尔,就是布列茨施奈德尔所说的帖木儿时代的撒里畏兀儿(Sarigh Uighur)。正像施拉姆说的,当时该地所以有这样的部落驻牧,或许是五代以来沙陀突厥的残余,也未可知。① 总之,俺答征服这个地方以后,皈依了喇嘛教。最后几句,"于是,阿哩克喇嘛……云云",江实译成:

> "于是,阿哩克喇嘛乃为汗解脱三恶缘及来世罪孽,以至阿噶尼斯塔,并祈福祉,更啚拾取、区别[等经]。汗乃醉心经典。始念六字真言。"②

施密特的译文,却是:

> "于是,阿哩克喇嘛乃祈祷大汗解脱三恶界轮回,及来世罪孽,并登阿机尼斯塔(阿噶尼斯塔——Aginista Akanischta)天国,更啚得失诸经。汗乃虔心诵经,并念六字真言。"③

总之,到这时候,西海全部地区都已归属俺答了。

《明史》(卷三三〇)《西番诸卫传》接着前引条记述如下:

> "隆庆中,俺答受封顺义王,修贡惟谨。二子亦敛戢。时乌斯藏僧有称活佛者,诸部多奉其教。丙兔乃以焚修为名,请建寺青海及嘉峪关外,为久居计。廷臣多言不可许。礼官言:'彼已采木兴工,而令改建于他所,势所不能,莫若因而许之,以鼓其善心,而杜其关外之请。况中国之御戎,惟在边关之有备,戎之顺逆,亦不在一寺之远近。'帝许之。丙兔既得请,又近胁番人,使通道松潘,以迎活佛。四川守臣惧逼,乞令俺答约束其子,毋扰邻境。俺答言:'丙兔止因甘肃不许开市,宁夏又道远艰难,虽有禁令,不能尽制。'宣大总督方逢时亦言开市

---

① 布列茨施奈德尔《中世纪史研究》第二卷、第 205,228 页。施拉姆(Lous M.J.Schram)《甘藏方面的蒙古族》。
② 江实译注《蒙古源流》卷六,第 133 页。
③ 施密特,前引书,第 211 页。

为便。帝以责陕西督抚,督抚不敢违。万历二年冬,许丙兔市于甘肃,宾兔市于庄浪,岁一次。既而寺成,赐额仰华。"

建立仰华寺事,《俺答后志》也有记述。说:"万历二年九月,西海丙兔请建招提于五王城。本兵议谓,此地去西宁七百里,去蜀中膞腊四百里。恐虏众依寺为众,则非止费一日之积劳、一夕之卫也。后竟许之。"松潘是今岷江上游的松潘县,膞腊就是它北面的漳腊营。《中国古今地名大辞典》说:"漳腊营在四川松潘县北四十里。明初置于下潘州,为屯守之地,后徙而南。嘉靖时,筑城堡,置官军。清改为漳腊营,设游击驻防。"说是离这里四百里,距西宁七百单,那可能是现在的同德(拉加寺)一带,而青海的仰华寺却位于青海滨。

关于阿勒坦汗的皈依佛教,《蒙古源流》(卷六)最后载有彻辰鸿台吉规劝阿勒坦汗的话,说:

"(彻辰鸿台吉)至三十七岁,往见其叔阿勒坦汗,谏云:'从前失陷城池,与中国人结仇,以致出亡失统。今汗寿已高,渐至于老,事之有益于今生,以及来世者,惟在经教,先贤曾言之。今闻西方纯雪地方,有大慈大悲观世音菩萨出现,祈遣使请来,照从前神祖呼必赉彻辰汗(Khubilai Sechen Khaghan)与胡土克图帕克巴喇嘛(Khutuktu'P'ags-pa Lama)设立道教,岂非盛事乎。'阿勒坦汗深为嘉许。遂与右翼三万人和好。即于丙子年(万历四年,1576),令阿勒坦汗之阿都斯达尔罕(Adus Darkhan)、阿奇依达尔罕(Nekei Darkhan)、彻辰鸿台吉之鸿郭岱达延巴克实(Khongkhodoi Dayan Bakshi)等,充为使人,往请圣识一切之索若木札木苏胡土克图(Bsod-nams Rgya-mts'o Khutuktu)……使人等将至,三万人共议,在青海之察卜齐雅勒(Chabchiyal)地方,修造庙宇。"

所谓察卜齐雅勒是蒙古语峡谷的意思,或许庙就在这样的山谷里,也未可知。但《全边略记》（卷五）《甘肃略》说："万历五年，虏以贡好乞寺名，上赐西海寺曰仰华寺。"说明里说："是时俺答……请令五藏喇嘛，县道待次，并予料工，建寺于西海之岸，索经与佛，供于西寄寺中。"按现在的地图，青海濒临东南岸有地名扎布奇亚（Tsabtchia），察卜齐雅勒恐怕就是这里。总之，仰华寺在后来万历十九年时被明总都郑洛等烧毁了。这事见于《明史》（卷二二二）《郑洛传》、《西番诸卫传》等。索诺木札木苏是达赖喇嘛三世，在明朝记录里，叫作锁南坚错。札木苏（Rgya-mts'o）是藏语，意思是大海，而所谓达赖，则是蒙古语，是大海的意思。这是当时俺答给喇嘛上的尊号。沈国元的《两朝从信录》①说：

> "时，有喇嘛锁南坚错者，云知已往未来事，称活佛。顺义王俺答亦崇信之。万历七年，以迎活佛为名，西侵瓦剌，为所败。锁南坚错戒以好杀，劝之东还。俺答亦劝喇嘛通中国，乃自甘州遗书张居正，自称释迦摩尼比丘，求通贡。馈以仪物，居正不敢受。闻之于帝。帝命受之，而许其贡。由是，中国亦知有活佛。此喇嘛有异术，能服人，诸番莫不从其教，即大宝法王及阐化诸王，亦俯首称弟子。自是，西藏止知奉此喇嘛，诸番王徒拥虚位，不复能施其号令矣。"②

依明朝记录，万历三年，俺答请明廷赐所居丰州滩名归化城。

---

① 按查《皇明从信录》（万历录卷之一）万历七年二月条叙"乌思藏僧锁南坚错"事，说："坚错者即阐化王答赖喇嘛也。故号称活佛，以传经说法戒淫杀，为虏所尊礼。称轮回转法功德吐界佛大国师。万历五年套酋切尽黄台吉约俺达迎坚错西海上，饮长生水，俺达所从部落数十万人，徒以奉坚错教，无淫逞者，其教化可知矣。"（万历录卷之一，第45页）作者这里的引文，可看见《明史·西域传》。——译者

② 关于锁南坚错和张居正的交涉，详见朱东润的《张居正大传》第308—312页。《实录》万历七年二月辛卯条说："命辅臣居正勉纳贡夷乌斯藏僧人锁南坚错等馈物。僧锁南坚错即虏酋顺义王俺答所称活佛者也。去年，虏酋以迎见活佛为名，意图西抢，因教以作善戒杀，阻其西掠，劝之回巢。又因而连合西僧，向风请贡，且以番书一纸并压书礼物，遣居正。居正上言，臣系辅弼近臣，参预密勿，义不与外夷私通，不敢私受。上以居正辅理勋猷，宣播遐迩，戎狄宾服，宜勉纳所馈，以慰远人响风慕义之诚"。

五年,赐青海(察卜齐雅勒)的寺为仰华寺。又八年,为归化城一座寺庙请赐名,命名为弘慈寺。① 喇嘛教的传播不仅软化了右翼各部,而且风靡全蒙古,各部酋营建的寺庙、塑造的佛像颇多。据《蒙古源流》说:左翼察哈尔汗皈依喇嘛教是在万历四年丙子。至十五年,左翼图们汗遣使去参拜喇嘛,外蒙古土谢图汗阿巴岱等还亲自去参拜喇嘛。第二年这个喇嘛死了。俺答汗之孙松木儿台吉之子虎督度称呼毕尔罕,不久就成了第四代达赖喇嘛蕴丹札木苏。至于驻在现在库伦地方的大喇嘛,是十余年后,呼毕尔罕入藏以后作为代理喇嘛安置的,第一代大喇嘛称迈达哩胡土克图。

总之,俺答非常钦慕汉族文化,早就接近降人学习汉族文化。《俺答后志》最后说:"俺答听我降人议,以大明律绳其下,得中国锦绮巧,每以骄东虏。"又据《全边略记》(卷二)《大同略》说:俺答叫他的子弟习汉字、学孝经等。所谓东虏是指这时没有得到贡市的东方察哈尔部。自隆庆五六年以后,俺答属众完全帖服,从事和平通商。当然,此后也并不是绝没有侵犯,尤其俺答死后,长年致乱,但总的说来,却像《明史·鞑靼传》所说:"自是,约束诸部,无入犯,岁来贡市,西塞以宁。""誓约一定,历三十年不变"。

冯时可的《俺答后志》说:万历三年五月,西海"宾兔侵诸番,以报其窃马",又说:

> "万历五年七月,宾兔仇瓦剌,要虏王往。虏王以迎佛为上请,西行……十月虏王发丰州,六年四月,宾兔挟虏王,掠熟番甘藏诸族,大获。自此番人苦虏,听其诅约,与相盘牙。而延宁套虏亦鹜利而西。甘肃多事矣。"

《全边略记》(卷五)里所记也大略相同。《明史·西番诸卫传》说:"俺答既抵瓦剌,战败而还,乃移书甘肃守臣,至假道赴乌斯藏,守

---

① 《实录》万历三年十月丙子,又五年四月癸亥,又八年十二月辛丑各条。

臣不能拒,遂越甘肃,而南会诸酋于海上。番人益遭蹂躏,多窜徙"。① 同瓦剌的战争究竟怎样,不详。总之,到这时西北蒙古方面由于蒙古各部酋的斗争,瓦剌余众几乎全被逐出整个蒙古各地,西海、西藏方面也几乎被俺答一派全占领了。因为除丙兔外,俺答的从子、河套的切尽黄台吉和永邵卜大成台吉等也都相继前来占据了西海。

5.俺答的后人

万历九年十二月,俺答死了,年七十五岁。后年,十一年闰二月,长子辛爱黄台吉继承第二代顺义王位。② 黄台吉以非常骁勇著称。《蒙古源流》也说他是右翼五勇士之一,其刚勇可知。《世宗实录》嘉靖三十六年十一月丁丑条说:"其士马雄冠诸部,且凶狡无赖,北边畏之。"又叶向高的《四夷考·北虏考》说:"黄台吉臂偏短,善用兵,其众畏之,用命过于俺答。"但他的这种强猛,只是匹夫之勇,凶悍偏激,动辄难免和别人发生冲突。据王世贞的《北虏始末志》说:黄台吉常骂其父俺答无能,"黄台吉日夜扼腕曰:老婢子有此兵,而老死沙漠,可笑也"。但他自己却非常轻率。从嘉靖四十四年八月他从宣府洗马林入侵,竟因明军一个无名裨将遭受重创一事,也可以推测出来。至于和他父亲俺答不和睦一事,《北虏始末志》说:

> "俺答有四万骑,其精兵万余骑,子即所谓黄台吉也。有一万骑,其精兵七八千骑……俺答老矣,娶二妾,弃其妻,黄

---

① 按《明史》百衲本,第九十二册,卷三百三十,第 10 页,"至假道赴乌斯藏"作"乞假道赴乌斯藏"。——译者
② 《实录》万历十一年闰二月甲子条。关于此事,青木富太郎《关于辛爱继承顺义王问题》(《东方学》第十四辑)叙述甚详。

台吉怨之。妾各子一人，予万骑自备，以故中自疑，不敢深入。"

《武备志》（卷二二五）、《北虏考》等也都说：俺答初贡市，黄台吉"与父不相能，自别异"。在这以前，俺答和小王子相争，是由于势不两立，黄台吉也常和东迁后的小王子冲突，叶氏《四夷考》、《名山藏》、《实录》等都有所记载。不仅如此，据《穆宗实录》隆庆六年七月甲午巡按宣大御史孙棕奏报说：偶尔和小王子搆隙的黄台吉，还和他的长子扯力克台吉发生争执，夺去了他的人马牛羊，致使一时漂泊无依。孙棕评论他说："黄台吉素强悍跳梁，凌侮诸夷。一旦天夺其魄，被子抢去人马，其势困弱。"《明史》（卷二二二）《吴兑传》说黄台吉不听俺答的规劝，动辄通东虏土蛮，恣其桀骜。然后又叙述他和俺答宠妾三娘子不睦的情形说："三娘子有盛宠于俺答，辛爱嫉妒，数诅詈之。三娘子入贡，宿兑军中，诉其事。"所谓三娘子，前面已经说过是俺答的外孙女，本已聘给别人，俺答听说她美丽，便夺娶了。后来获得了俺答的宠信。《明史》（卷二二二）《郑洛传》里叙述她的势力说："三娘子佐俺答，主贡市，诸部皆受其约束。"又《全边略记》（卷二）《大同略》说："先是，三娘子在俺答时，自练精兵万人，夷情向背，半系娘子。"

因此，俺答死后，所遗部属多半归入这个女酋手中。黄台吉要继承他父亲顺义王的权力，就必须遵照蒙古的习惯，先和三娘子结婚，合并她的部属。然而，三娘子一向和黄台吉不和，到这时候，黄台吉的势力已逐渐倾颓，老病之余，甚至受到儿子的侮辱。因此，三娘子厌恶他，乃率众西走。黄台吉亲自追赶，以至贡市停顿，蒙古的统一也势将破裂。于是，明总督郑洛深恐顺义王的约束不行，明廷羁縻政策失效，便劝说三娘子和黄台吉成了亲。因而黄台吉也心悦诚服，自称乞庆哈（Sechen khan）。从此一心致力和好。但为时仅三年,万历十三年二月,就病死了。①

黄台吉死后,第三代顺义王当然是他的长子扯力克台吉。但扯力克很聪明,深得众心,因嫌三娘子年老,极力回避,蒙古势力又濒于分裂的危机。总督郑洛于是又要挟扯力克,说"夫人三世归顺,汝能与之匹,则王,不然,封别有属也。"于是,扯力克便逐走诸妾,和三娘子结了婚。万历十五年三月袭封顺义王。同时,明廷认为三娘子可以利用,遂册封她为忠顺夫人。② 康熙《宣化县志》(卷一七)的《武备志》说:万历"十五年,扯力艮袭封顺义王"。脚注说:"王沉缅昏眊,凡应酬番汉事务,委三娘子理之。年未五十,而须发已皓。"据《明史·西番诸卫传》说:"俺答卒,传至孙扯力克(扯力克),势轻不能制诸酋。"在盖黄台吉很短的统治时期,因俺答的余威尚未尽消,黄台吉比他的父亲更强勇,因而顺义王的威严还能略微维持。临到扯力克,统治力已衰弱,便逐渐呈现出颓势。尤其在河套、青海方面发展起来的各部,不服从顺义王的约束,扰犯明廷逐渐增多。扯力克不但不加以制止,却亲自到西边去协助他们。遂引起了万历十八年以后西海各酋的猖獗。明万历十九年,停止扯力克的贡市和抚赏,就是对这些罪行的惩罚。停赏到二十七年才又恢复。万历三十五年四月,扯力克死去,顺义王袭封的纷扰达于极点。这些纷扰肯定都和三娘子有关。概括来说,就是由于封贡新得势的三娘子一派和俺答部成立以来的旧势力一派争夺权力的结果。

最初,俺答殷切希望的封贡一事的成功,是在他的孙子把汉那吉投降明朝时开始的,而把汉那吉的投降明朝,是起因于俺答强夺了三娘子。因此,三娘子和把汉那吉两人当然都和封贡有关。俺

---

① 《实录》万历十四年正月辛酉条。

② 《实录》万历十五年三月乙卯条。青木富太郎《关于撦力克承袭顺义王问题》(《史学杂志》第 66 编、第 8 号)。

答喜见封贡成功,自然就要重用明廷所喜爱的这两个人。三娘子怎样利用贡市关系收揽权势,上面已经谈过。把汉那吉在隆庆四年十二月返回蒙古以后,俺答就命他主持板升,改名叫大成台吉。因颇得俺答的宠幸,日渐富饶,竟为各部侧目而视。万历十一年五月,大成台吉坠马死去,他的妻子大成比妓独掌这个富饶地区。三娘子打算为她和俺答所生第七子不他失礼娶她,吞并她的富饶地区。另一方面,俺答的用事权臣恰台吉不喜欢闺阁势力增大,暗中拥立扯力克,遂动用兵力把大成比妓收归扯力克为妻。但此事不久就决裂了。后来,不他失礼和大成比妓两人生了一个儿子,叫索囊台吉,便演成争夺下一代顺义王位的内讧。因为扯力克和三娘子结婚时,把大成比妓赶走了。

万历三十五年四月,顺义王扯力克死去,长子晃兔台吉已经先死了,顺义王王位便要落在嫡孙卜失兔的头上。然而,不他失礼的遗子索囊台吉代表三娘子、把汉那吉两派的势力,欺侮卜失兔年幼,孙辈而寡弱,有篡夺嫡系的意图,便和卜失兔的叔父毛明安(五十万打力台吉)合谋离间他和忠顺夫人(三娘子)之间的关系,阻止她和卜失兔成婚。到三十五年至三十八年间,房中无定主,中外汹汹。三十九年春,辛爱黄台吉的次子五路台吉代表正统旧派势力,会合宣大蓟镇边外七十三部酋长,威逼忠顺夫人和索囊台吉强要奉立卜失兔。但新势力一派也没有立即屈服,在两军对抗形势之下,眼看蒙古要大乱起来。幸由明廷新总制涂宗濬运用机略谕解,婚事才勉强告成。然卜失兔还没来得及袭封,忠顺夫人就老死了。于是索囊立即收抚其遗众而去。到四十一年六月,卜失兔才袭封,然而到这时,顺义王的权威已经完全衰微了。

失去了顺义王统驭的蒙古,所以对明边很少侵犯,一则由于势力衰微,一则也由于索囊之母大成比妓心服明朝的恩威,极力加以戒饬。《神宗实录》万历四十三年三月甲子,山西巡抚吴仁度所上奏折中说：

> "把汉比妓感天朝赏赉之恩，每训戒索囊，必不犯顺，所恃
> 者房中一妇人耳。且比妓年逾七十，一旦物故，能必索囊之无
> 异志乎？"

所称把汉比妓就是已故把汉那吉之妻大成比妓。忠顺夫人死后，
由明廷册封为忠义夫人。万历四十三年，正是清太祖大体统一了
满洲，开始制订八旗兵制时期。十三年以后，到清天聪二年，明崇
祯元年，察哈尔部的陵丹汗遭到清军攻击，往西迁徙，懦弱的顺义
王各部，立即土崩瓦解，卜失兔也逃入西边河套，死于该地。卜失
兔就是《清朝实录》里所说的博硕克图。崇祯五年，清军收抚察哈
尔部，土默特部的俄木布率领头目古录格、杭高托博克等请降，这
个俄木布就是博硕克图之子。后来主持归化城土默特的，也就是
这个俄木布和前述两个头目的裔孙。①

　　蒙古的继承法，从顺义王的继承事实、察哈尔汗的继承法、昆
都伦汗的继承法、科尔沁乌讷博罗特的继承法来看，都是长子继承
制。② 为什么蒙古的继承演成汉族式的继承法了呢？ 即便一切都
取法汉族的清朝，它的继承法仍然是满洲独特的。明代蒙古的继
承制之所以完全演成汉族式的，大概是由于入主中国的元代业已
采用了汉族继承法的结果。元朝从世祖忽必烈时起已经有了正式
的皇太子，定由嫡长子真金继承。但因皇太子真金夭折了，才由嫡
孙铁木耳继位成了成宗。后来虽然由于变乱频仍，未能按照理想
实行，但在理论上，还是定为嫡长继承。所以，惠宗乌哈噶特汗之
后，嫡子昭宗爱猷识理达腊承嗣。是否变乱平定，到达延汗以后又

①《蒙古游牧记》（卷二）、《土默特部》附记归化城土默特。
②据《黄金史》（Altan Tobchi）说：博罗特王诺颜（Noyan Bolod Ong），在其兄失踪期间，曾即王位，但
当兄回来时，称："因兄不在，所以我违例即位，令兄既归来，依习惯，仍应兄即王位"。（见鲍登的
书，第170—171页）

定为必须由嫡长继承了呢？我认为这种嫡长继承法只能这样来理解。

其次，汗号也很紊乱，除鬼力赤汗、也先汗滥称汗号以外，正式汗位原定必须是嫡统可汗的称号。然从赛那剌汗（巴尔斯博罗特）时起，就逐渐紊乱了。不久就出现了俺答汗、昆都仑汗等。俺答最初称索多汗，后来皈依喇嘛教后称格根汗。俺答之子辛爱黄台吉后来称乞庆哈。老把都最初称昆都仑汗，后来吉能之孙卜失兔也称济农汗。此外，内蒙古喀尔喀方面还有扎鲁特的内济汗，察哈尔汗灭亡后，外蒙古还出现了喀尔喀各汗（车臣汗、土谢图汗、札萨克图汗、三音诺颜汗）等。右翼济农并非正统，大都自称济农。这就是汗号、济农称号的紊乱情形。

据《蒙古源流》载，有很多像萨睦尔可敦、满都海彻辰可敦等有势力的可敦。例如，忠顺夫人（三娘子）、忠义夫人（把汉比妓）之外，还有称作黄妇（切尽比妓）的切尽黄台吉的遗妻、老把都的遗妻，以及猛可真、大小壁只、称作满妇的满旦的遗妻等，都是以妇人身份成为一方首领的巾帼英雄，数不胜数。由此看来，蒙古的妇女权力似乎相当大，但却不然。妇女地位还是很低，而遗妻或做母亲的权力相当大，她们只是在丈夫死后才挥弄权势的。

当时还没有可观的商业。但蒙古除了把牛、马、羊的皮毛之类输出中国，输入中原的铁器、绢帛织品或谷类等外，因满洲是湿地，没有盐湖，而蒙古到处都是盐池，把它所产的盐运往满洲或汉族地区的也会不少；平定了偏远的山地之后，把那里的毛皮运往中原的也会不少。

以前，万历十六年九月，在西海方面永邵卜的虏众闯入西宁，杀死了明朝副总兵李奎（李魁）。《明史·西番诸卫传》说："时，丙兔及切尽黄台吉亦皆死，丙兔子真相移驻莽剌川，火落赤移驻捏工川，逼近西宁，蚕食番族，番不能支，则折而为寇用。扯力克（撦力克)又西行助之,势益炽。"①十八年六月,入旧洮州,覆灭副总兵李联芳军。七月,又深入,掠河州、临洮、渭源,杀游击李芳。于是,西陲震骇。明朝起用前宣大总督郑洛,让他去经略西边。郑洛第二年进兵青海,烧毁仰华寺,赶走了余众就回来了。《西番诸卫传》说:"番人复业者,至八万余人,西陲暂获休息,已,复聚于青海。"

这时聚集在西海方面的部酋,《武备志》(卷二〇八)所引《兵略》中称为"甘镇边外住牧夷人"的,列举如下:

西海离边三五百里不等,盘住夷人。

酋首永邵卜乞庆黄台吉等部落二万有余,住牧甘镇边外,在于宣府、张家口互市、领赏。此房交通铁雷、火落赤、真厢台吉、那木大等,抢掠西番,及进贡回夷,不敢侵犯边镇地方。

酋首铁雷,系东房。因往西海迎佛,贪恋莽剌川、捏工川水草野牲,及抢番得利,盘据西海,与火落赤、真厢台吉等聚结房众,假以抢番,窃犯洮岷河州地方,部落约二千有余。

酋首火落赤,系东房,因迎佛恋住蟒剌、捏工两川,与铁雷等接连抢番,及犯洮、岷、河州地方。部落约二千有余。

酋首真厢台吉,系东房,流住西海。同铁雷、火落赤抢番扰边。

酋首那木大,系宾兔长子,先年住牧甘镇松山地方。甘镇议筑新疆,大兵出边剿杀,此酋带领部落,逃奔西海。部下夷人五百有余,约同铁雷、火落赤等,抢番犯边。夷弟我琴革、麻记,逃奔宁夏地方贺兰山后住牧。

以上诸酋,住牧西海,抢番族,掠回夷,时常窃犯洮、岷、归德地方。因惧甘镇兵马,不敢侵犯甘镇地方。

永邵卜乞庆黄台吉是俺答之弟我托汉卜只剌台吉(博第达喇鄂特

---

① 莽剌川、捏工川两川名,《读史方舆纪要》等书里都没见到。现在无法考证。但依形势推测,大概是现在的大通河和湟水。

罕台吉)之孙恩克七庆台吉。铁雷是切尽黄台吉之侄,阿穆岱墨尔根台吉之子图垒青固拉齐。火落赤如果不是永邵卜乞庆黄台吉的叔父哑速火落赤把都儿台吉,就可能是切尽黄台吉之侄,布延达喇郭拉齐巴图尔之子莽固斯额尔德尼郭拉齐。真厢是丙兔之子,也就是俺答第四子、西海丙兔之子三温台吉(即宰生,又名真相)。火落赤和真厢最剽悍,当时有所谓:谈"火、真"色变。那木大是宾兔的长子,也就是吉能之弟狼台吉的长子宾兔台吉之子。至于被赶出松山的经过和两弟我琴革、麻记,已经另外谈过。这些部酋都是俺答及吉能的同族。所谓东房是说原非西海之夷,并不是说辽东之虏。从反复说"不敢侵犯甘镇地方",或"因惧甘镇兵马,不敢侵犯甘镇地方"等看来,这类记载或许是说万历十六至十八年侵犯以前,也未可知。

值得注意的是,方孔炤的《全边略记》(卷五)《甘肃略》万历十五年条载:

"四月,宾兔抢西宁,其婿瓦剌他卜囊,率精兵千余,住岔口堡,从泗水暗门,我师获其掠者,曰永邵卜部也。十六年,瓦剌他卜囊及著力兔,提兵往脑海,钞黄毛,从镇羌暗门而过。十七年,海虏从南川入境,声钞摆羊。巳,乃钞南山生熟番,兼略汉人。兵备万世德遣参将锤一济,让他囊,卜囊以其人畜还。"

这个瓦剌他卜囊的名字,一再出现在《实录》、《明史》(卷二三九)《达云传》和《西宁府新志》等书里。据清杨应琚《西宁府新志》(卷二十)《武备志·青海条》载:

"(万历)十六年九月,瓦剌他卜囊部众有阑入西宁者。副总兵李奎方被酒,跃马而前,部众控鞍,欲诉,奎援刀砍之。众逆射奎死。及千把总、指挥八员,领兵官四十余员,全军覆没。"

杀副总兵李奎的说是瓦剌他卜囊。^① 十九年焚仰华寺,西海始稍靖。然"巳,复聚于青海",接着,"其种类有火落赤、真相台吉、纳剌台吉、沙剌台吉、哈坛巴都儿、南把兔儿台吉、著力兔等,与永邵卜、瓦剌他卜囊部落蟠聚杂处"。^② 又说:

> "二十三年,增设临洮总兵官,以刘綎任之。未几,瓦剌他卜囊犯南川,兵备副使刘敏宽,参将达云大破之。巳,连纳剌诸酋,犯西川,巡抚田乐率敏宽、达云,又击破之。"

瓦剌他卜囊,据《全边略记》(卷四)《陕西延绥略》万历十九年,御史崔景荣的疏说:"瓦剌他卜囊即永邵卜之别名,诡为姓号,犯我西宁。云云。"当然,这不过是臆测而已。所谓他卜囊是驸马的意思。因此,说是宾兔的女婿是对的。所以称瓦剌,不过是说明他的出身而已。从它在蒙古中是个相当强的部落看来,就不得不联想到卫喇特(瓦剌)的和硕特部了。

《皇朝藩部要略》(卷九)《厄鲁特要略》(一)说:

> "图鲁拜琥号顾实汗……其祖博贝密尔。自始称卫拉特汗。其父哈尼诺颜洪果尔继之。有子六,长哈纳克土谢图,次拜巴噶斯,次昆都伦乌巴什,次即顾实汗,又次为色棱哈坦巴图尔及布雅鄂特欢。顾实汗兄。弟,惟昆都仑乌巴什、布雅鄂特欢留旧牧,拜巴噶斯袭居西套,余皆随顾实汗徙青海……是时,和硕特顾实汗最强,为四卫拉特之首。我太宗文皇帝崇德二年(崇祯十年,1637年),顾实汗遣使通贡,阅岁乃至,是为厄鲁特通贡我朝之始。七年,顾实汗偕达赖喇嘛、班禅喇嘛及唐古特汗藏巴等,奉表贡。昆都仑乌巴什亦遣使,从达赖喇

---

① 《实录》万历十六年十一月庚申条说:"甘肃海虏瓦剌他卜囊拥众自南川入,杀副将李魁及中军阿承印等,亡失多。云云。"

② 这些番族的情况,详载清《皇中杂记》和《西宁府新志》。又,艾科瓦尔(Ekvall.R.B.)《甘藏文化关系》和施拉姆(M.J.Schram)《甘藏方面的蒙古族》等书,也都可以参看。

嘛,贡驼马。顾实汗寻击杀藏巴汗,而据其地,使其子驻之。"
我认为这个顾实汗或其父哈尼诺颜洪果尔等,正是这里所说的瓦剌他卜囊。

又《蒙古源流》(卷八)载有河套卜失兔用兵西藏说:

> "其从前鄂尔多斯之博硕克图济农(Bushuktu Jinong),年三十二岁,岁次丙申(万历二十四年,1596),行兵西图伯特地方,招服古噜索纳木扎勒(Guru Bsod-nams-rgyal)之沙喇卫郭尔(Shira Uighur),修明经教之事,未易言罄"。

古噜索纳木扎勒不知道在哪里。从西图伯特来看,恐怕在柴达木盆地一带,还是撒里畏兀儿地方。又说:

> "岁次己未(万历四十七年,1619),[①]蒙古多伦土默特之巴噶托音(Bagha Toin)海林乌格德巴图尔塔布囊(Khailin Ügetei Baghatur Tabunang)等,行兵图伯特地方。于扎克博哩(IJakburi)山,收服藏巴汗(Gtsan-pa Khaghan)之十万大兵。"

说是在将要返回时,得到博克达班禅额尔德尼(Bokda Pan-ch'en Erdeni)的介绍。这次征伐的经过不详,但说明当时蒙古兵已深入西藏腹地拉萨地方。这和前述顾实汗灭藏巴汗事是否有关呢?如果根据西藏史料或许可以了解详情,也未可知。总之,到这时候蒙古的势力已经达到西藏的腹地了。

昭和三十三年(1958)八月稿

---

① 《蒙古源流》海日楼笺本,卷八,第7页,"岁次己未(万历四十七年)"笺证本作"岁次乙未(万历二十三年)"。——译者

九、明代的北边防务

一

前面所谈的是以北虏内部情况为主,犯边侵寇这类事一概从略,因而明朝边防问题几乎没有提到。我想这样会有不少地方难以理解,现在拟就明代边防问题简单加以阐述。关于明代北边防务,详见于《明史》的《兵志》、《职官志》和《地理志》有关各书,以及徐日久的《五边典则》、霍冀的《九边图说》、茅元仪的《武备志》等。现在就根据这些书,概述其大略。

《明史》(卷九十一)《兵志·边防》条开头就说:

"元人北归,屡谋兴复。永乐迁都北平,三面近塞。正统以后,敌患日多。故终明之世,边防甚重。东起鸭绿,西抵嘉峪,绵亘万里,分地守御。初设辽东、宣府、大同、延绥四镇,继设宁夏、甘肃、蓟州三镇,而太原总兵治偏头,三边制府驻固原,亦称二镇,是为九边。"

在赏功制度上,功绩有奇功、首功、次功等区别。大概规定为:"北边为上,东北边次之,西番及苗蛮又次之,内地反贼又次之。"由此可以看出重视北边的情形。

国初,北平以北,有大宁都司。它的西边,接连元上都地方,有开平卫;更西又有兴和卫;黄河东北角有东胜卫、丰州卫等,形成防务的第一线。从永乐初年大宁都司内迁以后,接着废除了兴和卫,开平卫也孤立难守了。宣德中,放弃土地三百余里,移开平,守独石,独石卫便首当敌冲了。云中的塞北也分为中、东、西三路来防敌,然自东胜、丰州撤退,云川、玉林内迁以后,又增筑镇边、杀胡、丫角各堡来防御敌人。

《明史》(卷四十)《地理志》记大宁都司说:

"北平行都指挥使司本大宁都指挥使司。洪武二十年九月置(治大宁卫),二十一年七月更名。领卫十。永乐元年三月复故名,侨治保定府,而其地遂虚。景泰四年,泰宁等三卫乞居大宁废城,不许,令去塞二百里外居住。天顺后,遂入于三卫。西南拒北平布政司八百里。

大宁卫(元大宁路、治大定县,属辽阳行省),洪武十三年为府,属北平布政司。寻废。二十年八月置卫,九月分置左、右、中三卫,寻又置前、后二卫。二十八年四月改左、右、后三卫为营州左、右、中三护卫。永乐元年二月省。又徙中、前二卫于京师,直隶后军都督府。"

以下还列举新城卫、富峪卫、会州卫、木榆卫、全宁卫等。

该书又记开平卫说:

"开平卫(元上都路,直隶中书省),洪武二年为府,属北平行省,寻废府置卫,属北平都司。永乐元年二月徙卫治京师,直隶后军都督府。四年二月还旧治,宣德五年迁治独石堡,改属万全都司,而令兵分班哨备于此。后废。"

关于兴和守御千户所,说:

"兴和守御千户所(元隆兴路,直隶中书省,皇庆元年十月改兴和路),洪武三年为府,属北平布政司。四年后废府,三十年正月置所。永乐元年二月直隶后军都督府。二十年为阿鲁台所攻,徙治宣府卫城,而所地遂虚。"

关于东胜州,《明史》(卷四十一)《地理志》的《山西行都指挥使司》项末尾说:

"东胜卫(元东胜州,属大同府),洪武四年正月州废置卫。二十五年八月分置东胜左、右、中、前、后五卫,属行都司。二十六年二月罢中、前、后三卫。永乐元年二月徙左卫于北直卢龙县,右卫于北直遵化县,直隶后军都督府。三月置东胜州中、前、后三千户所于怀仁等处守御,而卫城遂虚。正统三年九月复置,后仍废……西距行都司五百里,领千户所五:失宝赤千户所,五花城千户所,干鲁忽奴千户所,燕只千户所、瓮吉剌千户所(俱洪武四年正月置)。"

从千户所的位置来看,东胜卫可能还包括鄂尔多斯地方。

元代有甘肃省,明代只有陕西省而没有甘肃省。在这里设有陕西行都指挥使司,事实上统辖甘肃地方。《明史》(卷四十二)《地理志·陕西行都指挥使司》条说:

"陕西行都指挥使司(元甘肃等处行中书省,治甘州路),洪武五年十一月置甘肃卫。二十五年罢。二十六年陕西行都指挥使司自庄浪徙置于此。领卫十二,守御千户所四。距布政司二千六百四十五里。"

接着记载甘州各卫、肃州卫、山丹卫、永昌卫、镇番卫、庄浪卫、西宁卫、沙州卫和碾伯守御千户所、镇夷守御千户所、古浪守御千户所、高台守御千户所等。原来这里施军政,不是民政,所以只列置卫所而没有设郡县。

辽东地方属山东布政司,但因为是关外的化外地域,不施民政而只有军政,设有二十五卫(定辽中、左、右、前、后,东宁,海州,盖州,复州,金州,广宁中、左、右、中屯、左屯、右屯、前屯,义州、宁远,沈阳中、左、右、中屯,铁岭,三万),二州(安乐、自在,都是安置降夷的地方),根本没有郡县。陕西行都司也是这样。非仅辽东和甘肃,就是大宁、开平和东胜等,那些原当冲、后来置行都司、称卫所的地区,原来也只有军政而不设民政的州县。具有雄才大略的永乐帝所以不断计划内徙、退缩，可能是为了以北平为首都，以这里为中心屯驻重兵来巩固防御。或者是为了设置州县，企图一改国初的军政而恢复和平的民政。

总之，国初的边防逐渐退缩是无可争议的，长城的位置就是最显明的迹象。国初把松亭关撤退到喜峰口，这且不谈。当初位于长城内的大同猫儿庄，后来圈出长城塞外。其中最显著的是放弃辽河套地，在那里修筑了凹字形的边墙；特别是黄河套地也被北虏夺去了。据《实录》弘治六年二月辛亥条载巡按山东监察御史李善的奏报说：经营辽河套地凹字形边墙，据说是正统二年以后的事。黄河套地当然原来是属于明朝的势力范围。自东胜失守后，势渐衰弱，正统中，因为也先入侵，便失守了。后来，天顺年间，被毛里孩、阿老出占据。这固然是暂时的现象，但到弘治末年，火筛入据以后，遂成了北虏的巢窟。正德初年，虽有杨一清企图恢复该地，嘉靖中，还出了个曾铣，计划恢复，然都没有成功。从此以后就没有梦想这件事的人了。鄂尔多斯就成了北虏的根据地。万历中叶，打退了接近松山地方虏寇，恢复了这个地区，虽不能与此相提并论，终究是明朝的胜利。这些就是北边地带发生的显著变化。

二

后来，明朝便配置下列将领守御九边。《明史》(卷七十六)《职官志》说：

"镇守辽东总兵官一人，旧设，驻广宁。隆庆元年，令冬十月移驻河东辽阳适中之地，调度防御，应援海州、沈阳。

协守副总兵一人。(辽阳副总兵旧为分守，嘉靖四十五年改为协守，驻辽阳城。节制开原、海州、险山、沈阳等处。)

分守参将五人。(曰开原参将，曰锦义右参将，曰海盖右参将,曰宁远参将,曰宽佃堡参将。)

> 游击将军八人,守备五人,坐营中军官一人,备御十九
> 人。"

辽东总兵官称征虏前将军,挂特别印,是总镇一方的镇守。那些独
镇一路的叫作分守,守御一城一堡的是守备,和主将同守一城的称
协守。《九边图说》和《武备志》(卷二百五)《镇戍辽东》条都更一一
详加分析,这里从略。《武备志》记载末年的兵马数目说:

> "原额官军九万四千六百九十三员名,实在八万三千三百
> 四十员名。原额马七万七千一匹,见额马驴四万一千八百三
> 十匹头。"

《九边图说》说:

> "本镇原额马步官军九万四千六百九十三员名,除节年逃
> 故外,实在官军八万一千九百九十四员名。原额马七万七千
> 一匹,除节年倒失外,实在马四万三千八百七十五匹。本镇年
> 例主兵银一十六万三千九百九十八两五钱二分八厘二毫五
> 丝,客兵银四万两。"

历年变化的结果,这个数字有若干增耗。《九边图说》是隆庆三年
(1569)进上的,《武备志》是天启元年(1621)成书的。

《九边图说》里叙述当时辽东镇的形势,说:

> "臣等谨按:辽东全镇,延袤千有余里,北拒诸胡,南扼朝
> 鲜,东控福余、真番之境,实为神京左臂。自大宁失险,山海以
> 东,横入虏地,宁前、高平诸处一线之涂,声援易阻,识者有隐
> 忧焉。南通溟渤,倭警虽稀,而金、复、盖三卫,僻在海埂,号称
> 沃壤。三岔河冻,虏数垂涎,故河东惟冬防吃紧也。近奉诏
> 旨,每值严寒,总帅移驻海州,似亦得策。惟河西零窃,剽掠无
> 时,疏通来往,将领尚矣。浚路河,增台圈、防御之略,兹其可
> 已乎? 大段辽地丁寡,招垛孔艰,而又征调频仍,士马日耗,欲

其利爪牙，以卫腹心，不可不为之所也。"

这是满清还没有兴起时的情形。满清兴起以后，辽东危急，可想而知。

蓟镇总兵官没有将军称号。《明史》（卷七十六）《职官志》说：

"镇守蓟州总兵官一人，旧设。隆庆二年，改为总理练兵事务，兼镇守，驻三屯营。

协守副总兵三人。（东路副总兵，隆庆三年添设，驻建昌营，管理燕河营、台头营、石门寨、山海关四路。中路副总兵，万历四年改设，驻三屯营，带管马兰峪、松棚峪、喜峰口、太平寨四路。西路副总兵，隆庆三年添设，驻石匣营、管理墙子岭、曹家寨、古北口、石塘岭四路。）

分守参将十一人。（曰通州参将、曰山海关参将、曰石门寨参将、曰燕河营参将、曰台头营参将。曰太平寨参将、曰马兰峪参将、曰墙子岭参将、曰古北口参将、曰石塘岭参将、曰喜峰口参将。）

游击将军六人，统领南兵游击将军三人。领班游击将军七人，坐营官八人，守备八人，把总一人，提调官二十六人。

镇守昌平总兵官一人，旧设副总兵，又有提督武臣。嘉靖三十八年裁副总兵，以提督改为镇守总兵，驻昌平城，听总督节制。

分守参将三人。（曰居庸关参将，曰黄花镇参将，曰横岭口参将。）

游击将军二人，坐营官三人，守备十人，提调官一人。

镇守保定总兵官一人，弘治十八年初设保定副总兵，后改为参将。正德九年复为分守副总兵。嘉靖二十年，改为镇守。三十年改设镇守总兵官。万历元年，令春秋两防驻浮图峪，遇有警，移警紫荆关，以备入援。

分守参将四人。(曰紫荆关参将,曰龙固二关参将,曰马水口参将,曰倒马关参将。)

游击将军六人,坐营中军官一人,守备七人,把总七人,忠顺官二人。"

《武备志》分蓟州、昌平、保定等,详细记述各处的兵马粮饷数目。《九边图说》综述蓟镇一镇的数字说:

"本镇原额马步官军十万九千三百九十员名,除节年逃故外,实在官军九万九千二百四十六员名。原额马四万一千三百二十一匹,除节年倒失外,实在马三万四千三百二十八匹。

本镇年例主兵银一十六万五千七百三两三钱八分,客兵银六十三万三千四百七十九两二钱七分一厘一毫二丝。"

辽东和蓟镇过去曾有巡抚协赞军务,后来将蓟辽军务一并交总督处理。《明史》(卷七十三)《职官志》说:

"巡抚顺天等府地方兼整饬蓟州等处边备一员,成化二年始专设都御史,赞理军务,巡抚顺天、永平二府,寻兼抚河间、真定、保定凡五府。七年兼理八府,八年以畿辅地广,从居庸关中分设二巡抚,其东为巡抚顺天、永平二府,驻遵化。崇祯二年,又于永平分设巡抚,兼提督山海军务。其旧者止辖顺天。

巡抚保定等府,提督紫荆等关,兼管河道一员。成化八年分居庸关以西,另设巡抚保定、真定、河间、顺德、大名、广平六府。提督紫荆、倒马、龙泉等关,驻真定。万历七年,兼管河道。"

又说:

"巡抚辽东地方赞理军务一员,正统元年设,旧驻辽阳,后地日蹙,移驻广宁,驻山海关,后又驻宁远。"

同时又说:

"总督蓟辽保定等处军务,兼理粮饷一员。嘉靖二十九年置。先是蓟辽有警,间遣重臣巡视。或称提督。至是,以边患益甚,始置总督,开府密云,辖顺天、保定、辽东、三巡抚,兼理粮饷。万历九年,加兼巡抚顺天等处。十一年复旧。天启元年置辽东经略……崇祯四年并入总督。十一年又增设总督于保定。"

关于这事,《九边图说》却说:"总督蓟辽保定等处军务兼理粮饷侍郎一员(驻扎密云城),整饬蓟州边备兼巡抚顺天等府都御史一员(驻扎遵化城)","巡抚辽东地方兼赞理军务都御史一员。"

《九边图说》叙述蓟镇形势说:

"臣等谨按:蓟镇自山海抵居庸,延袤辽阔。国初号称腹里,顷缘大宁内徙,宣辽隔绝,沿边千里,与虏为邻。虽有属夷驻牧,甘心附虏,每犯内地,辄为向导。频年抚赏,劳费不赀。甚至肆为要挟,悖逆极矣。该镇素鲜边警,自古北之溃,烽火始达甘泉。嗣是,若太平,若墙岭,若罗汉洞,相继失守,虏竟得志而去,未一惩创,当轴者是岂可不深长思哉。所幸层峦叠嶂,天险为固,斩崖湮谷,其说不可易已。第将领修守,素习弥缝,监司阅历,惮于陟降,重闉绝塞,乃至与虏共之,殊可太息。桑土绸缪,栋焚在念,兹非其时耶?此中积弊,未易枚举。撮其甚者,主兵耗于役占,客兵疲于往来,民兵溺于偷娴,班兵狙于故习。根极要领,选练先焉。又以议论繁多,莫可措手。呜呼!不痛除数弊,而欲蓟镇之安,不可得已。"

三

宣府总兵官称镇朔将军。关于其将领,《明史》(卷七十六)《职官志》说:

"镇守宣府总兵官一人，旧设，驻宣府镇城。

协守副总兵一人。（副总兵亦驻镇城，嘉靖二十八年移驻永宁城。）

分守参将七人。（曰北路独石马营参将，曰东路怀来永宁参将，曰上西路万全右卫参将，曰南路顺圣蔚广参将，曰中路嵩峪堡参将，曰下西路柴沟堡参将，曰南山参将。）

游击将军三人，坐营中军官二人，守备三十一人，领班备御二人，万历年革。"

《武备志》（卷二〇五）《镇戍宣府》条记叙这里的兵马说：

"原额官军一十五万一千四百五十二员名，见额七万九千二百五十八员名。原额马五万五千二百七十四匹，见额马驼骡驴三万三千一百四十七匹头。"

大同总兵官称征西前将军。关于其将领，《明史》（卷七十六）《职官志》说：

"镇守大同总兵官一人，旧设，驻大同镇城。

协守副总兵一人。（旧为左副总兵，万历五年去左字，驻左卫城。）

分守参将九人。（曰东路参将，曰北东路参将，曰中路参将，曰西路参将，曰北西路参将，曰井坪城参将，曰新平堡参将，曰总督标左掖参将，曰威远城参将，万历八年革。）

游击将军二人，入卫游击将军四人，坐营中军官二人，守备三十九人。"

《武备志》（卷二〇六）《镇戍大同》条记述这里的兵马说：

"原额马步军官一十三万五千七百七十八员名，见额八万五千三百一十一员名，原额马骡驴五万一千六百五十四匹头，见额三万五千八百七十四匹头。"

山西总兵官没有将军称号。关于其将领，《明史》（卷七十六）

《职官志》说：

> "镇守山西总兵官一人。旧为副总兵，嘉靖二十年改设，驻宁武关，防秋移驻阳方口，防冬移驻偏关。
>
> 协守副总兵一人。（嘉靖四十年添设，初驻偏关，后移驻老营堡）。
>
> 分守参将六人。（曰东路代州左参将，曰西路偏头关右参将，曰太原左参将，曰中路利民堡右参将，曰河曲县参将，曰北楼口参将。）
>
> 游击将军一人，坐营中军官一人，守备十三人，操守二人。"

《武备志》（卷二〇六）《镇戍山西》条记述这里的兵马说：

> "原额官军二万五千二百八十七员名，见额五万五千二百九十五员名，原额马驴六千五百五十一匹头，见额二万四千七百六十四匹头。"

此外，还有总督和巡抚。《明史》（卷七十三）《职官志》载：

> "巡抚宣府地方赞理军务一员，正统元年命都御史出巡塞外，因奏设巡抚兼理大同。景泰二年另设大同巡抚，后复并为一。成化十五年复分设。十四年加赞理军务。
>
> 巡抚大同地方赞理军务一员。初与宣府共一巡抚，后或分或并。成化十年后专设，加赞理军务。
>
> 巡抚山西地方兼提督雁门等关军务一员。宣德五年，以侍郎巡抚河南、山西。正统十三年，始命都御史专抚山西，镇守雁门。天顺、成化间，暂革，寻复置。"

又说：

> "总督宣、大、山西等处军务，兼理粮饷一员。正统元年，始遣佥都御史巡抚宣大。景泰二年，宣府、大同各设巡抚，遣尚书石璞总理军务。成化、弘治间，有警则遣。正德八年设总

制。嘉靖初,兼辖偏、保。二十九年去偏、保,定设总督宣大山西等衔。三十八年令防秋日驻宣府。四十三年移驻怀来。隆庆四年移驻阳和。"

《九边图说》里,却是"巡抚宣府赞理军务都御史一员","总督宣大、山西等处军务兼理粮饷侍郎一员(驻扎阳和城)","巡抚大同地方赞理军务都御史一员","提督雁门等关巡抚都御史一员(驻扎山西省城)"等。

《九边图说》叙述宣府镇的形势说:

"臣等谨按,宣府自东徂西,边长一千余里,雄据上谷,藩屏陵京,譬则身之肩背,室之门户也。肩背实则腹心安,门户严则堂奥固,其关涉岂细细哉。在昔经略诸臣咸谓,彼中山川纷纠,地险而狭,分屯建将,倍于他处。自今观之,乃亦有不尽然者,虏越永宁,则南山之迫切可畏,龙门失守,则金马之戒备当先。考之往事,若撞道横岭之驱,疾如风雨,浮图、紫荆之溃,祸及郊圻,耳目睹记,历历可鉴,是岂可以易守言哉。近驻督于怀来,设专官于本路,防护南山,可谓至矣。第其间犹有一二可虑者。硫炮等处,界在两镇,蓟宣稍有推诿,修设未免单薄。今虏且掠车夷去矣。山后险易,此辈盖稔知之,长虑却顾,兹其可缓乎?该镇本色,素称匮朒,设遇连俭,或由居庸取道,或自桑乾通运,皆事势之不可已者。然陆运盖尝行之,舟运则自芦沟,以达彼中,未有能详其说者。其可不为讲求乎?若夫重北路之哨探,扼南渡之要津,虏东犯,已得其形,虏深入,先据其胜,此又不独宣镇之利,尤蓟之所必不可无者也。"

叙述大同镇的形势说:

"臣等谨按:大同古云中地也。西起丫角,东止阳和,边长六百四十余里。东北与诸胡连袂,西接套虏,在九边中称绝塞焉。国家于诸边,率建墩列戍,界限夷虏,独于该镇,设为大边二边，联络不已，得无意哉。阅岁既久，倾圮寖多，虏骑跳梁，已难控御。乃又以冲险故，弃而不守。云中之重险尽失，君子有遗恨焉。彼中虽苦虏患，幸无异图，自奸民丘富辈，授以攻城之术，于是，云中四境边堡，萧然无复有存焉者。极而至于石州之祸，渐岂可长乎？大边之外，即为丰州，地多饶沃，先年虏虽驻牧，每遇草尽，则营帐远移，乃今筑城架屋。东西相望，咸称板升，其所群聚者，无非驱掠之民，与夫亡命之辈也。虎噬狼贪，隐忧窃伏，谋国者，是岂可无善后之策哉。该镇之兵，豢养岁久，骄悍日滋，稍不适意，辄相诟噪，甚至交通无忌，与虏为市者，不能御暴，而反以为暴，将焉用之。近年议广招徕，议申军令，似亦得制御之略。然必故态潜消，大边渐复，庶可无意外之患。第狂澜既溃，障蔽为难，积习相循，转移岂易，非得壮猷之帅，恐未足以语此也。"

叙述山西镇的形势说：

"臣等谨按：山西自丫角墩起，至老牛湾止，边长一百余里。外借大同，以为藩篱，内恃三关，以为捍蔽，该镇边患似非所忧也。自嘉靖壬寅岁（二十一年）虏寇太原，边祸实自此始。嗣是，率数岁一入，蹂躏之惨，虽尝闻之，而城邑固无恙也。丁卯岁（隆庆元年），虏始陷石州，受祸之烈，前此未有。何者？所称为藩篱，为捍蔽者，皆不足恃若此哉。该镇在诸边稍称腹里，每岁列戍，多用民兵，素不见虏，骤闻虏至，咸相顾失色，一隅不支，诸军瓦解。孰能整师迎敌，以抗方张之虏乎？虽有大同为之藩屏，虏自咸远、平虏而下，即抵莜麦川，奔利民堡，××平型，窥雁门，一入内地，势若河决于此，而欲角战以求胜，顾不难哉。夫将必领兵三千，方成营伍。该镇之兵，素怯懦不可用，而各将所领，多不满二千，又骑步相兼，非合数营，不可追逐。竢其合而当之，虏已饱所欲矣。翙水泉一带，皆所必窥之地,而河曲、保德,又切邻套虏,严冬冰结,呼吸可度。军士凿冰之苦,至堕指裂肤,尤为他镇所无者。乌可谓三晋为内地哉。迩来宁武叛卒如刘如沈,皆用事虏中,鸱张虿毒,谋逆未已,实为心膂之患,图事决策,可不为之虑哉。大抵山西诸路,西路为急,中路稍缓。练士兵,缮城堡,明烽堠,严哨探,是为防守至计。若乃扼阳方之口,塞府川之冲,此又守要害之切务,不可不讲而图之也。"

<h1 style="text-align:center">四</h1>

延绥总兵官称镇西将军。关于其将领,《明史》(卷七十六)《职官志》说:

"镇守延绥总兵官一人,旧设,驻镇城。

协守副总兵一人。(定边右副总兵,嘉靖四十一年添设,分守安定、镇静等处,提调大墙及墙口等处。)

分守参将六人。(曰孤山参将,曰东路右参将,曰西路左参将,曰中路参将,曰清平参将,曰榆林、保宁参将。)

游击将军二人,入卫游击四人,守备十一人,坐营中军官一人。"

《武备志》(卷二〇七)《镇守延绥》条,叙述这里的兵马说:

"原额官军八万一百九十六员名,见额五万三千二百五十四员名。原额马四万五千九百四十四,见额马骡三万二千一百三十三匹头。"

《九边图说》叙述延绥镇的形势说:

"臣等谨按:延绥东起黄甫川,西止定边营,边长地远,为套虏充斥之地。然自神木迤东,逼近黄河,难通大举,神木迤西,直至石涝乾沟等处,环绕千五百里。虽有二边,倾圮已甚,不足为据，虏不乘则已，来则必入。矧长驱无忌，关以内尤为可忧，该镇所系，顾不重哉。考之先朝，经略西事诸臣，如余子俊、杨一清、王琼辈，皆计画鸿猷，脍炙人口。至究其所建置，则修筑先焉。盖设险卫民，实保塞至计也。迩年督抚先后相继主修设，以故终岁之内，东西诸路，报完颇多。第天下事，非一人一手所能就绪，因其所有，增其所无，以共图千百年永赖之利，非同心体图者，不可也。然窃有说焉。此中军士，骁悍善战，素称忠勇，自庚戌以后，更番入卫，疲于奔命，无复故态。而又以地多沙漠，种植为难，蒭粮不充，曾不宿饱。万以虏驻鱼河，粮道险远，镇城坐困，忧先机事，岂可不为之经理哉。议者欲于府谷至葭州，由黄河而上，造舟转运。以济清水、木瓜、孤山等处，亦为甚便。近虽题行，而建置仓庾，改征本色，未闻议及，皆今日之所宜汲汲者。若夫议复河套之旧，以守东胜之城，审时度势，殊难为力，是又未可以易言也。"

镇守宁夏总兵官称征西将军。《明史》（卷七十六）《职官志》叙其将领说：

"镇守宁夏总兵官一人，旧设，驻镇城。

协守副总兵一人，亦旧设，同驻镇城。

分守参将四人（曰东路右参将，曰西路左参将，曰灵州左参将，曰北路平虏城参将。）

游击将军三人，入卫游击一人（万历八年革），守备三人，备御领班二人（万历九年革），坐营中军官二人，营理镇城都司一人，领班都司二人（万历九年革），管理水利屯田都司一人。"

《武备志》（卷二〇七）《镇戍宁夏》条叙述这里的兵马说：

"原额马步官军七万一千六百九十三员名，见额二万七千九百三十四员名；原额马二万二千一百八十二匹，见额一万四千六百五十七匹。"

《九边图说》叙述宁夏镇的形势说：

"臣等谨按：宁夏古朔方河西地也。东起盐场，西尽中卫，东南距河为险，北倚贺兰为固，在昔称四塞焉。自虏入套以来，边患始剧。其在夏秋，则用浑脱浮渡，以扰我边，严寒之时，则踏冰卒入，乘我不备，甚至取道贺兰山后，往来庄凉，恬无忌惮。今之宁夏，是岂可以往昔例论哉。说者谓，复旧墩，明烽堠，严长城之守备，兴灵之冲，此固切要之论也。然不分番监哨，则各水头地方，虏之有无，亦何自而知之哉。哨探真确，然后，量势大小，潜出锐兵，攻其必救，此亦守边捷法。何者？边长兵寡，聚散异形，有警号召，卒难齐一，不若乘便搞剿，使虏贼疑畏，不敢近边驻牧，庶几亦长策也。此外，则浚旧渠，通水利，固可以复屯田，亦可以阻虏骑云。"

甘肃总兵官称平羌将军。《明史》（卷七十六）《职官志》叙其将领说：

"镇守甘肃总兵官一人，旧设，驻镇城。

协守副总兵一人。（甘肃左副总兵，旧设。嘉靖四十四年，移驻高台防御。隆庆四年，回驻镇城。）

分守副总兵一人。（凉州右副总兵，旧设。）

分守参将四人。（曰庄浪左参将，曰肃州右参将，曰西宁参将，曰镇番参将。）

游击将军四人，坐营中官军一人，守备十一人，领班备御都司四人。"

《武备志》（卷二〇八）《镇戍甘肃》条记述这里的兵马说：

"原额官军九万一千五百七十一员名，见额四万六千九百一员名；原额马二万九千三百一十八匹，见额马骡二万一千六百六十四头。"

固原镇总兵官没有将军称号。《明史》（卷七十六）《职官志》记载其将领数目说：

"镇守陕西总兵官一人,旧驻会城,后移驻固原。

分守副总兵一人。(洮岷副总兵,万历六年改设,驻洮州。)

分守参将五人。(曰河州参将,曰兰州参将,曰靖虏参将,曰陕西参将,曰阶文西固参将。)

游击将军四人,坐营中军官二人,守备八人。"

其兵马数是：

"原额官军一十二万六千九百一十九员名,见额九万四百一十二员名;原额马骡牛三万二千二百五十头只,见额三万三千八百四十二匹头只。"

这些将领之上,还有巡抚和总督。《明史》(卷七十三)《职官志》说：

"巡抚延绥等处赞理军务一员。宣德十年,遣都御史出镇。景泰元年专设巡抚,加参赞军务。成化九年徙镇榆林。隆庆六年改赞理军务。"

"巡抚宁夏地方赞理军务一员,正统元年,以右佥都御史郭智,镇抚宁夏,参赞军务。天顺元年罢。二年复设,去参赞。隆庆六年加赞理军务。"

"巡抚甘肃等处赞理军务一员。宣德十年命侍郎镇守。正统元年,甘凉用兵,命侍郎参赞军务。景泰元年定设巡抚都御史。隆庆六年改赞理军务。"

"巡抚陕西地方赞理军务一员。宣德初,遣尚书侍郎出镇。正统间,命右都御史陈鉴、王文等,出入更代。景泰初,耿九畴以刑部侍郎出镇,文移不得径下按察司,特改都御史巡抚。成化二年,加提督军务,后改赞理。驻西安,防秋驻固原。"

又说：

　　"总督陕西三边军务一员。弘治十年,火筛入寇,议遣重臣,总督陕西、甘肃、延绥、宁夏军务,乃起左都御史王越任之。十五年以后或设或罢。至嘉靖四年,始定设,初称提督军务,七年改为总制,十九年避制字,改为总督,开府固原,防秋驻花马池。"

《九边图说》却说:"巡抚延绥地方赞理军务都御史一员","巡抚宁夏地方赞理军务都御史一员","巡抚甘肃地方赞理军务都御史一员",以及"总督陕西三边军务侍郎一员(驻扎固原镇城)","巡抚陕西地方赞理军务都御史一员(驻扎陕西省城)"。

《九边图说》叙述甘肃镇的形势说:

　　"臣等谨按:甘肃古河西四郡也。西控西域,南隔羌戎,北蔽胡虏,实为西陲孤悬绝塞。国初设哈密,以为捍卫。盖即汉人断匈奴右臂之意。自土鲁番屡肆劫夺,陕巴失守,其部落皆散,置关外。捍卫遂失。嗣是,亦不剌徙居西海,吞并番族,××陇右之间,遂无宁宇,甘肃边患,自此日甚一日矣。该镇可设险之处固有,而其不可设险之处亦多,守之之法,惟于秋冬之候,行令庄浪并鲁氏土兵,以防碾伯西宁;游兵驻古浪,以防岔口镇羌;凉州副将合永昌之兵,相为犄角,以外助镇香,内防凉永。肃州参将,并镇夷高台诸处。严谨堡塞,以防攻击,而又略仿充国困羌夷之法。开垦屯田,以实塞下。行之数年,增建城垣,修饬器具,招募军兵,买补战马,皆无不可。此前人已试之猷,非敢为臆说也。闻彼中所急,无如井泉,居常度地势,察泉脉,随便开凿,使四境之内,棋布而星列之,是亦备缓急之一策乎。大抵甘肃控御番夷,其机在我,若禁茶却贡,番人自当乞哀请命不暇。是故该镇之忧,南不在番,北不在虏,所当亟图而远虑者,莫西海诸贼若也。"

《九边图说》叙述固原镇的形势说:

"臣等谨按：固原向在先朝，号称腹里，每值冰结，所守者，仅靖虏一面耳。迩年宾兔诸酋，乘秋，分住大小松山，往来沿河，乘虚浮犯，又或踏冰，谋掠安会、兰靖诸堡。西海之贼，出没无时，已属可虑。而生番诸部又时肆剽掠，扰我耕牧，劫我行旅。盖番汉杂处，良有隐忧。援今稽昔，岂不真霄壤哉。大段狂虏谋犯，虽涉多歧，而制御机宜，惟先要害，定边、花马、兴、灵，其藩篱也。石沟、盐池、韦州、萌城、山城，其门户也。固原、黑水、镇戎、西安、海剌，其庭除也。安会、隆德、平凉，其堂室也。墩堡游兵，当并力防御，以壮藩篱，正兵主兵，当驻守要会，以严门户，抚镇等官，当振扬威武，以靖庭除。县令等官，当团练士兵，以安堂室。小至则战，但不可轻进，大至则守，姑勿与争锋，竢其拥众深入，或据险以阨其冲，或张疑以分其锐。虏进无所逞，野无所掠，势必西遁，然后乘其已夺之气，或断其中，或截其尾，安有善归之理乎？如是而又清影射之丁，实逃亡之伍，垦莱芜之地，补新募之军，添沼河之堡。凡西凤、临巩之卒，多方训练，以作其赴敌之勇，形声气势，亦足远慑。防守之策，谅不出此者。在当事者加之意而已。"

由此可知九边的防务情况，概观当时的形势。

又，辽东方面，起初在广宁、开原（镇北关、广顺关）和抚顺等处，设立互市市场，用以抚绥三卫和女真。晚年，更为三卫开义州木市，抚顺以外又在清河、瑷阳、宽奠设立市场，专以用来抚绥女真，开原除南北二关外，又开庆云新安关；广宁也在镇安关之外，复开大福堡、大康堡；为宁前又开高台、兴水县二堡，以致力抚慰三卫。

在西方，大同屡次设市，并为三卫设置喜峰口贡关。尤其是隆庆中，俺答款贡以后，设马市于蓟镇的喜峰口、黑峪关，宣府的张家口的大市厂，大同的得胜堡、杀胡堡、新平堡、阳和守口堡等，山西的水泉营红门、延绥的榆林红山、宁夏的兴武清水营、平虏厂、中卫厂以及甘肃扁渡口等处。通过和平贡市，以阻塞北虏的欲求。这些地方都是抑制北虏和女真的要冲。现在略而不述。

在这类研究中，有稻叶岩吉的《明代辽东边墙》(《满洲历史地理》二)、李漱芳的《明代边墙沿革考略》(《禹贡》五之一)、张维华的《明辽东北边墙建置沿革考》(《史学年报》二之一)等。尤其最近出版的田村实造的《明代九边镇》(《石滨先生古稀纪念东洋学论丛》)一文，概述了它的沿革，仅供参考。

昭和三十三年(1958)十一月稿

十、北元帝系

　　明朝取代元朝兴起以后，有人认为元朝就此灭亡了，这当然是误解。当时，成吉思汗的遗裔诚然被逐出了中国内地，但后来还很久盘踞在蒙古本土，继承了元朝的帝位和称号。明朝所称的北虏，也就是北元的朝廷。北元朝廷后来经过明军几次攻逐，奔走穷荒，逐年丧失了中国式文化，后来便慢慢恢复了蒙古原来的陋俗。自己保存下来的记录很少，中国方面的传闻也不多，因而关于它的帝室的世系等，留下了很多使人疑惑难解的地方。

　　首先，一般周知的事实只是，惠宗（顺帝）北迁后，传位给太子爱猷识理达腊，又从昭宗爱猷识理达腊传位给脱古思帖木儿。而这个脱古思帖木儿和惠宗、昭宗究竟有怎样的血缘关系已不详。在这里，我以前通过不厌其烦地考证，证明了并不像通常传说的昭宗是父亲、脱古思帖木儿是儿子的父子关系，其实他二人同是惠宗之子，昭宗为兄、脱古思帖木儿为弟的亲属关系。[①] 又关于脱古思帖木儿以下两代，也不明确。可能像蒙古方面所传，脱古思帖木儿有二子，恩克卓里克图（Engke Joriktu）和额勒伯克尼古埒苏克齐（Elbek Nigülesükchi）兄弟相继登上汗位，后来由后者的长子琨特穆尔（Gün Temür）、即明人所称坤帖木儿继承了汗统。[②]

　　明永乐初，继承坤帖木儿汗的鞑靼可汗鬼力赤，更是个难题，曾使俄国的蒙古学者施密特（I. J. Schmidt）[③]和布列茨施奈德尔

① 和田清《兀良哈三卫的研究》（一）（《满鲜地理历史研究报告》第十二册、原书第 197—201 页）。
② 同上，原书第 203—204 页。
③ 施密特：《东蒙古史》，彼得堡，1829，第 404 页（注 8）。

(E.Bretschneider)①，以及最近《蒙古源流笺证》的作者中国的张尔田②等迷惑不解。我认为他和北元帝室是另一系的酋长，是《蒙古源流》所说的卫喇特(Oirad)的克哷古特(Kergüd)部长乌格齐哈什哈(Ügechi Khashagha)一系。③后来，北元帝系无疑越过这个篡夺者而传给了坤帖木儿之弟完者秃王即本雅失里汗，本雅失里死后，传给他的儿子答里巴。④问题只是这个答里巴汗在永乐中叶死去，正主脱脱不花王到宣德末年才出现，在这十几年间，是什么人登上蒙古可汗的大位呢？

据明人记载，本雅失里在永乐八年遭到成祖穷追，离开了他的谋主鞑靼的阿鲁台，投奔西方瓦剌大酋马哈木，不久就被杀害了。马哈木弑杀了这个难以驾驭的可汗本雅失里之后，就拥立汗的遗儿答里巴来代替他。永乐十二年，在忽兰忽失温战役中，拥戴这个小可汗和明成祖争夺输赢。后来突然被阿鲁台打败，死于永乐十四年春夏之交，同时他所奉戴的答里巴汗，也毫无消息了。⑤蒙古方面的记录《蒙古源流》(卷五)里，把答里巴作德勒伯克(Delbek)，大体上和上述事实并没有矛盾。它的记述如下：

> "德勒伯克汗乙亥年生，岁次辛卯(永乐九年，1411)，年十七岁即位，在位五年，岁次乙未(永乐十三年，1415)，年二十一殁。"

再回头来看马哈木的敌方。东方敌酋阿鲁台的帐中，自从他所奉戴的本雅失里西奔以后，再也没有可以拥立的元裔了。这从《大明

---

① 布列茨施奈德尔《中世纪史研究》(卷2)第 163 页。
②《蒙古源流笺证》(卷五)第七页。该书实际是已故沈曾植的遗稿，但因是经张尔田重新增补出版的，所以今本的错误应由张尔田负责。
③ 和田清：同上，原书第 206—212 页。
④ 同上，原书第 204—206 页。
⑤ 同上，原书第 217—218 页。和田清《明初的蒙古经略》《满鲜地理历史研究报告》第十三册，原书第 61—68 页。

实录》永乐八年十二月丁未条所载成祖给阿鲁台的敕谕说："尔遣脱忽歹等来言,元氏子孙已绝,欲率部属来归。尔此心,朕具悉之。云云"便可了解。即大元可汗本雅失里抛弃阿鲁台投奔马哈木,不久被马哈木杀害,又拥立其子答里巴,当时东方的阿鲁台没有可拥戴的汗裔,便只依赖明帝的庇护了。

然而,后来阿鲁台的势力恢复起来,才找到可以拥戴的寓公。将近永乐末年,阿鲁台弑主的消息传到了明朝方面。永乐二十一年冬十月,在明成祖马前投降的阿鲁台旧属也先土干,一再向帝诉说:"阿鲁台弑主虐人,违天逆命。云云。"①雄视于东蒙古的和宁王阿鲁台的主人,必定是蒙古正统的大汗。究竟是谁呢? 明郑晓的《皇明北虏考》叙述永乐二十年成祖亲征漠北之后,接着说:"十二月,阿鲁台弑其主本雅失里而自立。本雅失里妻率其属来朝。乞居内地避之。"沈国元的《皇明从信录》(卷五)等书也说:二十年"闰十二月,阿鲁台弑其主本雅失里,自称可汗。"这些都说是原来那个本雅失里汗。但这都是附会了当时本雅失里遗妻来归的臆说,没有任何根据。本雅失里死在永乐十年以前,而且对阿鲁台来说,敌手瓦剌马哈木阵中发生的事件,另有确证可寻。② 因此,这些传说当然无足考虑,但尽管如此,也足证当时有弑杀可汗的传说。

清初潘柽章、吴炎同撰的《明史记》,应该是私人撰述明代史籍中最翔实的,不幸现在已经失传。但它的编余《国史考异》,留传到现在,其中精确语录颇多。关于上述阿鲁台虐杀一事,潘、吴两氏对郑晓等的错误加以严厉纠正。最后叙述己见如下:

"案马哈木既立答里巴。于是,阿鲁台不肯赴衙庭朝会。

①《大明实录》永乐二十二年春正月甲申条。

②《大明实录》永乐十一年五月庚子,《明史纪事本末》(卷二十一)《亲征漠北》,及和田清《兀良哈三卫的研究》(一)原书第 205—206 页。本雅失里妻的来归,是洪熙元年六月癸亥(《实录》),不是永乐二十年。

至马哈木死,阿鲁台连破瓦剌之众,而答里巴亦归迤北。至二十一年夏,马哈木之子脱欢大破阿鲁台……阿鲁台盖以是时怼而戕答里巴。故也先土干既归于我,即奏阿鲁台弑主虐人,违天逆命。云云。盖阿鲁台奉本雅失里为可汗,故以马哈木为弑主;马哈木奉答里巴为可汗,故脱欢与也先土干,又以阿鲁台为弑主矣。"①

即潘、吴两人认为答里巴汗在马哈木亡后,转而来到阿鲁台那里,于是说成是阿鲁台弑杀的。这似乎也是一种解释,但仔细想来,纯是对《蒙古源流》和其他蒙古方面史料一无所知的空论。上述空论所依据的是马哈木亡后,"答里巴亦归迤北"一句话,而这句话是缺乏任何根据的臆说。据明人所传,答里巴的名字,永乐十三年以后绝未再见。《蒙古源流》说是死于永乐十三年,其后由另一个可汗代立。这应该是最可靠的记录。

《蒙古源流》(卷五)在叙述德勒伯克汗即答里巴的生平之后,接着叙述乌格齐哈什哈即鬼力赤的强横说:

"乌格齐之子额色库(Esekü)丁卯年生,岁次乙未(永乐十三年,1415),年二十九岁,即位……额色库汗在位十一年,岁次乙巳(洪熙元年,1425),年三十九岁,殁。"

这个额色库,在《黄金史》里作乌雅尔拉泰(Uyaratai),②在胡特(G. Huth)所译《蒙古佛教史》里作额色胡(Esenhu),他的事迹略同。③ 现在摘引所谓《黄金史》的异本《喀喇沁本蒙古源流》的译文。首先,叙述德勒伯克汗说:"斯后,明年兔年,德勒伯克汗即位,在位五年,羊年宾天。"后面接着说:

"斯后,即于羊年(明成祖永乐乙未十三年),乌雅尔拉泰

---

① 《国史考异》卷六第四项。
② 《成吉思汗传》第 66 页。括弧内汉字是该书异本《喀喇沁本蒙古源流》的译字。
③ 胡特(G.Huth)《蒙古佛教史》斯塔拉斯堡,1896,卷二,第 44 页。

汗即位,在位十一年,蛇年(仁宗洪熙乙巳元年)宾天。"
这一节,除汗名不同外,和《蒙古源流》完全符合。而蒙古可汗的名字,颇多异传,如一方称爱猷识理达腊和脱古思帖木儿,另一方却称必力克图(Biliktü)和乌萨哈尔(Usakhal);或者一方称本雅失里、脱脱不花王,另一方却称完者秃、岱总汗。① 这些应该看作是称号和实名的不同。因此,额色库汗又称乌雅尔拉泰,并无须大惊小怪。现从年次完全一致来看,毫无疑问,两者所传是同一个人的事迹。倘若《源流》所传不错,那么这个人就是我所考订的鞑靼可汗鬼力赤,即乌格齐哈什哈之子。

想来,鬼力赤就是永乐初年阿鲁台所辅翼的所谓鞑靼可汗。由于元室嫡裔本雅失里的出现,鬼力赤立即失势,阿鲁台转而拥戴了本雅失里。待本雅失里父子再度落入瓦剌敌手以后,如前所述,阿鲁台营帐中就再没有可以奉戴的元裔了,综合这些情况看来,阿鲁台当他拥戴的本主本雅失里和答里巴陷入敌人手中的时候,作为穷极之策,拥立了鬼力赤的遗儿,并不是不可能的。据明人所传,当时阿鲁台手中肯定有一个没有名字的可汗;据蒙古方面所传,当时乌格齐哈什哈(即鬼力赤)之子额色库汗(乌雅尔拉泰)正在他那里,那么,说两者是一个人,也并不是鲁莽的考订。实际上,阿鲁台所拥立的既非元裔,所以也不能向明朝夸报。因此,直到这个可汗被杀为止,明朝也没有明确这个可汗的存在,我于是认为永乐末年被阿鲁台弑杀的那个没有名字的可汗,实际就是这个额色库汗。

只是蒙古方面所传额色库汗(乌雅尔拉泰)的殁年是岁次乙巳,即仁宗洪熙元年(1425),和明人记载的永乐二十年(1422)前后不一致。不过,明人所传也并不很确切,尤其《源流》和其他蒙古方

---

① 参看和田清《兀良哈三卫的研究》(《满鲜报告》第十二册,原书第 213 页和同上第十三册,原书第 399—400 页所载北元世系表)。

面的纪年,颇多错误,尽人皆知,因此,也不必仅以此为理由,就怀疑上述的考证。阿鲁台是出身于遥远的南俄方面的酋系,在东蒙古根据地威望不高,所以几次想要拥戴不是元室嫡系的可汗,最初翼赞鬼力赤即乌格齐哈什哈,不久又拥戴本雅失里,没过多久又拥戴乌格齐之子额色库汗,最后又拥立科尔沁的阿岱汗。

阿岱汗(Adai Khaghan),据《蒙古源流》(卷五)说是元太祖的亲弟弟乌济锦诺延(Üchüken Noyan)的裔孙,当时是东部科尔沁部的部长,代表着当时衰弱了的东蒙古势力,和元室遗孽阿寨台吉(Ajal Taiji)及阿鲁克台太师(Aruktai Taishi)协力,同西蒙古的卫喇特大争雄长的大酋。《源流》的阿鲁克台太师,无疑就是明人所说的阿鲁台太师,因此,阿岱汗必定就是阿鲁台的与党阿台王子。据《源流》(卷五)说:"阿岱汗庚午年生,岁次丙午(宣德元年,1426),年三十七岁即位。在位十三年,岁次戊午(正统三年,1438),年四十九岁,为托欢太师所弑。"阿台王子在正统三年被瓦剌(卫喇特)脱欢(托欢)所攻杀,《大明实录》和其他史籍都有明证,毫无疑问。[①]《明实录》里,在宣德九年秋七月丙申条,首次出现阿台的名字,他自始就和阿鲁台相勾结,毫无疑问。我认为《源流》所说岁次丙午(宣德元年,1426)即位,和前代额色库死的年次(洪熙元年,1425),都应该提前一二年。至少,宣德九年是次代可汗、元室嫡裔阿寨台吉的遗子岱总汗(脱脱不花王)被瓦剌脱欢拥立的次年。[②] 正因为这样,潜主阿台和奉戴他的阿鲁台的势力才立即衰微下去。不久就出现了瓦剌的全盛时代。

因此,过去霍渥尔特(H. H. Howorth)曾认为《源流》的阿岱汗

---

① 参看《大明实录》正统三年九月丁未条及和田清的同上书,《满鲜报告》第十二册,原书第233—234页。
② 参看和田清的同上书,《满鲜报告》第十三册,原书第270—271页。

是《明史》的阿鲁台，考订阿寨台吉是阿台王子，当然错了。[1] 但我订正它说阿寨台吉是这里所说的没有名字的可汗，[2]显然也是大错。我的错误是由于把重点放在看来易懂的明人的记录上，过于看轻了看来不太可信的《源流》和《黄金史》的所传造成的。当然，乌格齐、额色库和阿岱汗等都不是元裔正统的潜主，北元帝系是我先拟制的，大体上没有错误，但如果不把这些篡立者插入正统世系中间来考虑，就不可能得出正确的历史解释，所以我在这里订正前说。

昭和七年十二月稿

《市村博士古稀纪念东洋史论丛》昭和八年（1933）八月

补　记

本文是很早以前写的。现在我倒认为像这篇文章写的那样没有名字的可汗应该是阿寨台吉，较为正确。

昭和三十四（1959）年十月

---

[1] 霍渥尔特《蒙古史》卷一，第 356—357 页。
[2] 和田清的前引书，《满鲜报告》十二册，原书第 240—241 页。

十一、关于扩廓帖木儿之死

　　明太祖有一天在大宴将领们时问："天下奇男子谁也?"①周围的将领们都回答说："常遇春是也。遇春仅将兵十万,横行无敌,真奇男子也。"②太祖笑着说："遇春虽人杰,吾得而臣之,吾不能臣王保保。其人,奇男子也。"③这是载在《明史》(卷一二四)《扩廓帖木儿传》等书里的著名掌故。④ 王保保是扩廓帖木儿(Kökö Temür)的汉名。扩廓帖木儿在元末混乱时期挺身而起,对衰残的元室竭尽孤忠,曾一度讨平山东、河南的寇贼,两次打败山西韩店的明军,这里无须赘述。后来不幸随同元室北窜,退居漠北地方,但始终怀复兴之志,屡次威胁明边。尤其是洪武五年,在岭北歼灭明朝的征虏大将军徐达等的大军,使明人慑服,一时不敢进窥塞北。这事我曾著文详细论述。⑤ 当然,指挥败兵残卒的扩廓帖木儿,往往为新兴的明军所乘,几次尝到惨败的苦楚,但明人还害怕这个人,不敢轻举妄动。北元朝廷就靠他抱一线中兴希望。真可以说是孤掌支

---

①②③按《明史》百衲本,第三十五册,卷百二十四,第5页,"将兵十万"作"将不过万人"。——译者
④ 据清钱谦益的《国初群雄事略》(卷九)《扩廓帖木儿传》说:这些话出自明姚福的《清溪漫笔》,它说:"元灭,其臣拥兵不降者,惟扩廓帖木儿。太祖尝获其家属,厚恩以招来之。终不至。一日大会诸将,问曰:我朝谁为好男子? 或对曰:常遇春领兵不过十万,所向克捷,此好男子也。上曰:未若王保保,斯所谓好男子也。其后民间每相诮曰:常西边拿得王保保来耶。至今遂[成]谚语"(《清溪暇笔》纪录汇编本,卷百二十八,第6页。引文作《清溪漫笔》误。又其中"恩厚以招来之",纪录本作"恩厚以招徕之"。又"我朝谁为好男子",作"今我朝孰为好男子",又"斯所谓好男子也"句下有删节。"其后民间每诮曰"作"其后民间凡遇有微劳自矜者则诮之曰",又"常西边拿得王保保也",作"尝西边拿得王保保来耶",又"至今遂[成]谚语",作"至今遂成颜语"。——译者)钦佩王保保的明太祖,乃册立保保之妹为爱子秦王樉之妃。《大明实录》洪武四年九月丙辰条载:"册故元太傅中书右丞相河南王王保保女弟为秦王樉妃。云云。"秦王是太祖第二子,成祖的哥哥。
⑤ 和田清《明初的蒙古经略》(《满鲜地理历史研究报告》第十三册,原书第11—20页)。

撑了将倾的天下。

洪武八年八月,扩廓帖木儿死了,《明史》(卷二)《太祖本纪》八年条说:"八月己酉,元扩廓帖木儿卒。"该书(卷一二四)《扩廓帖木儿传》说:"其后,扩廓从其主徙金山,卒于哈剌那海之衙庭。其妻毛氏亦自经死。盖洪武八年也。"所谓金山就是今阿尔太(Altai)山,哈剌那海(Khara Nokhai)这个名字,也见于《元史》(卷四十一)《顺帝本纪》,是岭北的重要地方,可能在今科布多(Khobdo)方面。① 当时,扩廓帖木儿跟着元主昭宗(爱猷识理达腊),从和林(Khara Khorum)来到这方面,就死在这里。北元朝廷离开东方和林根据地来到这个西北边地,一则是为了避开来袭的明军的锋锐,再则至少是想倾全力经营这方面。当时正是中亚帖木儿(Timur)的势力逐渐隆盛的时候。因此,两者之间或许有某种关系。只是遗憾的是,这事现在没有任何史料,不能作任何判断。扩廓帖木儿的夫人毛氏殉其夫而死,这与其说是依照蒙古的风俗,莫如说是因为夫人生长在汉地,仿效中国烈女尽了贞节。尽管如此,这时夫人殉死,也未尝没有暗示扩廓帖木儿死后,形势日非了。总之,扩廓帖木儿夫妻最终是这样死去。这事似乎完全毋庸置疑。然而查朝鲜的《高丽史》,却说这时扩廓帖木儿还没有死,后来还活跃了一段时期。

据《高丽史》(卷一三三)《辛禑传》载:从前此高丽从前代恭愍王时断绝已久的同北元的来往,到了这个新王(辛禑)初年,又恢复了。其元年(洪武八年,1375)五月,北元使节来,未及决定迎接之议,竟在国境鸭绿江畔遣还。于是,翌年(洪武九年,1376)五月,北

---

① 参看和田清《兀良哈三卫的研究》(同上,第十二册,原书第 251—252 页)。

元又派遣非正式使节吴抄儿志，来探询高丽的形势。① 这时，高丽除了反元亲明派的各大臣以外，都愈来愈决定了和北元通好的态度。这次大肆款待了它的使者吴抄儿志。北元便于十月派遣正式使节，诏谕高丽。《辛禑传》二年五月条说："北元人吴抄儿志来，禑待之厚。"又十月条说："北元遣兵部尚书孛哥帖木儿来，都总兵河南王中书右丞相扩廓帖木儿贻书。云云。"扩廓帖木儿这封重要的书信，过于冗长，这里不想引录全文。这封信首先叙述扩廓帖木儿和恭愍王的交谊，并吊唁其不幸，其次叙述想乘恭愍王死后没有嫡嗣的机会，拥立在元廷的高丽王族沈王脱脱不花。书信说：

> "去岁，或传令先君（恭愍王）无嗣，朝廷（北元）以尔邦又
> 未有君，必致危乱，是以遴尔族世，往承其祀。诏使既行，彼则
> 有梗。当此之时，朝廷非乏树立之策，失问罪之举也。特念天
> 戈一临，不无玉石俱焚。是以脱脱不花暂馆辽西，不令一卒一
> 马渡江（鸭绿江），以俟彼之觉悟。"

沈王脱脱不花是恭愍王之祖父、忠宣王之兄子沈王暠的孙子。关于拥立的经过，值得叙述的颇多，这里从略。上文的"诏使既行，彼则有梗"，是指前述辛禑元年五月遣还元使那件事。接着又叙述派遣吴抄儿志试探，说："兹者所遣抄儿志至，深陈彼情，以为实不悖德"。这是北元承认新王辛禑的嗣立。这封信的后段只是力劝断绝同南方朱寇（明朝）的往来，而依附北方大朝（北元）。

总之，这封信是北元都总兵河南王中书右丞相扩廓帖木儿亲自寄来的，因而必须承认当时扩廓帖木儿还活着。这封信到达高丽是辛禑二年十月，即明洪武九年十月，较之明人记录所传扩廓帖木儿的卒年洪武八年八月，要晚一年两个月。不过，当时驻在西北

---

① 这个元使吴抄儿志是个非正式的侦察员，后来的兵部尚书孛哥帖木儿才是正式元使，这从前后的情况看来便可了解。特别有助于这样设想的是吴抄儿志并没有官衔。又，关于这些情况，还可以参看池内博士的《高丽末期同明和北元的关系》（《史学杂志》第二十九编，第一一四号）。

蒙古的北元朝廷，和朝鲜半岛上的高丽，相距很远。因此，高丽辛禑二年即洪武九年十月到达的元使，其实必然是在前一年、洪武八年八月以前，扩廓帖木儿在世时，从北元朝廷出发的，这样矛盾似乎就解决了。但仔细想来，这绝不是切合事实的解释。因为前述来信里有"令先君去世，今已二年。云云"一句话。令先君就是恭愍王，他死在洪武七年九月，其后二年，必定是九年。纵令退几步说："今已二年"可能是"今已一年"的误植，信中另外还有："兹者所遣抄儿志至，深陈彼情，以为实不悖德。"这抄儿志无疑是九年五月来到高丽的元使吴抄儿志。因此，获得他的回报以后写的这封信，至早也不会在九年六七月以前写出来。果真是这样，那么说是死于八年八月的扩廓帖木儿，到了九年五月以后，仍然活着并在进行策动。这究竟是怎么回事呢？

《高丽史》所传还不止此。据《辛禑传》所传，这样开始的元廷和高丽的来往，不久更加亲密，三年（洪武十年）二月，北元特派翰林承旨孛剌的，带来册命和御酒、海青，册封辛禑为开府仪同三司征东行省左丞相高丽国王。对此，高丽在三月派三司左使李子松前去北元，举行受册命礼。《辛禑传》叙述这事说："元朝臣僚，见子松朝服行礼，皆泣曰：自我播迁，困于行间，不图今日复见礼仪。待之甚厚。"这事，暂且不谈。当时高丽使节李子松所携答谢册命的表文和礼物，除皇帝以外，只分赠给中书省太师阔阔帖木儿、太保哈剌章、太尉蛮子和辽东纳哈出等。位于北迁以来名臣哈剌章、蛮子、纳哈出等之上的元朝最高重臣，当时已不是右丞相扩廓帖木儿，而是太师阔阔帖木儿了。阔阔（K'uo-k'uo）帖木儿这个名字和扩廓（K'uo-k'uo）帖木儿完全是同音异译。如果说他的官爵变了，上述两者是同一个人的话，那么扩廓帖木儿直到洪武十年还活着。

还有，据《大明实录》载，在此后十几年，洪武二十一年冬十月丙午,当时在捕鱼儿海(今贝尔泊 Buir naghur)东北被明军打败的虏主脱古思帖木儿(昭宗爱猷识理达腊之弟)西奔逃到土剌(Tula)河畔,又遭到叛贼也速迭儿袭击,丧失了依据。这条里接着说:"又以阔阔帖木儿人马众多,欲往依之。云云。"由此看来,阔阔帖木儿当时还是对陷于穷途末路的元帝最怀有好感的唯一大酋长。这个阔阔帖木儿和前述太师阔阔帖木儿无疑是同一个人。看来扩廓帖木儿似乎直到这时候还活着。实际上,只按《高丽史》看来,并未死于洪武八年,到洪武九年仍然活着的扩廓帖木儿,直到后来同高丽的往来断绝以前,绝没有传出扩廓帖木儿的讣报。据《高丽史》的书例,北元第一重臣之死,必然要记载他的传记的。

这究竟应该怎样解释呢? 看来,高丽直接掌握的这个人的书信,似乎比明人由传闻偶然得来的讣报更有确实性。但仔细想来,也未必是这样。前面所引关于扩廓帖木儿之死的《明史》所传,其实是根据下引《大明实录》洪武八年八月己酉(二十二日)的记载而来的。该文说:

> "故元将王保保卒。先是,保保自定西之败,走和林,爱猷识理达腊复任以事,后走徙金山之北。至是,卒于哈剌那海之衙庭,其妻毛氏亦自缢死。"

这段文字,过于简单,但不难看出,这是自然获得的情报。明朝和北元的斗争,本来相当激烈,而这时两者之间偶然获得小康,前后都没有任何冲突,既没有元方特意宣传扩廓帖木儿而取得利益的迹象,也没有明方受骗而蒙受损害的情况。这完全是根据事实而自然传来的,不会是谣言。更从夫人毛氏的殉死看来,也足以推测它的真实性。倘若这些全是虚构,异日必然要败露,但实际上,此后,明人方面绝没有传说这事是虚报。

反之,当时元和高丽的关系,稍微有些特殊。在这以前,由于高丽恭愍王采取排元政策,两者之间的关系很久以来显得很紧张。

这时，由于恭愍王之死，才稍稍缓和。北元必然想乘此机会，获得高丽的顺服，为此似乎只好一味利用河南王中书右丞相扩廓帖木儿的威名。高丽如何倾倒于河南王扩廓帖木儿的威名，从在此以前，恭愍王十四五年即元至正二十五六年间，顺帝还驻在大都做皇帝的时候，高丽每向元朝入贡，都特别和河南王通聘，以求其欢心，便可了解。因此，北元也早就察觉到这种情况，恭愍王二十二年（洪武六年，1373）遣使诏谕高丽时，说："顷因兵乱，播迁于北，今以扩廓帖木儿为相，几于中兴，王亦世祖（元之忽必烈）之孙也，宜助力复正天下。"[①]特别举出扩廓帖木儿的名字，以显示中兴的威势。高丽恭愍王二十二年是明洪武六年，一年以前就是扩廓帖木儿在漠北和入侵明军鏖战，取得绝对优势的时期。所以，这一年遣使，也就是利用这种威势。来信里有："今以扩廓帖木儿为相，几于中兴"一句话，特别夸耀了扩廓帖木儿的威名。翌年，恭愍王薨，继之而起的就是这次的交涉。在这次新的交涉中间，仍然夸耀扩廓帖木儿的威名，是完全可以想象的。

但在这次交涉似乎进行得很顺利而还没成功时，这块要紧的招牌扩廓帖木儿就突然逝世了。有了这种情况，慎重的北元朝廷必然要隐讳的，对高丽则始终佯称扩廓帖木儿健在，想必是当然的。按理说，辛祸二年（洪武九年，1376）十月派来的元使，是高丽接待的第一个正使，当然应该携带元帝的诏书，而带来的却是天下都总兵河南王中书右丞相扩廓帖木儿的私人信，其实这可以疑为恰是为了隐蔽都总兵之死的反策略。我由这种看法，怀疑貌似真实的高丽传闻，宁肯相信明人的传报，即不得不相信扩廓帖木儿是

---

① 这些都据《高丽史》。又，《高丽史》和《高丽史节要》等，大都把扩廓帖木儿颠倒作廓扩帖木儿。这里所引的不过其中一例而已。因为无论扩廓或廓扩都是同音（K'uo-k'uo），蒙古语 kökö（青的意思）的对音，所以不管怎样写似乎都可以，但《元史》、《明史》、《大明实录》、《庚申外史》等都作扩廓，可能这是正确的写法。还可以参看下一个注释。

死于洪武八年八月。《高丽史》里所以没有看到这个当然应该记录的大人物的讣报,可能正是因为隐匿了实际死耗的当然结果。

至于洪武十年三月以后看到的北元太师阔阔帖木儿,只是名字偶然和扩廓帖木儿同音,其实完全是另外一个人。理由是:倘若真和扩廓帖木儿是一个人,那就不会放弃久已闻名的扩廓帖木儿的译字,而突然改为阔阔帖木儿。蒙古名的汉字译音,稍有异同,固属当然,唯独扩廓帖木儿这个名字,是王保保拜领顺帝所赐的名字。这个扩廓二字既是蒙古语 Kökö(青)的音译,同时从汉字看来似乎还含有拨乱反正扩廓海内的意义。① 因此,绝没有突然改为阔阔的道理。

还有,倘若后一个阔阔帖木儿和前一个扩廓帖木儿果真是一个人,那么前者能以一人担负天下的重任,而后来十余年间何以竟醉生梦死虚度了残生呢? 这实在无法说明。更据《大明实录》载:阔阔帖木儿这个名字,在这以前,洪武四年春正月癸卯,在扩廓帖木儿全盛时代就已经出现,他是东胜州(今归化城西方)来降的故元枢密都连帖木儿的父亲。这个阔阔帖木儿不是那个扩廓帖木儿,固然无待论证。后来的太师阔阔帖木儿必定就是此人,自然应该和扩廓帖木儿是两个人。《高丽史》里一见不到扩廓帖木儿的名字,同时就出现了北元第一重臣阔阔帖木儿,这似乎有些奇怪,其实并非如此。扩廓帖木儿的名字最后出现是在辛禑二年(洪武九年)十月,以后就再没出现,这说明去年八月已经死去。后来所以出现了阔阔帖木儿,乃是因为由此元和高丽恢复了往来,在扩廓帖木儿死后,居最高重臣第二位的阔阔帖木儿就不得不出现了,如是

---

① 《明史·扩廓帖木儿传》说:"扩廓帖木儿,沈丘人,本王姓,小字保保。元平章察罕帖木儿甥也。察罕养为子,顺帝赐名扩廓帖木儿。"王保保是由民间崛起的杰出人物。因此,谒见顺帝而赐名,必然是在举兵以后。果真是这样,那么这个恩赐的名字在当时必相应地具有特殊意义。扩廓这个字样也太特殊,不能认为没有什么意义。

而已。因此,《高丽史》所传关于扩廓帖木儿的结局,不能简单凭信。不过,由于这一误谬,我们更可以知道当时扩廓帖木儿名声的伟大罢了。

昭和八年十月二十七日稿

《史学杂志》第 44 卷第 12 号

昭和八年(1933)十二月

十二、乜克力考

在《明史·外国传》及其他各史书里到处可以看到，明代中叶成化、弘治年间，从今甘肃边外到哈密北边的一带地方，驻着一个叫作乜克力或者野乜克力的部族，当时相当活跃。其中记述最详尽的是《大明实录》和当时抚绥这个部族的明廷巡抚许进所著《平番始末》。据《平番始末》说：这个部族是从前在蒙古兴起的大酋乜加思兰、亦思马因等的"遗落部种"。如果这种说法不错，那么，这个问题对北虏历史说来并不小。因为乜加思兰、亦思马因等都是明中叶出现在蒙古地方，一时控制过北虏命运的大酋。那么，所谓乜克力部族究竟是什么部族呢？

在考证乜克力之前，必须首先解决乜字的发音问题。乜字是个不常见的字，谷应泰的《明史纪事本末》，顾祖禹的《读史方舆纪要》等，常把著名的瓦剌酋长也先写作乜先。《辞源》也说："乜先、人名。明也先，旧籍或作乜先。云云。"也先在《蒙古源流》（卷五）和《通鉴辑览》等书里写作额森，按蒙古语缀字看来，显然是 Esen 的对译。因此，不应作乜先。乜字，《辞源》音"米野切"。《康熙字典》引《广韵》、《集韵》等说："《广韵》弥也切；《集韵》母也切，并音咩，眼乜斜也。又西夏语，以巫为厮乜，见《辽史》。又姓。"那就是说应该读 mieh，而不是 yeh（也）音。布列茨施奈德尔《中世纪史研究》（卷二，第 178—293 页）把这个部族名的音注作 Mie-k'o-li 即 Mek'o-li，确是正确的读法。

略可推测乜克力部位置的记录的，首先是《明史》（卷三三〇）《赤斤蒙古卫传》的一条，它说：成化"十九年（1483）邻番野乜克力来侵,大肆杀掠,赤斤遂残破。"又据混入该书(卷三三二)《失剌思传》里的另一条说:"弘治五年(1492),哈密忠顺王陕巴袭封归国,与邻境野乜克力酋结婚。云云。"所称野乜克力,从其他若干例子来看,无疑就像布列茨施奈德尔所推测的那样,是野人乜克力(Wild Me-k'o-li)的意思。赤斤蒙古即占据今嘉峪关外赤金峡附近的部族和哈密即天山东端的 Hami 都和野乜克力接邻,由此大体可以推测它的位置。

然据《明史》(卷三三〇)《罕东左卫传》载弘治七年指挥王永陈述恢复当时被土鲁番(Turfan)所灭的哈密国的奏报里,有一节说:

> "闻罕东左卫居哈密之南,仅三日程,野乜克力居哈密东北,仅二日程。是皆唇齿之地,利害共之。"

《实录》弘治七年八月甲申条也引录这个记载,不过,《实录》除把指挥王永改作大通事锦衣卫带俸指挥佥事王英,把野乜克力写作野乜乞里外,字句还稍有不同。但毕竟王英无疑是王永,野乜乞里也是野乜克力的异译。因此,所谓距哈密东北两天路程的地方是野乜克力驻地,那就应该认为是在巴里坤(Barkul)的东方、Turkul 附近。罕东左卫是明初沙州卫的遗址,即今敦煌(沙州)地区。

郑晓的《皇明北虏考》说乜克力出身的大酋乩加思兰兴起的地方是"哈密北山"。叶向高的《四夷考》、何乔远的《名山藏》等也都同意他的说法。《实录》成化十五年五月庚午条记述得最详。它说:

> "乩加思兰,虏酋之桀黠者。有智术,善用兵。其初,部下三四百人,在迤西土鲁番地面往来抢掠,西域贡使多苦之。天顺间,遣使赉勅书,赏赐招抚,乃移其哈密城外巴儿思渴地方住劄。自是渐犯边。成化初,入黄河套。"

据《明史》所载的例子,土鲁番并不单指今土鲁番地方,而是指当时土鲁番王威力所及地区的泛称。巴儿思渴必定就是《实录》成化五年五月辛丑条和《明史》（卷三二八）《瓦剌传》等里的把思阔，和唐代的婆悉海（《旧唐书》卷四十），及其以前的蒲类海相同（见《通报》卷二十六，1929，第 251 页），是今镇西县（巴里坤的旧名 Bars-kul（虎湖的意思）的音译。哈密的北山，现在的名字亦同，在哈密北方、巴里坤东方天山山脉东端 Karlik Tagh 地方。因此，乜克力的驻地，大体就在这一带地区。乩加思兰是不是乜克力部出身，一时还难肯定，但乜克力部的根据地是在哈密北山、现在的 Karlik Tagh、Tur-hul 方面，却是无疑的。

明中叶时，乜克力部的根据地大体在今哈密北山地方，那么究竟从什么时候起驻在这里的呢？"乜克力"这个名字首次出现在《明史》（卷三二九）《哈密卫传》是成化十年（1474）条，首次出现在《实录》也是成化十年春正月甲辰条。然而，实际上四十多年以前，在《实录》宣德五年（1430）条里就已经以"麦克零"字样出现了。《实录》宣德五年春正月己酉条说：

> "陕西守将言：麦克零部属，今居亦集乃，迁徙无时，恐为边患。上命遣人招谕，如其归来，即与官赏，择善地处之。"

亦集乃就是额济纳（Ejinei），也就是因柯兹洛夫（П. К. Козлов）和海丁（Hedin）探险而闻名的黑城（Khara Khoto）地方，本来是元以来亦集乃路的治所，该处也和哈密北山地方连接着。附属于哈密的野乜克力，因逃避本地的变乱迁到了甘肃境外地方，后来在成化二十年前后，弘治八九年间，也曾屡次迁徙。把宣德年间的亦集乃的麦克零，看作是哈密北山的乜克力，可能完全没有问题。

不仅成化、弘治年间的乜克力部可以看作是宣德年间的麦克零部，这个部族的存在和繁衍，还可以从元初或更早的时期找到证明。即《元史》（卷十六）《世祖本纪》至元二十七年十二月条说："不耳答失所部灭乞里饥，给九十日粮。"又《元史》（卷一三三）《脱力世官传》说：

> "脱力世官，畏吾人也。祖八思忽都探花爱忽赤，国初领
> 畏吾、阿剌温、灭乞里、八思四部，以兵从攻四川，殁于军。父
> 帖哥术探花爱忽赤，宪宗命长渴密里及曲先诸宗藩之地。"

《世祖本纪》里的灭乞里，除音韵类似以外，固然不能勉强主张相同，但由于有了后者，前者的记载也就可考了。后者中，阿剌温和八思不详，畏吾当然就是畏兀儿（Uighur），渴密里就是哈密（Khamil），曲先就是库车（Kucha）无疑。这么一来，认为其间的灭乞里就是和畏兀儿、哈密相连的乜克力，却是极其自然的。

回头来看金刘祁的《北使记》。兴定四年（元太祖十五年，1220）七月，礼部侍郎吾古孙仲端叙述访问成吉思汗幕庭后，由蒙古出中亚时的情况说：

> "历城百余，皆非汉名，访其人云：有磨里奚、磨可里、纥里
> 迄斯、乃蛮、航里、瑰古、途马、合鲁诸番族居焉。"

布列茨施奈德尔（《中世纪史研究》卷一，第 28 页，注 48）分别认为磨里奚是 Merkits，磨可里是 Mekrins，纥里迄斯是 Kirghiz，乃蛮是 Naiman，航里是 Kankalis，瑰古是 Uigur，途马是 Tumats，合鲁是 Karluks，不得不使人一一赞同。

其他各部暂且不谈。所谓磨可里，即 Mekrins，布列茨施奈德尔这里虽然没有说明，恐怕一定是依据拉施特（Rashid-ed Din）的《史集》的多桑的《蒙古史》所说的：

> "帖里邻部（Tèkrines）亦名蔑黑邻部（Mekrines），此部居
> 畏吾儿境上之险峻山中。"（Les Tèkrines appellès aussi
> Mekrines, habitaient des montagnes trés-escarpées sur la
> frontiére de l'Ouïgoure.）（D'Ohsson, Histoire des Mongols,
> 卷一，第 425 页，注 2。）

就是指这个部族。所谓畏吾儿境上的险峻山中，当然是哈密北山

附近。这里所说磨可里即蔑黑邻（Mekrines），无疑就是乜克力。拉施特的原著还详述了这个部族，在多桑其他各条里也都引用了。但哀德曼（Erdmana）同样根据拉施特的书所著的《古代北狄诸族全志》（Vollständige Übersicht der Ättesten Türkischen，Tatarischen und Mongholischen Väilkerstäimme nach Rashid-ud-Din's Vorgange，bearbeitet von Franz von Erdmann.Kasan，1841.）里，以《Begrin》为题，有下述一条。因学友石田干之助的介绍，我才知道有这本书，似乎是罕见的书。现在顺便不厌其烦，转录它的全文于下。其中斜体字部分，原文中附有波斯文。

"Sie（*Begrin*）heissen auch *Megrin*.Sie wohnten in Uighuristan in dem Gebirge *Sehets*，und unterwarfen sich dem Dschingischan.Da aber ihr Gebiet den Gränzen des Ulusses Kaidu näher liegt，so nahm Kaidu dasselbe und verleibte es seinem Gebiete ein. Damals hiess ihr Emir *Chatianedsch*. Dschingischan vermählte sich mit der ihm angetragenen Tochter ihres Chefs，Namens *Mugai Chatun*，welche er sehr liebte，obgleich er keine Kinder mit ihr erzeugte. Dschingischan befahl auch den Bekrin^(sic) ihre Töchter vorzustellen，damit er für sicb und für seine Söhne sich Gemahlinnen aus ihnen wähle.Nach Dschingischan's Tode fiel die Mugai Chatun an den Ugetai Kaan，welcher sie auch mehr als alle übrigen seiner Gemahlinnen liebte. Dschagatai liebte sie auch sehr，und begehrte sie zuseinem Weibe.Da aber Ugetai sie nicht abgeben wollte，so erklärte Dschagatai，keine andere haben zu wollen. Ugetai hatte auch keine Kinder mit ihr. Die Mutter Kaschin's des Sohnes Kaidu's Namens *Sipegineh* war gleichfalls aus dem Begrin."（前引书，第 68—69 页）

Begrin, Megrin, Bekrin 就是汉译的灭乞里、乜克力, 几乎没有异议。文中, 海都 (Kaidu) 之子合失 (Kaschin), 乃合失之子海都之误。其母 Sipigineh 固不待言, 就是太祖、太宗的后妃 Mugai Chatun, 也不见于《元史·后妃表》和《诸王表》。因此, 这里所说的, 或许有些错误, 但唯有乜克力 (Begrin) 的驻地一度落入海都手中, 和元朝后妃中有乜克力部出身的人, 却应该可以相信。总之, 这个部族从金、元时代以来, 就已经是相当著名的部族, 这是毋庸置疑的事实。

论述到这里, 想起了《契丹国志》里的鼊古里国。当箭内博士发表他的大著《鞑靼考》(《满鲜报告》五) 时, 解释《契丹国志》(卷二十二)"四至邻国地理远近"条的"正北至蒙古里国……又次北至于厥国……又次北西至鼊古里国"说, 蒙古里当然就是 Mongol, 在当时额尔古纳 (Ergüne) 河边; 于厥即乌古里, 在今喀勒喀 (Khalkha) 河北面。因此, 距离临潢的方位也符合, 都没有不同意见。最后, 关于鼊古里说:

> "唯鼊古里为何, 不详, 或即迦尔宾尼 (Plano Carpini) 所谓的 Mecrit, 或指《秘史》的 Kereid (客咧亦惕,《元史》的克烈) (该书第 67 页)。"

留下了一点疑问。所说迦尔宾尼 (Piano Carpini) 是指 Beazley 译本中注释说:

> "Metrit, otherwise Mekrit or Mecrit, is probably the same as the Crit[et Merkit]of Rubruquis, and the Mecri of Marco Polo, and refers to the tribe of the Kereits or Keryts, as they are called by Arab and Persian writers, the Ke-lie of Chinese historians."(前引书, 第 275 页, 注。)

这是从 D'Avezac 以来的西方学者的误解。其实 Mekrid 既不是 Merkid, 也不是 Kereid。蔑儿乞 (Merkid) 驻在色楞格 (Selengge)、鄂尔浑(Orkhon)两河汇流点附近。克烈(Kereid)驻牧在今西库伦方面、元代著名的和林附近,是威震当时东蒙古的部落,而 mekri,正是这里提到的磨可里、乜克力,也就是《契丹国志》里的鼊古里,应当认为当时还是占据着哈密北山地方。Mekrid,Merkid,Kereid 是各自不同的部种,从哀德曼根据拉施特的书分作三部来叙述,便可了解。但更足以证明的事实则是,Mekri(Mekrin)即乜克力部族,从古唐代直到明代,继续保持天山东端,从没有离开过。从这个事实来说,要把这个部族说成是雄飞于漠北中心的蔑儿乞部或克烈部,颇为困难。

《唐会要》(卷七十八)《河西节度使》条叙述它所属的墨离军,说:

> "墨离军,本是月支旧国。武德初,置军焉。"

但据滨口重国的研究,说唐代设置这类军,应该是很久以后的事。因此,是否高祖武德初(公元 618 年)就设置了墨离军,还不能轻易肯定。但这个墨离军的名字也出现于《旧唐书》(卷三十八)《地理志》、《唐书》(卷五十)《兵志》等书中。特别是《唐书》(卷二一八)《沙陀传》叙述高宗时授沙陀酋长以墨离军讨击使说:

> "龙朔初,以处月酋沙陀金山,从武卫将军薛仁贵讨铁勒,授墨离军讨击使。"

可见至少在高宗龙朔初年(公元 661 年),就确实有了这个军的名称。《资治通鉴》(卷二一五)《唐纪》天宝元年春正月壬子,列举唐朝国威所及的地区条下注释里指示这个墨离军的位置稍详,说:

> "墨离军本月氏国。在瓜州西北千里,管兵五千人。"

所谓"本月氏国"是和《唐会要》一样的旧传说,不足凭信。这里有一句不太重要的话,所谓"在瓜州西北千里,管兵五千人"这句话,可能记录了当时的实际情形,相当值得凭信。而且说瓜州距今安西县西北一千里,岂不就是这里所说的乜克力的驻地、哈密北山的地方么？突厥别部处月部众，驻牧在天山东北端的旷野附近，是周知的事实。《旧五代史》(卷二十五)、《唐书》(一)《武皇纪》(《李克用传》)载："始祖拔野，唐贞观中，为墨离军。从太宗讨高丽、薛延陀有功。"由此来看，它的酋长沙陀金山做墨离军讨击使，是很自然的。正如羽田博士曾告诉作者说，把墨离军这个名称，看作和后来的乜克力有关，并不是牵强附会的想法。

我还认为著名的突厥阙特勒碑文里见到的 Bökli 部族，不外就是这个墨离部。碑文里表明：Bökli 部是唐中叶从属东突厥的部族之一，但这点似乎还没做出考证。〔见汤沐生：《蒙古统治下的古土耳其斯坦》(V. Thomsen, Alttürkische Inschriften aus der Mongolei) Z. D. M. G. Band 78(1924) 第 145、146、171 页。〕但这个 Bökli，毫无疑问不外是哀德曼所说的 Begrin，也就是唐代的墨离、明代的乜克力的异译。

以上仅凭史料的出处列举了有关的文献。如果上述论点没有大错的话，那么明中叶出现的北虏别种乜克力部族，至少是从唐初以来就相当常见的部族，尔后近千年间，尽管经过突厥、回纥、辽、金、元各代的变迁，仍继续保持天山东北端的山地，而繁衍起来。我不得不为这个民族的强韧性感到震惊，并设想该地的自然形势必定有特殊的天惠。

看来，天山东北端，所说哈密北山地方，不仅正当北方游牧民族和南方城郭国家的界线，同时也是东方蒙古和中国势力容易达到的最西端，在某种意义上，也可以说是东西两方势力的交界线。这个十字界上无所属的地带，由于地形险峻，自古以来就容许特殊势力在这里保持独立。根据白鸟博士的研究(《史学杂志》第三七编，第四期所载论文《关于亚细亚北族的发辫》)说：后汉时，这里有个移支国，维持着既类似北狄、又类似西戎的一种特殊风俗。这个移支国和后来的墨离、乜克力，究竟有什么关系不详，但至少唐代的墨离、Bökli，似乎是突厥种的别部。这样看来，后代的龜古里、磨可里、麦克零、乜克力可能都是来自这个系统的突厥种族。从天山南路的形势看来，蒙兀儿斯坦（Monghulistan）东端有突厥遗种，也并不奇怪。考察得很粗略，没有触及关键所在，但仅从这一点我们也得知在这块黑暗地方的一个部族的稍微明确的历史，为其他考察提供一个小据点，感到高兴。

最后，这个具有悠久历史的部族，后来为什么、在什么时候、怎样灭亡了呢？一句话，就是因为明中叶以后蒙古民族大规模西迁所致。关于它的详细经过和明代他们的活动情形，还有待于详细研究。

《桑原博士还历纪念东洋史论丛》

昭和五年（1930）十二月

补　记

本文出版不久，已故岩佐精一郎发表《关于古突厥碑文的 Bökli 和 Par Purm》一文，论证说：因为 Bökli 是东突厥的东方、"日出的东方 Bökli 可汗"，所以 Bökli 是指高句丽，至少不是西方的墨离（《岩佐精一郎遗稿》第 64 页）。诚然值得凭信。又，近来冈崎精郎发表了《墨离军和辽对西域的关系》一文，作者对过去颇少论述的辽代墨离军，论述颇详（《史林》1957 年，第 1 号），也值得参考。

昭和三十三年七月七日记

十三、关于正统九年征伐兀良哈

一

明初经略蒙古一事颇令人吃惊,尤其是永乐帝亲率六军,五出塞北,三犁敌巢,确是东洋史上前后无与伦比的快举。明人夸之称为成祖的"五出三犁"。但太祖(洪武帝)太宗(永乐帝)升遐以后,诸举都立即消极下来了。这是明代的特色,对蒙古的经略也不例外。永乐二十二年(1424)太宗崩于亲征漠北途中以后,北虏忽然进逼塞上,而明朝只是发出招抚敕谕,没有敢用兵还击。宣德三年(1428),英宗巡视边塞,击败了正打算入寇的兀良哈;正统九年(1444),英宗分别派遣大将去讨伐兀良哈三卫,可以说是这一时期的显著例外。其中宣德三年的战役,虽说是宣宗亲征,但只出喜峰口到达今热河平泉县附近,算不了一件大事。比较起来,正统九年的战役,总该算是一次大举四路分讨,不仅是永乐以后的盛事,就从此直到清代,也是绝无仅有的壮举。明代有关北虏的志书里全都大笔特书,固所当然。但是它们的记述,错误很多,必须详加探讨。

不知为什么,在郑晓的《吾学编》(《皇明四夷考·兀良哈》)一书里,竟漏记了这件事。现在先引严从简的《殊域周咨录》(卷二十三《兀良哈》)的记录。它说:

"正统九年,兀良哈三卫夷人寇边。发兵二十万,分为四路,讨之。成国公朱勇出喜峰口,由中路;左都督马谅出界岭

口，由北路；兴安伯徐亨出刘家口，由南路；都督陈怀出古北
口，由西路。渡柳河（常鄂公卒处）至全宁，遇福余夷人，逆战，
走之。收虎头山，遇太宁朵颜夷人，又击败之。御史姚鹏上其
功，升赏有差。"

著名的王世贞的《三卫志》可能是根据这段文字的同一资料，加以
补充。显著的差别在后半段。它改为："逾滦江，渡柳河，经大小兴
州，过神树，破福余于全宁，复破太宁朵颜于虎头山，卤男妇以千
计，马牛羊以万计。还。加公勇太保，伯亨进彻侯，都督谅、怀赐爵
伯。自是，三卫虽衰败，然怨我刺骨，因通也先（瓦剌大酋），为乡导
入寇矣。"万历枢臣叶向高的《四夷考》，是先于《明史》的明代外国
传的权威著述之一，其中（卷二，《朵颜三卫考》）叙述这事说：

"明年（正统九年）秋，三卫乃并入寇。命成国公朱勇率诸
军，分道出喜峰口诸处，都督同知杨洪出黑山，东西齐举，并击
兀良哈。勇等渡柳河，经大小兴州，过神树，至全宁，遇泰宁、
朵颜、又败之。洪至（以）克列苏，俘斩安出（福余卫酋长）部
族。各奏功。自是三卫寖衰，然怨我刺骨，因通也先，导之入
寇矣。"

这里显然是受到《三卫志》的影响，但删去了分路出击各军的配置，
另外叙述了都督杨洪出动的消息。叶向高为何略去了分路各军的
配置不详，但关于杨洪的事，无疑是用别的史料增补的。

下面再引这些传说大成的清谷应泰的《明史纪事本末》。《纪
事本末》（卷二十）《设立三卫》条说：

"九年秋七月，兀良哈入寇。命成国公朱勇等，率诸军二
十万，分道出塞，击之。朱勇同太监钱僧保由中路出喜峰口，
兴安伯徐亨同太监曹吉祥由南路出刘家口，左都督马谅同太
监刘永诚由北路出界岭口，都督刘怀同太监但住由西北路出
古北口。逾滦河，渡柳河，经大小兴州，过神树，破福余于全

宁,复破泰宁、朵颜于虎头山。出(衍?)所掠万计。而都督杨洪出黑山,俘斩安出部。各论功加秩。三卫从是寖衰,然怨中国益刺骨,因纠也先入寇,为之乡导矣。"

开头"秋七月兀良哈入寇"一句,《三卫志》里没有,是采自《四夷考》,加上了"七月"二字。其次,分出四路的说法是根据《周咨录》把西路改成西北路。另外,可能根据《实录》或者别的什么资料加上了监军太监的姓名。关于作战地区的记述,大体上依照《三卫志》,还根据《四夷考》叙述了都督杨洪的活动情形。虽然间或有详略繁减的不同,但概括来说,可以看出各种传说经过增补逐渐详尽起来的情况。但拿来和最根本的《实录》的记述一比,却全都是不能凭信的记述。

二

第一,出征的日期就错了。《四夷考》说"秋",《纪事本末》更加详细说是"秋七月",然据《实录》和承袭《实录》的《明史本纪》,这次战役其实是在这年一二月间。主帅朱勇等是春正月辛未(二十二日)出征,三月甲子(十四日)班师。依后面谈到的前后记述来看,完全毋庸置疑。关于所谓秋七月,根本没有着边的事实。第二,出师动机也不对。据《周咨录》以及《四夷考》、《纪事本末》等书说:当时明军是迎击三卫的入寇,而据《实录》说,当时三卫并没有入寇,明廷只是因为它历年捣乱生气了,才出境剿捣。当时,英宗所下的敕命里就说:"探贼踪迹,搜捕剿杀"。当时兀良哈的前卫已南下到这一带,常零星犯窃,侵扰明边。一看到明军出动,就赶忙逃匿山谷里,因此才有探索贼踪的必要。第三,分路出击各将的配备也不同。《实录》正统九年春正月辛未条说:"命(成国公)朱勇、同太监(钱)僧保,出喜峰口,恭顺侯吴忠佐之。(兴安伯徐)亨、同太监曹吉祥出界岭口。（都督马）亮、同太监刘永诚出刘家口。（陈）怀同太监但住出古北口。各将兵万人。"这和《周咨录》、《三卫志》、《纪事本末》等相对照，不仅界岭口的兴安伯徐亨和刘家口的都督马亮（谅）配置相反，尤其《纪事本末》里所说僧保（钱僧保）、马亮（马谅）、陈怀（刘怀）等的姓名也不同。关于兴安伯徐亨当时出界岭口一事，《国朝献征录》所载归有光的《兴安伯徐祥世家》里也有很明确的记述，《实录》所载当然无可置疑。况招远伯马亮和平乡伯陈怀都是当时著名的大将，连他们的姓名都弄错了，真是荒谬已极。又如四路的名称。对中路喜峰口、南路刘家口、西路古北口，固可称东路界岭口，但把它说成北路界岭口，或更说成西北路古北口，就难免不太自然。总之，《纪事本末》的记载，大体上是沿袭《周咨录》、《三卫志》以来的讹谬，似乎愈来愈离事实远了。又《实录》说四路"各将兵万人"，那么至少本队全军人马大约为四万，而《周咨录》等说二十万，相差未免太大。本来派遣大兵到塞外，实属万不得已，那种准备工作也不得了，《实录》每有记载。然而当时并没有这种迹象，所以按《实录》所说认为出兵约数万，可能是对的。正统九年的战役，本来并没有远大的计划，只是由于宦官等的野心所煽动，年轻的英宗才发动了边防军。由这一点也可以想象，并没有出动大军。

但比上述各种错误更严重的问题是作战地区的不同。《周咨录》以下各书所载是：明军出塞口到全宁，更前进到虎头山，或者说进到了流沙地区。据箭内博士研究（《满鲜报告》六，第248页），全宁在今巴林蒙古的潢河和黑河汇流地点附近。由此看来，当时明军似乎越过赤峰北面的山地，蹂躏乌丹城以北，更前进到该城东北沙漠地带，但事实并不是这样。《实录》里固然也说，最初的方略是："至黄河土河两叉口等处。会合辽东及各处军马，探贼踪迹，搜捕剿杀，期于殄灭"。本来应该到黄河（Shira Müren）和土河（Laoham Müren)汇流地点即全宁东边一带,但这只是计划并未实行。主将朱勇等只到了富峪川,停留在那里没有前进就回来了,因此还受到兵部和户部的弹劾。《实录》这一年二月戊戌条说:

> "太子太保成国公朱勇等奏:同太监僧保,率领军马,于富峪川等处,杀败达贼,斩馘首级,获到人畜军器等物。上敕勇等,会合各路军马剿杀。务要成功,升赏不吝。"

过了二十多天,同月甲子条说:

> "兵部尚书徐晞等劾:太子太保成国公朱勇,太监僧保等,统领官军,出境杀贼,不能会合诸路军马,以成大功,却逗留不进,旋即回师,宜治以重罪。上曰:勇等亦曾效劳,姑置之,再失机误事,不宥。"

三月丙寅条又载有户部的劾奏,《明史》(卷一四五)《朱勇传》里也概括地说:"正统九年,出喜峰口,击朵颜诸部,至富峪川而还。为兵部尚书徐晞所劾,诏不问,寻论功,加太保。"富峪川可能是今平泉县北富峪城附近。富峪城是洪武二十年所筑大宁四城之一,据顾炎武的《昌平山水记》(卷下)说,在大宁城南七十里,可能是今黄土梁子附近。宋王曾的《上契丹事》里的富峪馆一名,可能也和这座城有关系。因此,老哈河上游地方,可能自古以来就有富峪川这个名称。如果确是这样,那么朱军的活动范围,大致可以想象得到。据李贤的《成国公赠平阴王谥武愍朱公勇神道碑》(《国朝献征录》卷五)说:正统"九年,边报有警,王(朱勇)统兵出喜峰口,败虏寇于富峪川,追及热水川,俘获人口马驼牛羊,还"。这个热水川必定是今热河。

仔细想来,《三卫志》、《四夷考》等里虽说:"逾滦江,渡柳河,经大小兴州,过神树,破福余于全宁,复破泰宁、朵颜于虎头山。"甚至更"及流沙"等,但柳河是滦河的一个支流,在喜峰口外;大兴州、小兴州,据《大清一统志》(卷二十八《承德府·古迹》)说,一在今滦平县西南一华里，一在该县西北七十五里的兴州地方；神树在永乐初年置屯戍，十九年设逻骑营，可能就在今古北口外承德县北方附近。因此，任何军队也不能沿这条路程前进。假如这是概括叙述四路并出的征略地域，那么这些接近边塞的地方和遥远的全宁地方之间，悬隔太远。从这一点来看，也值得使人怀疑全军征略的事实。虎头山、流沙等都是中国常见的地名，但在这一带却难以找到。可能因为是朔北的地方，就漫然叫作流沙，也未可知。

这样看来，《周咨录》、《三卫志》、《四夷考》、《纪事本末》等书的记述，几乎全是虚构，一点也不可信。那么，究竟为什么会搞得这么孟浪呢？《三卫志》添上了不见于《周咨录》的滦江、大小兴州、神树等地名，或者是凭臆测罗列了边外著名的地方，也未可知。而《四夷考》编者所以没有记载四路出击，恐怕是因为看到了这里有可疑之处。总之，错误的基础以前就存在了，而它一直持续到以后。这种架空的浮说，究竟从何而起呢？我不得不归之于当事者贪利冒功的结果。这次战役本来是由当时宦官们的野心引起的，冒功贪利是他们的目的。因此，实际也就不可能收效，他们掩饰失败，夸大战功，这里有这些浮说的来源，也有浮说一时隐蔽实际情况而盛行起来的原因。

三

那么，所谓正统九年的战役，几乎是有名无实了，也并不尽然。《实录》里分明载有这时令辽东、宣镇各处军队进行会剿，正统九年二月丁未条里还说："兴安伯徐亨等奏：同都督蒋信等率师，于土河北川，杀贼败寇。上敕亨等，仍会兵剿灭，务要成功。"因此，出界岭口的徐亨、蒋信等一军，至少曾到过土河北川。土河就是古代的土护真水，现在的老哈河。因此，它的北川可能就是它的北支，即今英金河一带。那么,这一军曾扫荡到今赤峰附近。都督蒋信就是永乐二十一年来降赐名忠勇王金忠的北虏大酋也先土干的侄儿把台。他曾参加宣德三年的战役立过功,熟悉蒙古情况,因而,这次独能深入到这里。有趣的是,据王圻的《续文献通考》(卷二三八、《兀良哈》)说:"朝廷命成国公朱勇,都督马谅、陈怀领兵,三道出,号二十万。至全宁,击败福余,抵虎头山,遇泰宁、朵颜,又破之。"记述大略和《周咨录》等相同,却略去了徐亨一军。这可能因为徐亨、蒋信一军在另一方面活动,便认为是另一码事了。

又,当时辽东总兵曹义等确也参加了这次战役。《实录》同年正月壬申条说:"敕辽东总兵官都督佥事曹义,令出军会总兵官成国公朱勇等兵杀贼。"《国朝献征录》(卷九)所载刘定之的《丰润伯曹公义墓志铭》说:"与成国公朱勇会兵两叉口袭虏,公功尤多,升都督同知。"又该书的副将《怀柔伯施聚传》说:"正统九年,以都指挥征兀良哈,功最,升都府佥事。"虽没有到达今开鲁西边的黄河、土河两叉口,至少曾打败了辽西边外的虏众。但当时冒功滥赏很多,只这一点记述还很难说,稍微明确的则是西方独石的守备杨洪的出征。

《实录》这一年正月甲戌条说:

> "敕守备独石永宁左参将都督同知杨洪:去冬兀良哈往延安一带抢劫,春暖必回。尔洪其选所部精锐,往大同境外黑山迤北等处截杀,务与参将朱谦等,同心协力,以图成功。"

又,二月戊子条说:

> "守备独石永宁左参将都督同知杨洪奏:同内官韩政等,率领官军,于迤西地名以克列苏等处,俘斩兀良哈安出等部下贼,夺回虏去人畜器械等物。上敕洪等,将牛马给有功官军。其余解送京师。仍查官军功次,以闻。"

这就是《四夷考》、《纪事本末》等所载都督杨洪的出征黑山、以克列苏。黑山说是在大同境外，远在西方，而以克列苏究竟在哪里？陈循的《昌平伯进侯追封颍国公谥武襄杨公洪神道碑》(《国朝献征录》卷十)解决了这个问题。

该碑铭说：

"(正统)九年春，兀良哈寇迤西，公受命迫袭。败(之)于应昌之别儿克。贼尽弃其所掠人马器械遁走。复追至朵颜稳都儿、以克列苏。贼得险，欲拒战，公躬督兵进攻，斩获首级，并者赤王部属，生擒其首打剌孩等。蒙赐玺书褒谕，进左都督。"

应昌在今达里泊(Dal Naghur)西南岸附近，别儿克恐怕也就在近旁。朵颜稳都儿就是朵颜山，如果我的考证不错，那就应该在兴安岭北段索岳尔济山附近(《史学杂志》第四十编，第六号，第 34 页)。所谓者赤王，可能就是在东方拥有根据地的泰宁卫大都督阿只罕的侄儿者赤(《实录》永乐十九年春正月乙酉条)。因为三卫大酋当时称王的例子不少。所以把它列为福余卫掌卫事安出的部属之一，不外是说明他们彼此混在一处。命令杨洪与其说是与朱勇军会剿，莫如说是令他截杀向西逃走的兀良哈。他追逐逸虏，从独石来到达里泊畔，更前进到索岳尔济山方面。因此，这里的以克列苏，也应该在附近寻找。

果真是这样，以前我们对大将军朱勇的进剿区域太小感到奇怪，现在又不得不对偏将军杨洪的追击范围过大而感到吃惊。朱勇是个纨绔子弟，而杨洪是有明中叶最著名的猛将。必须认为正因为这样才发生了这么大的差异。再说一遍，正统九年的战役，是血气方刚的英宗受宦官王振、曹吉祥等贪功野心的煽动，毫无准备发动的鲁莽的出师。当然不会获得像说的那样的战果，自然也是滥授褒赏的。杨洪的远出应该说是偶然产生的意外的成功。实际成果既然是这样，因而绝不是"自是三卫浸衰"。三卫的中衰乃是后来遭到瓦剌也先太师蹂践所致。不过,所谓"怨我刺骨,因通也先,导之人寇矣",似乎倒是实在的情形。这也不能不说是聪明小慧的英宗搞的弊政之一。而后来的历史家,根据这一事实,竟把"三卫寖衰"的原因,归之为明军讨伐的结果了。

补　记

据嘉靖中陈建的《皇明实纪》(卷九)叙述这次战役说:

> "九月,兀良哈三卫夷人寇边,发兵二十万讨之。分为四军,成国公朱通出喜峰口,由东路;左都督马谅出界岭口,由北路;兴安伯徐亨出刘家口,由南路;都督陈怀出古北口,由西北路。逾滦河,渡柳河,经大小兴州,过神树,至全宁,遇福余,逆战走之。次虎头山,遇泰宁、朵颜,又击败之。御史姚鹏上其功,诏加通太保,亨进封(兴安)侯,谅封招远伯,怀平乡伯,余进爵有差。"

沿袭此书的天启中沈国元的《皇明从信录》(卷十八),把"九月"改为"七月","朱通"改为"朱勇","东路"改为"中路",侯字上加了"兴安"二字。谷应泰的《纪事本末》依据《从信录》的地方很多,它那"七月"二字,恐怕就是根据这里来的。然从其他若干例子也可了解,《从信录》的纪年并不足以凭信。又方孔炤的《全边略记》(卷一)和徐日久的《五边典则》(卷一),大体上是根据《实录》记述的,但却没有详尽地记录这次战役的经过。又如徐昌治的《昭代芳摹》(卷十六),仍沿袭《从信录》的错误,只是简略了些。

《东洋学报》第 18 卷第 3 号

昭和五年(1930)六月

十四、明末清初时期蒙古族的西征

　　元初成吉思汗和拔都的西征,不用说了,就是唐代中叶突厥的著名酋长阙特勤的经略中亚,也是世所周知的。唯独明末、清初时期蒙古部族的远征中亚,似乎并没有怎么引起世人的注意。这固然由于这次经略规模较小,从它给后来的影响看来也不得不如此,但另外还由于过分轻视了这次经略的有关史料,以致受到了不应该的忽视。有关史料固然并不丰富,但也并非绝对没有。况且时代较近,还和后来俄国经略中亚互有关联。只要研究有方,或许可以获得意外的收获。这就是我所以竟想介绍并非新鲜的史料,促使识者注意这个问题的缘故。

　　关于明末征伐西域,首先见于《蒙古源流》(卷六)(施密特《东蒙古史》第211—213页)。明隆庆六年(公元1572年)俄罗斯皇帝伊凡四世的使节彼得罗甫和雅鲁契甫两人,首次经由额尔齐斯(Ir-tysh)河谷来到北京(公元1567年)后第五年,蒙古鄂尔多斯(Or-dos)部酋长克图克台彻辰鸿台吉(Khutuktai Sechen Khong Taiji)的两个弟弟布延达喇古拉齐巴图尔(Buyandara Khulachi Bagha-tur)、赛音达喇青巴图尔(Saindara Ching Baghatur)两将军率领从弟布尔赛彻辰岱青(Borsai Sechen Daiching)、兄子鄂勒哲依勒都齐(Öldei Ilduchi)出兵中亚托克摩克(Tokmak),在实喇摩楞(Shira Müren)河畔打败敌酋阿克萨尔汗(Aksar Khaghan),掳掠了他的属众和牲畜。青巴图尔把掳来的敌酋妃子秋格依(Chioki)收为自己的妻子。但当带着俘虏回来的时候,遭到阿克萨尔汗重新整备十万大军的追击。在尼楚衮哈萨拉克(Nichügün Khasuluk)山战役中,这股蒙古军一下子就覆灭了,布延达喇和赛音达喇两将军都战死了,鄂勒哲等残余,勉强逃了回来。

> "其二弟,布延达喇古拉齐巴图尔,壬寅年生,年三十一岁;赛音达喇青巴图尔,乙巳年生,年二十八岁,岁次壬申,行兵托克摩克,于实喇摩楞地方击败阿克萨尔汗,掠取属众,并掳获秋格依福晋,青巴图尔收为己妻。撤兵而回。至尼楚衮哈萨拉克地方,阿克萨尔汗领兵十万,追至交战。青巴图尔年二十八岁,布尔赛岱青,丙午年生,年二十七岁。彻辰鸿台吉之长子鄂勒哲伊勒都齐,丙辰年生,方十七岁。三人首先进攻,由西北方鏖战。古拉齐巴图尔由正中冲入,所乘之马为阿噜库克射毙,易马而战,马膝又中箭而倒,为殿后兵所击。而青巴图尔来援其兄,同殉于阵。彻辰岱青率布哈斯之图噜贝巴图尔、哈乐噶坦之多塔达噶台吉共七人,一同步战而出。鄂勒哲伊勒都齐所乘之马被射,仍擐甲步行,阿巴该吉鲁根见之,给以所牵之马,令其乘骑,遂由左超上骑之。其马复被箭,仍步行,遇哈尔噶坦之赛音海努克侍卫,下马即以其马与之乘,因欲令其叠骑,驻马让之。海努克云:我有子名巴扎尔,其爱护之,无庸顾我矣。遂乘共马,格斗而出。"

《源流》尼楚衮哈萨拉克之战的叙述,读起来宛如武侠小说一般。鄂尔多斯的彻辰鸿台吉是明末大酋归化城俺答汗(Altan Khaghan)之兄吉囊(Jinong)的孙子,他的长子鄂勒哲就是《源流》著者萨囊彻辰鸿台吉(Sanang Sechen Khong Taiji)的亲祖父。《蒙古源流》的记述颇有一些可疑的地方,但这件事可能是著者亲身耳闻心记的,应该是可以凭信的根本史料。当时,彻辰鸿台吉经常到西边去经略青海地方。据明冯时可的《俺答后志》说:隆庆六年春,切尽黄台吉(彻辰鸿台吉)亲自登上掠夺西边瓦剌的征途,二月八日,到甘肃边外的镇番堡,十九日驻屯宁昌,闰二月四日,到达龙首堡。方孔炤的《全边略记》(卷五)《甘肃略》万历五年条也载有尼楚衮哈萨拉克战败事,说:"先是,河套酋略瓦剌,戮其长,死者千数,诸酋皆惭愧。"支持上引《源流》的记述。不过,问题是明人这些记述都把当时的敌人当作瓦剌即卡尔梅克(Kalmuks),但据西方传来的考证,所谓托克摩克的阿克萨尔汗,其实是吉尔吉思哈萨克(Kirghis kazaks)的著名可汗阿克拉萨尔汗(Ak Nazar Kbaghan)。

　　阿克拉萨尔汗是有名的拔都之兄白帐汗斡耳朵(Orda)的后裔卡西姆(Kasim)汗的儿子。曩祖八剌(Borrak)汗、扎你别(Janibeg)汗以来,就是所谓乞卜察克(钦察—Desht Kipchak)的君长,占据中亚草地,以锡尔塔拉(Syr Darya)草原上的昔格纳黑(Signak)和答剌速(Talass)河流域一带为根据地。东与蒙兀儿斯坦(Moghulistan)的阿不都勒剌迪甫汗(Abdul Iatif)相争,西与布哈拉(Bukhara)雄王乌兹别克(Uzbeg)汗阿卜都拉(Abdullah)以及他的劲敌塔什干(Tashkent)部长巴巴算端(Baba Sultan)等争雄。他的英勇名声直到今天还在巴失乞儿(即巴只吉惕—Bashkirs)和那海(Nogais)部族中间传诵着(霍渥尔特《蒙古史》卷二,第 627—634 页)。他的极盛年代虽不甚详,但公元 1569 年(隆庆三年)俄国派赴那海的使节西蒙·马尔科夫(Сймон Марков)还提到哈萨克(Kazak)部的阿克拉萨尔等。八年后 1577 年(万历五年)还说阿克拉萨尔麾下的哈萨克曾和那海相争,想和俄国通好(前引书第 634 页)。据霍渥尔特考证,阿克拉萨尔汗曾一度逼巴巴算端割让土耳其斯坦(Turkestan)和撒别阑(Sabran)地方,但到 1580 年(万历八年)反被巴巴算端袭杀了(前引书,第 633—634 页)。总之,隆庆万历之间,蒙古西邻乞卜察克(钦察—Desht Kipchaks)的君长无疑是阿克拉萨尔。所谓托克摩克(Tokmak)本来是它东边的一个城市名,但不久就成了蒙古人称钦察各部的通称了(霍渥尔特,前引书,卷一,第 1 页)。这里所说托克摩克的阿克萨尔汗,毫无疑问就是哈萨克的阿克拉萨尔汗。

据《蒙古源流》载,古拉齐巴图尔和青巴图尔远征托克摩克,好像是这两个将领发动的。其实《俺答后志》里已经明确记述,这是其兄彻辰鸿台吉的夙志,这从鸿台吉的嫡子鄂勒哲伊勒都齐在这次战争中英勇作战,也可以看得出来。鸿台吉一度遣将远征而失败,第二年,万历元年(1573年),这回又亲自挑选蒙古精锐,发动复仇的战争,到上年的旧战场哈苏罗(Khasuluk)地方,敌方阿克萨尔汗又带领十万大兵前来迎战,两军在额锡勒太保(Esen Daibu)地方发生激战,蒙古军最终告捷,阿克萨尔汗之子三索勒坦(Sultans)被擒,报了二弟之仇以后班师。《源流》在前面这段引文之后,接着说:

> "迨后,其兄彻辰鸿台吉三十四岁,岁次癸酉,精选赛音哈屯之四额呼斯、塔本克克里之五和硕齐,并兵七百名,往征,直至哈苏罗地方。托克摩克之阿克萨尔汗带兵十万,迎战于额锡勒太保。彻辰鸿台吉传谕于众曰:'敌队在前,不拘何人,不可先我攻进,我亲领之以入。'谕毕,乘博罗和察之赛音阿固拉萨尔拜红马,身被描金象皮红穆纳甲胄,率众攻入敌众。于彼队内见为首之人,须眉间放出火焰,复见两队乘黑马之兵,马足发火,迅速而至。遂败之,歼戮过半。自此青巴图尔之甲无不识者。遂生擒阿克萨尔之子三索勒坦,分别惩释,以复二弟之仇,振旅而回。"(《蒙古源流》卷六,德文本第213—215页)

矢野仁一博士解释上引文里的"须眉间放出火焰"、"马足发火"等句是使用火器,这是可信的。可以想象,曾经和俄国来往的哈萨克人,早已熟习了火器的运用。两次成为战场的尼楚衮哈萨拉克和额锡勒太保等地名不详。可能是东西两势力分界线的附近,在伊犁热海方面。从经营青海的形势和前引《俺答后志》的文字来看,可以推测蒙古进军路线是经由天山北路的。尤其《源流》载鸿台吉凯旋的道路经过巴里坤(Bars Kül)、博陇吉尔(Bulunggir)一路,就更明确了。《源流》把实喇摩楞战役译成"击败"字样,而施密特译作 überfallen。从前后情况看来,初次掩袭,可能是出敌不意,地点可能是阿克萨尔汗的根据地。如果是这样,那么必定在临近托克摩克的楚(Chu)河一带,或更西边的答喇(Talass)河畔,或更西边的锡尔(Syr)河畔昔格纳黑(Signak)、撒别阑(Sabran)、土耳其斯坦(Turkestan)等地之间。蒙古当时一再征伐北方的瓦剌,制服南方的西藏。它为什么讨伐托克摩克,却全然不详。总之,蒙古乘这种西渐的大势,一度侵入了遥远的中亚地方,确是事实。据别烈夫(Ђерев)的《喀什喀尔史》说:东察合台汗国因吉尔吉思入侵而溃灭,是在隆庆六年(1572)(《Forsyth, Report of a mission to Yarkand in 1873》第 174 页)。蒙古入侵托克摩克(Tokmak Kirghiz)或许是前去声援东察合台汗,也未可知。更进一步分析,如万历八年阿克萨尔汗的败死,纵令不是直接由于前年蒙古军的打击,可是以后不久,哈萨克这个汗就绝后了,这或许由于在前一年哈苏罗战役中,他的三个儿子被俘了,也未可知。

二

当彻辰鸿台吉侵犯托克摩克的时候,鄂尔多斯的宗主布延巴图尔洪台吉(Buyan Baghatur Khong Taiji)曾不断进攻阿尔泰(Altai)、额尔齐斯(Irtysh)方面的瓦剌(Oirad)部。(《蒙古源流》卷六、《大明穆宗实录》)。在凯旋途中的鸿台吉也参加了战役,迫使辉特(Khoid)、巴图特(Baghatud)各部降服。他的儿子鄂勒哲伊勒都齐在把敌人向北赶了三个月以后,还在图巴罕(Tubakhan)山山阳打败了绰罗斯(Choros)酋长(《蒙古源流》卷六,德译本第 215—217 页)。由阿尔泰地方追逐了三个月所到的地方,恐怕就是那海、巴失乞儿(Bashkjrs)地方,否则必定是所谓西伯利亚鞑靼(Siberian Tartars)地方。总之,在遥远的东方喀尔喀河畔兴起的外蒙古各部所以像现在这样得以向西方取得发展,不外完全是由于乘这次西渐的大势(和田清《内蒙古各部落的起源》第311—315页)。而被蒙古(Khalkhas)讨伐的瓦剌(Kalmuks)也是蒙古的别种。这些遭到来自东方压迫的部族,逐步向西迁移,侵犯吉尔吉思、哈萨克、那海的突厥各族。这里也出现了蒙古族的西征。在阿克萨尔汗的从侄帖弗克勒(Tevkel)汗时代,正是瓦剌最衰弱的时代。更据舍费(Schefer)说:帖弗克勒(Tevkel)汗在被瓦剌(Kalmukes)打败,丧失了二十万众的一半,曾向塔什干(Tashkent)王求援,王答说:"我们纵然十人合力,也难战胜瓦剌(Kalmuks)"(霍渥尔特,前引书,卷二,第637页)。依霍渥尔特(《蒙古史》)和巴德莱(Baddeley)《俄罗斯·蒙古和中国》详细叙述了其余瓦剌各部侵犯吉尔吉思、那海地区,和俄罗斯、喀尔喀势力相争,其中自夸为明代也先帖木儿(Esen Temür)后裔的准噶尔(Jün Ghar)部长巴图尔珲台吉(Baghatur Khong Taiji)的活跃,最为惊人。巴图尔占据喀喇额尔齐斯(Kara Irtysh)河上,东与喀尔喀蒙古的阿勒坦(Altyn)汗相争,西侵吉尔吉思、那海等突厥部落,接着就和俄国人的势力相争。公元1635年(明崇祯八年,清天聪九年)和吉尔吉思哈萨克部长亦失迷(Ishim)汗作战,大败敌人,生擒他的儿子扎罕吉尔算端(Jehangir Sultan)(霍渥尔特,前引书,卷二,第614—618页)。亦失迷汗是曾遭彻辰鸿台吉讨伐的阿克萨尔汗的从弟失海汗(Shigai)的儿子、帖弗克勒汗的弟弟,也就是当年雄视土耳其斯坦的哈萨克部长(霍渥尔特,前引书,第639—640页)。他的儿子扎罕吉尔(Jehangir)汗是个颇剽悍的强酋,后来逃脱回来继承他的父亲,不断侵犯瓦剌。1643年(崇祯十六年、崇德八年),巴图尔又率领五万余大军和扎罕吉尔、雅阑图什(Yalantush)等二万余众作战,曾苦战多次(前引书,卷一、第 618—619 页,卷二、第 640 页)。以上都不见于中国方面记录,详情很难了解。但只这些也足以证实蒙古部族不断侵入了中亚。

自从巴图尔的儿子、著名的噶尔丹汗(Galdan Khaghan)威震西域的时候起,准噶尔部向中亚发展这件事,便渐渐传到了中国。据《秦边纪略》的《嘎尔旦传》说:噶尔丹已决定方案,在攻克北方邻国,侵并东方各部以后,在康熙二十一二年间(1682—1683),又征伐西方回回国家,使几十座城市都归降了他。

"东方既臣服,乃西击回回,下数十城。回回有密受马哈纳非教者(马哈纳非、泰西以为马哈默),初迎降,雪夜袭击之,杀伤至十余万,马匹器械,失亡无算(壬戌年,一入回回国,其国请降,纳添巴、奉浮图教,许之,敛兵入其城。夜半回回外援至,城中应之。内外合攻,火光烛天,嘎尔旦部落皆溃,是时积雪平坑堑,人马陷不可脱,城中尾击,死者无数。唯嘎尔旦跃马持枪,脱身去,回回削辫奏凯,有数骆驼)(以下缺文)。马哈纳非,天方国以为圣人者,嘎尔旦丧师返国,未尝挫锐气,益征兵训练如初。(嘎尔旦败归,集未教之兵,勒新霸之马,欲试之。闻极西地有人(此间缺文)而形如犬,能日驰数百里,其妇女绝美好,乃携兵多(此间缺文),驱马直入其国,挟妇女数人归。其人归,追之,不能及云。)使人谓回回曰:汝不来降,则自今以往,岁用兵,夏躁汝耕,秋烧汝稼。今我年未四十,迄至于发白齿落而后止。城中人闻咸股栗,门尝昼闭。其明年,大破之。回回悉降,不敢复叛。"(《史林》第三卷,第三号,第 358 页,内藤博士论文里所引用的)

其他各书都没有这一条,像内藤博士那样博览群书的人,也说:"这次征伐回回事,不仅在中国史书里完全没有看到过,就是波斯的记载也没有提到,仅从这本《梁传》(《嘎尔旦传》)里才知道有这一事实。它所说的回回也没有载明在什么地方,我想可能是在怛罗斯地方发生的事。"(前引书)我查王先谦的《东华录》(康熙三十七年夏四月壬戌条)见有下述一条,应该认为就是叙述这件事的。它说:

> "策妄阿喇布坦奏:臣之与哈萨克构兵,非得已也。昔噶尔丹擒哈萨克头克汗之子,以畀达赖喇嘛。故头克使人乞臣关说,求还其子与彼完聚。臣乃使人于达赖喇嘛,索得头克之子,拨五百人护送归之。头克反尽杀臣五百人。后又杀臣属下吴尔赫德巴图尔台吉,掠取其人民。续又掠我吴梁海百余户人,臣妻父阿毓奇以其女归臣,使妻兄三济扎布送臣之妻,彼又要截于路。去岁秋,臣商人自鄂罗斯归,彼又掠之。哈萨克屡来犯臣,有如许过恶,臣是以兴兵而驻,恐圣上谓臣喜事好兵,故陈此自白。(下略)"

策妄阿喇布坦(Tsewang Arabtan)是噶尔丹的哥哥的儿子,康熙三十六年(1697)在康熙帝灭噶尔丹以后,代主准噶尔。那么,这个曾屈服于噶尔丹而对策妄态度傲慢的哈萨克的头克汗究竟应该考订是谁呢?我和霍渥尔特一样,毫不犹豫地认为是哈萨克的著名可汗梯亚甫迦汗(Tiavka Khaghan)(霍渥尔特,前引书,卷二,第641页)。梯亚甫迦汗是受到巴图尔一些折磨的扎罕吉尔(Jehangir)汗的嫡嗣,现在占据土耳其斯坦、塔什干方面,是个善理内政,给哈萨克部带来和平和秩序的名王(前引书,卷二、第640—641页)。据《秦边纪略》载:准噶尔是游牧国家,而所谓回回国完全是耕稼之民。这或许是指布哈喇(Bukhara)撒马儿罕(Samarkand)。但按布哈喇的历史说:当时正是速不罕曲里(Subhan kuli)汗全盛时代,这个地区完全看不到曾遭受瓦剌等入侵的痕迹了〔瓦姆伯勒 Vambery,《布哈喇史》第325—337页。霍渥尔特,前引书(卷二),第755—760页。《亚洲的心脏》,第198页〕。加之,这个地区以北,昔格纳黑(Signak)、撒别阑(Sabran)、土耳其斯坦(Turkestan)、塔什干(Tashkent)方面,正是哈萨克的根据地,因此,噶尔丹讨伐的回回各城,必定就是这些城市。据《纪略》原注说:噶尔丹在攻降这些城市以前,还曾征伐了极西的美人国,这可能是指征伐远在西北的那海(Mangut)。所说"形如犬"或者是由 Nogai(蒙古语,意思是犬)这个名字产生的讹传。又把在该地唆使伪装迎降噶尔丹的马哈纳非当作马哈默(Muhammad),当然是错误。这个人必定是当时驻在这里的一个回回教的圣者。总之,哈萨克逐年遭受蒙古的征伐,势力逐渐衰微,到 1718 年(康熙五十七年),这个梯亚甫迦汗也终于向俄罗斯西伯利亚太守噶噶林(Гагарин)投降,请求他保护。从此以后,哈萨克乃不得不分裂为大、中、小三部(霍渥尔特,前引书,卷二、第 642 页)。准噶尔部的经略西方,从巴图尔、噶尔丹,历经策妄阿喇布坦和他的儿子噶尔丹策凌,直到达瓦齐、阿睦尔撒纳被清军灭亡为止,毫未衰减,但从另一方面来说,这也并非没有给俄罗斯经略中亚帮了忙。

《东洋学报》第十一卷,第一号

大正十年(1921)四月

十五、土默特赵城之战

　　说蒙古达延汗(Dayan Khaghan)的根据地原来在漠北,到了曾孙达赉逊汗(Daraisun Khaghan)时代,才移到宣府(今宣化县)北边,这种一般说法,完全是错误的。其实是本来居住在宣府塞北的察哈尔(Chakhar)部,在嘉靖中叶,迁到兴安岭东边,我曾写文章详细论述了这事(拙著《内蒙古各部落的起源》)。迁到辽东塞外的察哈尔部,八十年后,到明代天启末年,在达赉逊汗的玄孙陵丹汗(Lingdan K.)领导下,再越过兴安岭向西,又回到了宣大边外故土。这次迁徙恰恰和达赉逊汗因受西邻属部土默特(Tümed)的压迫而东迁一样,是因为害怕东邻新兴的女真奴儿哈赤父子的威力。在这以前,察哈尔部为了东迁,曾经蹂躏并摧毁了已经衰弱的兀良哈(Uriyangkhad)三卫,现在因为它这一西还,致使兴安岭以西各大部像土默特、喀喇沁(Kharachin)、阿苏特(Asud)等都趋于溃灭。当时,清朝方兴,只灭了一个察哈尔部,就得以收揽了内蒙古众心归一,这主要不外是有赖于这种形势。以下拟就这次西迁的真相略加考察。

　　清太祖起初长期伪装对蒙古表示恭顺,到天命四年三月,在萨尔浒歼灭明军,六月攻陷开原以后,便逐渐显露锋芒。七月攻陷铁岭城时,打败了来到这里会战的蒙古军,俘虏了它的主帅、东蒙古唯一的大酋宰赛。八月吞并了蒙古的姻亲、开原北关的叶赫部。全蒙古的宗主察哈尔的陵丹库图克图汗(Lingdan Khutuktu K.)从这时才确实感到清朝勃兴的威胁。据清《太祖实录》说:这一年十月,清廷曾接到蒙古可汗的极其傲慢的质问书。在《实录》的文字里,可汗似乎只是借通好韵辞句,主张对明朝广宁的先占权。其实,可汗的要求并不止此,我曾推测可能还要求女真人恭顺修贡。据明姚宗文的《奉旨访问疏》(《筹辽硕画》卷四十三)却明确说,可汗这次遣使,是对消灭叶赫部的问罪。由此可见,可汗的虚张声势直到这时还很强硬。但他内心的恐怖从这时已经萌芽了。这从第二年(五年)春,清廷毅然遣回了谩骂的答使,斩了蒙古的国使,而可汗竟甘心忍受了一事,也可了解。后来,天命七年正月,奴儿哈赤夺取辽西广宁城时,连兴安岭西边的哈喇嗔(同哈喇沁)各酋都为明朝气愤,而以前主张对该地有先占权的陵丹汗却没有敢争。第二年四月,喀尔喀(Khalkha)各部(当时占据着今新民到北面法库、康平方面)遭到清军侵伐,派遣急使请援,可汗当然似乎没有应诺的勇气。因此《明史·鞑靼传》天启四年(即清天命九年)条说:这一年,明朝的边人伤了可汗的近属歹青(Daiching),明朝为此付出了巨额的偿命钱,而可汗却"快快益思扬去"。所谓扬去,或许并不只是说背弃明朝的款抚,也许是说失意郁闷的可汗想舍弃这个辽东边外地方而表示了远远迁到西方去的意思,也未可知。可汗几年来就是逐渐从辽东边外方面由东向西退缩的。尤其是天命十年十一月,清军铁骑听说援敌,调回远在科尔沁(Khorchin)(当时在嫩江水滨地方)的亲征军队,十一年四月,又看到清军蹂躏附近的喀尔喀巴林(Khalkha Bagharin)部落(新民、彰武、绥东方面)以后,可汗西迁的意志越发坚定了。王在晋的《三朝辽事实录》记述这次最后事变以后说:"于是,朵颜各部(今喀喇沁各部)不能自存,而插酋(察哈尔汗)亦有去故土(辽东边外)就宣大(宣府大同边外)之思矣。"

清天聪元年(明天启七年)春夏之交,西迁遂成了事实。据《辽事实录》载,当时蓟辽军门的塘报、张家口夷酋的边警,纷至沓来,震骇了明廷。其中,宣府的情报之一说:"插汉王子(察哈尔汗)从原巢尚未起身,有哈喇慎家夷酋,带领小部夷帐房牛羊马匹,于三月二十三日,从奢儿城搬移地方五喇哈哈住牧,我省台吉等,亦于本月(四月),从奢儿城搬移地方亦地都一带四散住扎。各酋联络,以备虎酋(虎墩兔憨,即库图克图汗的简称,指察哈尔汗陵丹而言)"。方孔炤的《全边略记》(卷三、《宣府略》)记载同一事实甚详,且得要领。因此,不嫌烦琐,摘录于下:

> "七年五月,把汉哈喇慎之地租,首属于察汉儿(即察哈尔,以下同)以讲人口相隙者。满五素幼时受养于察汉,今长矣,率部落归其父世把都儿,而察汉不悦也。向白言(把都儿之孙,满五素之侄,当时事实上代表哈喇慎大营的酋首)曰:我欲得满五素并其部落矣。张家口顾有如许王子(是否指把都儿的嫡曾孙、名义上的哈喇慎可汗打利台吉?)耶。于是,白言传调宣蓟诸部备之,而哈喇慎家众酋,皆从奢儿城移于亦地都,而赤把都等亦侦察汉犯独石,未知谁仇也。乞火炮五百人为卫。"

兴安岭以西各大部,以土默特(归化城方面)、喀喇沁(上都、开平地方)为首,大都和察哈尔部不和,时常倾轧。察哈尔部西迁,势必难免发生严重的冲突。逃避了清朝龙兴的锋锐的陵丹汗,以恢复久已丧失的宗主权来对待西邻旧部。可汗的这种高压态度也同样伤害了岭东各部,驱使它们纷纷投奔清廷或明边。这事都散见于清《太宗实录》和明《辽事实录》。奢儿城、五喇哈哈、亦地都等地都不详,很遗憾。但当时哈喇嗔大营的根据地在今多伦县西北、上都开平地方,因而他们窜据的地方,大致是西桓州(Kürtü Balghasun)、抚州(Chaghan Balghasun)或兴和(Khara Balghasun)一带。总之,这种变乱情报大大震骇了明廷封疆大臣。《辽事实录》评述这个势将来临的大变动说:"插酋僻处东隅,与宣风马牛不相及,今横生枝节,控弦十万,加于白言等部,如千斤之压卵,必无幸。"但无论明

《辽事实录》或《全边略记》都没有记述这类冲突的经过。

试查清朝的记录。《太宗实录》天聪二年二月条载有蒙古喀喇沁部落的众塔布囊（Tabunang）连名请求清廷讨伐察哈尔汗的奏章，说：

> "苏布地、杜棱古英、朵内衮济、诺于达喇、万丹卫征、吴尔赫贝勒、塔布囊等上书天聪皇帝。蒙天聪皇帝降谕，谨此回奏：察哈尔汗不道，伤残骨肉，天聪皇帝与大小诸贝勒俱知之。我喀喇沁部落被其欺陵，夺去妻子牲畜，我汗（打利台吉）与汗（衍？）布颜台吉（白言台吉）、博硕克图汗（顺义王卜失兔）、鄂尔多斯济农（额磷沁济农）、同雍谢布（永谢布或永邵卜）及阿苏忒（阿苏特或阿速）、阿霸垓（阿巴夏）、喀尔喀诸部落前来，至土默特部落格根汗赵城地方，将所驻察哈尔兵四万剿杀之，我汗与布颜台吉率兵十万回时，直察哈尔兵三千赴张家口请赏于明，未得而回。我喀喇沁汗、布颜台吉、将请赏之人又尽杀之……察哈尔汗根本摇动，可乘此将动机。"[①]

这的确是详述这次冲突的唯一无二的记录，后来的《开国方略》、《藩部要略》、《游牧记》等只是转载了这些记录而已。唯有《明史·三卫传》的末尾说："崇祯初，（三卫）与插汉（察哈尔）战于早落兀素，胜之，杀获万计。以捷告，未几，皆服属于大清云。"这里记述的正是同一件事，但它的根据似乎稍有不同。因为明崇祯元年是天启七年的第二年，即天聪二年。这里所说的三卫，其实是指朵颜（Doyan），而朵颜是哈喇嗔大营（喀喇沁部落）的属部，不外就是上述的众塔布囊。只是这次战场，《实录》说是土默特的赵城，《明史》说是早落兀素。乍一看来，好像不同，其实也未必。我们通过解决

---

① 《清实录》影印本，第十二册，太宗实录卷四，第4页。"蒙天聪皇帝降谕谨此回奏"句，影印本作"以书来奏曰"，又"我汗与汗（衍？）布颜台吉"作"我汗与布颜台吉"。"将所驻察哈尔兵四万"作"杀察哈尔所驻兵四万人"，"我喀喇沁汗布颜台吉将请赏之人又尽杀之"作"又尽杀之"。——译者

这一矛盾，才能获得事实的真相。

首先来看赵城的位置。所谓土默特部落，本在辽西和归化城两处，但当时辽西的土默特部还没有建立，可见赵城显然是在归化城方面。《太宗实录》本文里也说：喀喇沁（上都开平附近的部落）、朵颜（今喀喇沁部）的军队，在经过这里东归的路上，恰好遇上由张家口北返的察哈尔兵。由此看来，无疑应该在山西、大同边外。尤其土默特格根汗（Gegen K.），所以称为赵城的格根汗，就是因为他是著名的俺答汗（Altan K.）以后世世代代居住在归化城的顺义王的别号。因此，这个赵城可能就是归化城。我认为：俺答在归化城创建弘慈寺（Yeke Joo，大庙的意思）以后，这个城就以蒙古喇嘛教中心之一而著称，因而这个城俗名也叫召浩特（Joo Khoton 即寺院之城的意思），赵（音 Chao）城是否就是它的音译。但一问白鸟博士，他说："这种解释，未必妥当。在比较接近明边的地方，特别使用'赵'字，还应该看作是汉语，也许是赵氏之城的意思"。我一听到赵氏之城，马上就联想到俺答的谋主汉人赵全的事迹。赵全是白莲教的亡命徒，曾参加俺答幕下，教他攻取、围困、掩袭的战术，引诱俺答入侵中国，特别是召集逃亡汉人在黑河流域开垦良田，蓄备积粟，营建板升即汉式城郭，奠定了今归化城的基础，因而闻名。据《大明实录》、《两朝平攘录》和《明史纪事本末》等书记载，赵全等在嘉靖三十八九年间，已"治第如王者，署其门曰开化府"。这当然是归化城的始建。然而，不习惯定居屋室的蒙古酋长，起初并不喜欢这个城市，板升就成了专供赵全等汉人居住的城市。俺答等代替汉人住进这个城里，是在隆庆五年封贡成功，赵全等被杀以后，万历三年明廷才赐城名为归化城。现在结合它建筑的历史来看，或许就是这个城市，当初通称顺义王的归化城，同时也有个俗称叫作格根汗的赵城，这种说法恐怕也不能简单斥之为牵强附会。况且这种说法还有下述的考证，足以得到进一步的支持。

《钦定续文献通考》的《四夷考·朵颜》条末尾所叙述的和前引《明史·三卫传》几乎完全相同,只是拿哈喇乌苏字样代替了旱落兀素四个字。据戚继光的《蓟镇边防》载哈喇兀素也作汉落兀素。因此,《明史》的早落兀素必定是旱落兀素之误,不外是哈喇乌苏的异译。所谓旱落兀素即哈喇乌苏(Khara Usu,黑水、黑河的意思)这个名称,是蒙古很普遍的称谓。假若在宣大山西边外来找,最著名的莫若发源于归化城东北绕过该城南郊的黄河支流图尔根河上游的黑河。宣大、山西边外是足以引起这次冲突的唯一舞台——内蒙古西部。至此,我不得不把这条黑河肯定为《明史》的早落兀素(旱落兀素)。因为只有这样解释,再援用前段的假定,问题才能回到最初的出发点,旱落兀素(黑河)就是赵城(黑河畔的归化城),《明史·三卫传》的记载才和《清朝实录》所传恰好符合,没有矛盾。

但考证到这里,又遇到另一个大障碍。那就是据清《太宗实录》和《明史·三卫传》载,这次冲突的结果,如上所述,是察哈尔汗败北了,可是《明史·鞑靼传》却说:

> "崇祯元年,虎墩兔(察哈尔汗库图克图)攻哈喇慎(喀喇沁汗打利台吉)及白言台吉(布颜台吉)卜失兔(土默特格根汗布硕克图)诸部,皆破之。遂乘胜入犯宣大塞。"

反而是可汗大胜了。实际上,这次战役是可汗取得全胜。这从明总都王象乾同年秋回答崇祯帝的忧国咨询的奏语里也可以了解。他说:"御插汉(察哈尔)之道,宜令其自相攻。今卜失兔西走套内,白台吉(自言台吉?)挺身兔,而哈喇慎所部多被虏,不足用。永邵卜(永谢布、雍谢布)最强,约三十万人,合卜失兔所部,并联合朵颜三十六家及哈喇慎余众,可以御插汉。然与其构之,不如抚而用之。"又该传以外,魏源的《圣武记》,即清《太宗实录》本身之中,也都明确记述合并各部的陵丹汗,在这以后数年里经常往来于宣府、大同边外,山西、河套之间,屡次进逼明边。至少在此后四年,清天聪六年四月,当太宗首次试图远征察哈尔的时候,所有兴安岭以西地方,无疑都任凭察哈尔汗蹂躏,土默特、哈喇沁两部完全残破不堪,阿苏特等部也都逃窜散亡了。如果真是这样,那么上引《三卫传》,尤其是《实录》所说哈喇沁众塔布囊的上奏书,就不能轻易相信了。即或解释说最初西部联合军曾博得奇捷,而结果终不免溃败,但战场归化城的位置,过于偏于西方的根据地,根本同说是引起两军交战的地方不相称。这样,两传似乎根本不能并存了。

这样,以怀疑的眼光再来看塔布囊的上书,就觉得奇怪的地方很多了。第一,所说剿杀察哈尔兵四万,还杀了它三千人;又如说我汗"率兵十万回"、"察哈尔汗根本摇动"等,语气都过于夸大。这样大捷明人绝没有不记载的道理。这次上书毕竟大可疑为塔布囊等在向清廷投降、求援之前,在虚张声势。第二,若说察哈尔兵的主力四万人驻扎在赵城即归化城,它的另一支兵三千人赴张家口挟赏,那么这必定是察哈尔汗已经控制了整个宣大、山西边外以后。这时联合军又能潜伏在哪里、由哪里掩击察哈尔的兵呢?第三,书中把鄂尔多斯济农(Ordos Jinong)和雍谢布(Yüngshiyebü)等都算在反察哈尔的同盟之内,但从《蒙古源流》和《清朝实录》可以看到,鄂尔多斯是当时察哈尔汗的唯一盟友,和察哈尔通好,并且互相联络。远在青海孤独驻牧的永邵卜(雍谢布、永谢布)部,这时候还没有卷入战争旋涡,这从前引王象乾的话里和后来《天下郡国利病书》(卷六十二、《西宁卫》)的记叙里,都可以推测出来。像阿霸垓(Abagha)和喀尔喀等,是否真的参加了联合军,也大有疑问。最后,所说土默特、喀喇沁以外,还有阿苏特〔土默特以东、喀喇沁以西,驻在今大同到张家口边外的部落,明人所称阿速,也就是哈连(哈速)〕,也协力来阻挡西侵的可汗,确是事实。但在上奏书的署名里,不要说这些大酋的名字,就连足以代表朵颜的强酋苏布地的诸兄朗素和暖太等,也都没有连署,这究竟是怎么回事呢?

我认为只能这样解释,即:联合军其实已经大败,不管是卜失兔(Bushuktu)走河套,白言台吉(Buyan Taiji)挺身得免,以及其余大酋都已经逃的逃、死的死,因而只剩下残败小酋相率投附了女真。急想逃回东方故地的哈喇嗔朵颜余众(哈喇沁的众塔布囊)遇到急切想得到抚赏的三千察哈尔兵时,恐怕事实上鼠窜不迭吧!这时候,哈喇嗔东头仅剩下的残余就成了现在所说的喀喇沁部,从古北口外向东逃跑的土默特遗部,就成了今天辽西的土默特部。这些前面已经详细叙述了。

　　这样看来,清《太宗实录》、《明史·三卫传》等所传联合军战胜的说法,可能是根据喀喇沁塔布囊等的虚报来的。事实是未战而退回归化城的联合军,正像明人所预料的,一交战就如同摧枯拉朽一样。然而这样重大的事实,他们竟以一纸虚报被欺瞒过去,这必定是由于清人当时只专门注意明朝东边的京畿,说明对蒙古西边还很缺乏认识。总之,察哈尔汗打赢了这次大战,很容易就把兴安岭以西的大部分地区收服了,暂时躲避了清军的锋锐。但是,可汗的苟安之梦,并不会长久。赵城之战以后仅仅四年,再次遭到清军侵犯的可汗,就陷于前年卜失兔白言的同样命运。这件事也已经论述过了。

大正七年(1918)四月二十日稿

《东洋学报》第八卷,第二号

大正七年五月

补　记

　　当时正是清朝初创的时候，还没有注意到内蒙古腹地；对明朝和蒙古本身来说，国运都已走到穷途暮日的境地，因而没有工夫写下这些记录，所以明朝和蒙古都没留下充分的资料。绝无仅有的记录只有彭孙贻的《明朝纪事本末补编》(卷三)的《西人封贡》一篇。《明朝纪事本末补编》的《西人封贡》和该作者另一名著《山中见闻录》(卷八)的《西人志》一字不差。其中有许多难解的地方，而且全文太长。现在只摘录其末段并略加解说如下：

> “其后，插汉儿新立为虎墩兔憨，年少嗜酒色，已，雄视诸夷。我三卫属夷，朵颜诸部，皆奚、契丹种也。咸威服插汉。而清人勃起于建州，蚕食插汉边界，驱略牛马亡算。”

这里首先概述察哈尔汗和建州的冲突。其次说：

> “天启元年，给事中姚宗文阅视辽阳，令监军王猷以四千金，抚赏虎墩兔憨，炒花等议以三千人入桃林口朝贡。廷臣劾罢王猷，辽藩继陷。西人乘乱钞掠。巡抚王化贞以二万金，抚炒花五大营、虎墩兔八大营、歹青二千人，助兵攻建州。建人入广宁。参将祖大寿借暖兔、贵英二万骑，却建人于宁远城北双树子。化贞恃西人为援，锐言战，以挠廷弼。西人卒不至，河西尽没，化贞论死。”

当时，明人分为依赖西虏援助和勿轻举妄动的两派，辽抚王化贞属前一派，经略熊廷弼属后一派。结果西虏不足恃，辽河以西的地区都失掉了。以下记述当时云集辽西的蒙古人，说：

> “辽，自宁远至前屯，朵颜三卫地也。宁远迤东至广宁，虎墩、炒花、宰赛诸部地也。朵颜三十六家，侾罕大、董忽力、暖

兔、贵英他不能、索只速让台吉、哈那彦不喇度台吉、哈那颜蟒金他不能、苏不的、九（丸）旦、朗素、义罕素（宰）罗世，皆宣蓟诸房也。又答喇明暗、欧儿计台吉、王烧并（永邵卜）之属，毋虑数十万部落，不相统一。"

其次，详述辽左失守，抚赏无所出，总督王象乾的出场和当时的寇房情形，说：

"以辽左没，赏额无所出，各裹粮蜂屯住口外，声助兵以挟赏。总督王象乾久在宣蓟三十年，晰房情，房咸受款。房憨插汉儿昏于酒色，皆叔腊毛太（恼毛大）主兵，亦甍不能自强。憨之幸臣贵英恰，其部曲朗素尤桀骜，自重不与诸名王狎。诸部惟歹青最骁悍，建人畏之。以黄金二百，白金数千，参貂数驮，结昏于歹青，暖太之侄亦婿于歹青，抽叩亦剽疾，结拱兔、歹青为党。宰赛住镇安，炒花部尤逼建州，建州深结之。惟哈喇慎三大部，自（白）言黄台吉，肆不世（韩不世）台吉恶建人之吞辽也，将召卜（失兔）火（落赤）诸大酋，以攻建人。建人多用降人守广宁，已又虞其变也，尽迁之海、盖间，悉易建人为守。初插汉儿部落曰把都，投哈喇慎营中驻牧。哈喇慎死，其部老酋满五素幼为插汉父老王子义儿，抚之成立，分领人马。老王子死，满五素以所分部落归其父世把都儿。以故插汉儿亦索把都所领人马于白言等酋，（此与前引《全边略记》所述相同），白言等不与。插汉儿传调各部人马十余万，复使夷人入边讲款云：插汉只有一王子，焉有多王子。张家口故憨地，岂容他人冒赏，（此处所指不明）。白言、朝儿诸王子，沙晕、肖那诸酋飞报各边请兵共拒插。"

这里虽稍有难解的地方，但也可以看出一点哈喇嗔和插汉儿的战争原因。

"插既畏建州之强，而宣云互市，卜失兔主之。插酋利汉

743

财物,时私附诸彝入大市,市其马牛皮角毡罽。俺(答)卜(失兔)诸部多凌轹之,或侵渔其缯蘖布物,积不能半。卜酋久褻于缯絮曲蘖,其部落亦稍效板升,有诛茅构土室以居,势益弱。插部久处荒落,忍嗜欲,恶衣食,既为建人所逼,翻然有故土之思焉。"

可见察哈尔汗从前已参加宣云互市,且因互市之争心怀不平。正当这时,土默特衰弱,插汉儿顽强,于是发生了崇祯元年的会战。

"崇祯元年,举大众,席卷西行,杀逐俺、卜诸部,并其众。朵颜、兀慎、摆白诸部无有抗者,径驻丰州俺答故地,徙帐压宣云。迤北拥有八娘子,各统部落,首领曰宰生,以不预贡市,久居荒落,坚忍耐驰逐,多士马,蜂屯蚁聚,西人皆望风溃。哈(喇)慎、好儿趁辈暨三十六家,遂披靡以投东人。插汉既居俺答地,曰:吾亦欲得金印如顺义王,大市汉物,为西可汗,不亦快乎。"

会战轻易就结束了,察哈尔汗回到了俺答故地,大为得意。但是后来察哈尔汗和明廷之间发生纠纷,后来又和永邵卜会战一次。

"初,广宁塞外,炒花、煖兔、贵英诸部,蓟三协三十六家属夷,皆有赏。烈皇(崇祯帝)初服中外,迎上旨,尽革其赏,诸部哄然。会塞外饥,乞粟,上坚不予。于是,东边部落尽扬去附建人。春,插汉遣百人,讲于新平堡,贵英在焉。守将醉之神庙中,夜燔之。插汉怒。五月,插汉、宰生等至宣府新平堡,胁赏大哗。参将方谘崑诱入瓮城歼之。六月,插汉讲赏得胜口,不许。因举众压大同。杀军民数万,大同几不守。廷议以新城王象乾久在边,卵翼诸酋,自致籍,起督宣大,年八十矣。召对平台,上问方略,对曰:'臣能召永邵诸部,合从以抗插。'乃驰赴阳和,遂号召永邵卜与插汉战。一战而溃。插汉虏卜失兔阏氏与金印。各部皆远走迤西。更遣精骑入套,吉囊子孙皆俯首属之。东起辽西,西尽洮河,皆受插要约,咸行河套以西矣。"

这时明廷发生了对蒙古和与战的争论,崇祯帝优柔不能决。

"象乾上书,以为西人诸部弱,不能当插汉。插汉亦思得通贡互市,莫若款插汉。兵部尚书王洽,侍郎熊明遇,皆谓:御敌必须款插,款插非象乾不可。上不以为然,令象乾姑予款,且责战。象乾出私财,市蟒紵镀金银酒卮,以贻插汉。曰:'王太师贺可汗,且以需后命。'插汉亦遣人报象乾,以酪浆养牛善马,其胡部皆曰:'我祖若父世受王太师马法恩,王太师马法在,吾属宁敢反乎?'象乾款插疏再上,廷议多异同。兵部奏:'宜听督臣,相机决进止。'上犹持两端。大同巡抚张宗衡,抗疏请战。以为不宜款以媚敌。象乾因谢病。上惑于廷论。欲命宗衡署总督印,而象乾卧镇于阳和。侍郎申用懋摄兵部,奏曰:'虏压宣云,方借象乾宿望为镇抚。上诚闵其病,不欲烦以事,而留为坐镇是也。顾宗衡方主战,事须纷更,边人见骤夺总督印,必大骇虏情。今宜敕阳和道,晨夕入院,佐象乾治文书,以分其劳,以印仍归总督。'上从之。"

这期间,清军进挠,直逼京畿。因此,和蒙古一时达成款事(和议),边境暂告无事。

"二年,建人薄郊圻。梁廷栋为兵部尚书,惧插汉乘虚自西入,力奏象乾款插议,约俺、卜诸部赏及虎墩辽阳旧赏,合诸部马价七十余万,象乾议益八万,共八十万,以旧将王世忠为抚夷总兵。世忠者(哈达)猛骨孛罗子,其妹嫁插汉,为阏氏。世忠故名王子,衣冠举止如中华,久在边,识虏情伪,移之守宣、云,以终款贡事。款成,刑白马于关外,贡表如式。秋防毕,上赐象乾驰传归,以魏云中代之。插之抗衡东人(建人)者二年,西鄙无警。"

但是,后来北边又有骚乱。其中有清太宗征伐蒙古,火烧归化城板升,察哈尔汗逃逸,掳掠蒙古各部,清军东返。当时,明军显然恐慌了。

"四年六月,西人犯延绥江山,诸军拒却之。五年正月丙寅,套虏以三百骑称插汉求款,千总李世科被杀。总兵曹文诏击之,引去。丙子,犯宣府、宁镇,贺虎臣溃走。故总兵杜文焕御之,始退。四月,建州四王子(清太宗)勒西路降人五六万西来,逐插。插战不胜,益渡河西徙。东人烧绝板升。插汉偕套虏走大漠。六月,套虏犯甘肃、凉州,副总兵柳绍宗击却之。东人久屯板升,地淫雨,马多毙,乃整众东归。癸巳(二十七日),压宣大,巡抚宣府沈棨、监视内臣王坤,并驻张家口。时东人为前锋、后殿,西虏降部咸居中,乃令三十六家摆(腰)、(兀)慎、俺、卜毕来。其中有七庆台吉者,敕(目)部也。王坤与总兵,以万骑营边外。东人五分其兵,裹我师,我师几覆。一参将单骑驰其营,大呼曰:'我巡边,非相敌者。'东人亦报曰:'逐插过此,不相犯也。'用骆乳,来讲解,营中亦以布物曲蘖报之。诸部约日:诘朝讲款市张家口。当是时,宣大秋禾蔽野,六十余年不知兵,东西诸部并集,主客不相当。沈棨见事急。出私帑三千金,市布絮酒盐犒之。七庆台吉见我旧通官,相向哭,以为东人地确不能给我众,苟逐插,俾返我故巢,款市如故。乃导东人而去。七月丁酉朔,督抚监视,驿书以闻。言官劾棨擅款辱国。阁臣周延儒、尚书熊明遇,先后申奏:'招西路以孤东人,屡奉明旨,西路故我藩篱,吠狗先朝,款市有端委。今虏得微赏弨耳,款关于国体,未为辱。边臣冒罪以安封疆,功过可相准。'言者攻益力,卒逮棨论戍。谪坤守孝陵,并罢明遇。"

几年后,清军又前进,察哈尔最终灭亡。

　　"六年冬，诸酋叩关，寻旧款，疆臣不敢应。建人乃勾挟敖目、哈慎、朵颜诸部，入宣大边。屠万全等卫十一城，直抵山西，逼太原，杀士民数十万。七年正月，始出塞。三月，插汉亦合套虏犯宁夏，河西总兵马世龙却之。四月，插汉犯甘肃、洪承畴自汉中西援。西人陷保安州及得胜、镇羌二堡。五月，插汉又犯宁夏，马世龙拒之。闰八月，洪承畴击西人于延绥，斩首四百，西人遁去。八年，清四王子勒东西诸部，自沈阳而西，入大同迎恩堡，杀掠吏民亡算，烽火达于居庸、紫荆，饱掠捆载东归，复从迎恩堡出边。时插汉儿已死，四王子（实系多尔衮）以二月丙午，勒四万骑，西趋河套，收插汉余部，擒插汉子黄鹅儿（孔果尔）以归。插汉妻囊台户（苏泰太后）率所部，降于清。四王子（清太宗）以女配黄鹅儿。四十万部落（蒙古大众）尽摄于东人矣。三月戊戌，西人四五万骑出套，屯花马池，分三千骑，掠盐池，韦州、下马关。陕西等土囊皆降于清。七月辛亥，清兵引还。诸酋虽尽折而东，隶诸部之为插并者，复纷纷起，东人亦不能尽要约之。宣大边外，时而西人乞款，亦时而插部叩关，将吏惮于前事，未敢应，但哈酋屡以马来市，边臣正需马，故哈市勿绝。哈固无所重轻，东人所忌者插也。插折而事之，建州无复西顾忧，而东谋朝鲜矣。"

所谓"谋朝鲜"可能就是朝鲜丙子、丁丑的虏乱，所谓哈酋或哈市，好像是说哈喇嗔部，或者是说趁这机会和外蒙古喀尔喀蒙古的贸易关系，也未可知。总之，明廷和蒙古的关系，就此便断绝了。

昭和三十四年二月追补

十六、关于丰州天德军的位置

丰州天德军节度使是辽、金时代设在今内蒙古西南边的一大雄镇。尤其在金代是要冲，曾一度在这里设所谓西南路招讨司，[①]以控制这一带。因此，《辽史》(卷四十一)《地理志·西京道》，《金史》(卷二十四)《地理志·西京路》等条，就它的沿革始末，都叙述颇详。《元史》(卷五十八)《地理志·大同路》条也有较简略的记述。因为在塞北拥有根据地的辽、金两朝，都把这个地区作为最重要的据点之一，到了统一全国的元代，形势逐渐发生了变化，这个要害的重要性可能减退了些。到了明代，由于前代的余势，丰州的名字，还有时看到。等到清代，这个名字完全废掉了。结果，连所谓丰州这个地方究竟在现在哪里也弄不清了。

例如：《大清一统志》(卷一二四、《归化城六厅》、《古迹》)的叙述，就很模棱。说：

> "丰州故城，今托克托城，即辽丰州地。本汉定襄郡地，辽置丰州天德军，治富民县，属西京道。金因之。元至元四年，省县入州，属大同路。明初废。《大同府志》丰州富民城，在府西北五百里。近葫芦海。"

即似乎认为丰州故城是托克托(Tokto)，即今黄河与黑河汇流处的托克托县城。但它下文竟马上接着说："按辽、金时，丰州在今归化城地。云云。"另一处叙述和这丰州同时并存的东胜州故城时，又说："在托克托城地，黄河东岸……按故城在归化城西南一百四十

---

①《金史》(卷二十四)《地理志》曾写作西北路招讨司，箭内亘已论证是错了(蒙古史研究)第 145 页)。

六里，湖滩河溯渡口，即今之托克托城也。"由此看来，今托克托城
是辽、金时代的东胜州故城遗址，丰州故城废址似乎不得不另外在
今归化城方面去找。

已故箭内亘也姑且同意这种说法，有时说是托克托（《蒙古史
研究》第 145 页），有时又认为是归化城（同上，第 654 页），又或者
根据《元史》（卷六十三）《地理志·河源附录》所引朱思本的《黄河
水流》的说明里所说黄河、阴山之间的西部称为丰州，主张"后唐、
辽、金三朝所谓天德军"，"辽、金同称丰州"，"其位置在黄河最北部
与阴山之间"（同上，第 561—562 页）。此外，羽田博士也曾在考证
《西辽建国始末》（《史林》卷一，第二号）时，也偶然涉及这个问题，
被张穆的《蒙古游牧记》（卷五）的谬说所误，认为辽代的丰州在今
包头西北方面。盖虽统称丰州天德军，两者未必常是同一个地方。
如后所述，辽、金、元代只有天德军大概在这方面，也就是黄河之
北，阴山之南的地方，这恐怕是产生这种误解的远因。可是，辽以
后的丰州本身的位置绝不在这方面，应该是另一处地方。

首先，据《辽史·地理志》本文说：丰州有"大盐泺、九十九泉、
没越泺、古碛口、青冢即王昭君墓"等。这个青冢就是今归化城南
二十里处的一个大古冢。《大清一统志》（卷一二四、《归化城·六
厅·陵墓》）说明如下：

> "青冢，在归化城南二十里，蒙古名特木尔乌尔虎。《通
> 典》：金河县有王昭君墓。《辽史·地理志》，丰州有青冢，即王
> 昭君墓。《大同府志》：汉明妃墓在府西五百里，古丰州西六十
> 里。塞草皆白，惟此独青，故名。"

又关于九十九泉，该《一统志》（卷四百十之二）《镶红旗察哈尔》条
下说："九十九泉泊，在旗西北五十里，蒙古名伊伦伊孙泊"就是今

大同边外,平地泉西边的马盖图、西营子附近。这已另文详细论述。① 何秋涛的《斠注亲征录》所引《元一统志》里也说:"官山在废丰州东北一百五十里。上有九十九泉,流为黑河。"②可见所谓旧的废丰州地方绝不在现今包头方面,必在自九十九泉发源、西流注入黄河的黑河流域。大致可以设想,可能就在今归化城方面。大盐泺、没越泺、古碛口都不详,或许是指今代哈泊、沙陵湖和归化城北方的山口说的。③

关于今归化城方面的建置沿革,《大清一统志》(卷一二四)的叙述简单扼要。现把它的要点摘录于下:

> "五代后唐时入辽,置丰州天德军,属西京道。金因之。元属大同路。明宣德初,筑玉林、云川等城,设兵戍守。后为蒙古所据。嘉靖间,谙达(旧作俺答,今改正)筑城于丰州滩,采木架屋以居。谓之板升(板升汉言屋也),是为西土默特。隆庆间,封谙达为顺义王,名其城曰归化。"

这项记述和历代正史所记都吻合,没有错误。其中,接近明代末叶,蒙古大酋顺义王俺答(Altan)在古丰州地方筑城居住,不久明朝赐名归化城,都是明代史乘毫不隐讳的事件。据《大明实录》世宗嘉靖三十九年七月庚午条叙述大同总兵官刘汉等,当时乘俺答西征之虚,偷袭丰州板升说:

> "当大同右卫大边之外,由玉林旧城而北,经黑河一、灰河

---

① 参看和田清《兀良哈三卫的研究》二,原书第300—313页。

② 何秋涛不知根据什么,竟能引用已散佚的《大元大一统志》的记载,颇值得怀疑。但从他说元代并未尝废,明初才称已废的丰州为"废丰州",看来这段文字可能不是《元一统志》的原文,而是《明一统志》的文字,也未可知。但今《大明一统志》(卷二十一)《大同府》条说:"官山在(大同)府城西北五百余里,古丰州境,山上有九十九泉,流为黑河",和本文稍有不同。现在采用它明确表示九十九泉与废丰州闻方位相距是"东北一百五十里"一点,而援引此文。

③ 代哈泊在九十九泉南边,《大清一统志》《镶红旗察哈尔》条说,"奄遏下水海,在旗南四十里,蒙古名黛哈池。云云。"沙陵湖,在《大清一统志》(卷一百二十四)《归化城·山川》条说:"在归化城西古沙陵县地,受白渠、荒干诸水流入黄河,今名山黛湖,黑河之水,汇入其内,又西流入黄河。"但如后面所说,代哈泊地方恐怕是属东胜州管辖。

一、历三百余里,有地曰丰州,崇山环合,水草甘美,中国叛人
丘富、赵全、李自馨等居之。筑城建墩,构宫殿甚宏丽,开良田
数千顷,接于东胜州。虏人号曰板升。板升者华言城也。

穆宗隆庆四年十二月丁酉条也说:明叛人赵全、李自馨等降俺答,
"驻边外古丰州地,屋居田作,招集中国亡命,颇杂汉夷居之,众数
万人,名曰板升。俺答授全等,皆为酋长。云云。"又神宗万历三年
十月丙子条叙述后来归顺的俺答,遣使朝贡,乞赐城名,明廷即赐
以嘉名曰归化城。[①] 这里好像今归化城就是古丰州故城的遗址,但
未必是这样。据前引《大清一统志》说:青冢在今"归化城南二十
里",这里所引《大同府志》则说在"古丰州西六十里",可见显然并
非如此。又《大同府志》等说古丰州的位置,距大同府城大约五百
里,但照《实录》看来,却只有三百余里。这可能是从大同右卫的边
境上算起所产生的误差。总之,古丰州即辽、金、元以来的丰州地
方,并非包头方面或托克托城附近,而大致可以推测在今归化城邻
近。

不过,这一带是水草丰美的沃土,许多州县相连的所在,只说
在归化城附近,未免还不清楚。例如,据前述《大清一统志》所引
《大同府志》说:古丰州在归化城南二十里以东六十里的地方。因
此,当然应该在归化城的东面去找。可是这《一统志》(卷一二四)
又说:"丰州滩在萨拉齐地,蒙古名伊克苏尔哲,源出苏尔哲谷,东
南流会黑河。"必定是因有古丰州在这里而得名的丰州滩,似乎还
应该在归化城以西一百余里的今察素河的河源地方。为了弄清
楚,还必需进行精密的考证。幸好关于这个丰州,偶然发现了一个
遗存的确证,有助于考证它的方位。这个恰好的证据是什么呢?

---

① 这事除《实录》外,几乎所有有关北虏的传记里都有记述。但方孔炤的《全边略记》(卷二)和谷应泰
的《明史纪事本末》(卷十六)等,说敕赐城名是"福化",想必是"归化"之误。可能因归福两字草书
颇相似,以致鲁鱼为混。

那就是今归化城东面五十余里地方的一座万部华严经塔。清钱良择的《出塞纪略》，首次最详尽地记述了这座塔。

钱良择是清常熟钱谦益的族孙，性颇好游历。康熙二十七年（公元 1688 年）五月，随奉使赴俄订约的内大臣索额图，初次踏上塞外土地。《出塞纪略》就是当时的纪行。记述绵密，颇得要领。内大臣索额图（Songgotu）这时候是去色楞格（Selenginsk）方面和俄罗斯议界的。恰巧遇上准噶尔的噶尔丹（Galdan）入侵，外蒙古发生骚乱，没能去了，便折回来。第二年又到尼布楚（Nerchinsk），缔结了著名的《尼布楚条约》。这事尽人皆知，和本题无关。钱良择是五月八日，从张家口出发，沿塞外行程向西进发，大约八天左右，走了六百余里。五月十五日，驻宿在前面谈到的九十九泉山下。又沿黑河走了两天，约一百三十余里。十七日，在归化城以东几十里处看到一座废城。《出塞纪略》在前一日条下说，曾发现另一座土城，"有土城，基地仅存，城门四向，雉堞宛然，土冈横亘城中，若十字，瓦砾布地，空无民居。围十里许。云云。"于是，就详尽地叙述了那座废城的形状如下：

"复见空城，基址颓坏甚于前，而大则相仿。一浮图，高矗天半，六角七级，砖砌无木石，外向写作菩萨天王，面面拱立，承以莲花，瓣出数尺，以为檐，劾画玲珑，生动如真，全未剥落，但丹垩漫漶尔。南面篆额，曰：'万部华严经塔。'每级高三丈。第一级壁间有石碑八座，暗不可读，以火照之，字体颇工，但只数千百男妇姓名，别无隻字。志铭'忠勇校尉'、'汉儿都目'、'女真都目'、'通事某某'，各色姓名，类中华氏族，其女真姓名者，十之一耳。妇人或称'某妻某氏'、或'某娘娘'，似村氓所为。中一碑，署曰：'万部华严经塔看经人数，纠首比邱福州惠仁，发宏誓言，如有情数经为看，毗卢海印定光寒，愿法眼恒无缺陷，诸苦恼大地众生，俱如普贤行满。'此外绝无记载可考。

至第七级,中空如庭东壁大书曰:'大金大定二年,奉敕重修',
不言其建自何代。意其创于元魏高宗以后。壁端题署,多金、
元人笔,墨迹如新,而语多粗鄙脱略。重其真,不敢易一字,备
录于后。塔中无佛像,亦无鸟巢。间有鸳鸯,飞集于下地。"
钱良择的叙述极为精采,宛如目睹。只这一项记述当然没有问题。
最重要的是所称"重其真,不敢易一字"。在当日记载的末尾,还抄
录了十几条壁端题署。其中一条如下:

> "丰州在城塔,至元十八年五月,丰州管水鸦提点王英、张
> 伯川题。"

水鸦可能是鹈,"管水鸦提点"是掌管这种鸟类的小官。王英、张伯
川二人游登塔上,题铭"丰州在城塔"。

由壁上的铭记可知这座万部华严经塔,在金世宗大定二年(公
元1162年)重修过,后来曾继续是繁华的中心,供金、元人游览。
这从无数的壁端题署的纪年,便可了解。由上述题铭中所说的"丰
州在城塔"看来,这座塔是元世祖至元十八年(1281),当时在丰州
城即州治所在城内的塔,毫无疑问。[①] 因此,塔在其中的那座废城
肯定就是那时候的丰州城。而元代的丰州,从前一代就未迁移过,
因此,这座废城应该就是辽、金以来称为雄镇的丰州天德军节度使
故城的城址。

再者,上述塔内题署,都是金、元人的手笔,其中唯一例外,是
下面所引的明人的题字。这个明代人必定就是前述丰州板升内的
汉人。

> "朱朝大明国山西太原府代州崞县儒学增广生员段清字
> 希濂。嘉靖三十九年九月十五日。北兵大举攻开堡塞,将一

---

① 照加藤博士的说法,所谓"在城"是指州治所在的城。但在朝鲜,在城一词,另有特殊意义,早已成
　为学术界争论的问题。池内博士对这问题也有研究(《满鲜地理历史研究报告》第七册,第74—81
　页)。近来李丙焘又提出了新见解。

家近支六十口杀尽，止存清一家大小五口。俯念斯文一脉，留其性命。恩人达尔汉带回北朝。路逢房叔二人段应明、段茂先，又遇妹夫石牧，清妻陈氏，男甲午儿官名段守鲁，长女双喜儿，次女赛喜儿。陈氏于嘉靖四十年四月初一日病故。闰五月十七日，妹夫石牧带甲午儿，投还南朝去了。六月初八日留名。"

笔者段清，正如他落款处所写的，是山西崞县儒学增广生员。嘉靖三十九年七月，前述明将刘汉偷袭了丰州毫无守备的空板升。这一举动激怒了北虏，立即兴师报复，大举入寇。这是史书上周知的事件，九月十五日，这个段清也遭到北虏屠村开堡塞的侵犯，全族多被杀尽，他本人和妻子陈氏、子守鲁、女双喜儿、赛喜儿一家大小五口，幸免于难，被带到蒙古。所称北朝就是蒙古，南朝就是明朝。至于所说："俯念斯文一脉，留其性命"，不仅是说在学问的庇荫下而得救的儒家迷信，实际是因为他是他们族中识字能文的人，北虏为了利用他才救了他。所称恩人达尔汉必定是救他一家的蒙古酋长的名字，或许就是当时赫赫有名的俺答麾下的大酋打儿汉（Darkhan），也未可知。他的儿子段守鲁的乳名叫甲午儿，可能是甲午年（嘉靖十三年）所生，到这一年（三十九年）庚申，已该是二十七岁，由此可以大体推算他们父母姊妹等的年龄。妻陈氏病死，可能是因为流离异域，千辛万苦所致。"将一家近支六十口杀尽"，是在夸大其词，其实除段清一家五口以外，房叔和妹夫等也都陆续得救而来。于是一家一族都平安集居在塞外。第二年，他的家属中一部分还得以回国。这不是在说丰州板升这样大集团汉人栖息的地方，又是什么地方呢？由此看来，这一题署，也足以证明这座大有问题的古塔原来是在丰州故城城内的。

最后，这座万部华严经塔现在是否还有呢？确实还在那里。《大清一统志》（卷一二四）《归化城六厅·寺观》条说："万卷华严经塔,即大明寺塔。高二十七丈,七级,有金世宗时阅经人姓氏。"关于大明寺说:"大明寺,在归化城东四十里,金大定七年建,今毁,碑塔尚存。"拿这来和《出塞纪略》对照,万卷华严经塔恐怕就是万部华严经塔之误。所说大明寺建于大定七年,由该塔曾在大定二年重修来看,殊属可疑,但不拘怎样,由此可以知道,那里除了塔以外,还曾有过一所叫大明寺的寺院。按手头的《东亚舆地图》来看,归化城东四十里处,标着一个白塔的地名。白塔这个地名当然是由于有白塔而得名。我问过最近曾到那里旅行的三上次男,他说:京绥铁路线归化城东面第一站叫作白塔,确看到有著名的六角白塔。但是否是七级? 据说因上部已经倾颓,不得而知,因而第七层壁间的题署,现在是否还存在,是个问题。但这是万部华严经塔,应该毫无疑问。《大清一统志》里另有:"白塔,在归化城西四十里,顺治九年建"一条。但这座塔在城西,自当别论。再问三上氏,据说附近并未见有类似的塔。我确信,白塔站的白塔就是万部华严经塔,那里就是辽、金、元、明的丰州故城地方。

看来归化城方面是塞外少有的丰沃乐土,汉魏的定襄、盛乐,唐代的单于大都护府等都曾在那里附近,[①]在辽、金时代还在这里设置了重镇丰州天德军节度使、西南路招讨司等,固属当然。不久以后就一变而为现在的归化城了。如果丰州的位置确在现在的白塔,那么同时其他各地也可能做出较为精密的考证来。首先是邻州东胜州的位置。辽、金、元史的《地理志》里,都载有东胜州,但都不足以决定它的州治的位置。想要确定它的位置,还必须依靠下述《明史·地理志》的记述。《明史》(卷四十一)《地理志·山西行都司》条末尾,叙述把元代东胜州改成东胜卫的经过,注释说:

"北有赤儿山,西有黄河,西北有黑河,源出旧丰州之官

---

① 据《大清一统志》(卷一二四)说:盛乐故城在归化城南,定襄故城在归化城东,单于城在归化城西。当然,严格说来,不能尽信,但虽不中亦不远。

山,西流入云内州界,又东经此入于黄河。又有兔毛川,亦入
于黄河。又有紫河,源出旧丰州西北之黑峪口,下流至云内州
界,入于黑河。又西有金河泊,上承紫河,下流亦入于黄河。
西北有丰州,元属大同路。洪武中废,宣德元年复置,正统中
内徙,复废。又有净州路,元直隶中书省,亦洪武中废。"

这里详述了东胜州内情况。正像开头所说,按《大清一统志》载,认
为东胜州故城是归化城西南一百四十多里黄河河畔的托克托城。
或者试看《元史》(卷六)《世祖本纪》至元四年秋七月丙戌朔条所
说:"敕自中兴路(今宁夏)至西京之东胜,立水驿十,"东胜州城应
在黄河水滨。而且明将周谅的奏折说:"故东胜州废城,西濒黄河,
东接大同,南抵偏头关,北达太山榆杨等口,其中赤儿山,东西坦平
二百余里,其外连亘官山等,实胡虏出没往来必经之地"[①],是说东
胜州城西濒黄河。由此可见,东胜州城是今托克托城,几乎没有疑
问。

上引《明史》里的黑河,就是流经归化城南,到托克托与黄河相
会的伊克土尔根河。兔毛川是《读史方舆纪要》(卷四十四)《大同
府》条里的"兔毛河,在府西北三百里,出塞外骆驼山下,南流经右
卫,西至东胜州入黄河"及下面的引文里所说与红河会流的兔毛
河。关于紫河,《大清一统志》(卷一三四)说:"紫河,在和伦格尔
地,蒙古名五蓝木伦,即古中陵、树颓二水也。源出察哈尔西南境
内察汉音图努、衡格尔二河,会流为一。西流至杀虎口北,合边内
北来兔毛河,又西至乌兰巴尔哈孙城西入黄河。"好像就是今地图
上的红河,恐怕这个译名有误。至少这里所说的紫河是"源出旧丰
州西北之黑峪口,下流至云内州界,入于黑河"。因此,必定是今归
化城西流经毕克齐的克鲁库河。承受此河而注入黄河的所谓金河

---

① 据《大明英宗实录》正统三年九月癸未条。《全边略记》(卷二)《大同略》也存同样记载。《读史方舆
纪要》(卷四十四)《东胜城》曾引此文,唯语句大同小异。

泊,必定是毕克齐西南的湖沼。关于净州路,箭内亘博士已有详细研究,①是在丰州以北,今四子部落一带。

其次,关于云内州的建置沿革,辽、金、元三史《地理志》等都有详细叙述,说就是古云中郡、唐代的中受降城地方。但据上引《明史》的文字来看,显然确在黄河左岸,丰州、东胜州的西邻。因此,必定位于今黄河以北、阴山以南,可能就在萨拉齐附近。又,天德军未必和丰州是同一个地方,从《辽史·地理志》里在丰州之外,另设有《天德军》条,也可以想象出来。据它的文字来看,天德军好像和西面的云内州是同一个地方。②《元史·地理志》的《云内州》条也说:"唐初,立云中督都府,复改横塞军,又改天德军,即中受降城之地。金为云内州。云云。"而箭内博士曾指出:这个古天德军在云内州更西边。元代地理家朱思本叙述黄河水流说:

> "自洮水与河合,又东北流过达达地,凡八百余里。过丰
> 州西受降城,折而正东流,过达达地古天德军、中受降城、东受
> 降城,凡七百余里,折而正南流,过大同路云内州、东胜州,与
> 黑河合。"③

从这一条也可以大致推测出来。此外,还有更恰当的证据,足以证

---

① 《蒙古史研究》第 644—647 页。据箭内亘说:净州路治所天山县,在四子部落西腊木伦河上游流域,其附近有砂井总管府。通行本《黑鞑事略》说:"砂井、天山县八十里。"因此,博士认为八是西字之误,肯定砂井总管府在天山县西十里(该书第 652—653 页)。王国维在《黑鞑事略笺证》里说:"案原注天山县八十里,县下夺一北字。《金史·地理志》净州下刺史,大定十八年以天山县升,北至界八十里。沙井去天山县八十里,则正是金之北界。其地有界垣,元人于此置砂井总管府及砂井县。"倒是应该这种说法。

② 《云内州》条说:"云内州开远军下节度,本中受降城地。辽初置代北云朔招讨司,改云内州,清宁初升。有威塞军、古可敦城、大同川、天安军、永济栅、安乐戍、拂云堆。兵事属西南面招讨司。县二、柔服县、宁人县。"以下接着说:"天德军本中受降城。唐开元中废横塞军。置天安军于大同川,乾元中改天德军,移永济栅,今治是也。太祖平党项,遂破天德,尽掠吏民以东。后置招讨司,渐成邑,乃以国族为天德军节度使。有黄河、黑河、峪卢县、威塞军、秦长城、唐长城,又有牟那山,钳耳嘴城在其北。"两者之间,包括许多相同的地名。

③ 《元史》(卷三)《地理志·河源》附录注。
　箭内亘的说法,见《蒙古史研究》第 561—562 页。

明这种推测。那就是《辽史·地理志》的《天德军》条:"又有牟那山钳耳嘴城在其北。"这座牟那山和《蒙古源流》叙述成吉思汗征伐西夏时所见到的黄河河畔的名山穆纳山同名,是明代史乘中常见的黄河母纳山,清《太宗实录》中见到的黄河畔木纳汉山。《大清一统志》(卷四〇八之一)和《蒙古游牧记》(卷五)所载乌喇特部西面的木纳山,应当就是今地图上的包头西边的穆尼乌拉岭。我曾有过论证(参见《满鲜地理历史研究报告》第十二册第 262 页拙稿,原书第 233 页)。倘这座牟那山也在天德军境内,那么它的治所可能就在今包头五原方面。据箭内博士研究,这些地方恐怕就是元代的德宁路(《蒙古史研究》第 643—644 页)。

天德军这个名字,自从马哥孛罗(Marco Polo)说是 Tenduc,在西洋人中颇哄传一时。《大清一统志》(卷四〇八之一)《乌喇忒部·古迹》条说:"天德军城,在旗西北中受降城西北二百里,唐天宝中置。"记述它的沿革颇详,明白标出唐时的四至说:

> "西南渡河,至丰州二百里。西北至横塞军城二百里。西至西受降城一百八十里。西南至新宥州一百里。东南至中受降城二百里。"

大概唐代的丰州和辽、金以后的丰州不同,原在河套内西北边,初设天德军,受它的管辖。《唐书·地理志》里,记述得很清楚。因此,出现了"丰州天德军"的名称。后来,辽时移到东方归化城白塔地方。于是,丰州天德军就有了新旧两处。丰州这个名称大概移到新丰州地方,而天德军的名字仍留在旧地方。这就是所以虽然仍然通称丰州天德军,但实际上丰州在归化城东,天德军却在包头西边。前面所引元代朱思本称包头以西为丰州,不外仍然依照这种沿革,用了唐代的旧称。此外,关于和这个问题有关的丰州的富民、振武两县,东胜州的榆林、阿滨两县和云内州的柔服、宁人两县,以及东、西、中三受降城等问题,还有很多应该研究的题目,这些容待以后有机会再谈，暂且就此停笔。①

昭和五年十二月三十日稿

补　记

　　昭和六年三月十五日，北京松村太郎寄来前曾托购的张鼎彝著《绥乘》十一卷，二册。立即翻阅其第八卷《古迹考》，果有如下记述，说：

　　　　"丰州故城，有二。一为隋唐之丰州，在五原县后套内。一为辽之丰州，即今归绥县东五十里之白塔。"

又（卷四）《疆域考·归绥县沿革》条也说："五代初，辽于此建丰州，号应天军，寻改天德军。领富民、振武二县，隶西京道，即今县东五十五里之旧丰州城也。"又其《乡镇》条说："东乡白塔尔（五十五里即旧丰州）"等。但是并没有它的论据。照他的文字看来，该地迄今仍称"旧丰州城"。果真是这样，那么《大清一统志》不会搞错，恐怕《绥乘》所说也和我一样，是根据推论的。

　　又，经学友石田干之助提示，一看《东方纪要》（Восточные Записки 1895）刊载的明万历八年顺义王俺答贡马表图卷的照片，确在归化城东方画着有白塔的一座古城，但照片过小看不清。据波滋德捏耶夫（A.M.Pozdneyev）解说是，一个新发现的明代蒙古典籍里的古迹。在这座古城址地方标出"丰州城"字样，上面并注有"林福寺"。现据槙马利子夫人的英译文说波滋德捏耶夫曾认为这

---

① 本篇写完以后，得到新版刘钧仁编《中国地名大辞典》。其中第881页有《丰州》条，明确说"今绥远归绥县东五十五里，白塔尔镇是。"本篇的结论早为刘氏所肯定。当然，刘氏的著述是简明辞典，并未说明其结论的来源，但从该辞典关于这方面的记载，多采用该地新地志《绥乘》。由此可见，这一结论或许也载在《绥乘》。我希望早日能够参考这本好书《绥乘》，曾向北京书贾订购，并曾托友人多方介绍，但仍不幸未获得翻阅此书。或者该书一旦出现，我这篇不成熟的文章，就完全没有存在的价值了。

个古城址是归化城东二十英里的白塔尔,并引用张鹏翮的《奉使俄罗斯行程录》里的一段话作为论据:

> "十七日,行四十里,有废土城,周围可五里。侧有浮图,七级,高二十丈。莲花为台砌,人物斗拱,较中国天宁寺塔,更巍然。篆书万卷华严经塔,拾级而上,可以登顶。嵌金世宗时阅经人姓氏,俱汉字。平章登二层,取喇嘛经二叶,横书蒙古字,无有识者。仍返原处。"

十七日是康熙二十七年五月十七日,张鹏翮正和著《出塞纪略》的钱良择同时到达这里。从这段文字看来,似乎就是《大清一统志》"万卷华严经塔"记录的蓝本。我没有引用这部《纪行》,确属失检。但从记录内容看来,《出塞纪略》显然较《行程录》更详密精确。波滋德捏耶夫还在他的纪行《蒙古和蒙古人》(第二卷,日译本《东部蒙古》第76—77页)里叙述了白塔尔镇,但并没有认为是丰州故城。总之,根据这些记录,更足以证明:辽、金时代的丰州天德军地方就是现在的白塔尔镇。这个白塔寺,除了还叫"大明寺"以外,至少在明末还曾一度叫作"林福寺",也了解了。《绥乘》里还考证了许多其他地名。这里还需要辩明几句。

首先,如把云内州放在今萨拉齐的西边;认为天德军城在五原县,把东胜州故城放在托克托县地区的黄河东岸等,大致和我所推测的相同。至于认为官山在茂明安旗界内,反而驳斥《朔平府志》所说"案官山茂明安界,岂有在归化城东百余里之理"的说法,就极其使人迷惑不解了。官山在今大同边外平地泉西边,关于这一点,为叙述方便计,容在另稿详论,但从本文所引《明史·地理志》及周谅的奏折等看来,也大致没有疑问。最后,据最近出版的《燕京学报》(第八期)所载《西北科学考察团之工作及其重要发现》说:元代净州路治,是喀尔喀右翼贝勒庙东北七十里的一座故城。又其注6(及本书753页注①)提到的朝鲜李丙焘《在城说》,见于最近出版的《清丘学丛》第三号。

昭和六年三月二十六日补记

载《史林》第 16 卷，第 2 号

昭和六年（1931）四月号

补 记 二

为何说丰州天德军是有两处，这不外是因为辽代曾把这个名称迁移过。辽在初期可能乘势占领过旧唐代的丰州天德军地方。但后来西夏兴起，它的势力逐渐向东伸展，辽不得已让出了此地，退到东边、后来的丰州天德军地方，仍然附以旧名，于是便产生了两处丰州天德军。

现在的归化城平原地区曾是必争的要地，来自南方的汉单于都护府、魏的盛乐等地，留存在今凉城方面；来自东方的辽、金占据了白塔尔镇的丰州，后来来自北方的蒙古人占据了今归化城的北方。关于万部华严经塔，审慎的羽田亨博士对这座塔本是八角，而钱良择却说是六角，表示怀疑（《羽田博士史学论文集》下，第 675 页）。这显然是钱氏的误解，毫无疑问是八角七级。它和辽代庆州的白塔完全同型。其建造也和庆州的白塔是同一个时代。金大定二年重加修葺。

更查最近出版的《哈佛·亚洲学志》（第 19 卷，1956 年，6 月），曾刊载亨利·赛路意斯（Henry Serruys）所撰《鞑靼的位置，有城堡的大草原》（《The Location of the T'a T'an, Plain of the Tower》）一文，他的关于丰州的论点，和笔者的意见完全相同。

昭和三十三年十一月稿

十七、革书伪作考

一

正统十四年八月十五日,明英宗皇帝由于土木之变,成了北虏的俘虏。到第二年景泰元年八月十五日放回为止,在敌酋瓦剌也先太师的代理人伯颜帖木儿(得知院)手下,整整被囚禁了一年。中华的大皇帝竟成了北狄的俘虏,这对明朝来说,是非同小可的大事件,因而传述这个事件经过情形的著作很多。在这以前,明初太宗永乐帝讨伐北虏,所谓五出(塞)三犁(庭)的大功告成,固然不无传述这些功绩的著作,但只有"杨荣的《北征记》一卷、金幼孜的《北征前录》一卷,及《后录》一卷"等,为数不多。而记英宗北狩事迹的著述,相形之下远远较多。例如:据清黄虞稷的《千顷堂书目》(卷五)《史部·别史类》,就列举有关书目如下:

袁彬《北征事迹》一卷(一作尹宜),

杨铭《正统临戎录》一卷,又《北狩事(迹)》一卷,

李实《使北录》一卷,

赵荣《使虏录》一卷,

《杨都御史使虏记》一卷(记杨善使北事,不知何人撰述),

刘定之《否泰录》一卷,又《三患传》一卷,

刘济《革书》一卷(记英宗北狩事,塞外无楮以牛皮书之,

故曰革书)。

其中,袁彬《北征事迹》一卷,原题是《锦衣卫掌卫事都指挥金

事臣袁彬谨题为纂修事》的报告,是在英宗被虏期间,自始至终,一贯谨事英宗的校尉袁彬,详细记述被俘时期的情形的记录。袁彬是江西新昌人,后升至前军都督。现在所传该书的末尾说:

> "右题本,臣在史馆时,已备载诸《实录》,颇加损益,润色之。及此,又蒙袁锦衣出示,乃复具录垂后,于以昭我英皇之神功圣德,感化丑虏。而袁锦衣之摅忠效劳,始终遭际,皆旷古所未有。信乎,天意之有在,而非人力所可及也。臣尹直谨识。"

这就是说:这本书是尹直笔录的。尹直是江西泰和县人,景泰五年进士,经翰林院编修,充经筵讲官。成化初年曾参与纂修《英宗实录》,后晋升兵部尚书、太子太保,其传详见《明史》(卷五十六)等。所说"臣在史馆时,已备载诸《实录》,颇加损益,润色之",是指纂修《英宗实录》时的情况。袁彬《北征事迹》因为是尹直记录的,所以也称尹直著。前引《千顷堂书目》注"一作尹宜",当然是"一作尹直"之误。本书现在载入《纪录汇编》、《借月山房汇钞》、《泽古斋重钞》等书,《丛书集成》则是取自《纪录汇编》卷十八。

杨铭《正统临戎录》一卷,是明通事哈铭随他的父亲哈只跟着指挥使吴良出使瓦剌,在被俘期间,遭逢土木之变,就在朔漠服侍英宗担任翻译和其他勤务,详述了直到英宗回来的经过情况的记录。英宗归还后,赐哈铭姓杨,授锦衣卫所镇抚。后来升任锦衣卫世袭指挥使。哈只可能是回教的职名,杨铭父子可能是回教徒异民族。他所记述的有许多俗语,很难理解。这本书也载入了《纪录汇编》,《丛书集成》是从《纪录汇编》的第十九卷摘录的。《北狩事迹》一卷,正式应该叫作《正统北狩事迹》,是把上述《临戎录》改写成易解易读的汉文的记录,较原书略有删节。这本书也载入了《纪录汇编》里。《丛书集成》是取自该汇编的卷二十。两书都说是"撰人不详",但前者确是根据杨铭口述无疑。袁彬和哈铭的传,都见于《明史》(卷一六七)里。

《李实使北录》一卷,实际是李实的《使北录》一卷,本书载入《纪录汇编》卷十七。当时瓦剌和明廷之间要议和,李实自告奋勇,充当此任,由礼科给事中擢升为礼部右侍郎,率领大理寺少卿罗绮、指挥马显等,于景泰元年七月一日自北京出发,初十日,来到失剌失簿秃的也先边营,十二日在伯颜帖木儿处谒见上皇。十五日就归途,二十一日回到北京。本书是这次出使期间的纪行。当时,也先急于归还英宗,而明廷却没等李实出使回来,便于七月十八日派遣右都御史杨善,工部侍郎赵荣等前去迎接英宗,该月二十八日到达也先那里。八月六日从瓦剌出发,十五日英宗归还北京。本书《北使录》曾谈到这些事,篇末特别附录《题为边务事》和《题为礼仪事》二文,详细记载了迎接英宗的仪式。

《赵荣使虏录》一卷和《杨都御史使虏记》一卷,无疑是赵荣和杨善出使虏营的记录,现在已经失传。《明史》(卷九十七)《艺文志》引《千顷堂书目》说:"袁彬《北征事迹》一卷,杨铭《正统临戎录》一卷,《北狩事迹》一卷,李实《使北录》一卷,刘定之《否泰录》一卷,刘济《革书》一卷(塞外无楮,以羊皮书之,故名革书)。"赵荣的《使虏录》和杨都御史的《使虏记》都略而未载。但从刘定之的《否泰录》卷末所说:"臣因所目击耳闻,参以杨善、李实所述《奉使录》、钱溥所撰《袁彬传》,约其繁芜,著为此录"来看,当时确实有这两部书。据《明史》(卷一七一)杨善、李实、赵荣等传载,他们出使北虏都大书特书,尤其记述杨善在瓦剌和也先的问答,颇为详尽。这可能是取材于《杨都御史使虏记》。

"刘定之《否泰录》一卷,又《三患传》一卷"之中,《三患传》不详。《否泰录》是根据上述各种记录加上史臣刘定之的目睹耳闻的大事记要。所以起名叫《否泰录》,是因为:

"盖出征之月,否挂用事之月也。回銮之年,景泰纪元之

年也。先之以否，继之以泰，虽则运世，关乎天数矣。名之曰
否泰录。自以身备史臣，于国家大务，不敢不具载，以备遗忘
故也。虽然，圣神相继于亿万年，抚念前事，岂不增感于制治
保邦之良图也哉。"

刘定之是江西永新人。幼有异禀。正统元年，会试第一，殿试及
第，授编修。成化二年，以太常少卿入值文渊阁，进工部右侍郎兼
翰林学士。成化五年卒。他的传记，详载于《明史》(卷七十六)。
袁彬、尹直和刘定之等都是江西人，恐怕并非偶然。总之，《否泰
录》的记述最得要领。《历代小史》和《纪录汇编》等都收载了，最广
泛地博得一般的阅读。

二

以上各书都没有问题。问题在于《革书》。《革书》传本极少，
它的旁注说："记英宗北狩事，塞外无楮，以牛(羊)皮书之，故曰革
书"。我听说北京图书馆藏有此书，便托已故松村太郎代为抄写一
本。此书每页九行，行十字；共二十六页，是一部精抄本，缺点唯各
处多虫蚀。卷头有"谦牧堂藏书记"、"弱侯"和"礼邸珍玩"等印章。
所说谦牧堂，据近人陈乃乾《室名索引》说，是"清宗室揆叙"的堂
号。揆叙是康熙朝名臣明珠的儿子，著名的纳兰性德的弟弟。明
珠是叶赫锦台什的孙子，当然是叶赫纳刺氏，并非清宗室。称作
"清宗室"，当然是《室名索引》的讹误。但姑且认为那些传藏是正
确的，那么原来是明末大学者焦竑(弱侯)的旧藏，后来成了清揆叙
的爱藏，又转到礼亲王家里成了珍玩。焦竑是著名的《焦氏笔乘》
和《国史经籍志》、《国朝献征录》等书的作者。礼邸可能就是最好
学的《啸亭杂录》的作者礼亲王昭梿。

本书的内容叙述御马监内禁直操金鞍马勇士刘济和校尉袁

彬、内使喜宁等随侍北狩的英宗,励精忠勤的事实。只是刘济在英宗归还的刹那,被番官平章昂克砍伤,说"在路疼痛沈笃,连日(不)食,我命难保不死",因而,把辛辛苦苦纪述年余的皮书,交给了亲弟弟刘湘,该书最后附载刘湘的识语说:

> "景泰元年八月十六日,太上皇入京,弟刘湘于十八日至(?)亲杨都□大人宅内问信,本官□□你兄刘济十一日在野狐岭,伤疮沉重,腰间取出皮书,托我捎回付你,他十二日落马而绝。令军将土石封记道傍,教你好看他妻子。十三日至宣府,十四日驻怀来,十五日至唐家岭,十六日进京。你将皮书收回。刘湘书记。"

这个刘济的职名"御马监内禁直操金鞍马勇士",是皇帝的直属亲兵。据《明史》记载如下:第一,《明史》(卷七十四)《职官志·宦官十二监》条说:

> "御马监,掌印监督、提督太监各一员,腾骧四卫营,各设监官,掌司典簿、写字、拿马等员。象房有掌司等员。"

又,《明史》(卷八十九)《兵志·四卫营》条说:

> "四卫营者,永乐时,以迤北逃回军卒,供养马役,给粮授室,号曰勇士。后多以进马者充,而听御马监官提调。名隶羽林,身不隶也。军卒相冒支粮,不可稽。宣德六年,乃专设羽林三千户所统之。凡三千一百余人。寻改武骧、腾骧、左右卫,称四卫军。选本卫官四员,为坐营指挥,督以太监。别营开操,称禁兵,器械衣甲异他军,横于辇下,往往为中官占匿。弘治末,勇士万一千七百八十人,旗军三万一百七十人,岁支廪粟五十万。云云。"

所谓御马监勇士就是武骧、腾骧等四卫营的军士,在太监监督之下,别营开操称禁兵,器械衣甲也和其他军队不同。又,《明史》(卷九十)《兵志·卫所》条说:"亲军上二十二卫,旧制止十二卫,后增设金吾左以下十卫,俱称亲军指挥使司,不属五(军都督)府。又设腾骧等四卫,亦系亲军。云云。"其中有羽林左、右、前卫等。前条说:"名隶羽林,身不隶也。"又说:"乃专设羽林三千户所统之。"就是指这些人。又所说:

> "腾骧左卫,腾骧右卫,旧为神武前卫;武骧左卫,武骧右卫,以上四卫,宣德八年,以各卫养马军士及神武前卫官军开设。"

就是指这些人。总之,这是以养马为主的亲军中的亲军,直接受宦官监督,享受特殊待遇。所以叫作"御马监内禁直操金鞍马勇士"。

由此略知刘济这个人的身份。如前所述,对在英宗被俘囚禁中共过患难的人,都颇受到优待,袁彬、杨铭后来都受到重用,唯独对于这个刘济,并没有看到优恤他的遗族兄弟子孙的记载。在归途中,还随伴英宗,在路上丧了命,看来应当赐给某种恤典,但并看不到。而在朔漠的人们当中,也没有见到刘济的名字。那些在朔漠受苦的人们,不用说袁彬、杨铭,就连喜宁、高磐或纪信、李虎,纪录里也都写着他们的名字,唯独刘济这个名字,绝没有在记录里见到过。或者说李实在《北使录》里记述景泰元年七月十二日他初谒英宗时,"准见校尉袁彬、余丁刘浦儿、僧人夏福等三人侍左右"。这个刘浦儿可能是刘济,但不敢肯定。又,或者说《正统临戎录》正统十四年十月十八九日间,也先军再度侵寇,退到易州时,"到于易州,夜晚住歇,使刘婆儿取水做饭进毕"。这个刘婆儿就是刘浦儿,是否就是这个人,不敢确定。

三

《革书》里,只不过叙述要旨大略,绝没有写特定人物实际体验的特殊事迹。大体说来,文章对京中即明朝方面的内幕,叙述较详,而对漠中即蒙古方面的情况,一点也不详细。试比较其内容,只能说是记述了明朝方面大概情形的《否泰录》的异本,并非别的东西。《否泰录》开头所记的北虏世系,确实胡说八道,只能表明当时明朝史臣对于北虏历史是多么无知。除此以外,《革书》突然记述说:

> "正统十四年七月初一日,也先入寇,边报日至。朝廷遣驸马井源等四将,率兵万人出御。时被太监王振力言,皇帝亲征,太师英国公张辅治兵。朝臣奏谏请留,不允。十七日济同校尉袁彬、内使喜宁等贴皇上御驾,当日即行。命郕王□□□□□□于左阀门西面受群臣□□□□□□□□□□□□□佐理吏部尚书□□□部尚书王佐、兵部□书邝埜、学士曹鼐等并官军五十余万,出居庸关抵宣府。井源等败报踵至。上至大同,暮有黑云如伞罩营,雷电急雨。振恶之,乃以驾还。八月十三日至狼山,虏追及,遣朱勇等三万骑还战,皆败死,无只骑回。是□驾至土木,日尚未晡,去怀来城二十里,欲入保怀来。王振辎重千余辆,在后未至,遂停留等待,驻扎土木,沉(旁部)无水泉,又当虏冲。"

这是土木大败的前景。□处是虫蚀无法读的地方。这一段,《否泰录》记述如下:

> "也先愧怒,以正统十四年七月初八日入寇。塞外城堡多陷没。边报日至。遣驸马都尉井源等四将,各率兵万人出御之。源等既行,司礼太监王振复劝上亲征。命太师英国公张辅、太保成国公朱勇等治兵。朝臣奏疏请留,不允。十七日驾行。命郕王居守,每旦于阙左门西面,受群臣谒见。朝政皆太监金英、吏部尚书王直、学士高谷、驸马焦敬等共议。其从驾行者,尚书王佐、邝埜、学士曹鼐等,官军私属共五十余万人。出居庸关,抵宣府。井源败报踵至。上至大同,暮有黑云,如

伞罩营，雷电如雨，王振恶之，乃以驾还。八月十三日至狼山，虏追及。遣朱勇等三万骑逆战，皆败死，无只骑回。是日，驾至土木，日尚未晡，去怀来城仅二十里，欲入保怀来城。振辎重千余辆，在后未至，留待之。遂驻土木。旁无水泉，又当虏冲。"

除"十七日，济同校尉袁彬、内使喜宁等，贴皇上御驾"这句话以外，内容完全相同。非仅内容，词句也几乎一样。以后全篇都是如此。所说"济同校尉袁彬、内使喜宁等，贴皇上御驾"，固然喜宁和袁彬等，从一开始就扈从御驾，但也并不是必需大书特书的人物。喜宁，《正统临戎录》里，也写作太监喜宁，想必是王振一派的太监。校尉袁彬是锦衣卫的小官，刘济也不过是一个御马监的勇士。这些人都不应该大书特书。从以后的事迹来看，也很奇怪。至少八月十六日，即英宗被掳的第二天，校尉袁彬才被皇帝认出来。袁彬的《北征事迹》说：

"正统十四年八月十五日，臣在土木，为回回赛伏剌所虏。十六日，皇上在雷站高岗上，众坐达子围着。是臣远观，认的是我英宗皇帝，臣叩头哭。上问，你是什么人？臣说：是校尉。当奉圣旨，你不要说是校尉，只说是原在家跟随的指挥。又问：你会写字不会？臣说：会写。就令在左右随侍答应。"

《正统北狩事迹》里也叙这事，说"时回子撒夫剌（赛伏剌）以袁彬采见。上问为谁。曰：识字校尉袁彬。上曰：虏所怒者校尉，勿云校尉，只称识字人。"北虏讨厌校尉，正和美军赶走我（指第二次大战后，美军占领日本的情形——译者）宪兵一样。总之，袁彬到八月十六日，才被皇帝认出来，并不是七月十七日就已经亲近皇帝了。

《革书》的文字，完全是抄袭《否泰录》的，其中也有故意改动之处。例如"土木之变"混乱中，在"遂移营，逾堑以行"之后，添上了"偶有一黑狼，追一葱白驴，营西向北跑去，上疑以为不祥，即起风沙迷目"一句,毫无意义。并故意简略叙述十八日郕王(景帝)总万机,册立皇太子,没收王振家财,诛罚奸党等一些朝廷内幕。反而加上"随有通使也儿干,变中国衣,说汉语,专在京城探事,速至虏营言说"一句。伪装这一切情况都是由虏的间谍侦知的样子。

最可笑的是拿刘济来代替袁彬。如二十二日条,《革书》说:

> "二十二日,虏拥上,至大同,城门不开。济以头触门大叩。于是,广宁伯刘安、给事中孙祥、知府霍瑄等方出。献蟒龙袍。上赐以知院伯颜帖木儿及也先弟大通王、赛汉王。"

《否泰录》叙述这一段说:

> "二十二日,虏拥上,至大同,城门闭。校尉袁彬随侍,以头触门大叩。于是,广宁伯刘安、给事中孙祥、知府霍瑄出见。献蟒龙袍。上以赐知院伯颜帖木儿及也先弟大同王(大通王)、赛刊王(赛汉王)。"

两书不同的地方,只是御马监勇士刘济改成了校尉袁彬。根据杨铭的《正统临戎录》和《北狩事迹》的记述,这时候唤出大同总兵广宁伯刘安等人的明明是校尉袁彬,刘济其实并没有参与其事。同样,十月十八日,也先入侵北京,又从紫荆关退出处,《革书》说:"太上自紫荆关出,乘马踏雪而行,遇险济执鞋,既入虏境",而《否泰录》却说:"太上自紫荆关出,乘马踏雪而行,遇险则袁彬执控。既入虏境",在这件事上也是刘济改成了袁彬。

最甚的是,因为袁彬颇著名,无法抹杀,就把同一事件说成刘济、袁彬两个人同样有功,同时说成和两个人都有关系。在这以前,内使喜宁奸坏,屡次引诱北虏侵犯明边,英宗担心和议不成,便设计诱杀了喜宁。《革书》景泰元年二月条叙述这事说:

> "二月十四日,宣府参将杨俊执喜宁。内官喜宁从太上(英宗)在虏中,逐常遵(导)虏入寇。太上疑恶,甚防之。太上以虏入寇不可测,和不可必,不和则还京未有日期,太上恶喜

宁。（喜宁）尤妒济、彬二人。尝欲啜诱济与彬出营，欲杀之，太上觉其似有诈意，急召济、彬回营，乃得脱命。济、彬言于太上，遣喜宁，传命于杨俊，索春衣，暗遣军士高磐，令济藏书繫（系）于高磐腰间，以示杨俊，俾因其来执之。杨俊既得书，与喜宁饮于城下，令军士兵，缚至京师，处以极刑。于是，虏失其向导，亦厌兵。"

《否泰录》记述这同一事件说：

"十四日，宣府参将杨俊执喜宁。喜宁内侍，从太上于虏中者。数导虏入寇，上患之。太上亦以虏入寇不已，则和不可必，不和则还京未有期也。恶宁。宁又忌袁彬。尝诱彬出营，将杀之，太上觉其诈，急召彬回，乃得免。及是，彬言于太上，遣宁传命于俊，索春衣，因遣军士高磐与俱，彬刻木藏书，系磐髀间，以示俊，俾其来执之。俊既得书，与宁饮城下，磐抱宁大呼，俊从兵遂缚宁。至京师，处以极刑。于是，虏失其向导，亦厌兵矣。"

后者不仅完全和刘济没有关系，文字讹误也少，文章也通畅。这事在袁彬《北征事迹》里也有，传闻有些不同。现在不避烦琐，摘录于下：

"上以久无使臣往来，喜宁又潜怀二意，数教也先扰边。于是令臣写分豁本，差人回京，若为喜宁申理者。又令臣至也先处说：'爷爷（英宗）有旨，要差总旗高磐、太监喜宁、达子那哈出回京。'也先依听。又密书喜宁谋叛情迹，函于木片内，系高磐腿上，令至宣府，与总兵等官以计擒之。及至野狐岭，高磐与喜宁饭于城下，密约城上，至进汤时，即发短枪。少顷，短枪发，达众走散，高磐抱喜宁，滚下濠中，遂擒入城。那哈出走回营，见上说：'喜宁在野狐岭，被高磐抱住，滚下濠里，缚入城内去了。'上大喜，说：使两下里（明和蒙古）动干戈，害人民，都是这厮。如今拿了他，边上方得宁靖，我归南边可望了。"
这好像是达子那哈出亲眼看到的，比《否泰录》更精细。《正统北狩事迹》又说：

> "二月，至东胜州，上欲喜宁入京。曰：'使臣往往不达，须烦一行。宁初难之。上亲至伯颜帖木儿帐，令转达也先。帖木儿为言于也先，乃与高旺同行。铭言旺曰：'此事多出喜宁，至边，好为之计。'宁宿上帐中，时微雨。上谓铭曰：'汝知乎？此洗尸雨也。'宁果被边人执杀之。北京逃奴还。上曰：'果然洗尸雨也。'宁既死，铭言始得用。"

这可能是因为哈铭不是当事人，所以不知道事件的详细情形。但因他常在英宗身旁，所以就把当时英宗的愿望和喜悦情形描写得颇妙。然而，即使这样，一则称高磐，二则称高鎏，三则称高旺，名字都稍不同。可能都是这个高某的名或字，因而有些不同。即使这样，特点在于《革书》和《否泰录》都写作高磐。

喜宁被杀是二月间的事。在这以前，喜宁曾几次要杀袁彬，前一年十二月中，就有一次。据哈铭的《正统北狩事迹》说：喜宁屡次想杀掉哈铭，最厌恶袁彬。当时，喜宁打算把英宗迁到甘肃方面去，袁彬加以防阻，所以就怀了杀意。袁彬的《北征事迹》说：

> "初六日（十二月），喜宁与也先议，请上往高桥儿宁夏去。臣说：'如今天气冷冻，爷爷（英宗）如何去得。'遂不成行。喜宁与也先说：'都是校尉袁彬拨置阻住。'将臣赚去芦苇地内，捆了欲开剥。忠勇伯（把台）密令人走报，上令哈铭与也先说，饶臣死，方解皮条放了。"

袁彬几乎被活剥了，忠勇伯蒋信是也先土干的侄子把台，降明以后，封忠勇伯。土木之变时，被也先捕获。当时属赛罕王帐下。总之，在这些事件里，绝没有看到刘济。

后来，景泰元年八月二日，派都御史杨善、侍郎赵荣等为迎接

使,来迎接英宗的时候。《革书》说:

> "二十九日,杨善等至也先营,也先方出猎。八月初二日,
> 回营。与杨善相见。太上遣济同袁彬来会杨善。备说济、彬
> 两人,朝夕常不离御帐左右。每遇冬雪急寒,济以身近太上,
> 搂抱太上足于怀中暖脚。不服肉食,患病,太上坐压济肩背,
> 执拿阿芙蓉药,与济服,出汗,自已后病痊。太上令杨善与尔
> (?)与也先言说:'朕在此虏,设不测,中国必调天下大势(?)兵
> 来剿,你那时悔之迟矣。以此,也先畏惧,方许送太上还京。
> 平章昂克曰:'既是送还,有何礼物?'"

《否泰录》叙述这事说:

> "二十九日,善等至也先营,也先方出猎。八月二日回营。
> 与杨善等相见。太上遣袁彬来会。彬,卧起常不离御帐。夜
> 甚寒,则以身为太上温足。彬尝病,太上亲压彬肩背,取粥啖
> 之,以出汗。至是,从旁促善等使尽言。也先遂许送太上还
> 京。"

据袁彬《北征事迹》载:正统十四年十一二月间,

> "在苏武庙驻扎,凡四十日,时天寒甚,臣得宿寝傍。每至
> 中夜,令臣伏卧内,以两胁温上足。"

这都是袁彬,与刘济无关。

最后,关于刘济负伤的事,《革书》在前条"平章昂克曰,既是送
还,有何礼物"之后,紧接着说:

> "济不忿(?),曰:'太师厚恩,送还我太上,你今索礼,欲阻
> 为何?'济举手推掌昂克到地欲打。昂克番(翻)身起立,持尖
> 刀,将济左脑扎伤,血流遍地。众虏扛扶而去。也先说昂克:
> '你说话不□合理,我图名垂于后世,岂论乎礼物。你今又□
> 刘济刺伤,使我无光。'即褫衣喝退。初三日,杨善等见太上于
> 伯颜帖木儿营。云云。"

事件发生在八月初二日。《否泰录》在紧接着归还英宗的记述之后说：

> "平章昂克曰：'既是送还，有何礼物？'善等曰：'太师（也先）敬我君父，故送还，岂先论财乎？朝廷臣子蒙太师盛德，岂有不报。'也先曰：'昂克说不合理，我图垂名后世尔。'众酋闻善语，皆以口咬其指。曰：'好汉，好汉。'初三日，善等见太上于伯颜帖木儿营。云云。"

看不出有过一点点冲突的样子。昂克后来还在八月十一日送到野狐岭，还赠给英宗途中猎获的麢子。所谓刘济负伤一事，肯定毫无根据。

看来，所谓刘济这个人物，根本就没有。假定前述刘浦儿（刘婆儿）是这个人，也根本没有像《革书》里所说的事迹。因此，后来英宗也没有给他恤赏。这可能是事实真相。

四

纵令有刘济这类人物，也不会是什么重要人物。其实，与其说是《革书》模仿了《否泰录》，莫如说照抄了《否泰录》的文句，把袁彬的事迹假托于一个虚构的刘济，其中并没有任何新的事迹。除《否泰录》以外，根本没有参考袁彬的《北征事迹》、杨铭的《北狩事迹》、杨善、李实等的《奉使录》等书的痕迹。而且文章除脱字误字外，总的说来也很拙劣，比《否泰录》的原文差得很远。像这样不负责任、极其浅薄的剽窃，绝非有心人所为。所说"塞外无楮，以牛皮书之，故曰革书"，也不太近情理。由此可见，卷首的"弱侯"和"礼邸珍玩"等印章，也难以轻信。因为这种赝品，像焦竑或礼亲王等有识之士，恐怕不会珍视的。至少焦竑的《国史经籍志》或《焦氏笔乘》、《啸亭杂录》等都并未载录此书。

　　但《千顷堂书目》和《明史·艺文志》都载有此书,可见这种骗小孩子的书,在明末清初曾流行问世。我想可能在《否泰录》流行的时候,社会上一些没有学识的好事者,以《革书》来装模作样地凭空编造出来的。清康熙朝大臣明珠之子揆叙,比他哥哥纳兰性德小二十岁,是个十足的纨袴子弟,后来也曾出使蒙古(参看《国学季刊》二之四,张任政的《纳兰性德年谱》),因而或许误将此书珍藏起来,后来又传到礼亲王的家里。但此书并没有刊本,只有抄本传世,可见传诵并不广泛。

《神田博士还历纪念书志学论集》

昭和三十二年(1957 年)十一月

后　记

欣闻内蒙古人民出版社将再版我们的长辈潘世宪老人的两本蒙古史译著:《明代蒙古史论集》(上下集)、《清代蒙古社会制度》,感到非常高兴。这两本译著对当下研究明、清两代蒙古社会制度的变迁和发展,有着重要的文献价值,是一件功在当代、造福后人的大喜事。

也许是家里有太多人学历史,所以,我们从小对历史就有一种特别的感受,骨子里就遗传了"历史"的细胞。潘世宪老人一身传奇的色彩总让我们感到好奇并希望不断去探究。在我们的记忆中,他是一位非常可亲可敬的老人。他学识渊博,治学严谨,著述丰富。他精通日语,兼通英文、俄文,多年从事蒙古史资料的编译工作。这次再版的《明代蒙古史论集》(上下集)、《清代蒙古社会制度》就是他学术译文的典型代表。在他的著书中,译著是非常重要的一部分。他的译文准确,质量上乘,不仅反映了他深厚的外文造诣,也表现了扎实的蒙古史专业基础。他编著的《日本蒙古学研究概况》、目录、蒙古学家人名索引等文章和工具书受到国内蒙古史学界的高度评价,特别是日本的蒙古史研究。在从事蒙古史研究的同时,潘世宪老人还承担法律方面的教学科研工作,曾撰写过《蒙古地方民族法制史概要》,提出了自己独到的见解。晚年他还继续研究《易经》、《山海经》和中国巫文化,写出过数篇论文。1990年2月23日他还写信(那时他已经病重住院)询问在四川举行"国际《周易》学术讨论会"的事项,并赶写了一篇《易经》研究的论文准备提交大会。只可惜两个月后,即1990年4月11日病逝。此事成了他终身的遗憾。潘世宪老人有深厚的国学根基,广泛的兴趣爱好也由此可见一斑。

在潘世宪老人奋斗、传奇的一生中,我们最敬仰的还是他在抗战时期所做的工作。他1927年至1933年在国立北平大学法商学院读书,1933年5月毕业后从事法律工作并利用业余时间在齐鲁中学高中部教书,有着稳定的工作,但他不安于现状,面对当时中国弱国现状,他毅然决定赴日留学,继续深造,并于1936年3月进入福冈市九州大学读法律研究生,主攻民法。1937年,抗战全面爆发后,他怀着一腔爱国热情,毅然回国,投身抗日前线。从山东济南辗转湖南长沙,再辗转至重庆,于1939年5月经同乡介绍进入国际问题研究所,负责对日情况收集整理等工作。在那里,他和他的同僚通过大量的资料收集,如日本的报纸、杂志及股票信息分析,最终认为日本将在1941年12月上旬对美突然袭击,方向会是珍珠港和新加坡。珍珠港事件是二战的一个转折点,同时对中国的抗战也起到了积极作用。为此,新中国成立后政府相关部门对这段历史给予他高度评价,承认他为抗日战争的胜利做出了贡献。上海解放前夕,他曾协助中共地下党工作。上海解放后又先后两次受政府派遣出国执行任务,为国家、为人民做出了有益的工作。正是经历了那段艰苦的岁月,培养和锻炼了他严谨的治学态度,精益求精的做事风格,吃苦耐劳的工作作风。

今天,当我们看到这些历史资料和对他的客观评价,我们对潘世宪老人有一种深深的敬仰之情。他的睿智、果敢以及宽广的胸怀、勤奋的工作精神震撼着我们的心灵,同时,也激励着我们努力学习、刻苦钻研,做一个和蔼可亲、有知识、有创造力的后生。

最后,再次感谢内蒙古人民出版社及为再版这两本译著不辞辛劳、四处奔波的出版社同仁。

潘世宪后人　撰
二〇一四年四月十日夜于济南